The Third Pole

Mystery, Obsession, and Death on Mount Everest

第三の極地

エヴェレスト、その夢と死と謎

マーク・シノット
古屋美登里 訳

AKISHOBO

第三の極地

エヴェレスト、その夢と死と謎

トミー、リラ、マット、ウィル、そしてハンプトンに本書を捧げる

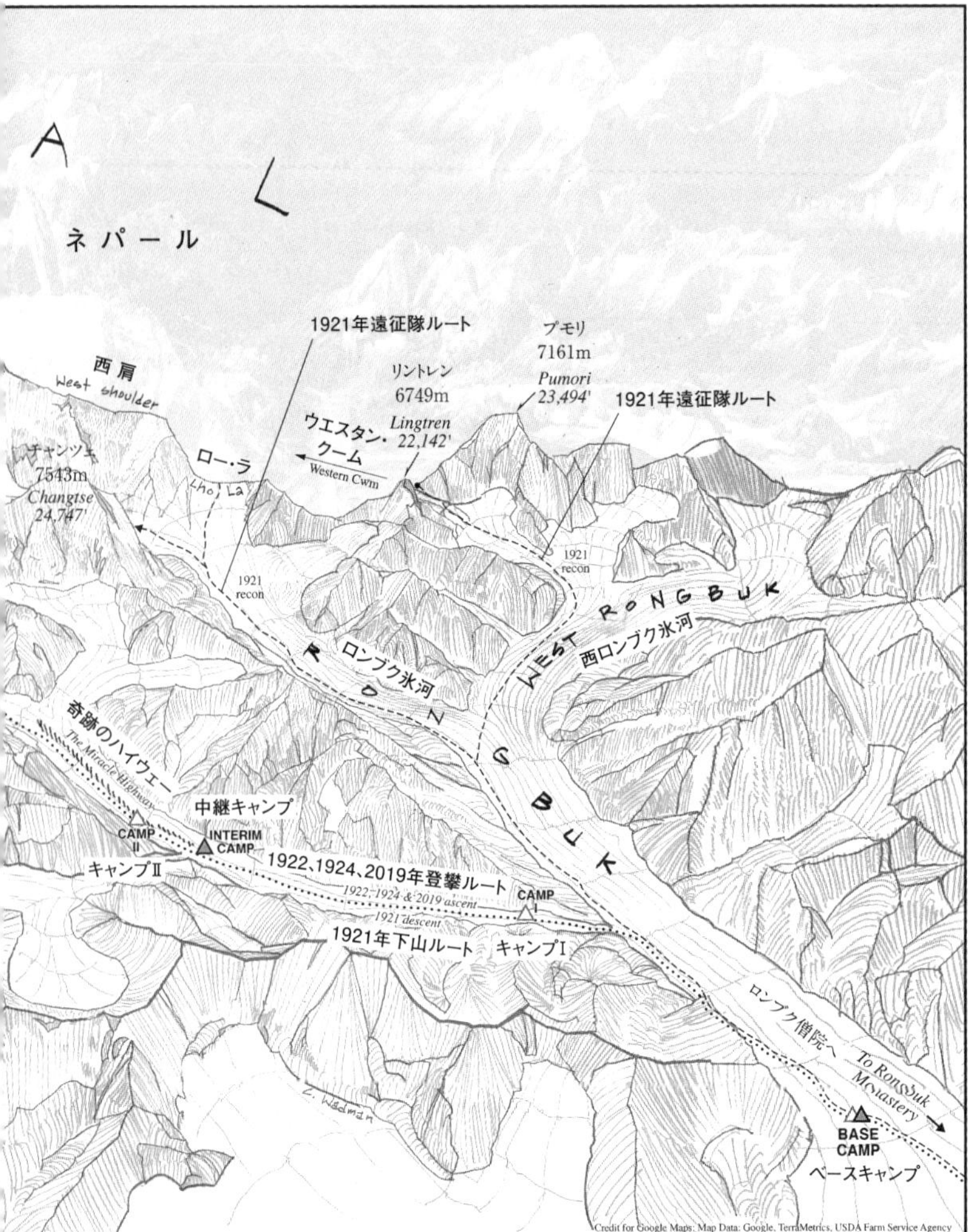

A L
ネパール
1921年遠征隊ルート
プモリ
7161m
Pumori
23,494'
西肩
West shoulder
リントレン
6749m
Lingtren
22,142'
1921年遠征隊ルート
ウエスタン・クーム
Western Cwm
チャンツェ
7543m
Changtse
24,747'
ロー・ラ
Lho La
1921
recon
1921
recon
WEST RONGBUK
西ロンブク氷河
ロンブク氷河
RONGBUK
奇跡のハイウェー
The Miracle Highway
中継キャンプ
CAMP II
INTERIM CAMP
キャンプII
1922、1924、2019年登攀ルート
1922, 1924 & 2019 ascent
CAMP I
1921 descent
1921年下山ルート
キャンプI
ロンブク僧院へ
To Rongbuk Monastery
BASE CAMP
ベースキャンプ
Z. Wadman
Credit for Google Maps: Map Data: Google, TerraMetrics, USDA Farm Service Agency

地図① 第三の極地

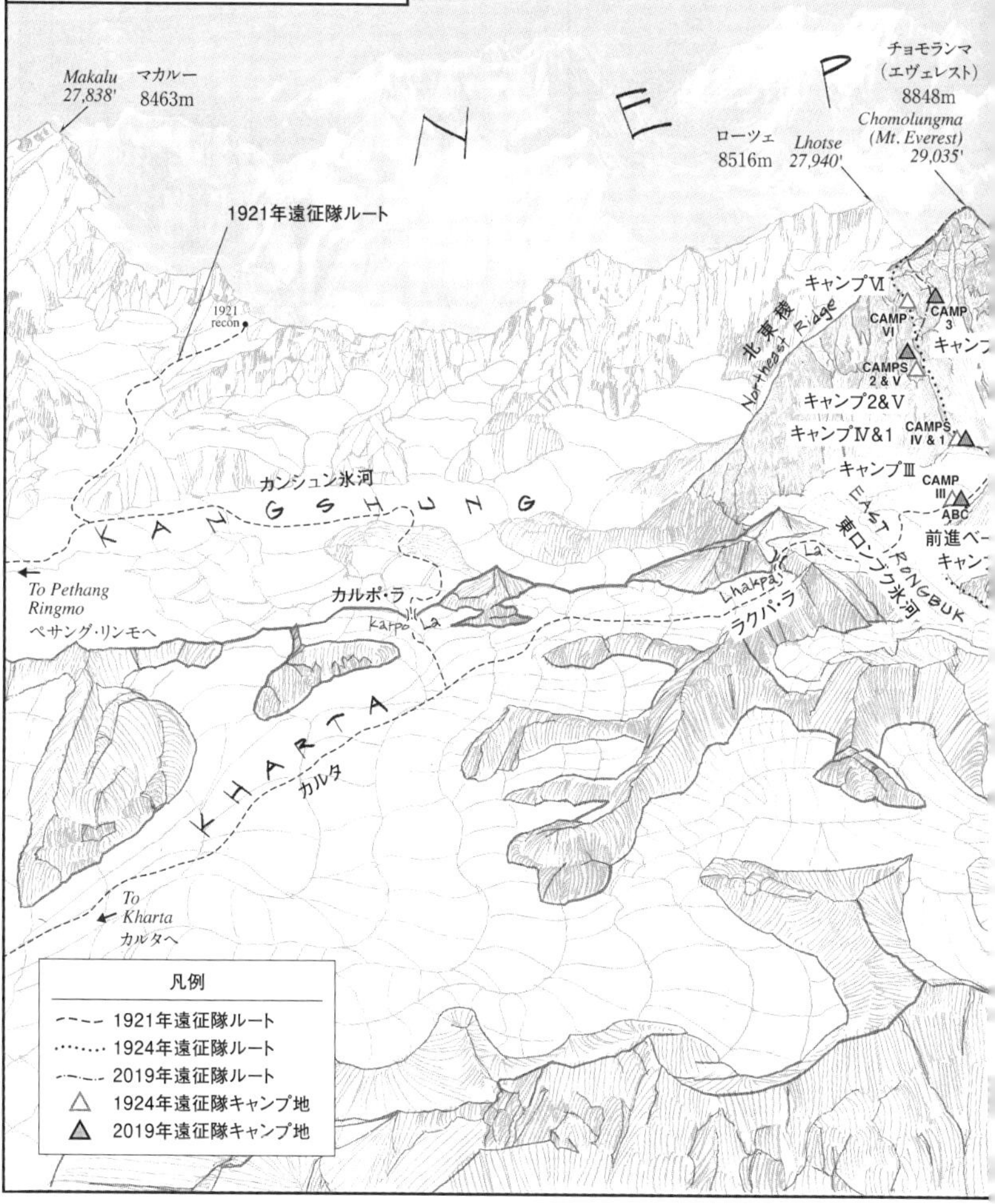
Makalu
27,838'
マカルー
8463m
N E P
チョモランマ
（エヴェレスト）
8848m
Chomolungma
(Mt. Everest)
29,035'
ローツェ
8516m
Lhotse
27,940'
1921年遠征隊ルート
1921
recon
キャンプⅥ
CAMP VI
CAMP 3
北東稜
Northeast Ridge
CAMPS 2 & V
キャンプ2&V
キャンプⅣ&1
CAMPS IV & 1
キャンプⅢ
CAMP III
ABC
カンシュン氷河
KANGSHUNG
EAST RONGBUK
東ロンブク氷河
To Pethang Ringmo
ペサング・リンモへ
カルポ・ラ
Karpo La
Lhakpa La
ラクパ・ラ
KHARTA
カルタ
To Kharta
カルタへ
凡例
1921年遠征隊ルート
1924年遠征隊ルート
2019年遠征隊ルート
1924年遠征隊キャンプ地
2019年遠征隊キャンプ地

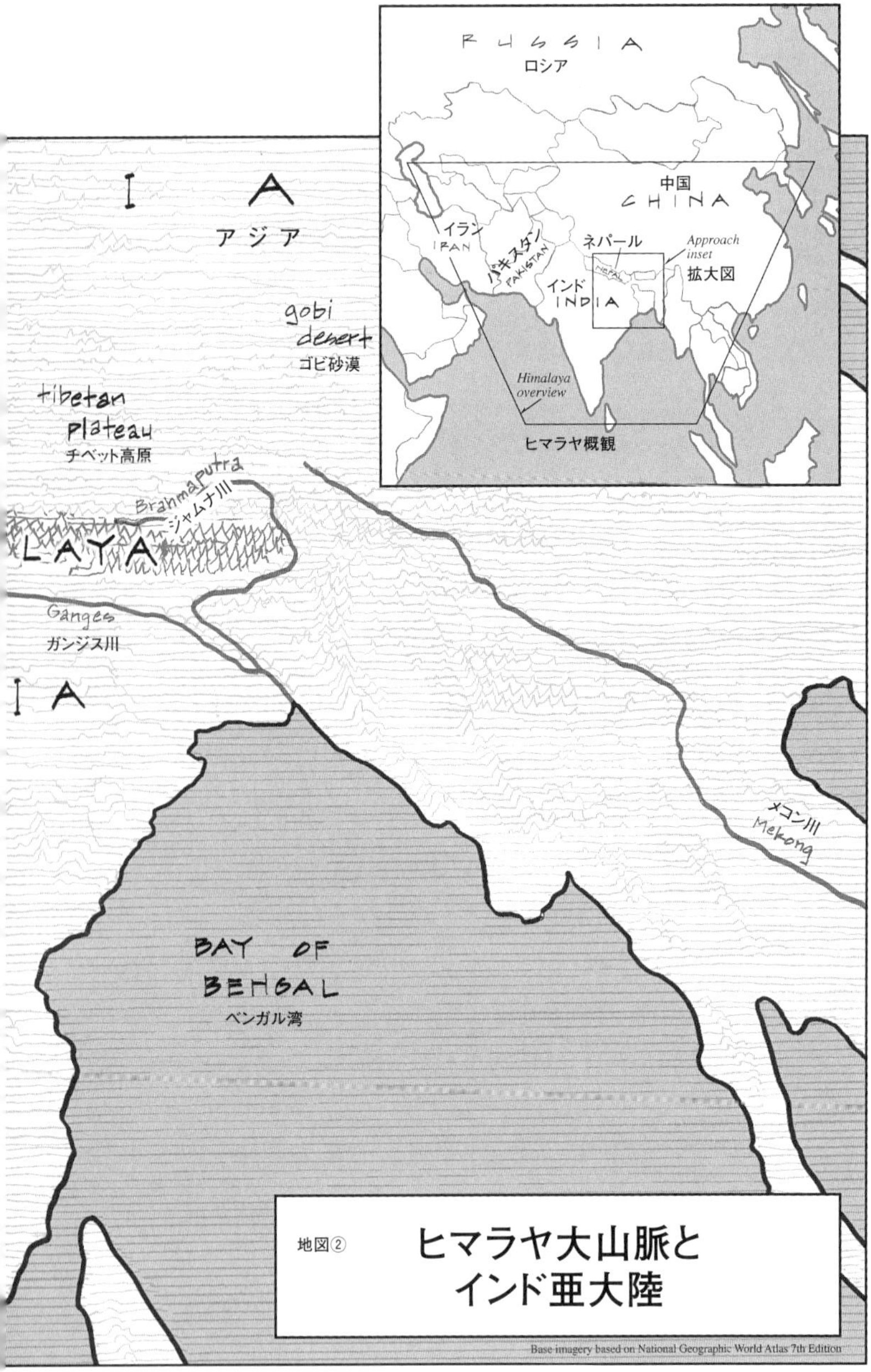

地図② ヒマラヤ大山脈とインド亜大陸

Base imagery based on National Geographic World Atlas 7th Edition

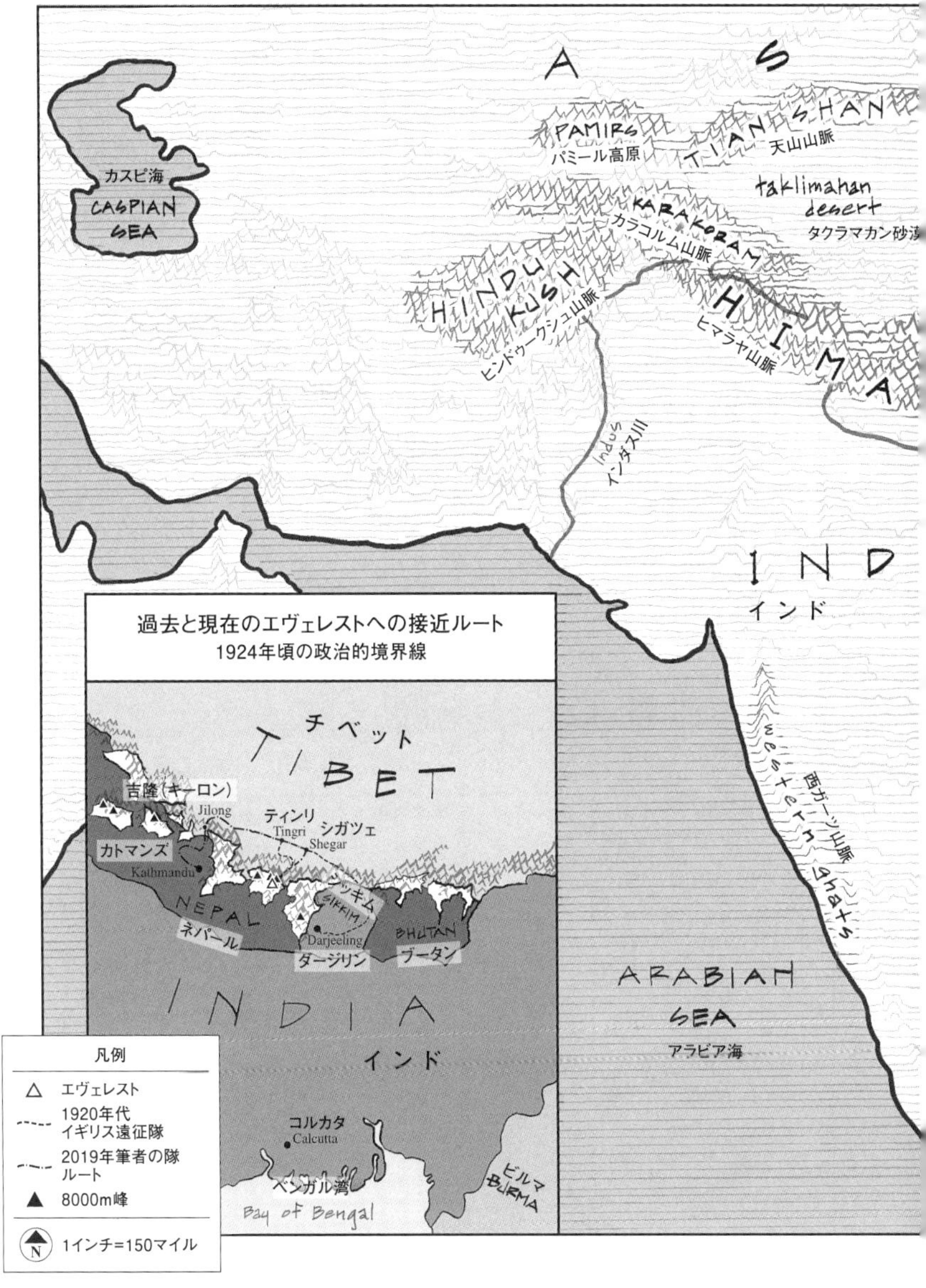

ASIA
PAMIRS
パミール高原
TIAN SHAN
天山山脈
taklimakan desert
タクラマカン砂漠
KARAKORAM
カラコルム山脈
HINDU KUSH
ヒンドゥークシュ山脈
HIMA
ヒマラヤ山脈
カスピ海
CASPIAN SEA
Indus
インダス川
IND
インド
western ghats
西ガーツ山脈
ARABIAN SEA
アラビア海
過去と現在のエヴェレストへの接近ルート
1924年頃の政治的境界線
チベット
TIBET
吉隆（キーロン）
Jilong
ティンリ
Tingri
シガツェ
Shegar
カトマンズ
Kathmandu
NEPAL
ネパール
シッキム
SIKKIM
Darjeeling
ダージリン
BHUTAN
ブータン
INDIA
インド
コルカタ
Calcutta
ベンガル湾
Bay of Bengal
ビルマ
BURMA
凡例
エヴェレスト
1920年代イギリス遠征隊
2019年筆者の隊ルート
8000m峰
N
1インチ=150マイル

地図③ エヴェレスト北面

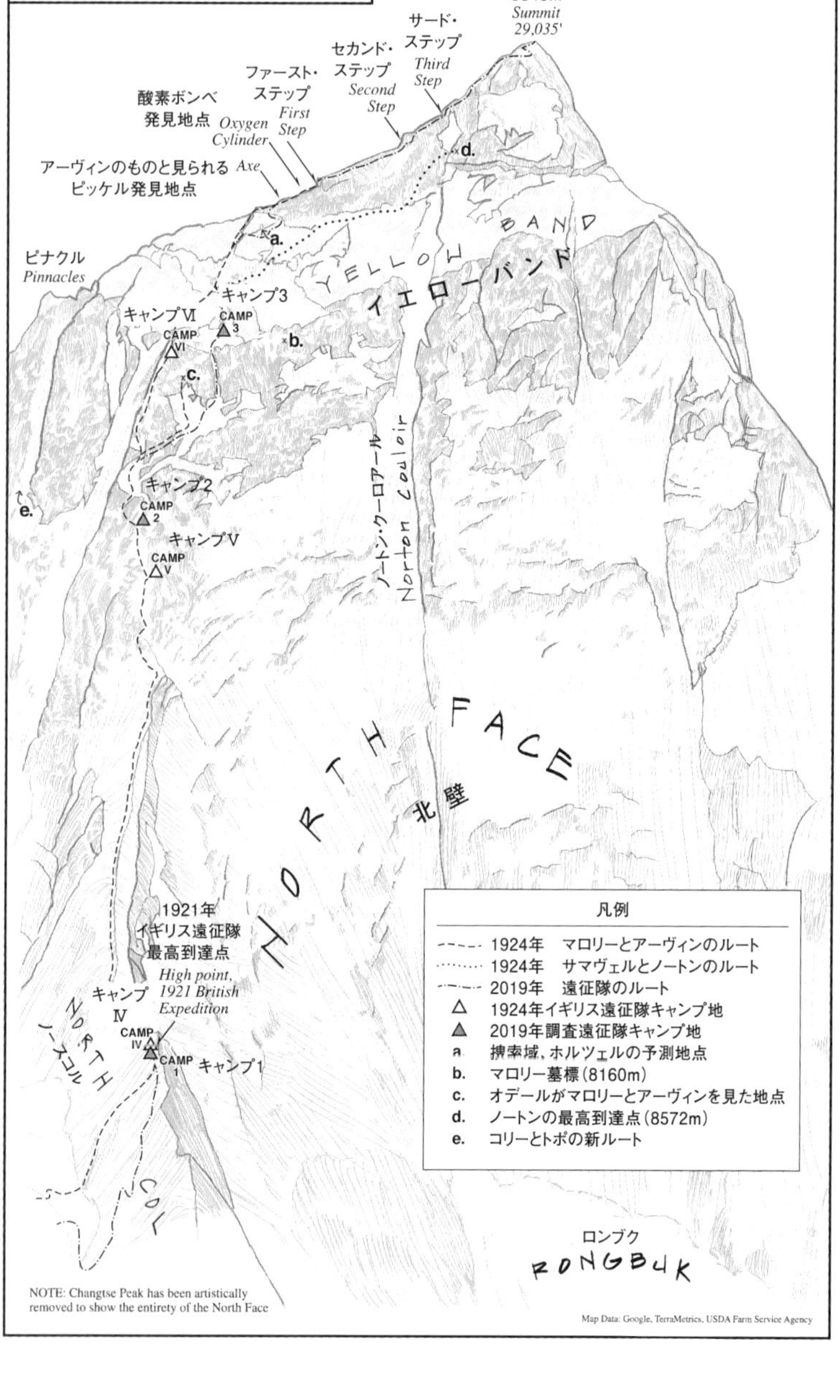

NOTE: Changtse Peak has been artistically removed to show the entirety of the North Face
Map Data: Google, TerraMetrics, USDA Farm Service Agency

本文中の［　］は訳者による註

登場人物表

二〇一九年サンディ／アーヴィン調査遠征隊

- マーク・シノット　著者、登山家
- トム・ポラード　登山家、一九九九年マロリー／アーヴィン調査遠征隊にも参加
- レナン・オズターク　登山家、写真家
- ジェイミー・マクギネス　遠征隊長
- ジム・ハースト　ナショナル ジオグラフィック音響技師
- マット・アーヴィング　ナショナル ジオグラフィック撮影監督
- ニック・カリシュ　ナショナル ジオグラフィック撮影監督

二〇一九年遠征隊のシェルパ

- ラクパ・テンジェ・シェルパ　クライミング・シェルパのリーダー
- プラカシュ・ケムチェイ　若手のクライミング・シェルパ
- ナーティ　クライミング・シェルパ
- ペンバ・テンジン　クライミング・シェルパ

● ダワ　ベースキャンプ責任者

その他主要登場人物

● トム・ホルツェル　エヴェレスト歴史家、起業家
● コリー・リチャーズ　登山家、エヴェレスト未踏ルートに挑戦
● エステバン・「トポ」・メナ　登山家、コリーとともにエヴェレスト未踏ルートに挑戦
● ラインハルト・グルブホーファー　エヴェレスト登山ツアーのオーストリア人登山客
● エルンスト・ラントグラーフ　エヴェレスト登山ツアーのオーストリア人登山客
● カム(カマルディープ・カウル)　インド系イギリス人登山家
● ロルフ・ウーストラ　カムの参加する遠征隊の登山ガイド
● クンタル・ジョイシャー　インド人ヴィーガン登山家
● ピーター・ハケット　高所生理学者
● ペンバ　ＣＴＭＡ職員
● デチェン　ＣＴＭＡのベースキャンプ責任者
● フランク・カンパナーロ　エヴェレスト登山客
● パサン・ゴンバ　カンパナーロのガイドシェルパ

● ダワ・デンディ　カンパナーロのガイドシェルパ
● ハンプトン　シノットの妻
● 貢布　一九六〇年の中国登頂隊の一員
● 王富洲　一九六〇年の中国登頂隊の一員
● 劉連満　一九六〇年の中国登頂隊の一員
● 屈銀華　一九六〇年の中国登頂隊の一員
● 許競　一九六〇年の中国遠征隊の一員
● 王洪宝　一九七五年の中国遠征隊の一員
● ルース・マロリー　ジョージ・マロリーの妻

一九二四年イギリス第三次エヴェレスト遠征隊

● ジョージ・マロリー　登山家
● アンドリュー・「サンディ」・アーヴィン　登山家
● ノエル・オデール　登山家
● エドワード・ノートン　遠征隊長
● ジョン・ノエル　登山家、写真と映像担当

● ジェフリー・ブルース　登山家、一九二二年遠征で酸素ボンベを使用し最高高度に到達
● ジョージ・フィンチ　登山家、一九二二年遠征で酸素ボンベを使用し最高高度に到達
● ハワード・サマヴェル　登山家
● E・O・シェビア　登山家
● ベントリー・ビーサム　登山家
● ジョン・ハザード　登山家

一九九九年マロリー／アーヴィン調査遠征隊

● ヨッヘン・ヘムレブ　ドイツ人山岳史家
● エリック・サイモンスン　登山家
● コンラッド・アンカー　登山家
● ジェイク・ノートン　登山家
● アンディ・ポウリッツ　登山家
● タップ・リチャーズ　登山家
● デイヴ・ハーン　登山家

プロローグ

午前二時を少し回った頃だった。風は夜のあいだずっと吹きすさび、テントをばたばたとはためかせ、生地を引き裂きそうなほどの勢いだった。その音があまりにも激しいので、暗闇のなかで身を寄せ合っていた私たち三人は、会話することもできなかった。もっとも話すことなどなにもなかったのだが。

頭はずきずきと痛み、吐き気に襲われた。インフルエンザと重い二日酔いに苦しんでいるかのようだった。私は精一杯息を吸いこんで胃のむかつきを堪えようとしたが、氷点下の空気が胸を刺し、発作のように出る乾いた咳を抑えることができなかった。

少し前に猛烈な突風が吹き抜け、テントが何度目かに潰されると、ジムが寝袋から這い出てきて登山靴を履いた。ジムは最悪の事態に備えようとしているのだ。私は横になったままジムの様子を眺めていた。今私たちは、エヴェレスト北面の標高七〇〇〇メートルで暴風に見舞われている。ジムがどこへ行くつもりなのか、吹き飛ばされずにどうやって目的地にたどり着くつもりなのか、皆目見当がつかない。

私はヘッドランプを点けた。氷の粒子が光に反射し、スノードーム内のようにきらきら揺らめいた。そのときだ、遥か上空でこれまでに聞いたことのない音が轟いた。ロケットの発射音に似た低く響く音。数秒後、冷たい猛烈な突風に襲われ、再びテントが押し潰された。体がエア・マットレスに押しつけられ、その下の氷の冷たさに頬がひりひりした。テントのポールは折れ、私たちのちっぽけな住処は倒れ伏した。テントを地面に固定している細い竹ペグが、強風に耐えてくれることをひたすら祈った。

ようやく日が昇り、私はなんとか身を起こした。ばらばらになったテントが激しく痛む頭の上に覆い被さっている。ジムは私の横で胎児のように体を丸めている。生きているかどうか確かめようと、彼の脚を叩いた。うめき声が聞こえた。鬚を氷にすっぽり覆われたマットが、充血した目で私を見上げた。

テントの入り口を見つけてジッパーを開いて外に這い出た。キャンプは見るも無惨なありさまだ。視界にあるすべてのテントが潰されたり壊されたりしている。見上げれば数十メートル上空で、今なお渦巻く風に煽られて、テントが舞っていた。奇妙な光景だった。息を吸い込むとたちまち咳が始まり、私は体をふたつに折り曲げた。

ここにたどり着くまで、数ヶ月にわたって地道な努力を重ねてきた。家族の好意にすがり、飛行機で一万三〇〇〇キロを飛び、キャンプに必要な二トンを超える装備の荷揚げを手伝った。そして今、考えられることといえば、「こんなところでいったいおれはなにをしているんだ？」

ということだけだった。

百年近く前、同じようにここまでやって来た登山隊も、のっぴきならない状況にあった。一九二四年、イギリスの第三次エヴェレスト遠征隊は、計画どおりに進めずに足踏みをしていた。ヒマラヤ山脈の西に居座った強い低気圧のせいで、強風が何週間にもわたって吹き荒れ、大量の雪が降り続いた。嵐のせいでポーターは第三キャンプへ向かう途中で荷物を下ろし、登山隊に必要な物資だけを置いて帰るしかなかった。

当時のイギリス隊はノース・コルに拠点となるキャンプを設営していたが、それは私たちのテントの残骸からそう遠くないところにあった。六月初めまでに、イギリス隊は二回登頂を試みた。果敢な挑戦ではあったがいずれも失敗に終わり、到達できたのは標高八五七二メートルだった。山頂まで三〇〇メートルほど足りなかったのである。時間を浪費していた。夏季モンスーンは、最後の頂上アタックまで来ないでいてくれるのか？

イギリス遠征隊のなかでいちばん若い「サンディ」ことアンドリュー・アーヴィンは、体調を壊していた。下痢に苦しみ、強い陽射しと吹き荒れる風のせいで顔は黒く日に焼け、皮膚はひび割れていた。しかし、遠征隊最高の登山家ジョージ・マロリーから最後の頂上アタックのパートナーに選ばれると、アーヴィンは瞬く間に回復した。六月八日の朝、アーヴィンが何週間もかけて修理と改良を重ねてきた最新式の酸素ボンベを携え、ふたりは高所キャンプを出発した。その日遅く、隊員のひとりが、頂上を目指して北東稜《ノースウェスト・リッジ》を「力強く進んでいく」(1)ふたりの姿を目撃している。

生きたふたりの姿を確認できたのはそれが最後だった。

この不運の遠征がおこなわれてからというもの、エヴェレストに挑戦した登山家はひとり残らず、無慈悲で過酷な山の現実を目の当たりにしてきた。第一次世界大戦でソンムの戦いに参戦したジョージ・マロリーが、エヴェレスト登山は「冒険というより、むしろ戦争」と書いたのだから、その言葉を信じてもいいだろう。

それから数十年のあいだ、男女を問わず何百人という登山家がエヴェレストで命を落としてきたが、その大半が標高八〇〇〇メートル以上の、まさに「死の地帯《デス・ゾーン》」と呼ばれる場所で起きている。今も数多《あまた》の遺体がその登頂ルートに置き去りにされている。死亡した登山家は皆、虚栄心や金銭欲や執着心などに背中を押されてエヴェレストに吸い寄せられてきた。彼らが、「なぜこんなところにいるのだろう？」と自問することはなかったのだろうか。

私がここに来た理由は、いろいろと複雑だ。もちろん、私にも虚栄心や自尊心と結びついた野心はあった。だが、私の所属する遠征隊には別の目的があったのだ。「ナショナル ジオグラフィック」社と契約を結んで幽霊を捜しに来たのである。ジョージ・マロリーの遺体は一九九九年にエヴェレスト北面で発見されたが、その登山のパートナーだったサンディ・アーヴィンの遺体は見つかっていない。私たちが捜そうとしていたのは、アーヴィンの臨終の地と、彼が携帯していたと思われる古いコダックのカメラだった。カメラの捜索は、凍った干し草の山のなかで一本の針を探すようなものだ。しかし、万が一カメラが発見されてフィルムを回収できれば、歴史が一変するような光景がそこに写っているかもしれない。

ばかばかしい話だと思うだろうか。

カメラの捜索を計画したのは私たちが初めてではない。多くの調査隊が捜し続けてきたが、何の成果も上げられなかった。だが、実は私たちは新しい証拠を手に入れていた。さらに最新技術という武器も携えて、だれにも成しえなかった方法でエヴェレストを捜索するために緻密な計画を立てていた。

だから、エヴェレストのてっぺんで予想もしなかったものを見つけたのは、別段驚くようなことではない。エヴェレストは人の最良の部分を映し出す窓だ。そしてこの窓は、最悪の部分も映し出したのである。

第一部　熱狂への道

第一章　死者に囲まれて

　俯せになった体の一部は岩屑に埋まり、生コンクリートのなかに倒れ伏したかのような姿だった。頭部は革製の防寒帽の残骸に包まれ、その縁から薄茶色の髪がはみ出していた。くすんだ茶褐色の衣服の大部分は風に飛ばされてなくなっていたが、腕や腰のまわりには繊維がわずかに残っていた。剝き出しになった背中の皮膚は染みひとつなく真っ白で、大理石の彫像そのものだ。臀部と太腿はヒマラヤのカラスに齧りとられて穴が穿《うが》たれていた。そのせいで、ハンマーで叩かれて穴が空いた石膏像にそっくりだった。

　体には苦しんだ形跡があった。両腕は大きく広げられ、細い指先で斜面を摑んでいる。両手の甲だけが焦げ茶色に変色し、色のないほかの部分とは対照的だ。鋲底のある革製の登山靴を履いた右脚は、脛のあたりでありえない方向に折れ曲がっている。左脚は負傷した右脚を庇うようにその上に重ねられている。このささやかな人間的な仕草に、私の心は強く揺さぶられた。この登山家の身になにが起きたにせよ、この場所にたどり着いたとき、自身が苦境に陥っているということはわかっていたようだ。

大講義室で、隣にいる十二歳の私の娘リラを見ると、彼女は肘掛けを両手でしっかり握りしめていた。私はその手を包むようにし、「大丈夫か？」と小声で尋ねた。リラは感情のない目で見返すとかすかに頷いた。私はこのスライド上映会が成人向きのものだとは知らずに来たのだ。娘が本物の死体の写真を見たのはこのときが初めてだった。私のほうはこの写真を幾度となく見てきた。長いあいだ行方不明だった登山家ジョージ・マロリーの遺体が、二十年ほど前にエヴェレスト北面で発見されたとき、インターネット上に拡散されたからだ。

講義室の壇上には、黄色いダウンスーツを着たマネキンとオレンジ色のテントが張られていて、テントにはニューハンプシャー州のナンバープレート「29035」［フィート表記のエヴェレストの標高］がついていた。マネキンとテントのあいだに立っているのが、私の友人トム・ポラードだ。頭に白髪が目立つが、話し方や体の動きは妙に若々しかった。普段のトムは、首からチベット仏教の数珠を掛け、いかにも現代的で飾らない格好をし、話し方もざっくばらんだ。しかしその夜のトムは、濃紺のブレザーと濃い茶色のチノパンツに革靴という格好だった。鬚《あごひげ》は整えられ、髪もその場にふさわしく丁寧に梳《と》かされ、頭頂部が照明を受けて輝いていた。二〇一七年十月の夜、私の友人は大学教授のようないでたちで、壇上を左右に動きながら話す様子も教授そのものだった。

トムとは一九九〇年代からのつきあいで、彼がニューハンプシャー州ノースコンウェイに引っ越してきた直後に、共通の知人を介して知り合った。ふたりとも同じくらいの年齢の幼児がいて、いろいろな面で似たような生活を送り、好きなことを生業《なりわい》にするために四苦八苦していた。トムはカメラマン兼映画監督で、私の肩書きはプロの登山家、山岳ガイド、ジャーナリストというものだった。妻同士も仲良くなった。おそらく夫のせいで、ほかの家庭ではありえない厄介な問題に絶えず悩まされていて、それでふたりのあいだに絆が生まれたのかもしれない。何といってもその夫は、ニューハンプシャーの片田舎に家族を残し、妻に育児を押しつけ、父親の務めを放り出し、世界各地に冒険に出かけていたのだ。その数年後、トムと私は予想どおり、好き放題に夢を追いかけてきた罰を受けることになる。悲しみに暮れて茫然としてはいたが、同じ裁判所の審問によって互いの離婚が成立すると、トムと私のその後の生き方は一致することになった。

トムがきちんとした格好でここに来たのは賢明だった。スライド付き講演会「エヴェレストへの挑戦から学んだこと」には、四〇〇人近い人が詰めかけていた。その前年の二〇一六年、トムは五十四歳で初めてエヴェレスト登頂を果たした。三度目の挑戦で手にした栄冠だった。

実は、私はそれまでエヴェレストにまるで興味がなかった。エヴェレストを未熟な登山家たちの群がる山だと思っていたのである。未熟な者たちは、最大の危険をシェルパに丸投げし、楽をして山に登るというごまかしをしていた。シェルパたちは登山家の自己満足のために危険を冒して死ぬことも多かった。アメリカ人登山家《アルピニスト》のマーク・トワイトは、多くの登山家と専門家が抱いている感情をこう要約している。「にせものたちが登山という行為を堕落させてきた。

彼らは足りない技術や度胸を、金と装備で補う。頂上に立てはしても、成功の栄誉やその基準を作ろうとしない。（中略）今や私は、登山家と自称することに恥ずかしさを覚えている。私が登山家だと述べたとたん、登山愛好家と称する者たちが、『空へ：エヴェレストの悲劇はなぜ起きたか』［ジョン・クラカワー著、海津正彦訳、文藝春秋、一九九七年刊］を読んだか、エヴェレストには登頂したか、と訊いてくるのだから」(1)。私はもちろんのこと、私の世代の大半の登山家にとって、世界の最高峰は登るに値する山ではなかったのである。

だからといって、最初から価値がなかったわけではない。

十五歳で初めて山に登ってから、私は登山にまつわる物語を貪り読むようになった。その頃読んだ本のなかに、一九七八年にラインホルト・メスナーとペーター・ハーベラーが達成した史上初のエヴェレスト無酸素登頂を描いた『生きた、還った：8000m峰14座完登』［ラインホルト・メスナー著、横川文雄訳、東京新聞出版局、一九八七年刊］がある。当時の医師は皆、酸素補給なしで標高八八〇〇メートルまで登ることはできない、と主張していた。そんなことをすれば、脳に永久的な障害が残ることになる、と。そこでメスナーとハーベラーはできる限り速くエヴェレストに登り、登頂を果たすや脱兎のごとく下山した。ベースキャンプにたどり着いたとき、身体にも脳にも何の損傷も受けていなかったことに、皆は驚いた。この本を読み終えてから、私の憧れの人はスタントマンのイーブル・クニーブルからメスナーに替わった。世界の屋根が待っているのだから、ロケットカーでスネーク・リバー・キャニオンを横断することに興味を抱いている場合ではない。

大金を積んで営利目的で最初にエヴェレスト登頂を果たしたのは、ディック・バスである。(2)彼はテキサス州で石油事業と牧場を営み、ユタ州のスノーバード・スキーリゾートの共同創設者だ。一九八五年、デイヴィッド・ブリーシャーズとシェルパのアン・プルバに導かれて、五十五歳のバスはサウス・コル経由でエヴェレスト登頂に成功し、当時の最年長記録を打ち立て、さらには各大陸の最高峰の登頂——これは今や七大陸最高峰《セブン・サミッツ》と呼ばれる一般向けの冒険になっている——に、世界で初めて成功した。そんなつもりはなかったのかもしれないが、バスはパンドラの箱を開けてしまい、その結果、九〇年代初頭には複数の会社がエヴェレストのガイド付き登山旅行を売りに出すようになる。なかでもいちばん成功を収めた山岳ガイドは、スコット・フィッシャーとロブ・ホールだ。ところがふたりとも、一九九六年という悲劇のシーズンにエヴェレストをガイドしているときに命を落とした。ふたりを襲ったこの嵐はほかの六人の登山家の命も奪い、直後に刊行されたジョン・クラカワーの『空へ』では、そのときの様子が克明に描かれている。クラカワーは、たいして登山経験のない金持ちがエヴェレスト登頂を目指す昨今の風潮を厳しく批判したが、皮肉にもその彼の本によって、金さえ積めばだれもが世界の最高峰に登れるということが知れ渡る結果になった。

壇上のトムは、本題のエヴェレストに入る前に、フランス・アルプス、デナリからパキスタンの八〇〇〇メートル峰ガッシャーブルムⅡ峰まで、世界中でおこなってきた自身の冒険について詳しく紹介していた。私がいちばん気に入っているのは、トムが数名の仲間とペルーのティティカカ湖岸で手に入れた二五〇万本のトトラ葦で舟を作り、やればできるということを証明するためだけに太平洋を横断しようとした話だ。エンジンがないので、全長約二〇メートルのヨットは南米大陸とイースター島のあいだにある赤道無風帯に流れ着いてしまい、鏡のような水面にひたすら浮かんでいるしかなかった。出港して五十六日目にこの果敢な挑戦が終了したのは、トムの家族に緊急事態が勃発し、チリ海軍の船に救助を求めたせいだった。しかし後にトムから聞いた話では、緊急事態とは、彼の妻から、一刻も早く家に帰ってこなければ家を出ていく、と脅迫されたことだった。

私はもう一度娘のリラのほうをちらりと見た。まだぎこちない感じではあったが、トムの話に熱心に耳を傾けていた。

「この計画をもってしても登頂できないというのは考えられません」。一九二四年、遠征隊がエヴェレストに到着する前、マロリーは妻ルースにこう書き送っている。「打ち負かされて降りてくる自分の姿なぞ、とても想像できない」(3)と。

一九五三年に、イギリスの第七次エヴェレスト遠征隊に参加したエドモンド・ヒラリーとテンジン・ノルゲイが初めてエヴェレストの登頂を果たしたが、その二十九年前の一九二四年にマロリーとサンディ・アーヴィンは本当に初登頂を果たしていたのだろうか。これが今なお登山愛好家の心を摑んで離さない謎である。生前のふたりの姿を最後に目撃したのは、隊員のノエル・オデールだった。

一九二四年六月八日の午後、オデールが頂上のあたりに目を凝らすと、彼の位置から約九〇〇メートル上方に、山頂を目指すマロリーとアーヴィンの姿が見えた。北面上部は午前中こそ渦巻く分厚い雲に覆われていたが、オデールが見たときには笠雲が晴れつつあった。彼は、北東稜の高い場所に、後の推定では標高八六〇〇メートル付近に、頂上を目指して「てきぱきとした身ごなし」[4]で登るふたつの小さな人影を見つけた。「小雪稜上に小さな黒い点が一つ浮きだし」と、六月十三日か十四日に公式の報告書に書き記している。「第一の黒点は、大きな岩の段差《ロック・ステップ》に接近しており、ほどなくそのてっぺんに現われた。もう一つの点も、同じようなあんばいだった。まもなく、その魅惑的な光景はかき消され、ふたたび雲に包まれた」[5]

エヴェレスト登頂という夢は、特権階級の人々を長いあいだ魅了し続けてきた。当時、ヒマラヤ山脈は西洋人にとって「未知の領域」であり、世界最高峰に登ることは、それに伴う重圧と危険を考えれば、現在の火星旅行にも匹敵する大冒険だった。一九〇五年、インド総督カーゾン卿は、イギリス山岳会《アルパイン・クラブ》の元会長だったベテラン登山家ダグラス・フレッシュフィールド宛てに、エヴェレスト遠征を提案する手紙を送った。「これまで私は常々、忸怩たる思いを抱いてきました。それは、世界第二位の高峰の大部分がイギリス領内にあり、世界第一位の高峰が友好的な隣国にあるにもかかわらず、世界屈指の登山家と冒険家で構成されている我が山岳会が、そのふたつの山の登頂を目指すという継続的かつ科学的な試みをおこなおうとしないからなのです。（中略）私はイギリス政府に対し、専門的な訓練を積んだ登山家とスイス人ガイドとで編成された完全装備の登山隊をできうる限り支援するよう要請する所存です。（中略）これを不可能とする理由がありましょうや」[6]

第一次世界大戦が終結した後の一九二一年に、イギリス山岳会は王立地理学協会と共同で「エヴェレスト委員会」を立ち上げた。エヴェレスト委員会は、世界最高峰の登頂のために何年にもわたる調査やさらなる測量、多数のポーターの確保といったさまざまな準備が必要である、というまっとうな結論を導き出した。こうした兵站の問題がいっそう複雑になったのは、カーゾン卿が南面のクンブ渓谷を通ってエヴェレストへ近づいていくための許可をネパール政府に求めたところ、干渉を嫌うネパール政府ににべもなく断られたからだった。こうなるとあとはチベット経由の道を行くしかないが、同僚から「プリシラおばさん」と呼ばれていたインド国務長官ジョン・モーリーは、浅薄の「つまらない人物」[7]で、中国やロシアと緊張状態になるのを懸念していた。それで彼はイギリス人がチベットに旅行するために入国することを禁じた。第一次世界大戦前は、エヴェレストに接近することすらできなかったのである。

さらに国家の威信を傷つけたのは、イギリスの探検がもはや世界の最先端でなくなっていたことである。北西航路の開拓、さらに北極点と南極点への到達競争で、イギリスはことごとく敗北を喫してきた。

　一八四八年、太平洋への近道となる航路を開拓していた二隻のイギリス船、HMSエレバス号とHMSテラー号は、一二九名の乗組員を乗せたままカナダ北極圏で忽然と姿を消した。一九〇九年には、アメリカ人ロバート・ピアリーが北極点に到達。その二年後、個人で資金を調達した負けず嫌いのノルウェー人探検家ロアール・アムンセン——彼は一九〇六年に北西航路で姿を消した船の謎も解き明かしている——が、イギリス人の得意分野でまたもや勝利したのである。ロバート・ファルコン・スコット隊長率いる不運のイギリス南極探検隊が南極点に到達すると、彼らを出迎えたのは雪のなかにしっかりと突き立てられて風にはためくノルウェーの国旗だった。

　そのため、第一次世界大戦後には、「第三の極地《サード・ポール》」とも呼ばれたエヴェレストがイギリスの名誉挽回の一縷の望みとなった。一九二〇年十二月にダライ・ラマが、最後の難関だったチベットからエヴェレストへ接近する許可をイギリスに出した。このニュースはただちにイギリス国内紙で報じられた。王立地理学協会の会長を務め、一九〇四年にはチベットに対する大規模な軍事侵略を指揮したフランシス・ヤングハズバンドは、エヴェレスト遠征を成功に導くためにはイギリス国民の心を捉えなければならないと考えていた。彼は王立地理学協会会員に向かって、エヴェレスト登頂という理想を「英国社会のなかに植え付けていきたい」と語った。

「先人たちは山を恐れていました」とヤングハズバンドは述べている。「そのために、ごく普通の山の頂ですら到達できないと思っていたのです。今では、世界最高峰に登れないなどということはあり得ませんし、エヴェレストの頂に初めて立つ者は、今後何世代にもわたって数多の人に勇気を与えてくれることでしょう」(8)。結局のところ、新聞各紙の後押しもあって、第一次エヴェレスト遠征はたちまち世論を味方につけることができた。

一九二一年春には、エヴェレスト委員会は登頂ルートの偵察隊を組織した。それまでエヴェレスト山頂の六五キロ圏内にはひとりの西洋人も足を踏み入れたことがなく、登頂はおろか山の麓へたどり着く方法を知る者すらいなかった。偵察の結果、迷路のように入り組んだ、想像を絶するほど巨大な氷河のせいで、斜面には近づけないことがわかった。たとえ氷河を抜けるルートを発見できたとしても、高高度での登山技術が備わっていなかった。当時、使われていたロープは、麻などの天然繊維で作られた細いもので、現代のクライミングロープより洗濯紐に近い。しかも切れやすい代物だったため、ないよりはましといった程度の、バスの転落を防ぐかどうか疑わしいガードレール並みの安全対策に過ぎなかった。登山者は、調査の際にそのロープは絶対に使わないと言った。氷雪上での滑り止めとして靴底につけるアイゼンは、革製の登山靴に取り付けるための紐が爪先へ向かう血流を止めてしまうために使えなかった。開閉部のついた金属製の環カラビナは、登攀のほぼ全局面で使われる道具だが、この当時は発明されたばかりで普及していなかった。

標高八八〇〇メートルで人間が生き延びられるかどうかも怪しく、当時の生理学者の多くは、生存は不可能、と断言していた。一八七五年に、三人のフランス人科学者が高度の新記録達成のため、熱気球で飛んだという先例[9]があったが、結果ははかばかしいものではなかった。離陸から数時間経って地上に戻ってきた熱気球の高度計は八五三〇メートルを示していた。ところが三人のうちふたりが絶命しており、その顔はどす黒く変わり、口のなかは血で充たされていた。なんとか生還できたひとりは聴覚を失っていた。今では、このふたりの死は高所への順応ができなかったのが原因だとわかる。本来なら、高所に順応するには数週間はかかるのだが、当時は人体の仕組みが解明されていなかった。

このように未知なことが多かったにもかかわらず、一九二一年の第一次エヴェレスト遠征で、ジョージ・マロリーと隊員たちは大きな成果をもたらした。多大な困難を乗り越えて、マロリーと彼のパートナーのガイ・ブロックは、エヴェレスト北稜と七〇〇〇メートル級の付属峰チャンツェを分かつ標高七〇二〇メートルの氷食鞍部［氷河の侵食を受けて削られて低くなっているところ］に到達した。結局、山頂まで残り一八三〇メートルのところで引き返しはしたが、登頂できそうなルートを発見した。一年後、マロリーはエヴェレストに戻った。登山史上初めて酸素補給器を使用し、隊員ふたりは当時の最高記録である八三二一メートルに達した。しかし最後の頂上アタックのときに雪崩が起き、この遠征を支えていた地元のポーター七人の命が失われた。この悲惨な出来事の責任は最終アタックを率いたマロリーにある、というのが主要な意見だった。しかしイギリスに戻ったマロリーを、エヴェレスト委員会はアメリカへの講演旅行に送り出した。そしてこのアメリカ訪問の際に、彼はあの有名な言葉を残した。「ニューヨーク・タイムズ」の記者から、なぜエヴェレストに登るのかと問われ、「そこにそれ《エヴェレスト》があるから」と答えたのである。

エヴェレスト委員会は、一九二一年と二二年に続けて辛い経験をしてようやく、第一次世界大戦中に司令官級だった四、五十代のベテラン登山家を遠征隊に参加させてもうまくいかない、という結論に達した。そうした人々は数十年にわたる高所登山の経験があり、勇猛果敢な戦いぶりにも定評があったが、七五〇〇メートル以上の山に登るには歳をとりすぎていた。一九二一年と二二年の遠征のとき、期待の新人と見なされてはいたがまだ年若いマロリーが選出されたのは、彼が第一次世界大戦中に王立要塞砲兵隊中尉として名を揚げたからでもあるが、なによりも山登りの才能を買われたからだった。そんな彼も三十七歳になり、すでに若くはなく、委員会は若いパートナーが必要と判断した。白羽の矢が立ったのが亜麻色の髪のボート選手で、オックスフォード大学に籍を置く二十一歳の化学専攻の青年だった。アンドリュー・「サンディ」・アーヴィンは機械に詳しいばかりか、類い稀な運動能力の持ち主だった。委員会が注目したのは彼の胆力だ。たとえアーヴィンに登山経験が乏しく、標高一七〇〇メートル以上に足を踏み入れたことがなくとも、まったく問題はないと考えた。

では、一九二四年六月八日に、マロリーとアーヴィンの身にいったいなにが起きたのか。ふたりは世界の頂に初めてたどり着いたのだろうか？　第三次遠征が悲劇で幕を閉じてから七十五年後のこと、エリック・サイモンスンの率いる国際調査隊がその謎の答えを求めてチベットへ旅立った。サイモンスンはシアトル出身の経験豊富な登山家かつ山岳ガイドで、一九九一年に北東稜からのエヴェレスト登頂に成功した人物だ。調査隊には、屈強な数名のアメリカ人登山家やドイツ人山岳史家ヨッヘン・ヘムレブがいた。この調査遠征は、ヘムレブ、サイモンスン、出版社役員ラリー・ジョンソン、一九二四年の遠征隊員ハワード・サマヴェルを大叔父に持つグレアム・ホイランドの協力で実現したものだ。調査の様子は、BBCと、PBS〔アメリカの非営利・公共放送ネットワーク〕の科学ドキュメンタリー番組「ノヴァ」が撮影する段取りになっていた。トム・ポラードも「ノヴァ」のカメラマンとして調査に参加していた。

一九九九年におこなわれたマロリー／アーヴィン調査隊の目的は、雲のなかに姿を消したふたりが携帯していたカメラを見つけ出すことだった。そのカメラこそ、それから二十年後の私の脳裏から離れなくなるものだ。一九二四年の六月五日の報告書でハワード・サマヴェルは、自分のヴェスト・ポケット・コダック（VPK）をノース・コルの第四キャンプでジョージ・マロリーに渡した、と記している[10]。サマヴェルは歴史に残る頂上アタックから戻ってきたばかりで、そのあいだに彼のパートナーで遠征隊長のエドワード・ノートンが無酸素で標高八五七二メートルに到達していた。忘れっぽいことで有名なマロリーは、アーヴィンとの最後の頂上アタックに備えていたが、自分のカメラを下のキャンプに置き忘れてしまっていた。

中国へ発つ前、サイモンスンは専門家に連絡し、古いカメラのフィルムを現像できるかどうか問い合わせた。イーストマン・コダックの技術者たちは、ＶＰＫ本体が無事ならば、長年凍結状態にあったフィルムでも現像はできるだろう、と答えた。さらに、フィルムをアメリカに持ち帰るために、乾燥剤とアルミ箔袋、ドライアイスが入る保冷容器を持っていくことを薦めた。

カメラを発見してフィルムを現像することが全員の悲願だった。山頂で喜びを分かち合っているマロリーとアーヴィンの姿でも写っていたら、世界最高峰の登頂史を書き換えることになる。

当時二十七歳の調査隊の山岳史家ヨッヘン・ヘムレブほど、「マロリーとアーヴィンの謎」に関して詳しい者はいなかった。さまざまな手がかりを組み合わせ、北面上部近辺で調査する区域をアメリカン・フットボールコート一〇個分（約五万三〇〇〇平方メートル）にまで絞っていた。重要な証拠のひとつに、中国人の登山家・王洪宝《おうこうほう》による目撃証言があった。[11] 彼は一九七五年に行方不明の仲間を捜索するため、北東稜の正規ルートから外れたところを歩いていたとき、標高八一〇〇メートル付近で古い「イギリスの、イギリス人の」遺体を見つけた、と報告している。当時エヴェレスト北面のこの標高にほかの遺体があることはありえず、王洪宝が目撃したのは行方不明のふたりのイギリス人登山家のいずれかとしか考えられなかった。

エヴェレストの空中写真と地図を精査したヘムレブは、王洪宝が遺体を見つけたおおよその場所は、一九三三年に北東稜でアーヴィンのものとされるピッケルが見つかった地点からほぼ最大傾斜線［谷に向かうもっとも傾斜のある方向］上にあると断定した。イギリスは一九三〇年代に何回かエヴェレスト登頂を試みて失敗しているが、三〇年代の遠征の初回のときに登山家パーシー・ウィン＝ハリスが、稜線からおよそ二〇メートル下、標高八五三〇メートル付近の一枚岩《スラブ》の上でピッケルを発見したのである。一九三三年の遠征隊は、そこでふたりの命が奪われたと考えた。当時の遠征隊長ヒュー・ラトレッジは、著書『一九三三年のエヴェレスト（*Everest 1933*、未邦訳）』のなかでこのピッケルについて、「足を滑らせた際に誤って落としたのか、あるいはロープを両手で掴むために持ち主がそこに置いたのか」と述べている。彼はさらに、ピッケルが落ちていた一枚岩は険しくはなかったが、岩は滑らかで落石が散らばっていた、とも述べている。[12] もし足を滑らせでもしたら、間違いなく大惨事になっていただろう。ラトレッジの説明のとおりで、さらにマロリーとアーヴィンの体がロープで繋がれていたとすれば、この一枚岩からひとりが滑落し、もうひとりが道連れになった可能性はある。

しかしヘムレブにとってそれより重要なことは、一九七五年に王洪宝が行方不明の仲間を捜して脇道に逸れていったとする、中国隊の第六キャンプの場所を突き止めることだった。キャンプが設営されていた場所がわかれば、王洪宝の足取りをたどることができる。そして、すべての手がかりを合わせて特定できた場所が、イエロー・バンドという標高八〇〇〇から八五〇〇メートルのところにある、エヴェレストをぐるりと囲んでいる金色の地層の、その下にある雪のテラスだった。

調査隊のなかにアメリカ人登山家コンラッド・アンカーがいた。調査初日の一九九九年五月一日、アンカーは三〇〇メートルあまり上にある北東稜の、アーヴィンのピッケルが見つかったあたりを眺めた。「あそこから滑落したら、どこで止まる?」。そこはどうやら彼の西側、つまりノートン・クーロアールとして知られる深い雪が溜まっている岩溝《ガリー》の方角で、自然の集水域のあたりだった。アンカーは間もなく、紫色のダウンスーツを身につけた損傷の激しい遺体を発見したが、服装と現代的な着脱式アイゼンを見れば、マロリーやアーヴィンの遺体ではないことは明らかだった。その直後にも別の遺体を見つけた。これも現代的な服装で、似たような損傷を受けており、頭は谷のほうを向いていた。アンカーがかがんで顔を覗きこむと、そこにあったのは眼窩が空洞になった髑髏だった。鳥たちが肉という肉を啄《ついば》み尽くしていた。

彼はなおもその集水域を捜した。しばらくして既視感《デジャヴュ》のような奇妙な感覚に襲われた。後に彼が私に語ったことだが、そのとき視野の端にそれをとらえた瞬間、酸素不足の脳内でその視覚情報を処理したときに生じる時間のずれによるものだったかもしれないが、死体を見ないうちにそこに死体があることがわかったのだという。彼の右側の、およそ一〇メートル先に「白い石膏《アラバスター》のような、塗料店にある光沢仕上げ用ではなく艶消し用のペンキのような、非常に興味深い白色」の物体があった。残り三メートルまで近づいてみると、大昔に死んだ男の裸の背中であることがわかった。ひと目で、現代の登山者ではないとわかったのだ。ぼろぼろの衣服はかなりの歳月を経ていた。そして、底に鋲を打った登山靴こそが、初期のイギリスのエヴェレスト遠征隊に参加していた登山家の遺体である証だった。「見つけた」と彼は心のなかで叫んだ。「サンディ・アーヴィンだ」

マサチューセッツ州出身の二十五歳の山岳ガイド、ジェイク・ノートンが最初にその場にやって来た。遺体まで五メートルのところで立ち止まったノートンは、遺体を覗きこんでいるアンカーの姿を写真に撮っている。目の前にあるのが、一九七五年に王洪宝の発見した遺体と同じであることは間違いないようだった。そして、一九三三年にピッケルが見つかった地点の真下に遺体があったので、アーヴィンだろうと考えた。薄茶色の髪だったので、さらに確信が強まった。アーヴィンは明るい髪色ゆえに「サンディ」［砂色の、黄褐色の、という意］と呼ばれていたからだ。間違いないと思ったノートンはその場にしゃがみこみ、泥板岩に「サンディ・アーヴィン　一九〇二～一九二四」という墓碑銘を刻んだ。

やがてアンディ・ポウリッツ、タップ・リチャーズ、デイヴ・ハーンがやってきた。最初は皆無言だった。ヘムレブの下調べは完璧で、さらにこの年のエヴェレスト北面は例年になく雪の量が少なかったために、なにか発見できるかもしれないと皆は大きな期待を寄せていた。だが、その見込みが低いこともわかっていた。ところが、調査を始めて一時間半も経たずに、遺体の場所にたどり着いたのである。

死の原因を突き止めるうえで最初の手がかりとなったのが、胴体に絡まった三、四メートルの亜麻のロープだった。左上半身に傷とロープで締め付けられた痕があることにノートンは気づいた。間近で見ると肋骨が数本折れていた。

衣服のほとんどは何十年も紫外線に晒されてぼろぼろになっていたが、シャツの襟はまだ残っていた。どのブランドだろうという好奇心から襟をめくると、洗濯ラベルに「G. MALLORY」と書いてあった。「おい！」彼は叫んだ。「これはジョージ・マロリーだ！」(13) デイヴ・ハーンは興奮のあまり息ができなくなった。「本当か？　なんてことだ、すごいじゃないか！」

マロリーが俯せになっていたのは幸運だった。イーストマン・コダックの技術者たちが、フィルムを復元するための最高の筋書きは、体が盾になって宇宙線からカメラを守ってくれていることだ、と語っていたからだ。問題は、何十年もその場にあったせいで遺体が斜面と一体化するほど埋まっていたことだった。アンカーが両脚を持ち上げているあいだに、リチャーズとノートンが遺体の周囲にこびりついている岩のように固い氷や岩屑を削っていった。凍って硬化した遺体は、きしむ音を立てながらようやく斜面から剝がれた。天然素材の衣服がさらに崩れ、粉塵となって調査隊のまわりで舞った。

アンカーが下半身を持ち上げ、リチャーズとノートンが腹部に手を回し、たくさんあるポケットを調べた。衣服の大半が吹き飛ばされていた背中側とは違い、胸側では衣服がそっくりそのまま残っていた。その日、頂上に向けて出発したマロリーとアーヴィンは、下半身には四枚、上半身には六枚の衣類を身につけていた。絹の肌着、ゲートルを巻いたウールのズボン、ウールのセーターにギャバジンのコートだ。ノートンがポケットを隈なく調べていると、首から提げた小袋のなかに四角の固いものがあった。「なにかあるぞ」とノートンは言った。一同に緊張が走った。中身はヴェスト・ポケット・コダックだろうか？　袋の口がなかなか開かないので、ノートンはナイフで袋を切り開けた。そしてすぐに中身を手にすると全員に見えるようにした。ああ、残念、カメラではなく、一九二〇年代の補給食「固形味付け肉」の缶詰だ。

リチャーズとノートンがなおもポケットを探ると、当時の所持品が続々と出てきた。一時間ほど経った頃、ノートンが胸ポケットからハンカチを取り出した。青や紫の模様に暗赤色の花柄が入り、縁には青い糸でマロリーの頭文字「GLM」が刺繍されている。ハンカチに包まれていた三通の手紙は、すべてジョージ・マロリー宛てのものだった。一通目の差出人はマロリーの妻ルース、二通目は弟のトラフォード、そして三通目はステラ・コブデン＝サンダーソンという女性だ。この遺体がアーヴィンではなくマロリーであることはこれで確定した。

ノートンは高度計を取り出し、八八四八メートルを示して止まっているような奇跡が起きていないものかと思いながら確かめた。ガラス蓋と針は壊れてなくなっていた。ほかにも、裁縫道具、柄《え》が鹿角の折り畳み式ナイフ、今も使用可能なスワンヴェスタの「喫煙者のマッチ」箱、酸化亜鉛軟膏のチューブ、小鋏、ちびた鉛筆が見つかった。[14] 鉛筆は各酸素ボンベの残量を封筒裏に書き留めるためにマロリーが使っていたものだ。

いちばん興味深いものはゴーグルだ。アルミのフレームはへこみ、金網状の側部保護《サイド・シールド》があり、レンズはワインの瓶のような緑色をしている。ポウリッツはゴーグルを重要な手がかりと捉えていた。マロリーがゴーグルをポケットに入れていたということは、滑落が起きたのは遅い時間だ。もしかしたら夜になっていたかもしれない。

一九二四年の六月八日に起きたと考えられるもうひとつの手がかりを、調査隊はまだ見つけていなかった。マロリーの家族の説明では、マロリーはルースの写真をエヴェレストに持っていき、登頂が叶ったら頂上にその写真を置いてくると言っていたという。[15] 花柄のハンカチのなかにルースの写真がないのは、その日すでに山の頂に置いてきたからではないか？

所持品のなかにはカメラもなかった。ハワード・サマヴェルはVPKをマロリーに手渡したと報告していたが、その後アーヴィンの手に渡ったと考えるほうが自然だろう。アーヴィンのほうが写真の腕はたしかだった。登頂の記念写真を撮る場合にはポーズを取る側より、シャッターを押す側になりそうだった。

だとしたら、サンディ・アーヴィンはどこだ？　切断されたロープがマロリーの腰に巻きついているということは、彼が不運な出来事に遭遇したとき、パートナーの若者とロープで繋がっていたと推測される。そして上半身に残っている傷は、どこかの時点でマロリーがロープで強く引っ張られたことを示すたしかな証拠に思えた。アーヴィンはピッケルを捨ててマロリーの滑落を止めようとしたが、そこでロープが切れ、ふたりはイエロー・バンドを数百メートルほど落下したのかもしれない。それが事実だとすれば、マロリーの遺体には、調査隊が雪のテラスで見かけた遺体のように、ひどい損傷が残っているはずだ。落下中に何度も体を打ち付け、この地点で止まる前にはもう死んでいただろう。ところがマロリーの体勢――頭は頂上を向き、両腕を上に伸ばして爪で斜面を摑み、片脚を怪我をした脚の上に重ねていた――は、この地点に着いたときにはまだ意識があり、生き延びようと必死でもがいていたことを物語っている。

マロリーとアーヴィンの死の真相は、ピッケルがあった場所からの滑落で片付けられるほど単純なものではない。これが調査隊の出した結論だった。

コンラッド・アンカーがマロリーの遺体を発見したとき、トム・ポラードは前進ベースキャンプ（ABC）に戻る途中だった。その日の早朝、トムは標高七六八〇メートルの第二キャンプで、朝焼けのなかを捜索に向かう隊員たちの姿を撮影した。カメラを荷物のなかにしまったとき、自分の酸素器具に不具合があることに気づいた。一〇〇メートルほど前方にいたジェイク・ノートンに大声で呼びかけたが、強風のせいで声は届かず、無線もなかった。そのためトムは調査隊の後を追うことは諦め、仕方なく下り始めた。

マロリーの遺体を発見してから、調査隊の無線は静まり返っていた。ほかの隊が無線を傍受していることはわかっていたので、無線でのやりとりを完全に停止したのだ。それでトムとサイモンスンは、なにが起きているのか正確に知ることができず、すごいものを発見したということしかわからなかった。無線を切る直前にハーンは、「ありがとう、ヨッヘン。きみはさぞ喜ぶだろう」と言った[16]。

キャンプに戻ったアンカーとその仲間を、サイモンスンは期待に満ちた目で見た。しかし部外者が近くにいたので、口を開く者はいなかった。食事用テントに入って入り口のジッパーを閉めると、ハーン、ノートン、ポウリッツはマロリーの所持品をザックから取り出した。最初にサイモンスンに渡したのは色褪せた古い封筒だった。凝った筆記体でジョージ・リー・マロリー様と書いてあった。サイモンスンの顔が輝き、満面の笑みが浮かんだ。

翌朝、調査隊は食事テントで休息をとっていた。天気晴朗なために入り口は開けておいた。入り口そばに座っていたトムは、キャンプのなかを真っ直ぐに通っている道を眺めていた。通りかかった男がテントを覗きこんで声をかけてきた[17]。

「やあ、おめでとう」

「何のことだ?」トムが尋ねた。

「例の大発見だよ。マロリーを見つけたんだろう」

「どうして知ってる?」

「BBCのラジオを聞いていたらエドモンド・ヒラリーへの取材が始まって、きみたちを称えていたんだ」

　前の晩、トムの知らないうちにサイモンスンとデイヴ・ハーンが特電を打ち、マロリーの遺体発見のニュースが、「マウンテン・ゾーン」という、エヴェレストをはじめとする高所遠征の即時報道に特化したウェブサイトで発表されていた。岩屑に顔を埋めて俯せに横たわるマロリーの遺体の画像も掲載された。ハーンは画像データを十数個に分け、衛星電話のモデムからデータを送信したのである。サイモンスンはマロリーの発見をこれほど急いで発信したくなかったと言っているが、ベースキャンプに滞在していた「ノヴァ」の制作担当リースル・クラークは、「ノヴァ」のウェブサイトに速報を載せ、ハーンがヨッヘンに言った言葉「きみはさぞ喜ぶだろう」も引用した。情報はすでに拡散されていた。この遠征の独占報道権は「マウンテン・ゾーン」にあったので、サイモンスンはこのまま公表するしかないと判断した。

　速報が「マウンテン・ゾーン」に載って間もなく、そのサイトは一時間のうちに一〇〇万件ものアクセス数を記録した。(18) ジョージ・マロリーの遺体の写真が世界中の新聞の一面を飾った。マロリーを発見した調査隊が今もエヴェレストのキャンプに滞在しており、アーヴィンとカメラの捜索に乗り出そうとしているという現在進行中の事実が、緊張感と劇的効果をもたらし、世界が興奮に沸き立つことになった。

　この時点で公表されたマロリーの唯一の写真は、ハーンがひと晩中かけてアップロードしたわずか一〇〇キロバイトの画像ファイルだけだった。調査中に速報と写真提供を担ったハーンはデジタルカメラを使っていたが、隊員の大半は三五ミリフィルムを使っていた。ベースキャンプに戻ったサイモンスンは調査前に合意したとおり全員のフィルムを集めた。これでひとりの登山家の手で全フィルムをアメリカへ運んでいき、メディアへ映像提供を管理する業者に委ねることができる。初回の速報から二十四時間も経たないうちに、「タイム」、「ニューズウィーク」、「ライフ」、「ナショナル ジオグラフィック」といったアメリカの出版社や、イギリスのタブロイド紙や新聞社のあいだで入札競争が起きていた。「ライフ」と「ナショナル ジオグラフィック」に至っては、発見すらされていないコダックVPKの写真に、前金で一〇〇〇万ドルを超える金額を払うという意志を示していた。

トムによれば、各隊員の取り分について話し合われた結果、彼には一万ドルもしくは一万ドル以上が支払われると言われたという。「皆手に入れられる限りの金をかき集めようとしてた」とトムは述べている。「自分もそのなかのひとりだったことが今となっては恥ずかしいよ」。だれしも表面上は礼儀正しい態度を取っていたが、トムによれば、調査隊は仲間割れに近い状態で、だれが今回の物語を担当し、だれが将来的な「棚ぼた」を手にするかで、「水面下の戦いが繰り広げられていた」。

五月八日、ハーンが低解像度のデジタルカメラで撮ったマロリーの写真が、ルパート・マードック［「メディア王」の異名をとるアメリカ人実業家］率いるイギリスのタブロイド紙「サン」に掲載された。アンカーは仰天した。アンカーはかねてから、「ナショナル ジオグラフィック」の編集者の趣味の良さを信頼していたので、是非ともそこに売るべきだと主張していた。だが「ナショナル ジオグラフィック」は競売で競り負けたようだった。

いっぽうサイモンスンは、オーストラリアに住むマロリーの孫ジョージ・マロリー二世にメールで連絡を取っていた。遠征前にサイモンスンはマロリー二世の家族に、遺体が発見されたらDNAサンプルを採取する許可を求めていた。それでアンカーがナイフでマロリーの腕の肉を少しだけ削り取った。ジョージ・マロリー二世は祖父の遺体発見の知らせを聞いた当初、「心から感謝します」[19]というメールを調査隊に送っている。しかしそれが送られたのは、「サン」に掲載された写真を見る前のことだった。トムによれば、五月八日にマロリー二世から送られてきたメールには、祖父の遺体捜索が金儲けのためだったことを知って非常に落胆している、と書かれていた。その同じ日に、「オブザーバー」の取材を受けたマロリー二世は、「正直なところ、相当頭にきてますよ」[20]と語っている。

捜索隊が最高額を出した会社に写真を売ったという噂が広まると、すぐさま猛烈な反撥が起きた。一九七五年にイギリス遠征隊を率いてエヴェレスト南西壁初登攀を果たしたサー・クリス・ボニントンは、「オブザーバー」にこう語っている。「どれほど私が不愉快な思いをしているか、とても言葉では言い尽くせませんよ。彼らには登山家と呼ばれる資格がありません」

トムはその晩ひとりになったときに、こうした狂騒と自らの考えを日記に書き留めた。「調査遠征(中略)という劇的な事件は、これ以上盛り上がれないかのように、日常のなかに紛れ込んでいくようだ」

遺体発見の二週間後、調査隊はさまざまな論争が渦巻くなかを、エヴェレストへ戻っていった。もともとの計画では、この二回目の調査でアーヴィンとカメラを捜すことになっていたが、五月八日の嵐でエヴェレストはすっかり雪に覆われていた。この状況では、これ以上アーヴィンを捜索しても成果は望めないと調査隊は判断した。

この同じ嵐が、無酸素登頂を成し遂げて下山中だった三人のウクライナ人登山家に襲いかかっていた。三人のうちのひとりの姿が見えなくなった。残ったふたりは、仲間が雪庇を踏み抜いて転落し、山の東壁の上にあって人が近寄れず登攀もできないカンシュン・フェイスを滑落していったのではないか、と考えた。そのふたりも凍傷と高地脳浮腫に苦しみながら、標高八二〇〇メートルを超える場所で野営《ビバーク》した。朝を迎えたふたりは動くことができなかった。ほかの捜索隊員が救助のために動員され、サイモンスン隊のメンバー数人も救助隊に参加した。アンカーとハーンは、即席の担架でウクライナ人登山家ふたりをノース・コルから降ろすのを手伝った。ふたりのウクライナ人は無事キャンプにたどり着いた。アンカーとハーンのひたむきな救援活動と、ほかの登山者の協力があったからこそふたりの命が救われたといってよかった。生還したウクライナ人登山家は病院に運ばれ、凍傷になった手足の指は切断された。姿の見えなくなった仲間に再び会うことはなかった。

サイモンスンの調査隊はこの救助活動で多大な時間と労力を費やした。エヴェレストでは有用なものは常に限られている。残った力を最大限に活かすため、サイモンスンは隊をふたつに分けることにした。アンカー、ハーン、ノートン、リチャーズは頂上を目指しつつ、マロリーとアーヴィンが北東稜上部に到達したという証拠を捜す。その途中でアンカーは、悪名高い難所セカンド・ステップを補助器具なしで登り、マロリーが当時の未発達の装備だけでここを登れたかどうかを検証する。この登攀問題は長いあいだ議論の的になっていた。

北東稜にはファースト・ステップ、セカンド・ステップ、サード・ステップとして知られる三つの特徴的な岩壁がある。三つのなかではセカンド・ステップの難度が群を抜いて高い。最初のオデールの報告どおり、マロリーとアーヴィンがセカンド・ステップを越えていたのであれば、それ以降は登頂を妨げるような技術的難所はなかったはずだと言われている。一九七五年に中国隊がセカンド・ステップにアルミの梯子を設置し、それ以来登山者はこの梯子を登って最難関の絶壁を乗り越えている。アンカーはマロリーとアーヴィンと同じように、梯子を使わずに岩を登るつもりでいた。

トム・ポラードが入った隊のほうは、マロリーの最後の地点に戻って遺体をもう一度調査することになった。遺体発見後の捜索隊は、一回目の調査でカメラのありそうな場所をしらみつぶしに調べたわけではない。今回は金属探知機を持ってきたので、遺体周辺をより徹底して調べられるはずだ。

五月十六日、両隊ともが標高八三〇〇メートルにある第三キャンプに到着した。アンカーの隊がキャンプを設営し、トムとポウリッツがマロリー捜索に出発した。三五度の斜面を降りつつ、西に進んだ。斜面にはところどころに固くなった雪や、アイゼンの下でぐらつく緩い岩板があった。ロープは解いていたので、もしも滑ったら、あるいは転んだりしたら、北壁の基部に口を開けた二〇〇〇メートル下のクレバスに落ちていく。このことはふたりともよくわかっていた。

一五〇メートルほど下がると、ポウリッツが足を止めた。ポウリッツは小石で覆われた岩棚に立ち、途方に暮れたような顔つきをした。「遺体が見つからない」と彼が言った。「二手に分かれてあの岩のところで合流しよう。それまでに見つからなかったら、明日また出直そう」。

三十分後にトムは、地面を熱心に見つめているポウリッツの姿に気づいた。近寄ってみると、こんもりした岩屑から膝より下の真っ白な骨が飛び出ていた。また戻ってこられるかどうかわからなかったので、最初の調査隊が伝説の登山家への敬意から、遺体の上に石を積んでおいたのだ。

この瞬間までトムは、今回の調査遠征が単なる「仕事」であり、マロリーは歴史上の人物に過ぎないと思っていた。しかしポウリッツとともに岩屑を取り除いてマロリーの遺体を目にした瞬間、その人物が登山仲間のように思え、親近感を抱き、感動すら覚えた。

一回目の捜索隊が、凍った斜面に半ば埋まった遺体を掘り出すという大変な作業をしてくれたおかげで、間に合わせの墓を取り除いてマロリーの体を持ち上げるまで、ほんの数分しかかからなかった。遺体が地面から剝がれると衣服が埃となって舞い、トムはそれを吸い込まないよう口を塞いだ。

ふたりはマロリーの両脚を持ち上げた。遺体は厚板のように硬く、上に伸びた腕を支点にする格好で、顔を含めて体の前面がすべて斜面から離れた。トムがマロリーのズボンのポケットに指を入れると、すぐに細い革バンドのついた円い文字盤の腕時計を見つけた。この重要な遺品をジェイク・ノートンとタップ・リチャーズは見逃していたのだ。ガラス蓋と長針はなくなっていたが、残っている短針は文字盤の1と2の中間を指していた（短針は山から持ち帰るあいだに外れてしまうことになるのだが）。トムはガラスの破片でもないかともう一度ポケットを探ったが、なにもなかった。つまり、ガラスが割れたのは登攀中のことだ。腕時計を外してポケットに入れるには、厚手のウールの手袋を外さなければならないはずなので、そのときマロリーは順調に進んでいたのだろう。トムはセカンド・ステップの難所を思い出した。絶壁に幅一五センチの裂け目が垂直に走っている。もしマロリーがセカンド・ステップに挑んでいたら、左腕をその裂け目に差し込んだ可能性が高い。ノエル・オデールは、マロリーがこの難所を越えるのを午後十二時五十分に見たと報告しているので、時間もほぼ一致している。ガラスの蓋が割れたのはセカンド・ステップのところだったのか？

すべてのポケットを調べたがなにも見つからず、トムはマロリーの顔を直接見ることにした。

前回の調査隊はあえてそれをやらなかった。もしかしたら、触れるだけではわからないなにかが見つかるかもしれない。ひょっとしたらこの遺体は、なにかの事情でパートナーの服を着たアーヴィンかもしれない。ポウリッツが遺体を持ち上げ続けるのに疲れてきたので、トムは自分のピッケルを突っ張り棒のように立てて遺体を支えた。それから修理工が車の下に潜り込むように、背中を地面に着けて頭から遺体の下に入った。鋭い岩が背中にめりこんだ。ダウンスーツが裂けるのではないかと思った。

初めトムはマロリーの顔に近づきすぎてしまい、焦点を合わせるには少し体を引かなければならなかった。鼻は凍った岩屑に何十年も押しつけられていたせいでわずかに潰れていたが、それを除けば、マロリーの友人リットン・ストレイチーがかつて「ボッティチェリの絵画のように神秘的、中国の版画のように上品で優美、潑溂として若々しく、想像を絶するほどの英国青年」[21]と評した、完璧なまでに端正な顔立ちはしっかり保存されていた。まぶたは閉じていた。顎は黒い無精ひげで覆われていた。トムが指先で触れてみると、剃らずに三、四日経ったくらいの長さがあった。鼻先、頬、耳たぶといった目に見えるところに凍傷の痕はなかった。しかし、右目の上にひどい外傷があった、とトムは記している。五〇セント硬貨大の穴で、深さは頭蓋骨に達し、ぎざぎざの傷口に骨の破片と血の痕があった。「実は、それを見てぼくは安心したんだ」とトムは言っている。「明らかな致命傷だったからね。怪我の原因がなににせよ、長く苦しまずに済んだだろう」。マロリーの顔を写真に収めることも考えたが、すでに「サン」

で発表された遺体の写真のせいで調査隊は囂々たる非難を浴びていたためにトムは躊躇した。

トムは後に、目撃したマロリーの顔の外傷を写真に撮らなかったことを後悔することになる。ポウリッツはその傷を見ておらず（彼はそのとき遺体周辺を金属探知機で捜索していたのだが、結局それは徒労に終わった）、高所での目撃証言が信用ならないということはよく知られている。その晩テントに戻ったとき、トムはこの話を持ち出したが、ポウリッツは遺体をふたりで調査しているときにトムが外傷のことに触れていたかどうか憶えていなかった。トムは今でも、顔にはたしかに傷があり、想像の産物でも、高所でおかしくなって見た幻でもない、と断言している。さらにトムは目撃後、日記に記録を残していた。エヴェレスト歴史家の大半がトムの証言を信頼している。しかし実際には、トムとポウリッツは遺体を仰向けにしなかったので、マロリーの顔をはっきり見たわけではなかった。そして顔に穴があったことは、最期のマロリーには意識があり、助かろうともがいていたという説（私もこれを信じている）と矛盾する。

遺体の調査を終えたトムとポウリッツは、集められる限りの岩屑でマロリーの遺体を覆った。ふたりは第二キャンプを目指して山を下りていったが、トムは途中で立ち止まって振り返り、二〇メートルほど上方の墓のあるところを見た。遺体を覆い尽くせるほどの石が周囲になかったために、きちんと埋葬できていなかった。トムにはそのことがなにより心残りだった。

講演の数日後、トムから講演の感想を求める電話がかかってきた。この電話でのやりとりのときに、メイン州の講演会では語らなかったことを詳しく教えてくれた。「マロリーの脚が岩屑から飛び出している光景が、いまだに忘れられないんだよ」とトムは言った。「いつかエヴェレスト北面に戻ってこの仕事を終わらせたい、といつも思ってる」

「また登ろうとでも思っているのか?」と私は言った。トムはこれまでに三度エヴェレストに登った。そして登頂を成し遂げたのだから、高所登山から身を引くのだろうと私は考えていた。トムは今や五十六歳だ。どうしてエヴェレストに再び行きたいのだろう。

「きみにはわかってると思ってたよ」トムは言った。「私は何年もかけて、サンディ・アーヴィンとカメラを捜索するための遠征資金を集めてきたんだ。それに北面から登頂したいと思っていた」

マロリーの遺体が発見されてから、複数の調査隊がアーヴィン捜索をおこなってきたことは私も知っていた。トムとアンカーは参加しなかったが、一九九九年度調査隊員の多くが二〇〇一年の二度目の調査に参加していた。マロリーとアーヴィンの最終キャンプが北稜の標高八一四〇メートル地点にあることを発見し、そこでノートンの名前が入った靴下、ゴム管、留め金付きの二本の革紐といった所持品数点を掘り出したが、マロリーとアーヴィンが姿を消した日に起きたことを示す手がかりはなにもなかった。ノートンとハーンは二〇〇四年に再び挑戦した。同じシーズンに、経験豊富なシェルパ、チーリン・ドルジェの率いる隊もイエロー・バンド付近を捜索していた。近年では、ヨッヘン・ヘムレブが二〇一〇年と翌年の二度にわたってアーヴィン捜索隊を率いた。これほどの努力と資金が費やされても、アーヴィンの痕跡はなにひとつ見つからなかった。

私は懐疑的だった。「アーヴィンを本当に見つけられるなんて、本気で思ってるのか」

「だれも知らない決定的な証拠があるとしたら?」とトムは聞き返した。

「どんな証拠だ?」

しばらく黙りこんだ後で、トムは言った。

「遺体のある正確な場所だ」

第二章　モスクワ・ルール

二〇一八年十二月の極寒の夜、トムと私はコネチカット州リッチフィールドにあるウェストリー分譲型マンションの私道にいた。そこに駐めてある白いスバル・アウトバックの後部バンパーをトムが指差した。コネチカット州のナンバープレートの数字が「二九〇〇二」だった。

「おかしいな」と私は言った。「エヴェレストの高さは二万九〇三五フィートだろ？」[1]

「今はな。だが一九二〇年代には二万九〇〇二フィートだったんだ」

私は大学一年生の地質学の授業で、ヒマラヤは世界一若くて背が高い山脈だと習った。だから、インド亜大陸がユーラシア大陸に衝突したところにあるこの山が今も変わらず隆起し続けていることも知っていた。世界最高の登山家でも簡単には登頂できない狂暴な山々が、真の姿に達していないという考え方が好きだった。どれくらいの速度で隆起しているかは地質学者のあいだでも意見が分かれるところだが、[2]一年間におよそ五ミリという説が主流のようだ。毎年平均五ミリずつ隆起していけば、千年後には約五メートルほど高くなる。

トムと私が六時間以上も車を走らせてきたのは、リッチフィールドにあるトム・ホルツェルの自宅を訪れるためだった。起業家で発明家でもある七十八歳のホルツェルは、マロリーとアーヴィンの謎を解き明かすために、四十年という膨大な時間を捧げてきたエヴェレスト狂である。

　トムがサンディ・アーヴィンの遺体がある正確な場所を知っている、などと気を持たせるようなことを言って以来、彼と毎日のようにエヴェレストの話をしてきた。その場所を突き止めたのは、トムの旧友ホルツェルだった。そしてトムによれば、ホルツェルは自分の代わりにエヴェレストで真相を探ってくれる登山家を探していた。二、三日前、ホルツェルはトムに「極秘の」ＧＰＳ座標[3]をメールで送信したのだ。

　私の本棚にはジェームズ・クック、アーネスト・シャクルトン、ロアール・アムンセンといった多くの偉大な探検家の本が並んでいる。しかしマロリーとアーヴィンのことは気にかけずにきた。近頃の不名誉な商業ビジネスのせいで、エヴェレストの歴史にたいして興味を持てなかったのだと思う。

　しかしトムのスライドショーつきの講演を聴き、彼と話し合いを重ねていくうちに、マロリーとアーヴィンの物語が頭のなかに染み込んできて、初期のエヴェレスト開拓者を新しい観点で見られるようになった。装備も未熟で衣服も不十分だった時代に第三の極地へ挑もうとするマロリーたちの挑戦は、私が長いあいだ憧れていたほかの探検家の偉業と比肩する、崇高かつ果敢なものだった。

とうとう自分を抑えきれなくなり、エヴェレストにまつわる本を注文した。『沈黙の山嶺：第一次世界大戦とマロリーのエヴェレスト』〔ウェイド・デイヴィス著、秋元由紀訳、白泉社、二〇一五年刊〕、『勇敢なエヴェレスト挑戦（*Fearless on Everest*、未邦訳）』、『底知れぬ野望（*The Wildest Dream*、未邦訳）』、『エヴェレストの探偵（*Detectives on Everest*、未邦訳）』、『行方不明の探検家（*The Lost Explorer*、未邦訳）』、『エヴェレスト初登頂の謎：ジョージ・マロリー伝』〔トム・ホルツェル、オードリー・サルケルド著、田中昌太郎訳、中央公論社、一九八八年刊〕、『ヒマラヤ名著全集3　エヴェレストへの闘い』〔E・F・ノートン著、山崎安治訳、あかね書房、一九六七年刊〕の七冊である。

私はエヴェレストの虜になっていたのだろうか？　最初は、アーヴィンの遺体の正確な場所を知っているというトムの言葉をまともに受け取らなかった。自分には無関係だと思っていた。ところがその蓋を開けてしまい、エヴェレストの箱が閉じようとしなくなった。調査遠征に加わってほしいとトムにそれとなく誘われて、私はだんだんとその気になってきていた。エヴェレストへの想いが高まってきたのである。

その数ヶ月前のこと、爽やかな夏の夜に妻のハンプトンと近所のレストランへ食事をしにいった。そのときには、取り寄せた七冊のエヴェレスト本のほとんどを読み終えて、トムとともにサンディ・アーヴィンを捜しに行くことばかり考えていた。私たちは久しぶりにふたりだけの夜を楽しんでいたのだが、それも私が、百年近く前の遺体を捜すためのエヴェレスト遠征に行くかもしれない、と言うまでのことだった。

「エヴェレスト？」と妻が言った。「本気？　それって目新しいことでもないし、あなたの仕事じゃないわよね。もうこれまでも大勢の人がエヴェレストで遺体を捜してきたわけでしょう？」

私は、マロリーとアーヴィンの謎について話し、きみが考えるようなエヴェレスト遠征とはわけが違うと説明した。カメラのことに話がおよび、いつか一九二四年六月八日の写真が暗室の現像トレイに浮かび上がる瞬間に立ち会えるかもしれない、と私が言うと、妻の態度ががらりと変わり、目が輝いて、好奇心を刺激されたのがわかった。

「でもあなたはエヴェレストやK２みたいな山に登ることに興味がなかったんじゃないの」と妻は言った。「初めてデートした日、ヒマラヤ登山からは身を引くって言ってたでしょ」

「たしかにね、あのときはエヴェレストに登りたいと思う日が来るとは思わなかった。ただ、専門的なことを言えば、実際にはエヴェレストに登るんじゃないんだ。ぼくがするのは高高度における考古学だよ。それに今はまだ実行できるかどうかわからないしね」

妻は飲み物をひと口飲むと、頬をへこませながら私の顔をじっと見つめた。私の発言のせいで気詰まりな思いをしていることは、ふたりともわかっていた。妻は私に出会う前の十年間、同じ街に一年以上滞在したことがなく、ニュージーランドで半年ほど働いていた後もずっと、七百日間ぶっ通しでスキーをしていた。息子のトミーが生まれた二〇一六年に、彼女はアウトドア業界から足を洗ったが、順調だった仕事と冒険心の赴くままの生活から育児をする主婦になるのは、決して楽なことではなかった。とはいえ結局妻は、トミーとともに私の遠征に同行するという新たな自由を見つけた。トミーのパスポートにはすでに三大陸のスタンプが押され、日本にも二度行った。残念なことに、今回はこのやり方ができなかった。エヴェレスト北面のベースキャンプは標高五二〇〇メートルのところにある。正気の者ならそんなところに幼児を連れていったりはしない。

これと似たような会話を、最初の妻ローレンと幾度となく交わしたことがある。ローレンとは、プロの登山家人生のほぼすべてをともに過ごしたが、そのあいだに私は三〇回以上の海外遠征をおこない、いったん出かけてしまえば数週間から数ヶ月は家に戻らなかった。ローレンとのあいだには子どもが三人いて、今は十八歳、十五歳、十二歳になっている（トムの講演に連れていったリラはいちばん下の娘だ）。私は長期の遠征に出る前には必ずローレンに無事を祈っていてくれと頼み、彼女もあからさまに引き止めることはしなかったのだが、私がやがて遠征登山から身を引いて家族とともに楽しい時間を過ごす日が来るのを彼女が心待ちにしていることは、私にもわかっていた。

何年ものあいだに、恨みが静かに降り積もっていったのだ。ローレンひとりで参加した小学校の懇親会では、ほかの親から憐れむような眼差しを向けられ、郵便局では「あら、マークは今度はどこへ？」と必ず訊かれ、そうこうするうちに恨みはどんどん膨れ上がっていった。彼女がインフルエンザに罹ったり、車が故障したり、子どもたちが情緒不安定になったりして大変な日々を過ごしているとき、私は冒険という夢を追いかけ、世界の果てで楽しく過ごしていたわけだ。

「あなたほど登山から恩恵を受けている人はいないでしょうね」と一度彼女に言われたことがある。

二〇一二年の秋、オマーンのムサンダム半島を船で移動しながら水辺の岩をクライミングするという一ヶ月の遠征から帰ってくると、いつになく冷ややかな態度で迎えられた。子どもたちはお土産に大喜びしていたが、ローレンはよそよそしかった。

「ぼくが帰ってきて嬉しくないのかな？」私はようやくローレンに尋ねた。

「正直に言えば、いないほうがずっと幸せ」と彼女は言った。

私たちはカウンセリングに通い始めた。そんなある日、ローレンが私に手渡したのは、表に法律事務所のラベルが貼ってある封筒だった。

レストランで私は妻ハンプトンの顔を見つめながら、すでに一度結婚生活を破綻させてしまったのに、また同じ轍を踏もうとしているのではないかと思った。これは身の程知らずな頼みだろうか。私はもうじき五十歳だ。ヘルニアを患い、膝の具合も悪い。しかも生命保険に入っていない。プロの登山家は、充分な額の生命保険をかけることができない。

椅子の背もたれに体を預けたハンプトンは、穏やかな表情で脚を組み、片手に食前酒のジントニックを持っていた。せっかくの夜を台無しにしてしまった、と不安に思い始めたとき、ハンプトンが顔を上げて私を見た。「それが本当にあなたのやりたいことなら、絶対にやるべきね」と彼女は言った。私は身じろぎもせずにその言葉の真意を考えていると、彼女は顔をほころばせた。「ただね、もしも来年あなたがエヴェレストに行くのなら、トミーと私だって身の程知らずなことをするつもり」

トムと私が玄関からなかに入ると、ホルツェルの愛犬のタッカーマンという名のシェトランド・シープドッグがいきなり暴れ出した。ぐるぐると走り回り、私が飼い主と握手をするあいだも吠え続けた。ホルツェルは八十に近かったが、健康そうだった。身長は優に一八〇センチはあり、豊かな明るい茶色の髪に白いものはほとんどなかった。とはいえ、しょぼしょぼした目の縁は赤く、目の下のたるみは紫色の痣のようだった。これは何十年も、古い雑誌や地図、一九二〇年代の白黒写真を丹念に調べてきたせいだろうか、と私は思った。

ホルツェルは一九七一年、イギリスの「マウンテン」に寄稿した記事で、エヴェレストに初登頂したのはだれだという謎を久々に取り上げ[4]、議論を巻き起こした。彼は、マロリーがアーヴィンの残っている酸素をもらい、アーヴィンを下山させて単独で登頂を果たした、という仮説を立てた。この仮説は、マロリーを敬愛するイギリス登山界の重鎮たちの逆鱗に触れた。パートナーを途中で見捨てるのは、どう見てもスポーツマン精神に反している。ホルツェルはさらに、この謎は、一九三三年にアーヴィンのピッケルが発見された地点の真下にある雪のテラスを捜せば解決する、と主張したのだが、大昔に亡くなった登山家の遺体を捜索するということもイギリスの流儀に反していた。「サンデー・タイムズ」がホルツェルの主張にまつわる記事を載せると、怒りの手紙が何週にもわたって届けられた。この非難が止むことはなかった。ホルツェル嫌いのひとりは二〇〇七年に、「よく知りもしない事柄や人物についてコンピュータで検索してわかったような口を利くアメリカ人はいい迷惑だ。（中略）酔っ払いが、他人の家の郵便受けで体を支えながら千鳥足で歩いているのを見ているようなものだ」[5]と言い放った。

ホルツェルが初めてマロリーとアーヴィンの謎に関心を持ったのは、「ニューヨーカー」に掲載された一九二四年の遠征を扱う短い記事を読んだときだった。それでニューヨーク公共図書館に赴き、マロリーの伝記二冊と『エヴェレストへの闘い』を探し出した。こうした本がふたりの身に降りかかったに違いない出来事を詳細に分析しようとしないことが、ホルツェルには不思議でならなかった。

一九七五年の五月、ホルツェルは中国の北京にある米中連絡事務所に手紙を書き、マロリー／アーヴィン調査遠征の許可をとる上でアメリカ政府に協力を仰げないか、と問い合わせた。ホルツェルはその返信を今でも大事に保管していて、これはかけがえのない手紙だという。「五月に貴殿からいただいた、ふたりのイギリス人登山家マロリーとアーヴィンの死について大西洋山岳会で調査をおこないたいという手紙を、非常に興味深く拝読いたしました。たしかに魅力的な計画ではありますが、数多くの障害に直面するであろうと憂慮いたしております。ご存じのように中華人民共和国は外国人に対して中国側からヒマラヤ山系に入る許可を出したことがありません。こちらの間違いかもしれませんが、中国は外国人のエヴェレスト登頂達成を公に認めることを一切していません。さらに中国南西地域、特にチベットには、ここ何年も外国人が立ち入ることを禁じています。(中略)中国にとってその地域全体は、政治的・軍事的に慎重な対応を迫られている場所だからです」。手紙の最後に「米中連絡事務所所長、ジョージ・ブッシュより」と署名されていた。ブッシュは余白に黒い手書きの文字で、「あなたの手紙はここで受け取ったどの手紙よりも素晴らしいものでした。お力になれず残念です」と書き添えていた。

しかしその十年後に、中国は西側諸国の登山家への態度を軟化させた。中国隊以外のエヴェレスト北面初登頂を達成したのが、一九八〇年にホーンバイン・クーロワール経由で北壁を登攀した日本隊だった。一九八六年、ホルツェルは充分な資金を集め、マロリー/アーヴィン調査遠征隊を組織した。エヴェレスト歴史家仲間であり作家である共同隊長オードリー・サルケルドとホルツェルは、エヴェレストに人がいない秋に登山を計画したのだが、例年にない強烈なモンスーンが起きて山は雪に覆われてしまった。結局、映画監督デイヴィッド・ブリーシャーズ率いる調査班は、標高七六〇〇メートルまでしか登れなかった。山の状況さえよければ、マロリーを発見できたかもしれない。ホルツェルによれば、コンラッド・アンカーがマロリーの遺体を発見した場所は、彼が予測していた地点から三〇メートルも離れていなかった。

私たちは隣り合った来客用寝室に荷物をそれぞれ置いてから、ホルツェルの待つ居間に向かった。キッチンの前の廊下で私は立ち止まり、額縁に入ったジョージ・マロリーと妻ルースの白黒写真を眺めた。この写真は見たことがある。一九一七年に自宅で撮られたもので、このときのマロリーは西部戦線の配属地から一時帰国中だった。マロリーのエヴェレストへの執着がふたりの人生を変えてしまう前に撮られた写真だ。手前にいるマロリーは軍服を着ている。その後ろにいるルースの顔にはやや影がかかり、わずかにピントがずれている。ふたりともカメラのほうをじっと見つめ、目を大きく開き、口は笑っていない。

ホルツェルの酒の好みを知らなかったので、トムと私は手土産として、ティトのウォッカ、日本のウイスキー、ステラ・アルトワの瓶ビール一ダースを持ってきた。ところがホルツェルはどれも飲もうとしなかった。「私はベックス派なんでね」と言って台所に向かった。しばらくすると、ホルツェルは好みのメーカーの瓶ビールとグラス三つを持って戻ってきた。「我が家ではらっぱ飲みは禁止だ」と彼は言った。

私たちはガラス天板のコーヒー・テーブルのまわりに座った。テーブルの上には、タイプライターで打った文書が三部置いてあった。一部を手にとって表題を読んだ。

VPKカメラ捜索に関して考慮すべき事柄

［「モスクワ・ルール」の実践］

ホルツェルは私の訝しげな顔を見て、モスクワ・ルールとは冷戦時代にソ連で働くアメリカ人スパイが作ったものだと説明した。全部で一〇項目。最後の項目は、「別の選択肢を持つこと」だった。

トムがホルツェルの「宣言書《マニフェスト》」と名付けたこの文書に、私はざっと目を走らせた。数字が付いた見出しに、アルファベットが付いた小見出しが続くなど、体裁は裁判所に提出する準備書面に似ていた。一行目にこう書かれていた。

『作戦上の秘密が最優先される。VPKカメラの捜索を仄めかせば、調査参加を望むたかり屋や政府機関がたちまち押し寄せてきて、マスメディアへの情報漏洩も起こるだろう。いずれにしても中国当局は警戒して、調査許可を取り消す事もありうる。』

ホルツェルを見ると、彼はソファに背中を預けて脚を組み、片手にグラスを持っていた。「要するに、サンディ・アーヴィンを捜索すると中国に伝えたら、許可が下りないということですか？」

「そのとおり。それにもしカメラが発見されたことを知ったら、中国側はカメラをよこせと言うだろう。最後に付いた値は四〇万ドル、一九九九年のことだ。今の価値がどれほどになるかわからんな[6]」

トムの計算では一〇〇万ドルはくだらなかった。

「登山目的とするのがいちばんだろう。夕焼けの撮影が好きな写真家にでもなるんだな。適当にでっちあげればいい。捜索についてはくれぐれも内密に。もし勘づかれたら、カトマンズの空港で、遠征に参加したいという大勢の登山家に出迎えられることになる」

「登山目的を口外できないのに、どうやって資金集めをするんです？」トムが尋ねた。

「古いことわざを知っているだろう？」とホルツェルは言った。「『成功するには、規則を破らなければならない』。合法性にちょっと問題があることは理解してもらわないとな。違法行為に手を染めろとは言わないが、この件では訴訟を起こしたがる連中がごまんといるから」

「なにを訴えようというんです？」

「もちろん、カメラの所有権だよ。第四項目を読みたまえ」

トムは眼鏡をさっとかけると、声に出して読み上げた。「ＶＰＫカメラを見つけたら、神に祈りを捧げろ。罵詈雑言の嵐のただなかに入っていくことになるからだ」

「カメラとそこに写っているものはおれのものだ、と言い張る者や集団があることは知っておいたほうがいい」とホルツェルは言った。「数年前、マイクロソフトで長年著作権を担当している男で、登山が趣味の弁護士が、この件について興味深い調査をしたのだが、これは完全な泥仕合だと言っていた。著作権法は一九二四年からこっち、二、三度改定されているし、イギリスとアメリカでは法律も違う。しかも直接関わった者はこの世にひとりもいない。国内有数の法律的思考の持ち主であるその弁護士が、どのような判断が下されるか見当もつかないと言っていた。どういうことかわかっただろう。つまり、それを手に入れるのは体力勝負だってことだ。法律ではない」(7)

「どうしてその人はこれに興味を持ったんです？」

「私と同じで、面白いからだよ」

「煩雑なことを避けるためにわれわれが考えていたのは、イギリスに飛んでサー・クリス・ボニントンのような名門一族の人物に私たちの遠征のことを説明して出資してもらえないか、と頼むことでした」と私は言った。

「頼むからそんなことはやめてくれ」とホルツェルは言った。「なにも手に入れられず、すべてを失う羽目になる。この計画を知ったら、間違いなくイギリス山岳会の面々は激怒する。三ページを見てくれ」

書類をめくると、二〇〇一年四月十五日の「ガーディアン」の見出し「エヴェレストの英雄の遺体発見に値をつける登山家たちへの怒り」が目に入った。私は後でこの記事の全文を手に入れた。副題が内容の要約になっていた。「エリック・サイモンスンの率いる調査隊は、エヴェレストで発見されたマロリーの遺体の写真を売ったことで墓を荒らしたと非難された。今、彼はふたり目の遺体を捜すためにエヴェレストに入っていて、サンディ・アーヴィンの安眠を願う人々は嫌悪感を抱いている」

その晩私が聞いたところによれば、ホルツェルはアーヴィンの遺体のある場所をふたつの目撃証言から推測していた。ひとつ目の証言はシェルパのチーリン・ドルジェ(8)が、一九九五年に北東稜の標高八四〇〇メートルで色褪せた緑の「軍服色の」服を着たかなり昔に死んだ遺体を偶然見つけた、というもの。もうひとつは中国人登山家の許競《きょけい》の証言で、一九六〇年の五月二十四日に北面の高所で遺体を見た、と述べたものだ。許競はエヴェレスト北面からの初登頂を主張する中国隊の副隊長だった。しかし、マロリーとアーヴィンの謎にまつわるほかの手がかりと同様に、許競とチーリンの目撃証言もあてにならない、矛盾に満ちたものだった。

二〇〇一年八月、エリック・サイモンスンとヨッヘン・ヘムレブは、一九六〇年の中国のエヴェレスト遠征隊を調査するために北京を訪れた(9)。ふたりは二度目のマロリー／アーヴィン調査遠征から帰ってきたばかりだったが、一九九九年のような目覚ましい成果はなく、重要なものはなにひとつ発見できなかった。ふたりは中国登山協会の本部に赴き、許競をはじめとする一九六〇年の遠征隊員とともに席に着いた。通訳を通じて許競は説明を始めた。許競はアタック隊の四人と登頂を目指すつもりだった。ところが標高八五〇〇メートルの最終キャンプを出発した直後に気分が悪くなり、引き返さざるを得なくなった。許競は酸欠状態に陥り、低体温症になりかかり、体が思うように動かなかったが、ともかく下山を始めた。すぐさま正規のルートを外れ、イエロー・バンドを通って下る近道のほうへ向かった。ヘムレブが覚えているのは、悲惨な下山の様子を中国語で語っていた許競が、いきなり体を動かして直立不動の姿勢をとりながら、体をまっすぐに伸ばした遺体のことを話したことだった。ヘムレブとサイモンスンは許競がなにを喋っているのか知りたくて通訳のほうを見た。通訳はこう言った。「そのとき、彼は見ました……遺体がありました……寝袋に入っていました。凍りついていました」

ヘムレブが渡してくれた当時の取材の文字起こしでは、許競はその場所を「稜線のわずかな溝」と表現していた。許競はそばにあった本を開いて「のど」の部分に指を走らせ、クレバスのような地形のなかに遺体があったことを示した（その二年後の「サンデー・タイムズ」の取材で、許競はさらに詳しく語っている。「遺体を見つけたのは幅一メートルほどの割れ目で、内側の壁は切り立っていました。遺体は寝袋のなかにあり、風雪を避けているあいだに眠ってしまい、二度と目を覚まさなかったかのような姿でした。体は無傷でしたが、肌（顔）は黒ずんでいました。仰向けになっていました」）。

ヘムレブは北東稜の写真を一枚取り出し、許競に遺体を見た場所を教えてほしいと言った。許競の指は、標高八三〇〇から八四〇〇メートルのあたりを示した。ヘムレブは次に、自分たちがマロリーを発見した標高八二〇〇メートルの雪のテラスの場所を指で差した。許競は顔をあげ、「アーヴィンの場所？」と尋ねた。ヘムレブによれば、このとき初めて許競は、自分が見たのがサンディ・アーヴィンの遺体だということに気づいた。

西洋文化圏の者が、初期イギリス遠征隊の痕跡の発見について許競に直接問いただしたのは、このときが初めてだった。しかし、許競の証言はどれほど信頼できるのだろう？　中国隊の遠征から四十年以上が経っているので当たり前のことだが、記憶の細部に少し曖昧なところがあると許競自身も認めていた。高所では気づかないうちに頭の働きが鈍くなり、現実と幻の境目があやふやになる。特に、遺体が寝袋に入っていたという説明は、目撃証言の信憑性を低くしている。マロリーとアーヴィンが使用していた当時の寝袋は五キロはあったので、頂上アタックには携帯していかなかったと考えるほうが自然だ。酸素器具だけでもかなりの重量があり、一九二〇年代に遠征したほかの隊は野営用具《ビバーク》は持っていかなかった。ホルツェルは、一九六〇年の遠征でモーリス・ウィルソンの遺体を先に見ていた許競がそれと混同した、と考えている。

神秘論者を自称したイギリスの奇人ウィルソンは、飛行経験も登山経験もまるでなかったにもかかわらず、一九三三年にエヴェレストまで飛行機でいき、単独登頂すると宣言した。彼がどのような原因で死んだのかは明らかになっていないが、一九三五年のイギリス遠征隊が発見した彼の遺体は、ノース・コルの下の標高六七〇〇メートル地点で寝袋に入っていた。遺体はクレバスのなかに埋葬された。

取材された時点で許競は、エヴェレストの高所で古い遺体を目撃したことはだれにも話したことがない、と語っていた。しかし、ある熱心な研究者がサンクトペテルブルク山岳会の数十年前の会報を漁っているときに許競の目撃証言の記事を発見していなければ、彼の言葉が真実だと受けとめられていたかもしれない。

一九六五年、当時のレニングラードに本部を置いていたロシア地理学協会は、一九六〇年の中国隊で登頂を成し遂げた三人のうちから王富洲《おうふしゅう》を招いて、エヴェレスト北面初登頂に関する講演会を開いた。(10) 講演が終わりに差しかかった頃、王富洲はこう口にした。「標高八六〇〇メートル付近で、私たちはヨーロッパ人の遺体を見つけました」。会報誌の翻訳によれば、王の発言で聴衆はどっと沸き立った。エヴェレスト史の知識のあるロシア人たちは、王が驚くべき発言をしたことを即座に理解した。これは行方不明のイギリス人登山家に関する初めての目撃証言だった。講演の最後に質疑応答の時間が設けられた。真っ先にされた質問は、「どうして遺体がヨーロッパ人だとわかったのですか?」というものだった。

「ブレイシーズをつけていたからです」と王富洲は答えた。

ブレイシーズとは、イギリス英語でズボン吊り《サスペンダー》を表す。サンディ・アーヴィンが写っている有名な写真がある。一九二四年四月にシェーカル・ゾンの外で撮られた写真で、約五百キロにおよぶエヴェレストへの陸路移動が終わりに近づいていたときのものだ。フェルトの帽子を被り、フランネルのボタンダウンの長袖シャツを着たアーヴィンは、酸素器具に片手を置き、差し掛け小屋の前に立っている。肩から外れて腰から垂れ下がっているのが、サスペンダーだ。

私は手を挙げてホルツェルの話を遮った。彼は二本目のベックスの蓋を開けようとしていた。

「ちょっといいですか。つまり、中国隊がエヴェレストで古い遺体を発見したことは一九六五年時点でわかっていたのに、この目撃証言は二〇〇一年まで埋もれていたということでしょうか？」

「そのとおり。サンクトペテルブルク山岳会の会報を読むような者なんてないからね」とホルツェルは言った。

「でもあなたは読んだんですね」


一九六〇年に中国隊が北面からの初登頂を果たすまで、二十年以上ものあいだ、エヴェレストの北側から登った者はいなかった。イギリスは一九二四年の悲劇以降、チベットとの関係が悪化して九年の空白期間があったが、一九三三年から三八年にかけて四回のエヴェレスト遠征をおこなっている。パーシー・ウィン＝ハリス、エリック・シプトン、フランク・スマイス、ビル・ティルマンといった今なお語り継がれる登山家を揃えた強力な遠征隊だったが、一九二四年にエドワード・ノートンが無酸素で達成した最高到達高度をひとりも超えることができなかった。まるで標高八五七二メートルに目に見えない天井があって、それが死に瀕した人間の掻きむしる手からエヴェレストの頂を守っているかのようだった。挑戦が失敗に終わるたびに、エヴェレストの神秘性は増していった。

一九三九年の一月にナチス・ドイツがポーランドに侵攻すると、三〇年代のイギリスのエヴェレスト登頂達成の悲願は四〇年代に持ち越された。エヴェレスト委員会が次なる挑戦の支援を始める頃には、地政学的状況が劇的に変わり、中華人民共和国が毛沢東の指導のもと、チベットを支配下に置いて外国人の入国を禁じた。間もなくイギリスは、北東稜より容易な登頂ルートと考えられていたエヴェレスト南面にネパール経由で入る許可を得た。こうして西洋人は中国側からの登頂を断念せざるをえなくなった。

中国は山脈に囲まれた国で、山自体が隣国との国境になっている。第二次世界大戦後はそうした隣国の多くと敵対関係にあった。それで中国もソビエト連邦のやり方に倣って、山岳精鋭部隊を養成する訓練所を作るようになった。一九五五年には、体操や陸上競技と同じように山登りも政府の公式認定種目になり、政府出資の登山合宿を開催した(11)。中国とソ連は両国ともエヴェレスト北面からの初登頂という最高の栄誉を狙っていた。一九五八年には、翌五九年の登頂成功を目指し、中ソ共同での偵察遠征の計画が立てられた。優秀な中国の登山家を一刻も早く自国のトップと同じレベルに引き上げるべく、ソ連は数多くの中国人登山家をコーカサス山脈やパミール高原のソ連の強化合宿所に招いた。合宿で中国人を鍛えたベテランのロシア人登山家のなかに、ヴィタリー・アバラコフがいる。アバラコフは西側諸国の登山技術を国内に喧伝した罪で一九三〇年代後半にソ連内務省に逮捕された、伝説的な登山家であり発明家だった。

偵察は一九五八年の十一月に始まったが、ラサの民衆暴動とダライ・ラマのチベットからの亡命が続き、その翌年に登頂計画は立ち消えになった。一九六〇年の春に遠征が実現したときには、すでに中国とソ連の関係は悪化していた。新しい四〇〇キロの道を抜けてロンブク氷河に姿を現したのは、中国の登山隊だった。もっともこれは、総勢二一四名のうち三分の一がチベット民族で占められた一種の軍事作戦だった。隊の登攀担当の大半は登山の経験が二年しかなかった。

公式の遠征報告書によれば、(12) 五月二十四日の朝、四名が標高八五〇〇メートルの最終キャンプを出発した（報告書には許競への言及がないが、おそらく出発直後に引き返したからだろう）。その四名は樵《きこり》、消防士、地質学者、チベット人兵士だった。四人はすぐに、切り立った垂直の岩壁であるセカンド・ステップの基部に到達した。消防士の劉連満《りゅうれんまん》が先頭を担った。ロシア人から習ったとおり、上に手を伸ばし、ハーケンをハンマーで石灰岩の小さな割れ目に打ち込んだ。この支点《アンカー》にカラビナを掛けてロープを繋ぎ、次に一五から二〇センチの幅のある凍りついたクラックにハーケンを打ち込もうとした。クラックの上には張り出した岩《オーバーハング》があった。四回連続でクラックに跳ね返され、彼はハーケンに吊られたまま揺れた。ハーケンは重さに耐えながらきしきし鳴ったが、しっかり岩に刺さっていた。劉連満は思うようにならない岩に疲れ果て、先頭を樵の屈銀華《くつぎんか》に任せた。屈銀華はなんとかふたつ目のハーケンを取り付けたが、彼も間もなく手が出なくなった。地質学者王富洲も挑戦してみたが、上手くいかなかった。

四人は頂上まで残り二五〇メートルというところで困難に直面したが、劉連満にある考えが浮かんだ。[13] 消防士学校で学んだ技を試してみようと思ったのだ。屈銀華はアイゼンを着けた登山靴を脱ぎ、劉連満の肩に乗った。公表された報告書によれば、劉連満は「体中が震えて息も切れていたが、歯を食いしばりながら、渾身の力を振り絞って少しずつ立ち上がった」。屈銀華は肩の上に立つことで、もっとも高い位置のハーケンに右足を乗せることができ、クラックに左脚を押し込めた。この不安定な体勢で、靴下ごしに伝わる鋼鉄のハーケンの冷たさに耐えながら、彼は手が届くぎりぎりの高さの水平なクラックに、約三〇センチのハーケンを一時間かけて打ちこんだ。このアンカーに繋いだロープを引きながら、屈銀華は張り出した岩を越え、小さな岩棚に手をかけ、セカンド・ステップを登り切った。岩角にロープを結んで引き上げた登山靴に、彼は凍りついた足を押し入れた。セカンド・ステップ登攀の全長はたった体三つ分だが、乗り越えるのに三時間がかかった。すでに午後三時、酸素ボンベの目盛を見ると酸素が底を尽きかけていた。

しかし中国隊は、日暮れが迫り酸素がなくなりかけているというだけで頂上アタックを断念するわけにはいかなかった。あまりに多くのものがかかっていた。先へ進まなければならなかったのは、「そばで見守っている国民全員の名誉にかかわる問題だとわかっていた」からだ、と王は『頂上の足跡——中国における登山（*Footprints on the Peaks: Mountaineering in China*、未邦訳）』という本のなかで振り返っている。「臆病者として撤退するなら、死んだほうがましだった」。顔を上げ、世界の頂上に到るまでになにがあるか見定めた。稜線は幅広く、雪は猛烈なジェット気流に剝ぎ取られ、ほとんど残っていなかった。前方には小さな岩壁がもうひとつ立ち、そのさらに上に、太陽に日差しを受けて輝く三角形の雪の山が見えた。

中国隊が頂上だと考えた三角形の頂点は、青空を背に美しく聳《そび》え立っていた。頂上はすぐそこのように思えた。最後の岩壁にやってきた。セカンド・ステップを越えるのに体力を使い果たした劉連満はふらふらで、二、三歩進むごとに倒れかけた。四人は厳しい二者択一を迫られた。国家の夢と希望である登頂を断念するか、それとも標高八七〇〇メートルのシェルターもテントもないところに劉連満を置き去りにするか。口にこそ出さなかったが、夜の寒さと風に晒されればほぼ間違いなく命を落とすことは、四人ともわかっていた。とうとう劉連満は、死刑執行人の重荷を仲間に負わせてはならないと思い、頂上アタックのあいだここで待つと自ら決断をくだした。彼はサード・ステップの下でビバークしながら、暗闇に消える仲間を見送った。

王富洲、屈銀華、チベット兵士貢布《こうふ》の三人はヘッドライトも手持ちの明かりも持たず、ときに四つん這いになりながら、空を満たす星の輝きだけを頼りに前へと進んでいった。風は強く吹いていなかったが、気温は氷点下三〇度まで下がっていた。切れ落ちた雪の稜線に出会うと、肩を回り込むように西にトラバースし、もろい岩壁を登った。頂上まで標高差二〇メートルを切った八八三〇メートル地点で、酸素が底をついた。王富洲は振りかえって仲間を見た。「おれたちは頂上攻撃という栄誉ある責務を担っている。引き返すことができようか？」「前進あるのみ」屈銀華と貢布は力強く言った。

午前二時二十分、三人の男はよろめきながら「岩と雪に囲まれた楕円形の頂上に立った」。どの方向も下への急勾配になっていた。「頂上だ！」貢布が叫んだ。「一歩踏み出せばネパールだ」。天の川が照らす薄明かりのなか、見渡す限りの峰の頂すべてが、自分たちのいるところより低かった。最終キャンプを出発してから十九時間が経っていた。前日の朝に乾燥羊肉と人参スープを胃に入れたきりで、それ以降は飲まず食わずで進んできた。この暗闇では写真を撮っても無駄に思えた。王富洲は上着から日誌を取り出し、手袋を外して凍える手で短い鉛筆を握り、こう書き留めた。「中国登山隊の王富洲、貢布、屈銀華は一九六〇年五月二十五日の午前四時二十分に世界最高峰の頂に立った」（実際の時間帯《タイムゾーン》は北京より西にふたつずれていたが、中国隊は北京時間を使っていて、今も中国では全土で同じ標準時を使っている）。貢布はザックから毛沢東の石膏胸像を取り出して中国の国旗に包むと、王富洲が書いた日誌のページとともに地面に置き、岩屑を重ねた。北京に持ち帰って毛沢東への土産とするために頂上付近の小さな石を九個拾い、それから下山を始めた。

疲労困憊の三人は、夜明けとともにサード・ステップの上の三角形の雪原を少しずつ下っていくと、やがてサード・ステップの下に劉連満の小さな姿を認めた。彼も三人に気づき、腕を上げて手を振った。さらに一時間かけて三人は仲間のもとにたどり着いた。過酷極まりない寒さだったにもかかわらず、劉連満はまだ屈しておらず、三人との再会に大喜びした。全員で抱き合い、登頂を果たしたことを聞いた劉連満の目からは涙がこぼれ落ちた。王富洲、屈銀華、貢布も感動し、劉連満が真夜中に記していたメッセージを読むと感極まった。

「同志である王、屈、貢布へ。自分の責務を果たせず申し訳ない。キャンプに戻るきみたちのために、飴玉とわずかだが酸素を残しておいた。きみたちの快挙が早く皆の耳に届くといい。さようなら！」

劉はわずかな食糧すら食べずにとっておき、命を救ってくれるかもしれない酸素を夜のあいだほとんど使わなかった。苦しい試練を乗り越えて戻ってきた三人にそれが必要になるとわかっていたからだ。

すでに周囲が見えるほどの明るさになっていたので、屈銀華はザックから小型映画用カメラを取り出し、二、三の映像を撮影した。周囲に広がる峰々のパノラマや頂上を見返した景色が収められ、頂上アタックで唯一の映像証拠となった。

中国は、三人の中国人が一九六〇年の五月二十五日に頂上に到達し、世界三例目のエヴェレスト登頂に成功したと全世界へ発信した（一九五二年に登頂まであと一歩だったスイス隊だが、五六年に四人が南面からの登頂に成功していた）。イギリス人からマロリー・ルートと呼ばれている北面からの登頂が、初挑戦から三十九年目にしてようやく達成された。この知らせは、イギリスでも初めは称賛をもって迎えられた[14]。王立地理学協会の会長ネイサン卿は次のように記した。「中国隊によるチョモランマへの登頂で、イギリス国内だけでなく世界中の人が、中国人登山家の並外れた技術と勇気に感嘆の念を抱きました。これは登山の歴史に永遠に刻まれるべき偉業です」

しかし正式な遠征報告書が公表されると、そこには中国の優越性を誇示する言葉で彩られていたために、控えめを是とするイギリス山岳界の熱は引いていった。報告書にはこう書かれていた。「われわれの勝利はまず第一に、共産党の指導と我が国の社会主義体制の無比の優越性の賜物にほかならない。それがなければ、ごく普通の労働者であり、農民であり、兵士であるわれわれが、世界最高峰への登頂を成し遂げることはできなかった。中国遠征隊の勝利は、戦術的に困難を察知しながら、戦略的に困難を乗り越えるという毛沢東の戦略的思考に従ってきた成果でもある」

G・O・ディレンフルトは「アメリカン・アルパイン・ジャーナル」に寄せた論説で、中国隊の登頂についてこう述べた。「今日では、遺憾なことではあるが、エヴェレストの頂が冷戦の前線にあることを決して忘れてはならない[15]」。イギリスの評論家のなかにはさらに一歩踏み込んで、写真証拠の伴わない中国隊の登頂が果たして真実かどうか疑問を呈した者もわずかながらいた。現在ではエヴェレスト史の専門家の大半が、中国隊の登頂成功はほぼ間違いないものと解釈している。記録映像の分析で、中国隊がセカンド・ステップを越え、頂上と標高差一五〇メートル以内にいたことが証明されている。「一九六〇年に登頂した中国人の最初の証言を読むと、私たちの知る地形的特徴とかなり一致するのです」とヘムレブは述べている。「したがって非常に高い確率で、中国隊は登頂に成功したと言えるでしょう」

中国人の精神性のなかで、北面からのエヴェレスト初登頂は、アメリカ人にとっての月面着陸と同じく、揺るぎなく神聖なものになった。中国国内でもっとも広く読まれている「人民日報」は、共産党の政策や思想を広める役割を担っている機関紙だが、三〇ページの別刷り付録(16)でエヴェレスト遠征を特集した。これほど大きな扱いとなった出来事は、一九六四年の中国初の原子爆弾の実験だけである。そんな折に、西洋人の専門家が一九六〇年の登頂に疑問を投げかけでもしたら、中国国民は激怒し、さらに激しく愛国心を掻き立てられたことだろう。ヘムレブは中国隊の面々に、記念碑的な登頂が疑われたことについてどう思うか訊《たず》ねはしなかったが、彼らが「自信に満ちた雰囲気」だったと述べている。自分たちが偉大なことを成し遂げたとわかっていたのだ。しかし中国が一九六七年に再度遠征を予定し、わざわざ明るい時間の登頂を計画した事実は、批判を完全に無視しきれなかったことを示している。

それ以来中国はエヴェレスト北面の所有権を主張し続けている。それは単に、北面が中国国境内にあるからというだけでなく、エヴェレストが中国文化と共産主義体制の勝利の象徴であるというのが大きな理由だ。初登頂の前から、中国とネパールは世界の屋根の所有権をめぐって激論を繰り広げてきた。双方ともエヴェレストは自国の領土だと主張した。ジョージ・H・

W・ブッシュがホルツェルへの手紙で言及していたとおり、中国は一九五三年五月のイギリス隊のエヴェレスト初登頂を正式に認めたことは一度もなかった。

一九六〇年の初登頂の自国の栄誉を厳守するあまり、現在は中国チベット登山協会（CTMA）という名称になっているが、当時の中国登山協会（CMA）は、一九六〇年に目撃された古い遺体の存在を幾度となく否定してきた。遠征隊の許競と王富洲が目撃したと証言しているにもかかわらず。中国側は「マロリーとアーヴィンの登攀にはかねてから相当神経質になっている」とホルツェルは言う。「もし彼ら（イギリス人）が初の登頂成功者ならば、中国は一番目に追いやられてしまう。それは絶対に避けたい事態なんだ」

ホルツェルが組織した一九八六年の調査遠征隊の一員だった（中国政府のブラックリストに載るのを避けるために）匿名希望のアメリカ人は、ある中国政府当局者と話した際、戦前のイギリス人の遺体などエヴェレスト高所には絶対に存在しない、と断言されたという。しかしその後、その政府当局者が上官の耳に届かないところでこっそり教えてくれたのは、エヴェレストにイギリス人の遺体があったとする憶測を退けることがCTMAの方針であった、ということだった。というのも、マロリーかアーヴィンがカメラを携帯していたことは有名だったので、もしもそれが見つかり、北面からの初登頂が中国人ではなかったと証明されるのを恐れているからだ、という。

二〇〇八年、屈銀華は靴下でセカンド・ステップを登った話をヨッヘン・ヘムレブに懐かしそうに語っている。会見の終わりにヘムレブは、足を見せてくださいと屈に頼んだ。当時七十代半ばだった（彼は二〇一六年に亡くなった）屈は、スニーカーと靴下を脱いだ。両足は悲惨な状態だった。一〇本の指と踵の一部が失われ、断端しかない状態で、五十年近く足を引きずって歩いていたのである。古い傷は開いたままで、傷口は生々しく、今も絶え間なく治療が必要だった。「長いあいだ痛みに苦しんでいたに違いありません」とヘムレブは述べている。

一九九八年に調査で中国を訪れた際、オードリー・サルケルドは屈銀華に、マロリーとアーヴィンは一九二四年に登頂したと思うか、と尋ねた。思わない、と屈銀華は答えたが、それから、登頂していてくれたらよかったのに、と言った。「もし一九二四年にイギリス隊がセカンド・ステップを越えていたら」と彼は言った。「今の私はこんなありさまではなかったでしょう[17]」

ホルツェルは百年近く前のカメラを私に差し出した。「これがコダックVPKだ」と彼は言った。「二十年前に二六ドルでイーベイで買ったものだ」

私はソニーのRX100という自分のデジタルカメラで、ホルツェルや彼がエヴェレストで見つけた品々を撮影しているところだった。両手に持ってふたつのカメラを並べてみると、大きさも重さもほぼ同じだ。大きな違いは、昔のVPKが機器で操作する点だ。電池は不要で寒さの影響を受けず、ホルツェルが言うには故障もほぼありえなかった。ホルツェルは私の手からVPKを取り、表の面を引っ張った。「見てくれ」とホルツェルがトムと私に言った。VP

Kはアコーディオンのように開き、内部は紙に似た素材の蛇腹を伸縮させてレンズの位置を調整する仕組みになっていた。ホルツェルはカメラを裏返し、「autographic」と印字された裏面の蓋を見せた。金属製の小さな尖筆を使って、そこから直接ネガフィルムに日付などを書き込めるという細かな工夫が凝らされていた。

ホルツェルに案内されて地下室に行くと、壁一面を覆うように大きな本棚が設置されていた。中央の棚にはハードカバー版の年代物のエヴェレスト関連本が並び、大半が初版だった。『エヴェレスト：未完の冒険（*Everest: The Unfinished Adventure*、未邦訳）』、『チベットからエヴェレストへ（*Through Tibet to Everest*、未邦訳）』、『エヴェレスト峰：一九二一年の偵察遠征（*Mount Everest: The Reconnaissance, 1921*、未邦訳）』、『エヴェレストへの闘い』、『一九二二年、エヴェレストへの挑戦（*The Assault on Mount Everest, 1922*、未邦訳）』、『一九三三年のエヴェレスト（*Everest 1933*、未邦訳）』、『一九三八年のエヴェレスト（*Everest 1938*、未邦訳）』などが並んでいた。ロシニョールの昔のストレートスキー板が、部屋を分けるように壁に直角に並ぶ二台の本棚の上に架かっていた。ホルツェルはスキー板をくぐって、私たちを反対側の壁に立てかけた銃架に呼び寄せた。銃架の上の棚に、錆びた古い酸素ボンベと、ぼろぼろになったカラスの剝製が置いてある。私はどうしてもこのカラスについて訊きたかった。

「『カラスを食べる』という表現（「屈辱を味わう」の意）を聞いたことがあるかい？」とホルツェルは言った。

「ええ、もちろんです」と私は答えた。

「その由来は知っているかな？」

トムと私は首を横に振った。

「カラスの肉がひどくまずいからだ。少なくとも、みんなそう言っている。だが私は、だれかが言っているからというだけで、それが事実になってしまうことに我慢できないんだよ。だから私はカラスを撃って、羽をむしり取り、胸肉を揚げてみた」

「どうでした……？」

「ひでえ味だった」


ホルツェルがエヴェレストのイエロー・バンドの写真を持っていることはトムから聞いて知っていた。今回ホルツェルを訪ねたいちばんの目的はこの写真を見たかったからだ。横二・五メートル、縦一メートルの白黒写真が、地下室の壁に貼ってあった。ＢＳＦスイスフォトから手に入れたものだという。一九八四年にこの写真を撮ったのはブラッドフォード・ウォッシュバーンだ。高名な登山家で、ボストン科学博物館の館長を長年務め、地形測量計画の一環としてエヴェレスト上空の高度一万三五〇〇メートルからリアジェットで撮影した。スイスフォトはホルツェルにネガフィルムからスキャンデータを作成することを許可し、彼は大判印刷のできる印刷所にそのデータを持ち込んだ。それで印刷されたものが目の前の壁の写真なのだ。

イエロー・バンドが鮮明に写っていた。イエロー・バンドは、テチス海という古代の海の底で太古の昔に形成された石灰岩の地層である。水平の縞模様の石灰岩が雪を被った岩棚に挟まれ、空からは何層も重ねたレイヤーケーキのように見える。ホルツェルの写真ではわからないが、斜面は屋根で言えば一〇寸勾配、つまり四五度の険しい傾斜があり、そこはロープや足場がなければ歩くことはできない。数箇所で、平の層から垂直方向に岩溝《ガリー》ができていて、登山者はこの溝のおかげで岩棚から岩棚へと移動することができる。

拡大鏡で写真をよく見ると、ホルツェルは一九六〇年に許競がイエロー・バンドを通って下山した際にたどった可能性のあるルートをすべて細かく書き込んでいた。それから消去法を使い、行き先が崖だったり、許の証言と一致しない地点に向かったりするルートに×印をつけていた。最終的にイエロー・バンドを通る線を一本だけ残していたが、それは中国隊の第六キャンプへ下山するときに選びそうな直線ルートだった。

この写真は山肌の遺体が見えるような解像度ではないが、デジタル化された白黒画像のなかには、拡大されてもなお小さな、明らかに人間の形をしたものが確認できた。ホルツェルは、目を充血させながら何日も顕微鏡に向かい、ようやく「発見」の瞬間を迎えた。彼は許競が語っていたものらしき幅六メートルの溝のなかにある影を発見したのである。彼はそれを「赤い線《レッド・スラッシュ》」と名付けた。全長五ミリで、写真の縮尺では人の身長に相当し、許競の証言とある程度一致する場所だ。これは行方不明のサンディ・アーヴィンの遺体だろうか？

私は赤い線を見るために写真に近づいた。たしかに、ぼやけた暗い色の染みのようなものがある。二、三週間前にこの「汚れ」についてトムから聞いていたが、年寄りの過剰な想像の産物だと思い、まともに受け止めようとしなかった。実際に確かめてみてもやはりただの染みにしか見えない。写真のなかに無数にある似たような染みと区別がつかなかった。

「赤い線の話は話半分に聞いてくれ」とホルツェルは言った。

きっと半分じゃ足りないだろう、と私はひそかに思った。

とはいえ、許競が一九六〇年にイエロー・バンドを下りていった道をひとつに絞ったことはホルツェルの功績である。少なくとも、徹底的に調査する価値のある場所が明らかになった。ホルツェルは、今のところこの赤い線の正確な場所を調べたマロリー／アーヴィン捜索隊はいないと断言した。[18]そして、トムと私が持っていた正確なGPS座標とは、この場所のことだった。

「アーヴィンの遺体がここにある確率はどのくらいだと思います？」と私は訊いた。

「ここにないことは考えられない」

翌朝、トムと私はホルツェルの家の前に停めた私の車のなかに座っていた。これから長旅が待っているのだが、私たちはどういうわけかシートに腰掛け、何軒もの邸宅の奥に見える白松の森を眺めていた。トムを見やると、彼は助手席で背を丸めていた。昨晩の最後の記憶は、結局手土産の酒に手をつけないまま、酒棚からガラスのデカンタに入れたピノ・グリージョを持ってきたホルツェルの姿だった。デカンタの底には、細長く尖った葉が星形になった色鮮やかな緑の薬草が入っていた。それはクルマバソウという幻覚を起こす薬草で、私たちが車内から眺めていた森でホルツェルが収穫しているらしかった。「ドイツに古くから伝わるレシピだ」と彼は説明した。その後すぐにトムは、謎を解くためにマロリーとアーヴィンの魂と交信するやり方について滔滔と述べ立て、もしカメラを発見したらケツの穴に入れて中国から密輸してやる、とも言った。

トムが車のなかで沈黙を破った。「そっちとしては、もうこの計画から身を引くことができなくなったんじゃないか?」。瞼を半分閉じた血走った目で私をじっと見つめたトムは、片手を差し出した。私はゆっくりと頷き、その手を握った。

第三章　上流社会

戦場となったのは、フランス北部を流れるソンム河畔の三〇キロにわたる細長い土地だった。三〇万人近くの兵士が一大決戦の場となる中間地帯を挟んで睨みあっていた。ドイツ帝国軍は、前線の東側に何キロにもわたって張られた有刺鉄線に守られた、深い三段式の塹壕に身を潜めていた。連合国軍も同じように、アルベール村から数キロ離れた前線の西側の塹壕に身を隠していた。

一九一六年六月の最後の週、ジョージ・マロリー属する第四〇攻囲砲兵中隊は、第一次世界大戦のイギリス軍最初の大規模攻撃に繋げるために、何日もドイツ軍を砲撃していた。「ものすごい音なのです。野戦砲兵中隊がまたもや頭の上に砲弾を発射していて（もちろん我が方の前にもたくさんの兵士たちがいます）、なにより迷惑なのがＢＬ六〇ポンド砲です。爆風で明かりが消えてしまいます(1)」と、マロリーは六月二十五日に妻ルースへ手紙を書いている。彼は一週間におよぶ砲撃でドイツ軍が怖じ気づいたために、「とても潑溂として」いた。

七月一日の朝七時三十分に、攻撃命令が出た。イングランド、スコットランド、フランス、オーストラリア、ニュージーランド、インド、南アフリカ、カナダの連隊から成る約一二万の連合国軍が塹壕から次々と飛び出すなか、マロリーはドイツ軍が前線へ補給するのを防ぐため、口径一五センチの榴弾砲を発射して弾幕を張っていた。マロリーの砲兵中隊は粘土質の河畔にいたために、戦場でなにが起きているのかはわからなかったが、とにかくごった返していることとだけはわかった。マロリーはルースへの手紙で、自分がいる激戦地全体を見渡せる場所を「煮え立つ大釜の縁[2]」と表現している。

　周囲で激しい戦闘が続くなか、マロリーはルースへの長大な手紙を少しずつ書き継いでいった。結婚して二年が経ち、一九一五年九月に生まれた娘のクレアは一歳に満たなかった。マロリーとルースは、一九一三年に晩餐会で出会い、ほどなくして地元の劇で共演をした［上流階級の娯楽のひとつ］。「一目惚れどころではなかった」とウェイド・デイヴィスは『沈黙の山嶺』で書いている。「マロリーにとってはダムが決壊し、それまでの人生で閉じ込めていた感情が一気に放たれたかのよう」だった。ルースの父親は妻に先立たれた著名な建築家だった。一九一四年春のイースター休暇にヴェネツィアへの家族旅行にマロリーを誘った（ルースは三人姉妹の真ん中だった）。マロリーがルースに結婚を申し込んだのはその直後だ。「きみがぼくを愛してくれ、夢にも思わなかった幸せをもたらしてくれるとは、なんと、なんと素晴らしいことだろう[3]」と当時のマロリーは書いている。

　だが、戦地からマロリーが送った手紙に書いてあったのは、ルースへの愛情や西部戦線の戦闘のことではなく、娘クレアへの宗教教育のことだった。「まず第一に、宗教とはなにか」戦場の轟音が鳴り続け、地面が振動するなかでマロリーは綴っている。「(略) 普通の知能の子どもが、『人は死んだらどうなるの?』とひとりでに自問するのはいくつになったときだろう?」だった。

敬虔なカトリック信徒のルースが宗教に目覚めたのは、肺炎で母を亡くした十五歳のときだった。クレアを妊娠して八ヶ月目のとき、彼女はマロリー宛ての手紙にこう書いている。「私たちはこの時代に遅れずについていけるでしょうか。子どもにとって相応しい仲間でいられるでしょうか。私たちが子どもに教えをほどこすのと同じように、子どもも私たちにさまざまなことを教えてくれるということを忘れないようにいたしましょう。そうすればきっと私たちは道を大きく踏み外すことなく、子どもがこれから出会うどんな新しいことにも喜んで対応できるはずです(4)」

マロリーが実存的な問題を考えているとき、ボーモン＝アメル付近にいたニューファンドランド連隊は、二度目に突撃していった歩兵たちが無惨に殺されるのを目の当たりにしながら、次の命令が下されるのを待っていた。前線のこのあたりの中間地帯はY字形の谷状に切り開かれて、ドイツ軍に有利な地形だった。間もなく、百戦錬磨のドイツ軍が砲撃をほとんど無傷で切り抜けたことがわかった。連合国側の前線へと繋がる塹壕は大勢の死傷した兵士で塞がれていたため、八時四五分にニューファンドランド連隊に攻撃命令が出たとき、地上に出て前進するしかなかった。「(攻撃に備えて) 前の晩に、我が方の前線の有刺鉄線が切られ、塹壕の上にたくさんの橋が渡されていた[5]」とアンソニー・ステイシー兵卒は書いている。「これは兵士たちにとって非常に危険な罠だった。ドイツ軍はマシンガンの照準を有刺鉄線の切れ目に合わせ、発砲するだけでよかった」

　ニューファンドランド連隊の大半の兵士は塹壕を出てから数分後に戦死を遂げた。草の斜面をなんとか下りきって中間地帯にたどり着いた兵士はほんのわずかだったが、身を隠せるものといえば、手入れのされていない一本の林檎の木だけだった。兵士たちはその木を目指して進んだが、木に近づけばそれだけ体の輪郭がはっきりと浮かびあがってドイツ軍の格好の標的になることなど知りようもなかった。一握りの勇敢な兵士だけがその「危険な木《デンジャー・ツリー》」を突破してドイツ軍の塹壕にたどり着いたが、事前に聞かされていた話と違い、敵側の有刺鉄線は破壊されていなかった。ここまでやってきた兵士のほとんどが、有刺鉄線に絡まったまま銃殺された。

　昼前に、負傷した兵士たちがマロリーのいる榴弾砲が並ぶ場所まで退却してきたが、今回の大量殺戮の実際の被害はまだわかっていなかった。連合国軍はこの日だけで二万人の兵士の命を失ったという。塹壕から這い出していった兵士の六人にひとりは戦死した計算になる。殺戮の勢いがもっとも激しかったときには、一分毎に一二人が殺された。ニューファンドランド連隊ほど多大な犠牲を払った部隊はほかになかった。突撃を担った七八〇人のニューファンドランド兵のうち、死者か行方不明者が三二四人、負傷者が三八六人、死傷率は九一パーセントだった。翌日点呼に集まってきたのは六八人だけだった。

ソンムの戦いの只中でも、終結後でも、マロリーは自らの感情を他者に打ち明けてはいないが、この体験でマロリーは死ぬことに無感覚になったといえる。「死んだ直後の遺体は嫌いではありません」(6)と、彼はソンムの戦いが終結する一九一六年十一月十八日の直前にルースへの手紙で書いている(五ヶ月間続いた戦闘で一〇〇万人以上の死傷者を出したが、連合国側が前進できた距離は一〇キロに過ぎなかった)。大量の死を目撃したマロリーは、死体に話しかけることもあった、とルース宛ての手紙で述べている。「『きみとぼくとは、生きているか死んでいるかの違いしかない。でも、人が殺されるのは当たり前のことだから、それについてきみから学ぶことはないな。それにその違いにしたって、たいしたものではない。だって、きみの口はぽかんと開き、肌の色は変わり、傷口から血が滲んでいるだけのことだからね』(7)」

休戦協定が締結したのは二年後の一九一八年十一月十一日――時刻も偶然一致し、十一月十一日の十一時だった――のことで、マロリーはフランスのカンブレーの士官クラブで、英国空軍の飛行中隊長を務めていた弟のトラフォードと祝杯をあげた。「生きていることはそれだけでもう充分な贈り物です」とマロリーは数日後、父親に手紙を認《したた》めている。「私がほかの大勢の兵士と違って死ぬ確率が低かったとしても、それでも自分がこうして生還できたことは驚き以外のなにものでもありません(8)」。マロリーは開戦から二年間は戦地に行かずに済んだ。というのも、彼が歴史と数学を教えていた寄宿学校チャーターハウスの校長フランク・フレッチャーが、彼の従軍資格について考慮し、彼を手放すことを拒んだからだった。自らも岩登りをしていたフレッチャーは、マロリーがイングランド有数の登山家であることを知っていたので、彼の命を守ろうとしたのは当然のことだったかもしれない。

一九一八年春、ドイツ軍の激しい攻撃を受けているあいだ、自力で立てる兵士のほとんどが前線に送られていたが、マロリーはイングランドのリッドで砲兵隊の訓練任務を割り当てられ、リッドの海辺の小さな家で半年以上家族とともに暮らした。その年の春から夏にかけて、新たに到着したアメリカ兵の加わった連合国軍が、フランスのベロー・ウッドとエーヌでドイツ軍の総攻撃を受けて戦っていたときも、マロリーとルースは休暇をとってスコットランドのスカイ島で山登りをしていた。やがてマロリーはフランスに送り返されるが、前線から遠く離れた隊に配属され、終戦までその隊で過ごした。

戦争を生き延びられたのは運が味方した部分もあったが、マロリーを守護天使のように守ってくれる存在はひとりだけではなかったのだろう。ウェイド・デイヴィスは、その守護天使のひとりが、長年ウィンストン・チャーチルの私設秘書を務め、自身も探検家、博識家、学者、翻訳家であり、芸術の保護者《パトロン》でもあったエディ・マーシュだったのではないか、と述べている。ロンドンにおける秘密の同性愛共同体の中心人物だったマーシュは、一九一二年に初めてマロリーに会ってたちまち彼の虜になった。「非常に端正なその容貌は素晴らしいが、その精神と人柄も相当に魅力的だ」とマーシュは後に、詩人ルパート・ブルック宛ての手紙に書いている。

デイヴィスによれば、マロリーが戦争終結前の数ヶ月のあいだ前線からかなり離れた第五一五包囲砲兵中隊に配置されたのは、マーシュのおかげだったという。

マーシュに初めて会ったとき、マロリーはケンブリッジ大学を卒業して史学の学位を取得したばかりだった。その頃の彼はロンドンの知識人や作家が集まるブルームズベリー・グループと親しくなり、週末にはウェールズのペン・イ・パスに集合して岩登りをし、そこの宿で酒を飲みパイプをくゆらせ、夜中まで哲学的な議論をした。もっとも、マロリーはブルームズベリー・グループの豊かな知性についていくのに必死だったという。リットン・ストレイチーはマロリーの知性を「そこそこ」と表現しているが、それでもマロリーは、神のような岩登りの腕とその美しさのために仲間内では人気があった。ストレイチーもマロリーに熱をあげていた。友人に宛てた手紙に彼は次のように書いている。「おお、素晴らしき、ジョージ・マロリー、その名があれば、もうなにもいらぬ。（中略）余は不死の花の海を運ばれ、[9]アラビアの芳香のなかでその目をのぞき、永遠の春の胸で憩う」

ブルームズベリー・グループの同世代の仲間たちと同じように、物書きになることを望んでいたマロリーは、一九一二年に第一作にあたるジェイムズ・ボズウェルの伝記を書き上げようと奮闘していた。この作品は次のような文章から始まる。「この三百ページを超える作品を書くことは、常ならぬ精神が容易に担えるようなものではなく、この本を書くことで、自己批判という尊い行為を永久に失ってしまうことだろう。（中略）どこが面白い部分かを説明して、退屈な本を書いてしまったことを謝るつもりはない。謝罪の言葉を書こうと思っていたのだが、今そんなことをすれば、乗り越えられない困難を差し出すことに等しい（略）[10]」。その年の終わりに刊行された『伝記作家ボズウェル（*Boswell the Biographer*、未邦訳）』が多くの読者を得ることはなかった。

休戦後の一九一九年の春、マロリーはチャーターハウス校に戻ってきたが、そこの環境には息苦しさしか感じなかった。戦場に行かなかった者は、戦争に行った兵士の心の傷を理解することはできない。それがイギリス社会を分断した。自分の居場所はこれまでと同じように垂直の世界だと悟ったマロリーは、ウェールズのペン・イ・パスを定期的に登るようになった。一九一九年の夏には、七年ぶりにアルプスに戻った。中学時代に登山家として最初の経験を積んだところである。

その春、ジョン・ノエル大尉が王立地理学協会で講演し、一九一三年におこなった秘密のチベット遠征でエヴェレストの麓まであと六五キロのところまで行ったと語ると、イギリス登山界はにわかに活気づいた。ノエルは集まった聴衆にこう語ったのである。「北極点と南極点にはすでに到達されています。（中略）それと同じ重要性を持つ次なる任務こそ、エヴェレストの探検とその地図の製作なのです[11]」

マロリーは会場にいなかったが、イギリス山岳会との繋がりがあったので、エヴェレスト調査遠征計画が進行中であることは知っていたに違いない。一九二一年一月にエヴェレスト委員会が設立されると、イギリス山岳会の会長パーシー・ファラーは、真っ先にマロリーの名を挙げた。「今年の夏、いよいよエヴェレスト遠征が現実のものとなりそうです[12]」と、彼は一月二十二日にマロリーに手紙を書いている。「遠征隊は四月初旬に出発し、十月に戻ってくる予定です。いかがなさいますか」

マロリーはチャーターハウス校を去るための方法を探していたが、ルースと幼い子どもたちをどうしたらいいかわからないでいた。終戦を迎えたとき、マロリーはルースにこう書いている。「ともに時間を過ごす日が来るのが待ち遠しくてなりません。終戦という贈り物がもたらすものは素晴らしいものに違いありません。ずたずたになった神経から荒々しさをすべて消し去りたい。なによりも優しくなるために[13]」。ルースはその頃第三子のジョンを、マロリーの念願の男の子を、出産したばかりだった。クレアは五歳、ベリッジは三歳になっていたので、ルースは半年も家を空けるような危険な計画に夫を快く送り出すつもりはなかった。マロリーの決意も揺らぎ、幼い子どもと妻を苦しめるようなことはしたくないと思っていた。そんなある日、登山仲間で古くからの友人のジェフリー・ウィンスロップ・ヤングが、ゴダルミングのマロリーとルースの家を訪れた。そして、マロリーが今後、探検家にして作家、講演家として生きていくためには、このエヴェレスト登山がいかに大きな出発点となるか、と熱い言葉で訴えた。二十分ほどの短い会話の後、ルースの態度は和らぎ、マロリーがエヴェレストに行くことを許した。

大きく翼を広げたような格好をしたロウザー・ロッジは赤煉瓦造りで、大きな煙突が特徴的な三階建てのヴィクトリア朝風建築物である。ロンドンのケンジントン地区のハイド・パークとアルバート記念碑のそばに建っている。この建物に王立地理学協会が本部を置いてから一世紀以上が経つ。

王立地理学協会が二〇〇四年に翼棟を増築する際、これまでの印象を拭い去るために、人目を引く前衛的なガラス張りの建物にした。二〇一九年一月の晴れた朝、私はエキシビション・ロードに面したこの新たな正門を通って、世界でもっとも由緒ある地理学施設に足を踏み入れた。

フォイル閲覧室に入ると、紫のダウンベストを着た五十代の快活な資料管理者ジャン・ターナーに出迎えられた。私が部屋に入ったとき、ターナーは表紙に「一八八〇」と書かれた会員名簿を広げていた。そして私に申請書を手渡し、「閲覧に日数がかかる場合には、会員になったほうがいいかもしれません」と言った。彼女は総数は把握していなかったが、協会の会員のなかには投票や年次集会への参加が許されている人たちがいる。この資格を得るためには「地理学あるいは探検分野で重要な仕事[14]」をし、なおかつふたり以上の現会員の推薦がなければならない。しかし投票権のない会員も一万四〇〇〇人ほどいて、ターナーが薦めたのはこちらのほうだった。

ターナーによれば、一八三〇年に設立された王立地理学協会の初期会員は、大英帝国の遠く離れた地域に配属された陸海軍の将校がほとんどで、空き時間にその地域の調査や探検をおこなっていたという。王立地理学協会が本当の意味で学術機関であったことはないが、その長い歴史のあいだ探検遠征や地理学的研究に支援をおこない、地図に残された多くの空白部分を埋めるという責務を担ってきた（言うまでもなく、西洋人が世界中を「探検」したことで、アフリカやオーストラリアや大英帝国の植民地に暮らす現地の住民に甚大な犠牲を強いた）。現在の王立地理学協会の使命は、世界の地理学の集合的知識を向上させることであり、世界中の地理学者を支援することである。本部は「特別収蔵品」の博物館としても使われており、二五万冊の本、一〇〇万枚の地図、写真や日記、手紙や昔の品々が数えきれないほど収蔵されている。そのすべての収蔵品は週五日の展示日に、入場料一〇ポンドを払えばだれでも閲覧することができる。

目的の品をターナーに伝えると、分厚いらせん綴じのノートを手渡された。その背にはラベルが貼ってあった。

目録
特別収蔵品
エヴェレスト遠征

一九二〇年代、三〇年代、五〇年代

ノートの何ページにもわたって、エヴェレスト特別収蔵品の品名が羅列されている。一九二四年遠征までたどり着いた私は、写真の箱を六つ、エヴェレスト委員会の通信の資料、一九九九年のマロリーの遺体発見の際に見つかった彼の所持品すべてを閲覧リストに書き出した。指示されたとおり、私は大きな机の前に立ってリベリアの地図を眺めている白髪交じりの初老の資料管理者デイヴィッド・マクニールにリストを手渡した。少し迷惑そうな顔をされたが、彼はリストを受け取って奥の部屋に向かった。

待っているあいだに周囲を観察した。部屋はU字形で傾斜窓がずらっと並んでおり、船の操舵席にいるかのようだ。もっとも、窓の向こうは海ではなく、一段低いところに作られた中庭が見え、それを囲む空中庭園のようなところから緑色の植物が垂れ下がっていた。窓辺の横長の棚の上に並んでいるのは、デイヴィッド・リヴィングストン、リチャード・バートン、クラウディオス・プトレマイオス、ガートルード・ベル、アーネスト・シャクルトンといった有名な探検家や地理学者の胸像だ。壁には世界第五位の標高を誇るマカルーの見事な白黒写真が貼ってあり、写真の隅に撮影者の名が鉛筆で「ジョージ・マロリー」と記されていた。交通量の多いロンドンの通りに面しているわりには、部屋はやけに静かだった。私のほかには利用者はふたりしかおらず、年をとった白髪の男性が机を挟むように座り、本や地図を自分のまわりに広げていた。

やがてマクニールは灰色の紙箱をたくさん積んだ(15)ワゴンを押して戻ってきた。私の前の金属製の机に一つひとつ箱を置いていき、それから白い布手袋を取り出した。手袋をはめていちばん大きな箱の蓋を開けると、おそらく世界一有名な登山靴をとても慎重な手つきで取り出した。

「なんと。マロリーの靴ですか?」

マクニールは頷いた。

「手に取ってみてもいいでしょうか?」

眼鏡越しに私を見つめたマクニールは、「なぜ特別な手袋を着けているのかわからないのかね?」とでも言いたげな様子だった。とはいえ彼はなにも言わなかった。

こんな登山靴で世界最高峰の登頂を目指した人がいたことに驚愕し、思わず頭を横に振った。登山靴は革製で、底とアッパーのあいだの分厚いフェルト地以外に保温材は見当たらない。それどころか、私が夏にアディロンダック山地やホワイト山地を登ったときに履いていたダハシュタインのハイキングブーツとほぼ同じ見た目だ。爪先がわずかに反り返り、靴底には氷雪で滑らないための特製のV字形「靴鋲」(16)が打ち付けてある。側面は緑青のような色になっている。黴かもしれないと私は思った。「それはクロムです」と、じっくり観察している私を見て、マクニールが言った。「当時も革の保存のために使われていました」。この登山靴を買ったマロリーが自らの手でクロムを塗ったのだろうか。クロムはかなり効き目があるようだ。爪先の内側のすり減って傷んだ箇所を別にすれば、革は相当によい状態を保っている。なかでもいちばん印象的だったのは、靴のサイズが私と同じくらいだったことだ。履いてみて感触を確かめたかった。もっとも、そんなことをしたら、白手袋をつけたマクニールに追い回され、鋲をかつかつ鳴らしながら部屋を逃げ回る羽目になる。私たちはもうひとつの箱に移った。マクニールが取り出したのは、マロリーが自分のピッケルのピックにつけていた革製の覆い、柄が鹿角でできた折り畳み式ナイフ、プレキシガラスの容れ物だった。容れ物のなかには、周囲に細かな刻み目の入った丸い文字盤の腕時計が入っていた。これは一九九九年に、トム・ポラードがアンディ・ポウリッツとともにマロリーの遺体のところまで戻ったときに、ポケットから見つけ出したものだ。文字盤の長針と短針が指していたところが錆びていた。エヴェレスト史の研究家はこの錆びに関して嫌になるほど議論を重ねているが、おそらく彼らの大半は、トムが短針がとれる前に腕時計の写真を撮った事実を知らないはずだ。私は以前その写真を見たが、一時二十五分頃を指していた。それが午前か午後かはわからないのだが。マクニールから、時計には放射能があるので容れ物から出してはいけない、という説明を受けた。文字盤にはラジウム二二六を含む放射性発光塗料が塗られていた。マクニールによれば、明かりを消してもこの時計は緑がかった乳白色の光を発するそうだ。

当時の品々が入った箱はあとひとつ残っていたが、中身を私に見せる権限を彼は持っていなかった。マクニールから顎鬚を生やした男に担当が替わったが、顎鬚の男は名前を告げず、「資料管理者」と述べた。

「このなかには面白いものは入っていません」と言いながら、彼は「取扱注意」と太字で書かれた箱に手を載せた。「この箱は飛ばしましょうよ」。いかにも嫌そうな彼の態度を見て、いっそう箱の中身が見たくなった。

私が押しの強いアメリカ人登山家の役割を演じると、数分後、資料管理者は特別な白手袋をはめた。明らかに迷惑そうな顔をしながら、何重にもなった薄葉紙を丁寧に剝がしていき、不揃いな糸くずと服のラベルを取り出した。ラベルには「W. F. Paine 72 High Street Godalming」の下に赤字で小さく「G. Mallory」と印字されていた。次に錆びついた爪切り鋏が、最後に箱の底から短い長さの白くて細いロープが出てきた。

「ジョージ・マロリーの遺体が発見されたとき、体に巻きついていたロープです」と彼は重々しい口調で言った。「非常に脆くなっています」

彼がロープを私の目の前の机に置くと、細かな白い粉が舞うのが見えた。ようやく私は、この資料管理者がなぜこれを見せたくなかったのかわかった。ロープの分解が今まさに進行しているではないか。鉛筆ほどの太さしかなく、撚り合わさった三本の紐のなかに、おそらくは摩耗の徴である赤い糸が一本走っていた。私はヨッヘン・ヘムレブから、ロープの素材は亜麻で[17]、元々三〇メートルの長さだったと聞いていた（ヘムレブは二〇一〇年のアーヴィン捜索遠征後、ロープ会社に複製品を作らせ伸張強度の試験をしたが、ぞっとするような結果だった）。

当時は新品だったとはいえ、こんな粗末なものを使ってどこかを——ましてやエヴェレストの標高八〇〇〇メートル以上の高難度の岩場を——登るなんて、私には想像もできなかった。

三日と半日後に、私はノートの束と軽い頭痛を抱えながら、覚束ない足取りで王立地理学協会を後にした。地下鉄に乗り、ロンドン市内にあるイギリス山岳会の本部に向かった。建物の正面に大きなガラス窓が並び、頂上を極めた登山家たちが写っている、元気が出るような写真が貼ってあった。目的の場所に着いたのだ。ガラス窓のひとつに組織のロゴが全面に貼ってあるが、「Alpine Club」の上に小さな字で「１８５７」とあるだけだ。山を擁する国の多くには、たとえば米国山岳会、日本山岳会、ニュージーランド山岳会といった国名を冠した山岳会がある。しかし単に山岳会《アルパイン・クラブ》というのは、アルピニズム発祥の地であるイギリスの山岳会を指す。この山岳会の使命は王立地理学協会よりもずっと登山に特化しており、世界中の偉大なる山々で登山目標を果敢に追求している会員を支援することにある。

あらかじめ電話しておいたにもかかわらず、資料管理者のナイジェル・バックリーは昼食中だった。彼は本好きの若者で、顎鬚を流行りのかたちに整え、細いメタルフレームの眼鏡をかけていた。彼がクライマーであることは、しなやかな身のこなしとやや丸まった肩を一目見ただけでわかった。長身痩軀で腕が長く、ワイン色の細身のカシミアのセーターを着ていた。「なにをお探しですか？」とバックリーは言った。私は自分がアメリカから来ていて、ずいぶん前からイギリスの山岳会のファンだと彼に伝えた。さらに、初期のエヴェレスト遠征史を調査していること、ここにはサンディ・アーヴィンのピッケルをはじめとするエヴェレストで発見された品々があると聞いたこと、そのピッケルがガラスケースのなかで壁にかかっている写真をインターネット上で見たことを伝えた。

「それはちょうどよかった」とバックリーは言った。「一緒になかを回って見ていきましょう」

最初に向かったのは講堂だった。「これを見てください」と彼は言って、木製の台に吊り下げられた古い酸素ボンベを見せてくれた。「一九二四年遠征に使われた酸素ボンベです。講演を始めるとき、私たちは毎回必ずこうやって合図をします」。バックリーは木槌を手にとって金属のボンベを叩いた。部屋に鳴り響いた音を聴いて、チベットのシンギングボウル［棒で縁を叩いたり擦ったりすると独特な音を出す金属の器］の音を思い出した。音が止むと、私は王立地理学協会で所蔵品に触るのを禁じられたことを話した。

「自分たちのいい加減さをいささか恥ずかしく思うときがあります」と彼は言った。「ですが、ここにはこうした物があるので、会員たちもそれで楽しむことができるわけです」。バックリーが見ている前で、私は酸素ボンベを撫でてみた。触れられるということなのでやってみたのだ。

「ここにはどんな人が泊まるんですか？」地下の簡易ベッドが置かれた部屋に入ったときに私は尋ねた。

「だれでも泊まれます」とバックリーは答えた。「もし泊まりたいならどうぞ」。ホテルの予約を取り消そうか真剣に悩んでいると、バックリーは収納庫らしき部屋に姿を消し、二分後に古めかしいピッケルを持って現れた。そして儀式張ることも、真面目ぶる素振りもなく、私にピッケルを差し出した。そんなふうにして私は白手袋をはめていない手で、サンディ・アーヴィンが一九二四年の六月八日に携えていたピッケルを受け取った。ピッケルは重く、おそらく二キロを超えていて、長さは一メートルほどだ。木のシャフトには黒っぽい木目模様があり、細かい傷が無数に入っている。縦方向に細い溝があるのが手の感触でわかった。北東稜に放置されていた九年のあいだに、高所の紫外線が年輪に沿って浸食して溝を作ったのだ。ピッケルのヘッドの金属は曇っていたが、「WILLISCH OF TAESCH」という製造元の印はまだ判別できた。

バックリーはシャフトの木に一センチ間隔で三本の溝が深く刻まれた部分を指差した。「この三本線が決め手となって、これがアーヴィンのピッケルだとわかったのです」とバックリーは言った。さらに彼は、シャフトの下部、先端の石突きから約二〇センチのところに彫られた溝を指した。「これは、アーヴィンがピッケルを打ち込む際に握る位置の印として彫ったものと考えています」

残りの時間をイギリス山岳会の図書室で過去の文書や記録を漁って過ごしているうちに、ノエル・オデールの手紙を見つけた。オデールはイギリスの初期エヴェレスト遠征隊の一員で、私は前から親近感を抱いていた。未知の領域に進んでいくマロリーとアーヴィンを最後に見た三年後の一九二七年、彼はハーバード大学から地質学の客員講師として招かれた。それから三年間、オデールはマサチューセッツ州ケンブリッジで暮らしながら、講師としての仕事に加え、発足したばかりのハーバード大学登山会の指導役を務めた。週末にはニューハンプシャーへ学生を登山旅行に連れていき、冬になると頻繁にワシントン山を訪れて、ハンティントン渓谷でアイスクライミングを教えた。今日でもその「オデールの渓谷《ガリー》」は定番のアイスルートであり、私自身も登山家としての下積み時代にそこで実力を試していた。

マロリーとアーヴィンの生きている最後の姿を目撃した人物として、オデールの名前はエヴェレスト最大の謎と分かちがたく結びついている。ところが、地質学者であり登山家、探検家としての変化に富む長い人生を記録したものは皆無に等しい。オデールの死を悼んで一ページにわたる追悼文[18]を寄せたのは、ハーバード大学の学部生時代に彼に初めて会った、有名な高地生理学者であり登山家のアメリカ人、チャールズ・ヒューストンだった。「オデールは物静かな人でした。心が寛く柔和で控え目で、苛立ったり腹を立てたりすることは滅多にありませんでした。(中略)保守的な時代の登山家で、気さくで飾らず、目立つのを嫌い、結果より過程を大事にする人でした。(中略)富や名声を求めることはありませんでしたが、世界中の人々に優れた父親像としてその名を知られ、愛され、自身の活動を語るより他人の活動に大きな関心を寄せていました」。この追悼文には、一九七五年に当時八十四歳のオデールがヨセミテで開かれた山岳医療シンポジウムで講演したときのことにも触れられている。オデールは一九二四年のエヴェレスト遠征に関するガラススライドを投影しながら話したが、自らが果たした役割についてはは最後までなにも語らなかった。

オデールの資料は年ごとに分けたフォルダに入っていた。私が最初に開けたフォルダには、先ほどまで手にしていたピッケルにまつわる手紙が大量に入っていた。一九三三年にこのピッケルをロンドンに持ち帰ったのはパーシー・ウィン＝ハリスで、イギリス山岳会に所蔵されることになってからはずっとここに置かれている。オデールはロンドンに戻ってきたピッケルを調べたが、彼自身の記録によれば、三本の溝に気づいた者はそれまでにいなかった。当時はまだ、このピッケルがマロリーのものかアーヴィンのものかわかっていなかった。若いサンディ・アーヴィンの指導役だったオデールは、どちらのものか解明しようと心に決めた。一九三四年二月、彼はマロリーの妻ルースとサンディの父ウィリー・アーヴィンに手紙を送った。返信の原本がフォルダに入っている。上部に「ゴダルミング、ウェストブルック」と赤く印字された黄ばんだ手紙のなかで、ルースはこう書いている。「私の知る限り、ジョージが自分の持ち物に三本線」――ここでルースは横向きの三本線を重ねて描いている――「のような印も、どんな印もつけてはいませんでした。ですのでそれは、アーヴィンのピッケルではないかと思わざるをえません」。ルースは続けて、十八歳の娘のクレアが「将来有望な登山家」になっていて、ウエールズの比較的簡単なルートを仲間たちの先頭に立ってたくさん登っている、と書いていた。(19)

ウィリー・アーヴィンは、返事を書くのが遅れた（十日かかった）ことを詫びてから、遅れたのは調べるのに時間がかかったからだと釈明している。「ヒューとイヴリンは、サンディは『Ⅲ』

のような三本の溝を入れていたと言っていますが、確信を持てないようです。私も見覚えがあるように思うのですが――ただ、これは心理学の『暗示』の一例かもしれません！」ウィリーはさらに、日記帳やスキー板、スピッツベルゲン島への遠征で使用したピッケルなどのサンディの持ち物をくまなく調べたが、三本線が刻まれたものはなにひとつ見つけることができなかった、と記している。彼は、息子はモノグラム［氏名の頭文字などの組み合わせ文字］を使っていて、日記帳にも描いていたとも述べている。手紙からは、ピッケルが本当に息子のものかどうか知りたいというウィリーの強い想いが伝わってきた。

夜のあいだに湿った雪が一〇センチ近く積もっていた。高速道路を下りると車道は滑りやすくなっていた。私は左手でギアチェンジをする小型レンタカーに乗り、普段とは違う左側車線走行のためにこの上なく慎重に運転していた。陰鬱な冷たい二月の朝にもかかわらず、オックスフォードの街は人で賑わい、道行く人たちはいかにも学者らしい雰囲気を醸し出していた。街の中心部にある複雑な環状交差点では間違った方向に車を走らせてしまい、クラクションを浴び、通行人から敵意のこもった視線を投げられた。なんとか交差点を抜けて、オックスフォードの目抜き通りであるハイ・ストリートに入ったが、両脇に書店やパブや小売店が並び、古めかしい建物が密集しているせいで、ＧＰＳが動かなくなった。何度か誤った道に入り、美しい街並は見られたものの無駄に時間を費やした。丸石で舗装された特徴のない脇道マートン・

ストリートをようやく見つけだし、長い石壁に寄せて車を駐めた（後で知ったが違法駐車だった）。

マートン・カレッジは、オックスフォード大学にある三八のカレッジのひとつで、世界有数の歴史を持つ名高い学術機関である。一二六四年に、ふたりのイングランド王ヘンリー三世とエドワード一世の大法官を務め、後にロチェスター司教となったウォルター・ド・マートンによって設立された。マートン・カレッジは、司教や議員やノーベル賞受賞者を輩出している。二十世紀の著名な卒業生のなかには、詩人・批評家のT・S・エリオット、世界で初めて一マイル［約一・六キロ］を四分以内で走ったロジャー・バニスター、四〇年代と五〇年代に母校で英文学の教授を務めた作家のJ・R・R・トールキン、そして、一九二二年に化学専攻で入学したサンディ・アーヴィンがいる。

入り口付近の部屋に入ると、茶色の巻き毛で眼鏡をかけた中年の司書ジュリア・ウォルワース博士に出迎えられた。挨拶を交わし、こんな天気になるとはなんと運が悪いのだろう――「オックスフォードでは滅多に雪は降らないんです」と彼女は言った――と思った。ウォルワースに続いてアーチをくぐり、四方を中世の石造建築に囲まれた中庭に入っていった。建物の屋根はスレート葺きで、小さな屋根窓があり、壁には蔦が這い絡まっている。マートン・カレッジの敷地は、オックスフォード大学の大半のカレッジと同じく、行き来できる複数の中庭で成り立っている。私たちがいた中庭は、敷地内の中庭を繋ぐ中心の役割を果たしていて、地面の四角い灰色の石灰石と小さな丸石は、何世紀もかけて擦り減り、平らになっている。食堂の入り口にいた数名の学生を除けば、大学にしては妙に静かだった。

「とても狭い敷地です」とウォルワースが言った。「現在約六〇〇名の学生がいます」。私たちは石のトンネルをくぐってさらに狭い中庭に入った。ウォルワースによれば、この中庭は「モブ」と呼ばれていて、マートン・カレッジでいちばん古い場所らしい。四方を囲む建物は白みがかった黄色で、オックスフォード大学のほとんどの建物はこのジュラ紀の石灰石を使って造られている。東側の建物の上からは教会塔が顔を覗かせていた。中庭の北側の壁にある小さな木の扉の向こう側は、現在利用されているなかでは世界最古の大学図書館だ。マートン・カレッジ図書館は細長い構造で、中央の通路に緑のカーペットが敷かれている。私が横を通り過ぎると、勉強に励む学生が数名顔を上げたが、館内に人気《ひとけ》はなかった。たどり着いた大きな木の机の上には、ウォルワースが前もってサンディ・アーヴィン・アーカイブを用意してくれていた。そこで彼女は私の研究対象が具体的に何なのかを尋ねた。

「初期エヴェレスト遠征の調査です」と私は答えた。彼女の顔がこわばったのを見て、もっと詳しい内容を知りたいと思っていることがわかった。私はスマートフォンを差し出して話題を変えた。「これを見てください」。一九三〇年に撮られたマートン・カレッジのテニス部の古い写真を画面に出した。セピア色に染まった白黒写真には六人の男が写っている。前列の三人は座り、後列の三人は立っている。彼らの白いスーツの胸ポケットには、交叉した二本のテニスラケットが刺繍されている。六人とも短髪をきれいに整え、襟元にはアスコット結びでスカーフを巻き、木製のテニスラケットを握っている。それぞれの名前が写真の下部にインクで記されていた。前列の真ん中にいるのがH・F・モズリーという私の祖父だ。サンディ・アーヴィン・アーカイブの最初の閲覧申請が、日程が合わないという理由で却下されると、私は「祖父がマートンの卒業生でした」という切り札を使った。ウォルワースはメールの返信のPDFで、学籍簿の祖父の記載事項を送ってくれた。祖父が一九八四年に亡くなるまで私は数回しか会ったことがなかったのだが、その祖父について初めて知る情報がたくさん記されていた。マートン・カレッジにローズ奨学金を使って通ったフレッド・モズリーは、一九二七年に入学し、三年後に生理学の学位を取って卒業している。卒業後は外科学を学ぶためロンドンの聖トーマス病院に移った。一九三四年に結婚し、私の母はその二年後にロンドンで生まれた。祖父は合計すると九年間をイングランドで過ごし、一九三八年にモントリオールに戻ると、マギル大学の教授として外科の教科書を執筆した。

「この写真はすぐそこで撮ったようですね」とウォルワースは言って、窓の外を指差した。「忍び返しの松かさのようなものがあるのがわかりますか？」一〇メートルほど離れた場所に錬鉄の柵があった。忍び返しには、小さなパイナップルに似た、緑がかった丸い塊の装飾が数十センチおきについていた。写真のほうを見ると、柵に同じ小さな塊がついている。「この庭にはかつて樹齢二百年の栗の木がありました」と言ってウォルワースは、祖父の頭上に垂れている青葉を指差した。「倒れて事故が起きるのを恐れて、四年前に切り倒されてしまいました」。その場所には若木が植えられていたが、幹の太さは直径五センチほどしかなく、支柱にくくられていた。また降り始めた雪が、細い枝にうっすらと積もっていた。

マートン・カレッジ図書館のサンディ・アーヴィン・アーカイブには、二五個の箱に加えて数点の所蔵品がある。いちばん目の箱から順番に見ていこうと決めたところで、ウォルワースは私の幸運を祈り、担当をハリエットという若い司書に替わった。ハリエットは白手袋をつけていなかったが、箱を開けて資料をひとつずつ渡してくれた。最初に取り出したのは、一九二四年にシェーカル・ゾンの僧院の外でサンディが写っている写真だった。これは以前にも見たことがある。例の証拠となったズボン吊りが肩から外れて腰に垂れている写真だ。

次に渡されたのは何枚ものスケッチで、サンディが一九二四年のエヴェレスト遠征隊に誘われてから描いた酸素装置の設計図だった。最初のページには、一九二二年に使用された酸素装置の元の設計が描かれている。上部に弁がついた四つのボンベで、そこから出ている管が流量調整器とマスクに繋げられている。二枚目に描かれているのは、初回に使った酸素装置のひとつを完全に分解し、設計し直したものだ。サンディの狙いは、酸素装置を軽量化し、扱いやすくし、不具合にならないようにすることだった。

彼には、自分の命がこの使用実験のできない設計図にかかっているとわかっていたはずだ。

オックスフォード大学の化学実験室で椅子に座り、圧力弁や流量調整器や銅管の緻密な図面作成に没頭している彼の姿が脳裏に浮かんだ。スケッチは、肩紐の裏側に小さな斜線さえ描き足されていて、より実物らしく見えるようになっていた。ハリエットによれば、この設計図は複写だった。原本は、絶対に触れられない真空管に密閉されてあるという。しかし次に彼女が箱から取り出した、青鉛筆で手書きされた七枚の文書は本物だった。一枚は「司教名簿」と書かれた印刷物の裏に書かれていた。

『エヴェレスト遠征用の酸素器具の現在の形は、元栓シリンダー・バルブが背中の上に来るのでボンベを地面に降ろさないと開閉ができない。さらに登山しているとき、ボンベから別のボンベへすぐに付け替えられるよう、補助バルブの位置を考えなければならない。補助バルブの重量についても考える必要があるが、ボンベの天地を逆にすれば、登山者が使いやすいところにシリンダーバルブが来るので、この問題は解決するかもしれない。』

サンディに技術者や設計者の素質があることに初めて家族が気づいたのは、マン島で夏を過ごしていたときだ。十一歳のサンディは、競走用ヨットの正確な縮尺模型[20]を作ったのである。船体は鎧戸の羽根板で作り、帆に布を、帆を支えるロープに糸を使って完成させた。バーケンヘッドの自宅裏の納屋はサンディの作業場となり、模型を作成し、家のなかで壊れたものは何でも修理した。

一九一四年に第一次世界大戦が勃発したとき、サンディは十二歳だった。翌年の春、きょうだいとともにイングランドのピーク地方の小さな村ニューボールドに疎開し、独身の伯父と暮らすことになった。その夏の終わりに姉のイヴリンとグラスゴーを旅行した際、サンディは戦争遂行のための産業界の成果を初めて見た。「クライド川で、約二〇隻の巡洋艦と一五隻の水雷艇駆逐艦が建造されているところを見ました。軽巡洋艦は河口を監視しているみたいでした[21]」とサンディは母親に手紙を書いている。「昼食後はゴルフをするつもりです。みんな又聞きや又々聞きでロシア人の噂をしています」

一九一六年の九月、十四歳のサンディは彼の一族の者たちが代々通ってきた伝統あるシュルーズベリー校に入学した。サンディにはうってつけの学校で、ようやく母親の厳格な支配から抜けだし、自分のしたいことができるようになった。シュルーズベリー校が運動競技を重要視していると知って彼は大いに喜んだ。間もなくクロスカントリーや陸上競技、そしていちばん肝心なボート競技で、輝かしい力を発揮するようになる。

学業面ではさほど目立たなかったが、化学と工学は得意だった。彼の指導者で発明家でもあった化学教師C・J・ベイカーは、サンディが理系分野に興味を抱いていることに気づき、その才能が伸びるのに手を貸した。一九一七年、ベイカーは前線で実際に使用されていたドイツ軍の機関銃を彼に渡した。サンディはその銃を分解し、何週間もかけて仕組みを学びながら構造の詳細な記録をとった。当時、イギリス軍が機関銃の弾詰まりという深刻な問題に苦しんでいることはよく知られていた。連合国軍で使われている銃とよく似たドイツ軍の銃を詳しく調べたサンディは、弾詰まりの原因は銃ではなく弾薬にあることを突き止めた。何百万回も同じ金型で弾薬を造り出すうちに[22]、薬莢の成型に用いる金型が徐々に膨らみ、銃身に対して弾薬がわずかに大きくなっていたのである。

サンディが次に興味を抱いたのは、イギリス軍が空中戦をおこなう際に不利なふたつの問題だった。王立空軍に入隊していた兄のヒューからその問題を聞いたのだ。一九一七年、学校の実験室で作業し続けた彼は、プロペラ同調装置を設計した。これは単発機の機首に取りつけられた機関銃が、回転するプロペラの羽根を発射時に撃ち抜かないようにする装置だ。彼はこの仕組みを、航空計器からの入力情報を用いて自動的に機体の安定と機首方位を調整するジャイロスタビライザー——世界初の自動操縦装置である——の設計にならって考案した。ベイカーに勧められて、サンディはふたつの設計図を陸軍省に提出した。彼のふたつの発明は、すでにイングランド随一の技術者が先に提出していたことが判明したが、提出の時間差はほんのわずかだった。陸軍省はサンディの設計図を賞賛し、このまま研究を続けるように促す手紙を送った。

同じ頃、初めてサンディはボート競技を体験した。彼の隠れた才能はすぐさまボート部の主将の目に留まり、やがてセバーン川で週五日の練習をおこなうようになる。シュルーズベリー校の校長が、ボート界での自校の地位を築くために、オックスフォード大学からエバラード・キチンという新たな指導者を招聘したばかりだった。「キチンは、漕ぎ手の最良部分を引き出す見事な手腕の持ち主で、サンディはそれに応えたのだ」と、ジュリー・サマーズは『勇敢なエヴェレスト挑戦（*Fearless on Everest*、未邦訳）』に書いている。「キチンは自身の経験から、ボートを真っ直ぐ漕ぐ感覚がわかり、その感覚をチームに伝える才能があった。キチンとサンディは背格好が似ていて、金髪が人目を引いた。そしてふたりとも、強く漕ぐことと全力で漕ぐことの違いを熟知していた。サンディは全力で漕ぐことに自信があったので、一一〇パーセントの力で漕いでも絶対にくじけないとわかっていた[23]」

当時の寄宿学校ボート競争の頂点にあるのがヘンリー・ロイヤル・レガッタで、一八三九年以降テムズ川で年に一度開催されていた。第一次世界大戦中は中止になっていたが、一九一九年の夏、大会の主催者側がヘンリー・ロイヤル・ピース・レガッタ[24]として復活させた。さまざまな優勝トロフィーの名前がこの大会に合わせて変わり、第一次世界大戦で戦った元軍人のために特別にいくつかのレースが設けられた。これが開催されたのは、しばらく前に締結されたベルサイユ条約調印を祝うためであり、さらにスポーツをすることで身につく競争の精神と喜びを称揚するためであったので、将来的に大きな意味を持つ大会になった。

サンディは戦争に参加しなかったが、彼のボートチームはピース・レガッタ・エルセンハム杯の出場権が与えられた。サンディのチームは準々決勝で、戦争を生き抜いてモードリン・カレッジのボート部に所属していた兄のヒューのチームと当たり、大接戦を繰り広げた。シュルーズベリー校チームは、年上でしかも経験も豊富な大学生チームを相手に、四分の三艇身差で勝利し、そのまま勝ち進んで優勝した。サンディはこの優勝によって初めて、本物の栄光とはどのようなものか身に染みてわかった。アーヴィンは母親への手紙で決勝戦をこう振り返っている。「これまでの試合のなかでいちばん大変なレースでした。ベッドフォードは桁外れに力の強い選手たちばかりで、けんか腰のような感じで、体重ではこっちが負けていました。奴らを勝たせるようなことになったら不名誉極まりない、と心を決めて試合に臨んだわけです[25]」

優勝の翌朝、彼らの汽車が五時半にシュルーズベリーの駅に到着すると、町のほとんどの人が出迎えて、彼らの凱旋を祝った。サンディは「休戦記念日のときくらいの大騒ぎ」で、この大混乱のなかで学校のベルが壊された、と当時のことを述べている。

サンディの親友リチャード・サマーズは、はにかみ屋の若者で、ディックという愛称で呼ばれていた。ふたりはシュルーズベリー校のハンドボールコートで出会い、ふたりとも自動車にひとかたならぬ興味を抱いていたこともあり、その場で意気投合した。ディックは裕福な家の出身だった——父親が鉄鋼王だった——が、幼い頃に母を敗血性肺炎で亡くしてから、彼の人生は悲惨な色合いに染まった。一九一七年、サンディがシュルーズベリー校で試行錯誤しながら発明品を作っていた頃、ディックの父ハリー・サマーズはマージョリー・トムソンという三十三歳年下の元気のよいコーラスガールと結婚した。
サンディは、サマーズ家が北ウェールズに所有する豪邸コーニストを頻繁に訪れるようになり、ここで親友の継母と初めて会った。当時の写真には、長身で目鼻立ちの整った亜麻色の髪のサンディが愛嬌のある寛いだ笑みを浮かべている。イングランドで最高レベルのボート漕ぎとして、サンディの名は一部ではよく知られていた。マージョリーはハリー・サマーズのいちばん上の子と同い歳だったので、禿げかかった中年の夫よりその子どもたちと過ごすほうが楽しいことにたちまち気がついた。ハリー・サマーズは仕事で家を空けることが多く、マージョリーはロールスロイスにディックとサンディを乗せてピクニックや劇場に繰り出した。歌と踊りが大好きで、コーニストで乱痴気騒ぎのパーティーを何度も開いては、年若いサンディにフォックストロット［同時代の米国で流行していた社交ダンス］を教えた。

一九二二年の一月、サンディはオックスフォード大学のマートン・カレッジに入学した。入学が認められるかどうか危ういところだった。最初はモードリン・カレッジに出願したが、成績が最優秀ではなかったために却下された。マートン・カレッジの卒業生で学長と個人的な知り合いだったベイカーが裏で話をつけ、サンディはオックスフォードの全学部生に課される文学士号取得一次試験《リスポンション》さえ合格すれば、マートン・カレッジに入学できることになった。サンディにはラテン語、ギリシャ語、フランス語の知識が乏しく、四回も続けて不合格になったが、一九二二年の秋にようやく試験に合格した。マートン・カレッジで寮生活を送っているときに、オックスフォード大学ボート部から勧誘を受けた。これは新入生にとっては非常に栄誉なことだった。

四月の上旬、ジョージ・マロリーが隊員らとともにエヴェレストへの二度目の挑戦に出発した頃、アーヴィンは力の限りボートを漕いでいた。オックスフォード大学とケンブリッジ大学が年に一度の直接対決をおこなう第七四回ボートレースが控えていた。大会の数日前、オックスフォード大学で地質学を教えていたノエル・オデールは、ロンドンのパトニーホテルでボートチームと夕食をとった。大学登山部の新入部員で群を抜いて運動能力が高いサンディがオデールの目に留まった。オデールは、ノルウェー北極圏のスヴァールバル諸島にあるスピッツベルゲン島へ遠征する新たな参加者を求めていた。実は、サンディとはその二年前に、ウェールズのヴォイル・グラックという標高九〇〇メートルほどの山の頂で出会っていた。オデール夫妻が山頂からの景色を楽しんでいると、「恐れを知らない若いオートバイ乗り」(26)が山道を跳ねるように登ってきて彼らの目の前で止まり、道を尋ねた。このあたりの山にオートバイで登るなど前代未聞だったので、複数の新聞が後日この偉業を記事として取り上げた。サンディはもしかしたらボートよりオートバイのほうが好きだったのかもしれない、その記事の切り抜きを財布に入れて、その後の短い人生のあいだずっと持ち歩いていた。

当時のイギリスで屈指の登山家だったオデールは、アルプスで成し得た偉業で名を馳せていたが、なによりも一九一九年にウェールズのスノードニアにあるイドワル・スラブのテニス・シューと呼ばれる高さ一四〇メートルの岩を、ロープなしで登攀したことで有名になった。今日ではこの岩の登攀難易度は並以下の五・七とされているが、オデールの登攀当時は最難度ルートのひとつ下に位置づけられていた。

オデールはその夜のサンディのことが忘れられなかった。後に彼は、サンディが「まさに探し求めていた人物そのものであり、北極地方の厳しい環境に置かれても頼りになるばかりか、仲間のことを思いやれる人物という条件に適う気質を備えている、ということがたちまちわかった[27]」と振り返っている。ほどなくして彼は、サンディとボートチームの一員であるジェフリー・ミリングのふたりを、スピッツベルゲン島遠征に誘った。

この遠征の目的は、厚い氷に覆われた島の中心部の未踏の地を通って、島を東西に横断するルートを完成させることだった。途中でオデールは岩石の試料を収集し、ほかの隊員は動植物の調査をする予定だった。ロンドン動物学協会のために、セイウチを生け捕りにして連れ帰るという突飛な計画も入っていた。現実的なことを言えば、できる限り多くの山に登り、その頂を地図作成の測量拠点として使うことになっていた。エヴェレスト遠征隊の精神に則り、イギリスの新聞社に特電を送ることも予定されていた。エヴェレスト委員会は、人々を惹きつけたが失敗に終わった一九二二年の遠征の後、次に第三の極地へ向けて出発するまで一年という準備時間をおくという判断を下した。それで一九二三年の夏、スピッツベルゲン島遠征はイギリスのメディアにとってエヴェレストに代わる格好の題材となった。メディアは、疲れ切った戦後イギリスの陰鬱な空気から目をそらせるようなものを、喉から手が出るほど求めていた。

遠征出発までの数ヶ月のあいだ、サンディはコーニストに定期的に通っていたが、この期間にマージョリーとの関係が単なる友人以上のものへ発展していった。サマーズ家の息子や娘や、サンディの姉イヴリンが衝撃を受けたことに、マージョリーは継子の親友を誘惑するつもりでいることを少しも隠そうとしなかった。具体的にいつ恋愛に発展したかはわからないが、サンディとマージョリーが頻繁に密会していることは、間もなく周知の事実になった。ただ、ハリー・サマーズだけは知らなかったかもしれない。

スピッツベルゲン島遠征のためにノルウェーへ向かう船旅の日が近づいてくると、マージョリーは友人のドーラとともに最初の目的地トロムソまで同船すると告げた。遠征隊は三等船室しか割り当てられなかったが、マージョリーは自分のために一等船室を予約した。これは、寝台が「鋲のように固く」、しかも「穴熊の巣のように」(28)臭いと日記で不満をこぼしていたサンディには、思いがけない幸運だった。船旅のあいだマージョリーの船室を頻繁に訪れている彼の姿がほかの隊員に目撃されている。

スピッツベルゲン島内を移動して一週間が経ったとき、サンディとオデールがぬかるんだ雪の大地で運搬用の橇を引いていると、足元の雪が陥没し、気づけばどろどろの沼にはまっていた。結局、自分たちは抜け出せたものの、橇を引き上げることはできず、そこに橇を捨てて六キロ先の次のキャンプまで進んでいくしかなかった。翌日、サンディとジェフリー・ミリングは来た道を引き返し、橇の様子を見に行った。凍って固くなった雪や氷の上では見事に役に立つ橇の細い滑走部《ランナー》は、雪の解けかけたぬかるみでは何の役にも立たなかった。サンディは、ヒッコリーで作った頑丈なスキー板を橇の下に差し入れて動かすことを思いついた。作業は難航したものの、サンディの思いつきが功を奏し、積荷を再び動かすことができた。何時間にもおよぶ死ぬほど退屈な肉体労働の末、ふたりはようやくキャンプにたどり着いた。オデールは大いに喜んだ。

このスピッツベルゲン島遠征が、差し迫ったエヴェレスト遠征にサンディを参加させるかどうかを決める適性試験だったことに、サンディ自身が気づいていたかどうかはわからないが、オデールが酸素器具担当の責任者に任命されていたことは間違いなく知っていたはずだ。遠征を終え、オデールがエヴェレスト委員会にサンディを正式に推薦する際、棄てられた運搬用橇の話をしてこの若者を売りこんだ。委員会が探し求めているのが「超人」と呼ばれる人物で、度胸や強い意志はもちろん、並外れた肺活量を持つ運動能力の高い若者だということをオデールは知っていた。サンディはこうした条件をすべて満たしていた。しかもサンディは才能ある技術者でもあり、その腕前はスピッツベルゲン島遠征中に出来した、果てしない修理作業で証明されていた。悪天候が続き、オデールとサンディは何日もテントに閉じ込められていたが、そんな日々のあいだにオデールは若き見習いに酸素器具の設計図を見せた。そしてふたりは設計内容と改良方法について、何時間も話し合いを重ねた。

スピッツベルゲン島から帰国後すぐにコーニストに行っていたサンディは、真夜中にマージョリーの寝室から忍び出てきたところを、彼女の夫の友人に現行犯で捕まった。サマーズもこれ以上見て見ぬふりはできず、離婚届けを提出した。当時、離婚は珍しいことだった。

一九二四年のエヴェレスト遠征への正式な招待状は、一九二三年十月にサンディの郵便受けに届いたが、それはちょうど彼が不倫騒動の渦中にいたときだった。登山隊への最後の参加権が、登山経験がなく、標高一七〇〇メートル以上に登ったことのない二十一歳の化学専攻の学生に与えられた。この日を心待ちにしていたサンディは、すでに両親に参加の許可を求めていた。両親はそれまでの二度エヴェレスト遠征の記事を「タイムズ」で読んでいたので、サンディがチベットで危険な目に遭うことになるのはよくわかっていたに違いない。しかしふたりは、息子の熱意に水を差すことをしなかった。

そして言うまでもなく、サンディをよく知る人々はひとり残らず、できるだけ早く町を離れるほうがサンディのためだ、と思っていたはずである。

昼食後、私は司書のジュリア・ウォルワースに、マートン・カレッジ図書館の反対の端にある部屋に案内され、そこでサンディのエヴェレスト遠征時の衣服や装備の領収証が入った五番の箱を調べた。私もエヴェレスト用の道具をいくつか手に入れたばかりだったが、アーヴィンとマロリーが装備一式を自ら買い揃えなければならなかった時代と比べると、いささか真剣味に足りないと思った。今ではネットでたいていのものが揃う。メールで届いた領収証を自分で印刷したり、後にクレジットカードの請求金額と確認したりすればよい。署名が必要なものはいっさいない。ところが、目の前にある領収証は芸術作品のようだった。フッカム・アンド・カンパニーからアーヴィンが取り寄せたのは、十二足の（うち三足は「おしゃれな」）靴下、灰色のフランネル地のズボン、白のサージ織の高品質のズボン、ミュルミドンのネクタイ（ミュルミドンとはマートン・カレッジの社交クラブである）、二着の粗織ベスト、二本のズボン下、カーキ色のシャツ。送り状の各品名は凝った筆記体で書かれている。フィップス・パーネルからは、レアンダー・クラブ［十九世紀初期に設立された世界最古のアマチュア競漕クラブ］のネクタイとマフラーを取り寄せていて、そこには手書きのメモがついている。「お客様、送料や箱代もございますので、当方といたしましては五パーセントの値引きは適正ではないと考えております」。登山靴や旅行者向け装備を製作していたジェームズ・S・カーターは、内側がフェルト地の「特注の」登山靴を提供していた。代金は五ポンド二シリング六ペンスで、現在の三五〇ドルに相当する。この靴が王立地理学協会で私の見たものだろう。石油ストーブのプリムス用には、一二七番のバーナーを三つ、一一八番を七つ、さらに液柱計（圧力の計測に使う装置）をふたつ注文していた。バーバリーからは「全天候型コート」と毛皮の手袋を取り寄せ、ベンジャミン・エディントンからは、帆布の旅行鞄カバー、ヴェルダンの椅子、折り畳み式の蠟燭ランプ、リュックサック、二メートルのマットレス、「パンヤ綿」の枕を取り寄せた（「軽くてふわふわの」パンヤ綿はカポックの木の莢から採れ、合成繊維の登場以前はよく使用されていた）。

私は次に家族写真がたくさん入った箱を調べた。一枚ずつポリエステルの透明袋に密閉された白黒写真はほぼ年代順に整理され、一枚目の写真には、流れの速い川のほとりの、苔むした岩の上から釣りをするアーヴィン一家が写っていた。四、五歳の金髪の男の子が大きな丸岩に腰掛け、手作りの釣り竿を握っている。サンディの父ウィリー・アーヴィンは息子の肩に手を置き、手元を覗きこんでいる。こうした写真を見るのは、サンディの人生のスライドショーを眺めるのに似ていた。五歳くらいのサンディが三輪のアイスクリーム屋台の横に立っている。ウィリー・アーヴィンが庭に座って膝の上で分厚い学術書を開いている。十代のサンディとイヴリンがゴルフクラブを握っている。トレンチコート姿のサンディが自動車の横に立って微笑んでいる。

箱の奥からはマージョリー・サマーズの写真を見つけた。黒い巻き毛で左の頬にえくぼがある。はにかんだ笑みを浮かべている。次の写真では、マージョリーとサンディが、イヴリンとディックの姉のモード・サマーズと並んで木の長椅子に腰掛けている。マージョリーはサンディの肩に腕を回し、膝の上に新聞を広げている。ふたりとも笑顔で、脚をお互いの方向に向けて組んでいた。マージョリーの足がサンディの足に触れている。

私がたくさんある箱をすべて調べ終わると、ウォルワースはその日三人目の担当者に私を引き渡した。私と同い年くらいの薄くなりかけた白髪頭の人物は、ほっそりとして胸板が厚く、記録文書保管係のジュリアン・リードと名乗った。アーヴィン・アーカイブの一覧には箱に入らない所蔵品も数多く掲載されており、そのなかにはサンディがスピッツベルゲン島遠征で使ったヒッコリーのスキー板、第二次世界大戦の頃まで陸軍将校がよく携帯していた短い杖、乗馬鞭に似た「軍人ステッキ」もあった。私は以前、この軍人ステッキにはイギリス山岳会で見たピッケルと似たような三本の溝が入っている、とどこかで読んだことがあり、自分の目で比較してみたかったのだ。「申し訳ありませんが、そうした資料は閲覧できないのです」とリードはすまなそうに言った。「非常に壊れやすく、外に持ち出してはならない決まりです。代わりに、もしご興味があれば、サンディが書いたエヴェレストの日記を持ってきましょう」

リードは数分後、日記に加え、机に置いて閲覧台にするV字形の発泡スチロールを携えて戻ってきた。日記は黒い革カバーが被せてあり、縦二〇センチ、横一〇センチほどの大きさだ。父親のウィリー・アーヴィンが一九六二年に亡くなったとき、サンディの兄ヒューが、父が残した文書の束から弟の日記帳を三冊発見した。ヒューは日記をマートン・カレッジに寄贈し、学長に宛てた手紙で彼は、サンディは「いつか日記を『公開』しなければならないと考えていたので、くだけたきわどい言葉遣いは避けています（中略）。日記が出版されることを考えて、抑えた表現をせざるをえなかったからでしょうが、人々が自然だと考えるようなものより遥かに冴えない書き方になっています」[29]と書いている。リードは日記を開き、ゆっくりとページをめくった。一日分の記述は簡潔で要を得ていた。大半の文章が一段落か二段落分しかなかった。毎日のように言及されているのが、エヴェレストまでの道中に改良を続けていた酸素器具のことだった。

「ここで止めてください」と私は、リードが一九二四年四月二十四日のページを開いたところで言った。まさにこの日付、あるいはこの付近の日付を、シェーカル・ゾンの僧院の外でズボン吊りを垂らしたアーヴィンの写真を撮った日として記憶していた。

『一日中酸素器具にかかりきりだった。埃まみれだ。酸素ボンベからシューシューと酸素を出しながらチベット人連中を追いかけてやった。あんなに速く走る人間を見たのは初めてだ――ボンベから悪魔が出てくると思ったのだろう。[30]』

その翌日サンディは、遠征隊がベースキャンプから数キロ下った場所にあるロンブク僧院に到着したときのことを振り返っている。彼は僧院長のラマにこの日のために磨いておいた二本の酸素ボンベを贈ったのだ。

『酸素ボンベは異なる音色を奏でるふたつの見事な銅鑼になった。ぼくたちは僧院長に、ボンベのなかには悪魔が住んでいて、その吐く息で火花が散ると言い、火の点く様子を見せた。この僧院はかなり興味深いところなので、ブッダを拝んでいるふりをして写真を三枚撮った。はっきり写っているといいのだが。(31)』

リードが日記のページをめくるあいだ、私はこの日記の記述と、直前に箱のひとつから取り出して隣の机に積んであるサンディの手紙との関係を考えていた。手紙の大半は母親宛てのもので、一九二四年の二月に汽船サルディニア号がイングランドを出港した直後から始まり、五月二十六日まで続いている。日記よりも感情が伝わってくる文章で、エヴェレストの山に登っているときの出来事が事細かに記されている。チベット高原の村で見た木製観覧車など、有名な歴史的建造物や珍しいものを詳細に描いた絵が入っているものもあった。四月二十四日の手紙には、ロンブク僧院への訪問がより詳細に記されている。

『お祖父さんはぼくをもう孫だとは認めてくれないでしょう。というのもぼくは、きらめく宝石で埋め尽くされた祭壇にある、高さ六メートルの巨大な仏像の前で頭を下げたのですから。上着に隠し持っていたカメラで写真を撮るには、本気で拝むふりをしないといけなかったんです。この神聖なる場所はとても仄暗かったので、七十秒の露光時間が必要でした。だから祈りの時間がこんなに長くなってしまったわけなのです!!』(32)

リードはなおもページをめくり、やがて最後の二ページにたどり着いた。これが生前のサンディが最後に書いた言葉だ。

『六月四日

（略）早めに午後の食事を済ませ、ジョージとぼくは最悪の事態に備えてノース・コルまで登って、弱った仲間を下ろす準備をしたり、明日ぼくたちが酸素器具を使うための準備をしたりした。装備置き場で使えそうな酸素ボンベを選んでいた十五分の時間も入れると、ノース・コルまではきっかり三時間かかったことになる。後半にはずっと酸素を吸っていた（毎分一・五リットル）結果、気がつくとぼくの呼吸は三分の一に減っていた。キャンプに着いたときジョージとぼくはともに、びっくりするほど元気だった。朝ハザードとはぐれてしまったオデールは、双眼鏡で仲間の姿を捜していたが、はかばかしくなかった。ジョージは頂上から二〇〇メートルほど下あたりに、彼らが下りてくる姿が見えたと言っている。彼らが登頂したことを願っているが、なにが何でもぼくはあの頂に行ってみたい。（略）

六月五日

昨晩は顔が痛くて大変だった。サマヴェルはまだ疲労困憊だったが、昼食前に第三キャンプへ向かっていった。ノートンはひどい雪盲《せつもう》になって、依然下ることができない。ぼくたちは寝袋でノートンのテントを覆って光を遮断した。彼はこの一日、本当に辛そうだ。凍りつくような冷たい空気、四九度にもなる日なたの気温、雪の強烈な照り返しには、全員が苦しめられている。ぼくの顔は焼けるように痛んでいる。翌朝の出発に向けて酸素器具を二組準備した。(33)』

図書館を出ると夕暮れだった。雪はやんでいたが雲は低く垂れ込め、冷たい霧に包まれて体が戦いた。暗闇が訪れる前に、アーヴィンの記念碑を探しに向かった。リードが教えてくれた道順に従い、図書館の裏手に回って松かさの柵を過ぎると、濡れた雪がまばらに残り、折れた小枝が落ちている細い径に出た。道を間違えたと思って引き返そうとしたとき、記念碑が見えた。永遠の炎をかたどった彫刻が先端にある高さ二・五メートルほどの灰色の石灰石の方尖柱《オベリスク》が、暗い窓の並ぶL字形をした校舎の隅にあるテラスの真ん中に鎮座していた。表に刻まれた碑文を読むために近寄ると、頭上の木々から水滴が落ちてきた。

アンドリュー
カミン
アーヴィン

一九〇二～一九二四
一九二四年六月
エヴェレスト
頂上付近で死す

私の足下にある苔で覆われた石の隙間から雑草が生えていた。ここに遺体は埋まっていない。サンディ・アーヴィンの遺体は、冷たいエヴェレスト北面のどこかに、もしかしたらホルツェルに教わったGPS座標上に、今も横たわっているのかもしれない。もし私たちがアーヴィンを発見できたとしても、遺体を山から降ろして家族のもとに届けられる見込みはゼロだ。しかし、エヴェレストで埋葬のようなことができればどれほどいいだろう、と私は思った。そして、もし彼のポケットに今もカメラがあれば、アーヴィンとジョージ・マロリーが姿を消した日になにが起きたのか、ついに明らかになるかもしれないのだ。

第四章　製品テスト界のはみだし者

二〇一八年七月十日の朝のことだ。バルティ人の料理人がパキスタン側にあるK2のベースキャンプから八キロ離れたブロード・ピークを双眼鏡で眺めていると、人体らしきものが目に入ってきた。料理人はこのことを、世界第二の高峰K2の山頂からスキーで初滑降を計画していたポーランド遠征隊のアンジェイ・バルギエルと弟バルテックに報告した。双眼鏡を覗いた兄弟は初め、死体を見ているのかと思った。しかし、しばらくするとその死体が動いた。K2登攀中に窮地に陥っている男だ。ベースキャンプ間の連絡手段がなかったので、即座に隊員のひとりが派遣され、ブロード・ピークのベースキャンプまで八キロの氷河を走った。

キャンプに到着すると、苦境にいる人物が伝説的なイギリス人登山家リック・アレンだとわかった。新ルートでの単独登攀に挑戦しているところだった。ブロード・ピークのベースキャンプにいる彼の隊はアレンの姿を見失ってからすでに三十六時間が経っていた。もちろん、連絡もとれないままだ。バルテックの頭に浮かんだのは、兄のK2滑降を撮影するために持参してきたドローンのことだった。そのドローンはマヴィック・プロという一般向けの機械で、七〇〇グラムしかないために掌にすっぽりと収まる。バルテックの知る限り、これほど離れた位置で、しかもこの高度で小型ドローンを飛ばした者はいない。しかしバルテックは、やってみる価値はあると思った。頂上から六〇〇メートルほど下にいるアレンのところまでドローンを飛ばすことができれば、どんな状況か把握できるかもしれない。

バルテックはドローンの飛行制御ソフトウェアにうまく侵入するやり方を知ったばかりだった。初期設定では、マヴィック・プロの飛行高度は、離陸地点から五〇〇メートルに制限されている。これではK2の頂上からスキーで滑降する様子を撮影するには使い物にならない。ありがたいことに、ドローン製造元である中国企業DJIは、あるアプリケーションに開発段階のデバッグコードを残していて、それでそのプログラムへ侵入することができた。

バルテックが急いで離陸させたドローンは、氷河の上を真っ直ぐ飛んでアレンのもとへ向かった。五キロほど進んだところで、突如停止し、方向転換して離陸地点へ戻って来た。飛行高度の制限は解除したが、バッテリーの安全制御装置が操作の指示よりも優先されて、充電切れを防ぐために出発点に引き返す命令を出したのだ。アレンが標高七四〇〇メートル付近で力を失いかけているなか、バルテックはドローンをパソコンに接続し、バッテリーの安全制御装置に侵入した。

プログラムの書き換えに成功すると、再びドローンを離陸させた。数分後、急斜面にいるアレンの位置を突き止め、約三〇〇メートル離れた場所から写真を何枚か撮った。そこには、胸を斜面に押しつけながら両手でピッケルにぶら下がっているアレンの姿が写っていた。アレンの真下では斜面を横切るようにクレバスが口を開け、その下はぞっとするような一八〇〇メートルの氷の絶壁だ。バルテックはドローンのGPSでアレンの位置を記録し、その座標を無線でブロード・ピークのベースキャンプに伝えた。ところが、ブロード・ピークにいる登山者のなかに、作動できるGPS装置を持つ者がひとりもいないことがわかり、バルテックはドローンをK2に戻し、充電済のバッテリーと交換し、アレンと救助隊のあいだを行ったり来たりさせて、救助隊がアレンを見つけ出すまで方向を示し続けた。

私がこれを書いている時点では、アレンの救助の空撮映像がウェブサイト「プラネット・マウンテン」で閲覧できる。動画の冒頭、救助隊のふたりが頭上を飛ぶドローンに向けてピッケルを振っている姿が映っている。それからドローンは向きを変え、雲のなかを抜け、めまいがするほど広大な雪と氷の斜面を飛んでいく。数百メートル上昇したところで、青いダウンスーツ姿の小さな人影に迫っていく。最終的にアレンは救助隊に発見され、手を貸してもらって無事に下山した。

アレン事件の十日後、アンジェイがK2の山頂でビンディングにブーツを取り付けると、アレン救出に活躍したマヴィック・プロが六〇メートル上空で待機していた。バルテックが標高差三〇〇〇メートルのベースキャンプからドローンを飛ばしたのはほんの数分前のことだ。頭上で待機するドローンを見たアンジェイは、弟と同行しているつもりになって笑みを浮かべた。

バルテックによれば、このときのドローンは事前のプログラム修正にもかかわらず、なぜか制限がかかった動作と認識し、出発地点へ戻ろうとした。「ドローンと徹底抗戦しなくてはならなかった」。その数ヶ月後、カナダの映画祭で会ったバルテックは、そう私に語った。ドローンを遠くに飛ばしすぎたせいで、ベースキャンプに戻ってくるための充電量が残っていなかったのだ。もしもドローンがK2の山腹に墜落でもしたら、ドローンもろとも劇的な記録映像の入った大切なメモリーカードが失われてしまう。結局バルテックは、頂上にいる兄の近くに破損覚悟でドローンを不時着させ、それを兄が回収してザックに詰めた。

アンジェイがK2の急斜面をスキーで下りきるまでの六時間のあいだ、バルテックは予備のドローンを計七回飛ばした。つまるところ、いちばん難しい部分は、高高度での飛行や撮影行為ではなく、小型飛行装置に電力を供給し続ける方法を見つけることだ。「もしベースキャンプに発電機を持っていかなかったら、撮影を成功させることはできなかったと思うよ」と彼はそのときのことを振り返って述べている。

バルテック・バルギエルのドローン映像は登山界でたちまち大評判(1)になった。それで私は、トム・ポラードにサンディ・アーヴィンの捜索を初めて持ちかけられたとき、ドローンを活用できると思った。手持ちサイズのドローンなら、トム・ホルツェルの言う標高八四四〇メートルにある「赤い線」を、キャンプにいながらにして調査することができるだろう。うまくいけば、徒歩では探しきれない（死ぬ覚悟も必要な）広い山肌を、素早く安全に捜索できるかもしれない。
それまでエヴェレストの高所でドローンを飛ばした人はひとりもいなかったが、バルギエル兄弟がやってのけたので、ドローンを使ってだれかがエヴェレストを捜索するのは時間の問題になった。それについて考えるうちに、捜索にドローンを活用するのは奇抜な発想どころか、捜索を成功させるには不可欠だと確信するに至った。

カリフォルニア州アナハイムの外れにある国立技術機構（NTS）の入り口には、ブリキ看板が所狭しと貼られた縦四フィート×横八フィート〔約一・二メートル×二・四メートル〕の大きさの特徴的なベニヤ板がある。

危険区域、不法侵入は犯罪
警告　本施設を出る全車両は車内点検の対象
危険　爆発・火災に絶対に近づかないこと
施設内への写真機器の持ち込みは不可。望遠・空撮等も含むすべての写真撮影行為は、国家機密の保護のため禁止。

いやになるほどの警告を受けた私たちは、撮影機材を目一杯詰めこんだSUVで砂利道を走って施設内に入った。有刺鉄線で囲われた産業廃棄物の集積所を通り過ぎ、一階建ての合金の建物の前にある狭い駐車場に車を駐めた。今回の訪問を調整してくれたのは、環境問題をおもに扱う映画作家で登山家のテイラー・リーズだった。そのリーズの友人クリスティーン・ジェバラも、人工衛星や宇宙船の開発技術者としてジェット推進研究所（JPL）で働いていて、私たちがNTSに入れるように裏で手を回してくれた。このふたりが私たちの入場手続きをおこなっているあいだに、テイラーの夫で、昔からの私の友人であり登山のパートナーでもあるレナン・オズタークが車から荷物を降ろし始めていた。いっぽう技術面での師であり運転手を買ってでてくれているルディ・レーフェルト＝エリンガーは、箱からドローンを取り出して羽根を取り付けていた。

しばらくすると、丸々太った陽気な男性がゴルフカートに乗って登場した。太鼓腹で頬の肉が見事にたるみ、濃い口髭はいくぶん白くなっている。彼は私たちが積み上げたペリカン・ケースの山を見てくすくす笑った。「ようこそNTSへ」と彼は言った。「私はランディだ」部門長と上級試験監督の肩書きを持つランディ・ショーがその日の案内係だった。自己紹介をしていると、巨大なトレーラートラックが駐車場に入ってきた。

「おっと、今日はミサイルの搬入日らしいね」

「あのトラックにミサイルが？」と私は訊いた。

「ただの巡航ミサイルなんだけどね」

ショーは続けて、NTSとは基本的にはアンダーライターズ・ラボラトリーズ［製品の安全性試験と認証をおこなう米国の機関］の軍事版だと言った。六五万平方メートルもの広大な不毛の地に、気圧調整室、遠心分離機、自由落下塔、加震装置といった設備が散在している。ショーはグレイハウンドバスが三台収まるくらいの大きさの設備を指差し、室温を氷点下一三〇度まで下げられる、と言った。また別の区域では、角材を壁に時速百六〇キロでぶつけてハリケーンのシミュレーションをしたことや、ロケットブースターに点火した際にスペースシャトルが受ける衝撃波を測定する装置について自慢げに語った。ショーと職員たちが手軽な大騒動に喜びを見出しているのはだれの目にも明らかだった。

「私たちのことは、『製品テスト界のはみだし者』だと思ってくれ」と彼は言った。

NTSの顧客の大半は、ロッキード・マーティン、ノースロップ・グラマン、ジェット推進研究所、NASAの各種部門といった航空宇宙関連企業だが、ここではどんなものでもテストできる。ある法律事務所からの依頼は、与圧されていない航空機の貨物室でテニスボールを輸送した場合にボールの性能に変化が起きるかどうか調査してほしい、というものだった。ショーは、これはおそらく大事な試合で敗北を喫した有名テニス選手からの依頼ではないかと思った（ボールの性能は変わらなかった）。メキシコのポテトチップス会社からは、輸送中に破裂しないで運べる袋の数はひと箱につきいくつまでか、という依頼が来た。二〇一七年のもっとも変わったテストは、ケンタッキーフライドチキンの新作ハンバーガーを入れたモジュールを宇宙に飛ばすというものだった。準備に何ヶ月もかけて苦労を重ねた挙げ句、本番にかかった時間はたったの〇・一秒ということもある。テスト結果が出るのに何年もかかる場合もある。

私たちが話しているあいだにも、ショーの部下の技術者が一〇〇メートルほど離れた建物でテストの準備をしていた。それは、ミサイルを加震機に載せて毎分一〇〇回上下振動させることを数日もしくは数週間ぶっ通しでおこない、四五〇キログラムの弾頭が外れないかどうかをテストするのだという。その全過程は、万が一に備えて、地下六メートルのコンクリートシェルターでおこなわれるということだった。その日の午後、別の技術者は、到着したばかりの巡航ミサイルを自由落下塔でテストすることになっていた。ミサイルをマグネシウム板に縛りつけ、高さ一二メートルから落下させる。厳重に防護されたシェルターのなかから、ショーの部下が繰り返し落下指示を出すことになっていた。

しかしショーがなにより誇らしく思っているのは、彼とその技術者、機械工、溶接工といったスタッフが力を合わせて創り上げたばかりの奇妙な装置だ。各種油圧装置がついた約七メートルの機械アームが、小型車と同じくらい大きいエンジンに取り付けられている。スイッチを入れると、アームが毎分六〇回転し、三〇Gを超える遠心力を生み出す。世界一危険なこの回転空中ブランコは、大きな重力加速度に耐える必要がある道具や装備をテストするときに使われる。この日もこの機械は、空軍の落下傘部隊の精鋭が海上任務で用いる自動膨張式救命ボートの試作品を激しく振り動かしていた。

ショーは振り向くと、無表情のままでいる私を見た。「ここ数年、私の部門では死者がひとりも出ていない。そのことが本当に嬉しいよ」。二、三秒置いて、彼は大声で笑った。「はやく気圧調整室が見たくてたまらないんだろう。どこで爆発があっても大丈夫なように、敷地の隅まできみたちを連れてきてしまった」。私は彼の目を見つめ、また彼が大笑いするのを待った。ところがショーはなにも言わないままゴルフカートに乗り込み、身振りでついてくるよう合図した。

気圧調整室は、合金の大きな建物と金網のあいだの狭い舗装路を進んだ先にあった。立方体の建物で、外側は水色に塗られ、各辺の長さは三メートル。正面全体が重厚な扉になっている。扉の真ん中にある丸いガラス窓が舷窓のようだ。内部の鋼の壁は光沢があり、つい最近研磨機で磨かれたかのように光っている。右側の壁の外側に、マンホールの蓋ほどの大きさの丸い鋼板が二枚、ボルトで固定してある。それぞれのボルトの横に数字が手書きで書かれていて、後で知ったのだが、それは規定トルク［ボルトを締め付ける力の強さの推奨値］というものだった。

「この巨大な円盤は何のためにあるんでしょう?」と私は尋ねた。

「ここの者でそれがわかっている奴はいないよ」とショーは言った。「推測するしかない。この箱は冷戦の産物でな、巨大航空宇宙企業のために作られたってことだけしかわからん」。ショーはSR-71、通称ブラックバードのエンジンをテストするために使われたのではないか、と言った。ブラックバードは一九六〇年代に偵察機として採用された機種で、二五機しか製造されなかった。最高飛行高度と速度は、現在のどんな対空ミサイルでもかなわなかった。

ショーの説明によれば、この設備のなかは数分で高度二六〇〇〇メートルの気圧まで減圧でき、温度が氷点下七三度まで下げられるという。壁の厚さが三〇センチの頑丈な鋼鉄でなければ、部屋が内側にへこんでしまうそうだ。

「日向に置いたガソリン缶が、日陰に入った途端にぼこっと凹むのを見たことがあるだろう？」とショーは私たちに尋ねた。「オイルキャニングと呼ばれる現象で、内側と外側の圧力差が大きいからそうなる。それが気圧調整室で起きたら大変なことになるだろう。ところで」と彼は言った。「きみたちが何のためにここに来たのか、私はまだ知らんのだがね」

「エヴェレストの山頂でドローンを飛ばしたいんです」私は説明した。

「本当か？　それならここに来たのは大正解だ」。ショーは、意味のよくわからない言葉を使いながら、NTSでは一般的な航空機と同じ大きさのドローンに至るまで、あらゆる種類の軍事用ドローンのテストをしていると言った。彼はその後で、ドローンの羽根に取り付ける「トレーラー・トラックほどの大きさ」のカプセルをテストしたことがある、とこっそり教えてくれた。

ドローンの存在が初めて多くのアメリカ人に知れ渡ったのは、CIAが無人戦闘機(2)を用いてウサマ・ビン・ラディンの暗殺を試みた二〇〇二年のことだ。そしてこれが、無人航空機（U

AV）を使った世界で初めての標的殺害だった。ヘルファイアというミサイルがアフガニスタンのホーストの標的に向けて発射されたが、そこにビンラディンはいなかった。現地にいた記者によれば、このとき犠牲となったのはこの地域で屑鉄を集めていた無実の人物だった。

二〇〇六年には軍事用ドローンの技術が民間企業にも伝わり始め、連邦航空局（FAA）は初めて商業用ドローンの使用許可を発行した。当時は一般市場でドローンを購入することはできなかったが、民間企業や一部のマニアは自らの手でドローンを作っていた。それから七年のあいだ、FAAが許可したのは十数件だけ。そしてジェフ・ベゾスが、アマゾンは荷物の配達方法としてドローンに着目している、と発表した。二〇一五年までにFAAは、合計一〇〇〇個のドローンに使用許可を出した。一年後、その数字は三倍になり、商業用ドローンはかつては想像すらできなかった無数の用途――空中写真や映画撮影、査察や監視、測量、農薬散布、野生動物の追跡、山火事の発見、遠隔地への薬の配達――で活用されるようになる。さらにFAAは遠隔操縦士免許制度を導入し、現在でもドローンを営利目的で操縦する場合、この免許を取得しなければならない。免許の取得には、身辺調査、オンライン講義を受け、知識確認試験に合格する必要がある。また、二五〇グラムを超えるドローンを使用する場合にはFAAへの届け出が要るという規則にもなっている。二〇一八年時点で、一〇万件以上の遠隔操縦士免許証が発行されていた。

ＮＴＳでドローンのテストをする日の前夜、私はロサンゼルス郊外の賃貸住宅でひとりの遠征仲間に会った。私が家に入っていくと、居間の中央に立っていたレナンは少しびっくりした様子だった。彼のまわりには複雑な見た目のカメラとドローン機材が大量に散らばっていた。ジーンズと長袖のボタンダウンのシャツという格好で、普段どおり顎鬚は短く整えられていた。くしゃくしゃの茶色の巻き毛の頭髪が、額から徐々に薄くなりかけていることに私は初めて気づいた。目は充血し、肌は生白かった。だが、私の顔を見ると表情がぱっと明るくなった。

いつものように握手を交わして背中を叩きあうと、レナンは私の妻と子どもは元気かと訊いてきた。それから両手をポケットに突っ込み、寄せ木張りの床に散らばった大量の機械を眺めた。私がなにを考えているか彼にはわかっていた。「まともじゃないと思ってるだろ」と彼は言った。「でもわれわれはこの機材を全部実際に使うんだ」。そのときレナンとルディ・レーフエルト＝エリンガーのふたりは休む暇なく撮影仕事に追われており、妻のテイラーもチリのアタカマ砂漠のリチウム採掘を扱う映像制作に取り組んでいるところだった。ＮＴＳを訪れた後、レナンとルディはトルコ航空の依頼でフランス・アルプスへ向かい、次に iPhone のＣＭ撮影でナミビアへ行く予定で、テイラーも急いでチリに戻ることになっていた。

「売れっ子だと思うだろうが、正直、溺れる寸前だよ」とレナンは言った。「めちゃくちゃになってる」

数ヶ月前に捜索にドローンを使おうと思ったとき、すぐに遠征隊にレナンを誘い入れたいと思った。だれとでも上手くやれる性格や、ヒマラヤ山脈の数多の頂上を極めた登山家としての実績は言うにおよばず、知り合いのなかで彼ほどドローンの操縦が巧みな者はいなかったからだ。だが、レナンが話に乗ってくれるかどうか自信がなかった。以前の私が考えていた理由と同じで、彼もエヴェレストにはかかわりたくないと思っていたからだ。それで私は、この計画を「反エヴェレスト遠征」として提案した。私はレナンに、トムと私は頂上を目指さないかもしれないと説明した。目的は百年前の謎を解明することで、エヴェレストの征服ではない、と。

だが、後になって、われわれの見通しを控え目に言う必要などなかったとわかる。数日のうちにレナンは、「ナショナル ジオグラフィック」のために長編ドキュメンタリー映画を撮影する計画を進めた。その映画のタイトルは「大いなる謎」だ。

しかしテイラーは、夫のエヴェレスト行きを案じていた。レナンは複数の映像制作を並行して進め、六人の従業員を管理し、一日何時間も電話で打ち合わせをし、ユタ州パークシティの仕事場でパソコン画面に向かったまま、一睡もせずに朝を迎えることもたびたびあった。ストレスを和らげようとマリファナと酒で勝手に治療をおこなっていたが、それが三十九歳の身体を損なうきっかけになった。「やると決めたことは全部やり遂げるのはわかってる」とテイラーは言った。「私ほどレナンを信じてる人はいない。でも次はよりによって最低のエヴェレストだなんて」

レナンと私が出会ったのは一九九七年、メイン州のコルビー大学だった。当時レナンは大学二年生で、私はゲストスピーカーとして野外活動サークルに招待され、その夏パキスタンで達成した初登攀にまつわる話をした。高校でクライミングをかじっていた彼は、コルビー大学に入学後はいっそうクライミングにのめりこんだ。野球やサッカーのような団体競技は不得手で、昔からまわりの人間と少しずれていると感じていたので、既存の社会に対抗するようなクライミング精神が気に入ったという。ロードアイランド州のナラガンセット湾の海辺で子ども時代を過ごしたせいか、ヨットに乗るのが好きで、夏になると海で小さなボートを走らせていた。

レナンは一九八〇年にドイツで生まれた。母はマサチューセッツ州南部の海岸地域の出身で、音楽の修士号取得を目指してベルリンの大学に通っていたとき、レナンの父となるトルコ人の法学生と出会った。レナンが一歳のときに両親が離婚した。母親はアメリカに戻り、再婚し、さらにふたりの子どもを産んだ。レナンの母方の祖父母はナチス・ドイツの迫害を逃れたユダヤ人だった。彼と知り合って二十数年経つが、彼が子ども時代について語ったことは一度もない。しかし子ども時代の親友だったベン・フィップスによれば、レナンは「とてもユダヤ人らしく」育てられ、ヘブライ語学校にも毎週通っていたという。

コルビー大学時代にレナンがいちばん仲良くしていたのは、マサチューセッツ州リンカーン出身の宗教学専攻だったハル・ハルシュタインという学生で、今はコロラド州ボルダーで投資顧問をしている。ハルシュタインはいつの間にか、ほかの人が持ち合わせていないレナンの熱意に惹きつけられた。ハルシュタインはこう述べている。「彼と一緒にいると、何というか、自分もその一部になったような気がした。（中略）公表するようなものではないので、環境運動のことは言いたくないのだけれど、むしろ、高い山や込み入った会話、芸術、音楽といった重要で意義あるものを大切にするという生き方をお互いにしていたからかもしれない。彼はアメリカの主流にはとても懐疑的だった」

大学二年生が終わる頃、レナンはニューイングランドの小さな町の大学の狭さにすっかり嫌気がさした。高い山々と広がる地平線を求めて、コロラド・カレッジに籍を移した。二〇〇三年の春に生物学の学位を取得して卒業すると、友人の車に乗せてもらい、ユタ州キャニオンランズにある有名なクライミングスポット、インディアン・クリークに向かった。雨の降りしきるなか、友人の車から降りたときの持ち物は、クライミング道具を詰めたダッフルバッグと、ポケットのなかの数百ドルだけだった。廃墟と化していた採鉱小屋で夜を明かした。

やがて、「ストーン・モンキーズ」と自称する本格派ロッククライマー集団と行動をともにするようになる。そこから数年のあいだ彼は、たびたび入れ替わるモンキーズの仲間と一日中クライミングをし、野宿し、衣類と食事とクライミング道具をただでなんとか手に入れながら、アメリカ西部を移動する日々を送った。春と秋はたいていヨセミテで過ごし、夏はカナダのブリティッシュ・コロンビア州のスカーミッシュで過ごした。冬になるとモンキーズはインディアン・クリークかジョシュア・ツリー国立公園に移動した。粗末で最低限の生活を維持するためだけに働き、できる限り多くの時間をクライミングに費やした。この時期には一年に五〇〇〇ドルも稼いでいなかったと思う、と彼は言っている。

コロラド・カレッジの最終学年のときに美術の授業をとったことがきっかけで、彼は絵を描くようになった。当時の彼は、目に付いたもので絵を描くという主義だった。「キャンバス」はゴミ箱から引っ張り出してきた段ボールで、絵具は自然の天然色素やヨセミテのビジターセンターで廃棄されたペンから集めたインクだった。山へ行くときは一巻きの画布を持っていき、石や岩を重しにして地面に広げた。写真にペンや水彩絵具やパステルを組み合わせ、けばけばしい蛍光色を加えてサイケデリックな作品に仕上げるのも好きだった。描き終わったキャンバスはしわくちゃで、泥にまみれていた。嵐のなかで描いたために雨の痕が残っている作品もある。パキスタンのシプトン・スパイアを描いた絵は、私の娘リラの寝室の壁を飾っている。

二〇〇四年の春にレナンは、キャニオンランズ国立公園の岩場を登るふたりのクライマーを撮影するチームに準備係として雇われた。ふたりが登るルートのひとつに、ノース・シックス・シューター［天に向かって六本の指を伸ばしたような形の岩が山の上に立っている］という高さ一〇〇メートルの尖塔のような岩に、「稲妻の裂け目」と呼ばれるとても目立つものがあった。撮影が終わると、レナンはいつの間にか尖塔の真下に立ち、砂色の岩に穿たれた、まさに稲妻のようなジグザグの割れ目が高く聳える頂まで続く様子を見つめていた。このルートを登ったことは一度もない。

ふとした気まぐれから、ロープや装備類を一切使わないでフリーソロ・クライミングをする気になったのだ。カメラマンたちはまだ撮影の持ち場にいたので、さっそくカメラを回し始めた。ロープなしでノース・シックス・シューターを登る彼の姿は、賞を獲得した登山映画『リターン2センダー』の一部に使われている。その映画を私は二〇〇六年の春に、ラスベガス郊外で開催された登山の祭典で観た。そのとき私は、「ザ・ノース・フェイス」社のアスリートチーム統括者と親しかった。彼女は私の顔を見て「絶対あの男と契約しなきゃね」と言った。すぐに彼女はレナンと契約を結んだ。

それから二、三年のうちにレナンは美術界のほかに登山界でも名を馳せるようになったが、しばらくすると、最大の関心事は映画と写真へと移っていった。二〇〇八年、レナンは経験豊富な登山家コンラッド・アンカー、当時注目され始めたばかりの映画監督ジミー・チンとともに、インドに位置するヒマラヤ山脈のメルー峰の、牙のように鋭く尖った急峻な石灰岩の壁シャークス・フィン［「鮫の鰭」という意味］に挑んだ。十九日間におよぶ苦しい登攀の末、三人は頂上まで一五〇メートルを残すばかりのところで諦め、撤退した（三年後、彼らはメルー峰に戻っていき、世界初のシャークス・フィン登攀を果たした。映画『メルー』は、ヒマラヤ登山の最終難題の象徴だったメルー登攀を目指す三人の奮闘を収め、数多くの賞を獲得した。レナンは登攀成功の数ヶ月前にスキー事故に遭い、脳に深刻な損傷を負っていたが、むしろこのことが最後の登攀に劇的な効果を与えていた）。

二〇〇九年にはカメラの精度が、手頃な値段の手のひらサイズのデジタルカメラでも、ハリウッド映画と同等の高解像度の動画を撮影できるところまで進歩した。レナンは映画制作こそ「至上の芸術形態」だと確信し、これなら映画で食べていけると思った。数年間はその日暮らしを続け、どこへ行くにも自転車とヒッチハイクしか手段がなかったが、映画が公開されるやレナンには数十万ドルが飛び込んできた。

今回私が訪ねたのはコロラド大学ボルダー校を見下ろす丘の上の高級住宅地区で、レナンはそこに広い一軒家を借りていた。家の前に新車が駐まっていた。レナンの環境の急激な変化に追いつくのにいささか苦労した。私が前回連絡したときには、彼はカリフォルニア州ビショップ郊外の友人のトレーラーハウスに転がり込んでいて、合鍵がないために窓から出入りしていたのだ。

ショーは、カーハートのジャケットを着た若者のほうに頷いてみせた。若者はルディが何本かコードを通した部屋の側面の狭い隙間にパテを塗っていた。「この業界で彼の右に出る者はいないよ」とショーは言った。室内に設置したカメラが、室外の机に置いたモニターにワイアで繋がっていた。天才はすでに室内の床にふたつの環を溶接し終え、ルディはドローンがテスト飛行中に制御不能になって壁に衝突しないよう、その環にパラコード［アウトドアで使われる細く耐久性の高い紐」でドローンをしっかり結びつけていた。

床に紐で繋がれたドローンは、四つの回転翼を備えたインスパイア2で、レナンの説明によれば、これはマヴィック・プロの上位モデルにあたり、世界の先端をいくドローンだという。重さは約三・五キロ。カーボンファイバーの腕は、鷲が翼を広げるように持ち上がっている。極寒の地でも飛行できるようヒーターが内蔵され、搭載された二個のバッテリーが二十七分の飛行時間を約束してくれる。最高時速九四キロという数字は、マヴィック・プロの六五キロを大幅に上回っている。マヴィックよりインスパイアが優れている最大の特徴が、より広い「ダイナミックレンジ「カメラが露光可能な光の範囲」」を持つ強力なカメラだ。あらゆる照明環境での撮影が可能で、光度が不足しようとも、低感度カメラではとらえられない細部を写すことができる。インスパイアはマヴィックをほぼすべての点で凌駕しているが、唯一携帯性だけが劣っている。レナンがエヴェレストで使えるかどうか懸念していたのはこの点だった。「持って登れるかすらわからない」と言って、彼はケースを指差した。縦横一二〇センチ、厚さ四五センチの四角い箱だった。

しかしもっと厄介なのは、下手をするとインスパイアに殺されるかもしれないという点だった。毎分八〇〇〇回転する頑丈な長い羽根は、小さな日本刀が取り付けられているようなものだ。ドローンを操縦するようになってからこの羽根のせいでたびたび怪我をして、これまで何針縫ったのか自分でもわからない、とレナンは言う。

死ぬかもしれない、と彼が思ったのは、二〇一四年にアイスランドで撮影しているときだった。夜、オーロラを背景にドローンでサーファーを撮影していた。そのとき使っていたのは動作上の問題をいくつか抱えていた試作品の大型ドローンだった。どうしてそうなったのかまったくわからない、と彼は言うが、操縦機に手を伸ばした瞬間、ドローンが狙いをつけていた虎のように彼めがけて襲いかかってきた。「空飛ぶチェーンソーそのものだった」とレナンは言う。彼はとっさに、刃向かってきたドローンを叩きつけた。ドローンは墜落し、レナンは大量のアドレナリンのせいで、初めは怪我をせずに済んだと思った。だが自分の脚を見ると、ドローンの羽根がギンスナイフ［切れ味が売りの包丁］のように両太腿の肉を深く切りさき、あわや大腿動脈まで届きそうになっていた。ブーツのなかに血が流れ落ちていた。

「マヴィックでも致命傷になるだろうが、インスパイアなら確実に殺される」とレナンは言う。エヴェレストにはドローンが着地できるような平坦な場所がないので、着陸態勢に入ったドローンを毎回だれかが捕まえなければならない。「われわれが経験することになる強風やその他の要素を考えると……正直に言って怖くて仕方がないよ」とレナンは言った。

ショーは私についてくるよう身振りで示し、気圧調整室の裏側に回った。コンクリートの分厚い外壁に重厚な機械類が取り付けられている。水蒸気を吐き出すボイラー、冷却装置、さらに直径一〇センチの錆びた管で室内と繋がった巨大な減圧ポンプが二台。ショーがボタンをいくつか押すと、減圧ポンプが動き出し、大きなエンジン音が鳴り響いた。「ボイラーとポンプを同時に作動させると、全面戦争だな」と彼は声を張り上げた。「ボイラーは室内に蒸気を送り込み、ポンプは蒸気を排出しようとする」。初代の減圧ポンプでは、搭載された巨大なディーゼルエンジンが大量の黒煙を吐き出すため、「アフリカの女王号」〔一九五一年公開の映画『アフリカの女王』の小型貨物蒸気船〕と呼ばれていた。ある日彼が見ていた「商品が出来るまで」というテレビ番組は鶏肉産業の特集だった。「鶏肉が機械のなかに入っていくと、新鮮なまま真空の袋詰めとなって出てくるんだ！」。ショーが信じられないという表情でこちらを見つめてくるので、私は産業用真空ポンプが鶏肉を新鮮なまま袋詰めにすることがいかにすごいことかわからなければならないような気がした。番組の終了後、ショーはインターネットでその真空ポンプの製造業者を見つけ、二台を各七万五〇〇〇ドルで注文した。

ショーのポンプが室内の空気を外に吐き出すと、気圧計の表示値が着々と下がり始めた。レナンと私はルディの肩越しに丸窓を覗きこみ、ルディは、グランド・セフト・オート〔アクション・アドベンチャー・ゲーム〕で高得点を目指す少年のように操縦機のスティックを動かした。ドローンは室内を端から端へと激しく動きまわり、怒り狂った猛犬のように繋がれている紐を引っ張った。気圧計が三九三ヘクトパスカル――標高七三〇〇メートルに相当――を示したとき、ドローンは死に際に起きる痙攣のようにがたがた震えながらひっくり返った。羽根は金属の床を打ってばらばらに弾け飛び、黒いプラスチックの破片が榴散弾のように空中に飛び散った。インスパイア2は瀕死の動物のように仰向けになって痙攣しながら息絶えた。

「止めろ！」レナンが叫んだ。

テスト時間は三、四分に過ぎなかったが、その短い時間のなかでルディはドローンをできる限り激しく飛ばしていた。「感覚から言えば、いちばんの懸念だった推進力は充分にあった」と彼は言った。

「墜落したのはなぜだ？」と私は尋ねた。

「はっきりとはわからない」とルディは答えた。「紐に繋いでいたせいで、モーターがオーバーヒートしたのかもしれない。引っ張られすぎていたから」

良い材料は、標高七三〇〇メートル相当の気圧になるまではうまく飛べていたということだ。それはルディとレナンがドローンを飛ばした最高到達高度だった。悪い材料は、標高七三〇〇メートルまでしか飛べなかったことだ——ホルツェルの「赤い線」のところは、さらに一二〇〇メートル上にある。

室内の気圧が元に戻されると、ショーが扉の掛け金を外し、レナンがなかに駆け込んだ。レナンはしゃがんで破壊されたドローンを拾いあげ、ロブスターでも摑むみたいに片手で機体を持った。彼は部屋の真ん中に立ち、肩を落とし、絶望した表情で我が子を見つめた。なにも言わなかったが、おそらく私と同じことを考えていたのだと思う。私たちが「ナショナル ジオグラフィック」に提案した計画では、ドローンを世界一の高所に飛ばせることが前提だ。ドローンがあれば、最新技術を用いてエヴェレストの大いなる謎に立ち向かえるはずなのだ。ドローンがなければ、レナンは世界の頂上を映す技巧に富んだ高所撮影技術を手に入れられない。ティートン・グラビティ・リサーチという会社が、二〇一四年に高度七三〇〇メートルを飛行するヘリコプターからエヴェレスト南壁の映像を空撮したが、私たちの知る限りでは、同じ方法で中国側の北壁が撮影されたことはない。レナンの希望は、エヴェレスト北壁にドローンを飛ばし、頂上を超えていき、だれも見たことがない、まったく新しい視点の写真や映像を撮ることだった。レナンはＮＴＳで希望が確信に変わるようなテスト結果が出ることを期待していた。

ショーは終始私の横に立っていた。少なくともこの結果に驚いてはいないようだった。

「テストでの失敗の確率はどれくらい？」私はショーに尋ねた。

「非公式の確率かい？　初回の試作品なら五割は失敗する。失敗という言葉はここでは使わないがね。大半の依頼人は破片を拾い集めて帰り、しばらく狭い部屋にこもって、解雇されるかどうか一週間ほど様子を見る。もしクビにならなかったら、失敗の原因を探るため応力解析をおこなうんだ」

四つの羽根は砕け散ったが、それで世界が終わるわけではない――レナンとルディには予備の羽根があった。しかし、羽根をドローンに取り付けるハブが破損していることのほうが、より深刻な問題だった。このドローンは付属品も合わせてかかった費用は二万ドルだ。修理するためにＤＪＩにドローンを送ることになれば時間も金もかかる。「ナショナル ジオグラフィック」は、私たちの遠征に資金を提供すると明言していなかったので、レナンとテイラーは自費でこのドローンを購入していたのである。

「今の時点では、これをやり遂げられるとは到底思えない」とレナンは切り出した。「たとえ今日のテストが完璧に上手くいったとしても、高所で強風が吹いたらドローンがどんな動きをするかまったく予想できない。強い上昇気流に煽られでもしたら、ドローンを下に戻せるかどうか」

レナンとテイラーと私は気圧調整室で立ち尽くし、ルディが壊れたドローンの破片を集めるのを眺めていた。焦げた臭いが充満していた。遠征資金を得るための大前提があやふやになったが、そのほかにも悩ましい問題があった。つまり、中国当局が世界の頂上でドローンを飛ばせてくれるだろうか。

「たとえ今日の結果がよかったとしても、中国政府からドローンを飛ばす許可をまだもらっていない」と私は言った。「国境でドローンを全部巻き上げられたら、どうすればいいんだ？」

第五章　忌まわしき異端

開いた本を胸に載せて仰向けで寝転がっていると、テントが揺れ出した。驚いて体の向きを変え、ヘッドライトを妻の顔に向けた。皺の寄ったビニール越しでは、彼女の目や鼻の輪郭しかわからない。口が動いているがなにも聞こえないので、耳栓を外し、重石の鉛の玉を載せたテントの裾を持ち上げた。

「なかはどうなってるの？」ハンプトンは言った。「まるで別世界にいるみたい。あなたの名前を必死で叫んでいたのに」

「ごめんごめん。ポンプの音で気が変になりそうだったから耳栓をしてたんだ。どうした？」

「おやすみって言いたかっただけ」

「そうか、おやすみ。愛してるよ」

「わたしも」ハンプトンはそう言って弱々しい笑顔を浮かべ、キングサイズベッドの隣に寝転がった。

私は再び仰向けになってこう考えていた。妻を苛立たせてまでもこの高度順化テントを使う意味があるのだろうか、と。騒音だけでなく、頭の横の高性能空気清浄フィルターが断続的に首元に冷たい空気を送りつけ、テント内の空気はむっとして湿り気を帯びている。このテントのなかで眠るようになったのは一週間前からだが、自分がどこにいるのかわからず、夜中に閉所恐怖症の発作に見舞われ、すでに何度か目を覚ましていた。フィルターに取り付けたデジタル測定器の表示は一四・五だ。これがテント内の酸素濃度だ。一週間をかけて少しずつ酸素濃度を下げ、今は標高二〇〇〇メートルから三〇〇〇メートル相当のところまで来ていた。遠征隊の出発までにエヴェレスト北面のベースキャンプとほぼ同じ、標高五五〇〇メートルの酸素濃度のなかで眠っておくことが、今回の目標だった。

遠征前に体を馴らすために高度順化テントを使おうと思ったのは、エイドリアン・バリンジャーが強く薦めたからだ。昔からの友人のバリンジャーは、世界でも屈指の高所登山家かつ山岳ガイドだ。エヴェレストへは六回（そのうち一回は無酸素）の登頂経験があり、K2も（無酸素で）登頂を達成、八〇〇〇メートル級の二峰（マナスルとチョー・オユー）の頂上からスキー滑降もおこなった。初めて彼に会ったのは、二〇〇六年に私が国際山岳ガイドの資格を取るための試験を受けたときだった。それからわずか数年で、バリンジャーの経営する〈アルペングロー・エクスペディションズ〉は世界有数の高評価の山岳ガイド会社になった。

バリンジャーが言うには、高所遠征のための事前高度順化に特殊なテントを使う人がいる、という噂を初めて聞いたのは二〇一二年のことだった。[1]バリンジャーがこの発想に惹かれたのは、家を離れている時間を減らせるかもしれないと考えたからだ。二〇一六年、高度順化テントで体を馴らした後、バリンジャーはパートナーのエミリー・ハリントンとともに、世界第六の標高を誇るチョー・オユーをかなりの速さで登頂した。カリフォルニア州タホ湖の自宅を出てから帰るまで、たった二週間しかかからず、これはチョー・オユー登頂にかかる一般的な日数の半分に満たなかった。

一年後、バリンジャーは全精力を注いで「速攻登頂《ラピッド・アセント》」と銘打った、まったく新しいエヴェレスト登山を市場に出した。事前に高度順化をすることを中心に据え、最新のトレーニングや緻密に練り上げた計画、気象予測や遠征隊の小規模化を組み合わせることで、通常二ヶ月かかるガイド付きエヴェレスト登山を半分の期間に短縮したのである。二〇一八年にバリンジャーは、かなり訓練を積んだ三人――「ザ・ノース・フェイス」の契約アスリートのジム・モリソン、元山岳ガイドのニール・ベイドルマン（一九九六年の大量遭難のさなか彼はエヴェレストにいて、『空へ』では中心的人物になっている）、ウォルマート会長のグレッグ・ペナー――からなる隊を導き、出発から帰宅までの二十三日のあいだに、チョー・オユーとエヴェレストの二山の登頂に成功した。

二〇一八年の秋にバリンジャーと話す機会があったとき、彼は次のシーズンに「電撃登頂《ライトニング・アセント》」というさらに進化したエヴェレスト登山を売り出すつもりだと語っていた。出発から帰宅まで十四日のあいだにエヴェレスト登頂(2)を果たすという。その後彼は、エヴェレストには一週間で登れる、と述べている。「数週間ではなく数日間で登頂できれば、どれだけ大勢の人がエヴェレスト登山に興味を持つようになるか、考えてもみてくれよ」とバリンジャーは言った。

私の「ヘッドテント」は、犬小屋くらいの大きさで、体の上半身を覆っていた。塩化ビニルパイプの骨組みに透明なビニールを被せたテントは、置き型エアコンのような見た目の制御装置にビニール管で繋がり、そのビニール管は大学時代にビア・ボング［管の先に漏斗をつけたビールの一気飲みに使う道具］を手作りしたときに使った管そっくりだった。

テント一式が家に届くと、私は製造元のハイポクシコ・アルティテュード・トレーニング・システム［直訳すると、「低酸素高所訓練装置」］に電話をかけ、最高経営責任者のブライアン・オーストライクと話をした。彼は設定の仕方を詳しく述べ、装置の仕組みについても簡単に説明してくれた。このようなテントは一般に高度順化テントと呼ばれているが、厳密に言えば、ＮＴＳの気圧調整室とは違い、高所環境を作り出すわけではない。真空ポンプで室内の空気を外に出すのではない。ハイポクシコの装置は、テント内の空気を分子篩《ぶんしふるい》に通すことで酸素と窒素を分離する。そして圧縮器が、酸素が減り窒素濃度が上がった空気をテント内に送りこむ。テントには床面がないので、ベッドに接しているビニールの、重石を載せた小さな隙間から、空気が漏れ出していく。これによりテント内の気圧はテント外とほぼ同じに保たれるが、酸素濃度が相対的に高いテント外の空気がテント内に入りこむのを防ぐ程度の陽圧になっている。テント内の酸素濃度測定器は、制御装置が酸素濃度を設定通りに保てるように酸素量を監視している。とはいえ、このテントが低酸素環境を作り出すことで高所の状態を効果的に再現しているのはたしかなことだ。機械を調整すれば、毎呼吸の酸素吸入量を希望する標高の酸素吸入量に設定できる。体へ与える影響はおおかた同じだろう。低酸素の空気を吸っていると、気圧が低いせいか、テント内のように酸素の割合が少ないせいかわからないが、体の細胞は低酸素誘導因子（HIF－1）というタンパク質を作りだす。このタンパク質はいくつかの方法で適応反応を誘発し、私たちの体はより効率的に酸素を運搬し利用できるようになる。

HIF－1の産生は低酸素症から回復するための身体反応だが、低酸素症はさまざまな要因で起きるので、その環境に入らなくても起きる。たとえばがんを含む多くの病気は、肺から細胞へ酸素を運ぶ働きを阻害する。病院の集中治療室では、低酸素症は末期症状の患者にとって終わりの始まりを表すことが多い。最終的な死因は、臓器の組織細胞に酸素が行き渡らなくなることだ。ひとつずつ重要な臓器が動きを止め、その直後に死が訪れる。

何十年ものあいだ運動生理学者が考えてきたのは、低酸素環境下で活動できる身体を作るには、長距離走のような持久力系競技のためのトレーニングをするほうが効果的だ、ということだった。ある研究によれば、長期間にわたって高地で生活しながらトレーニングすると、エリスロポエチン（EPO）というホルモンが過剰に生み出されることがわかっている。自転車競技に詳しい人なら、EPOが骨髄に作用して赤血球の産生を促進するホルモンだということを知っている。元自転車選手の多くが証言しているように、ランス・アームストロング〔ツール・ド・フランスで七回優勝した〕が活躍した時代のトップ集団では、合成ＥＰＯ――元々はがん患者のために開発された――のドーピングが蔓延《はびこ》っていた。私たちの体内で酸素をおもに運んでいるのは赤血球だ。赤血球が多ければ、より大量の酸素が筋肉に行き渡り、運動能力は格段に向上する。陸上競技のアメリカ代表元コーチ、ジョー・ヴィジェル博士によれば、(3)一九六八年以降のオリンピックと世界大会における長距離走競技のメダリストの九五パーセントは、高地トレーニングをおこなった選手だった。そのためにアメリカのオリンピック委員会は、一九七八年に本部を標高一八〇〇メートルのコロラド・スプリングズに移した。本部は今も同じ場所にある。

ブライアン・オーストライクの話によれば、低酸素トレーニングが高い効果をもたらすので、世界ドーピング防止機構（ＷＡＤＡ）(4)は二〇〇七年に低酸素テントの使用の是非について見直し、不当に運動能力を向上させる装置だとして禁止すべきかどうか決定しようとした。さまざまな分析の結果、ＷＡＤＡは「人工的に作られた低酸素環境」を禁止しないという決定を下した。その理由として、もし装置を禁止してしまえば、高地トレーニングができない選手が不利になるからだ。

ハイポクシコの顧客には運動競技の選手が多いが、医学研究者や医師も購入している。ハーバード大学メディカル・スクールは、リハビリ中の脊髄損傷の患者を研究するためにハイポクシコの製品を使っている。進行中の研究では、理学療法の前に低酸素の空気を吸った患者は治療効果が高まるという結果が出ている。これはおそらく、低酸素状態が神経の末梢部を刺激して、失われていた神経回路の連絡を形成するのを助けているからではないか、と研究者は考えている。ハイポクシコの利用者には、低酸素環境で眠れば、長寿と健康を手に入れられると信じる人たちもいる。

そう信じる人たちの家には、二歳児がいないのだと思う。

ハンプトンに脚を強く蹴られ、浅かった眠りから覚めた。頭がずきずきし、口のなかが乾いてねばねばした。耳栓を外すとすぐに彼女の怒鳴り声が耳に飛び込んできた。「目覚ましを止めて！」

ハンプトンは朝型ではない。

「よく眠れた……かな？」と訊いてみた。

「ぜんぜん」ハンプトンは元気のない声で言った。「トミーが一時に起きたんだけど、この機械の音のせいで泣き喚くまで声が聞こえなかった。おしゃぶりが口から外れてた。それを見つけるまで、逆上して大泣きして。寝かしつけるのに一時間以上もかかったのよ」

「それは大変だったね。ごめん」

「あなたは死んだように眠ってたけどね」とハンプトンは言った。

ハイポクシコのウェブサイトは、このヘッドテントを「高地トレーニングに関心のないパートナーがいても大丈夫！　一緒のベッドで寝ながら高地トレーニングができる！」という宣伝文句で売り出している。サイトにはベッド全体を覆う大きさのテントなど、ほかの選択肢も用意されている。大きな型のほうが寝心地がいいのはわかってはいたし、心の寛いハンプトンは実際に大型のほうを私に薦め、一緒に寝てもいいとまで言ってくれた。けれども私は高地順化に伴う頭痛や全身の倦怠感で彼女を苦しめたくなかった。それに、私たちはこの装置がこんなに鬱陶しい奴だとは思ってもみなかった。

「このくそ機械は来客用の寝室にしまっておくか」と私は言った。

ハンプトンはためらいなく言った。「いいえ、それは駄目。圧縮装置に取り付ける長い管を買って、バスルームやクローゼットに置けないか検討しましょう。音がうるさすぎるもの。それに私はあなたみたいに耳栓はつけられない。トミーの泣き声が聞こえなくなるから」

その頃私が読んでいた本には、一九二四年のエヴェレスト遠征前の数ヶ月間にジョージ・マロリーが私生活でどのような試練を受けていたかが書かれていた。一九六九年にこの登山家の伝記を刊行したのは、マロリーの娘婿デイヴィド・ロバートスンだった。彼はマロリーの次女ベリッジの結婚相手にあたる。

マロリーが一九二二年のエヴェレスト遠征からイングランドに戻った時点で、彼はすでに半年間も家を空けていた。このときクレアは六歳だったが、彼女が生まれてからというもの、父親は西部戦線に赴いていたりエヴェレストに遠征したりで、家を留守にしがちだった。当時四歳のベリッジも同じだった。まだ二歳にならないジョンは、一九二二年の夏の終わりに帰宅したマロリーを自分の父親と思えなかったかもしれない。

とはいえ、エヴェレスト委員会はマロリーを休ませるつもりはなかった。その頃マロリーはイギリスのエヴェレスト遠征計画の顔になっていた。一九二四年の春に計画していた第三の極地への挑戦のための資金集めには、どうしてもマロリーの知名度が必要だった。マロリーはすぐに講演活動のためにイギリス各地をめぐることになった。そしてクリスマス直前に帰宅し、家族とともに短期間だが幸せな二週間を過ごし、一月のはじめには船でアメリカに向けて旅立った。数ヶ月のあいだアメリカをめぐってエヴェレストの講演をする予定だった。

ところが、マロリーのニューヨーク港到着までに、代理人が確保できていた会場は三ヶ所だけだった。一月二十六日の日中にワシントンD.C.でおこなわれた最初の講演会で、彼は厳しい現実に直面した。その夜ルースに宛てた手紙に「こんなに反応にとぼしい聴衆は、初めてです。ここぞと期待するところで拍手もしなければ、ほとんど笑いもしない」(5)と書いている。とはいうものの、フィラデルフィアでは二晩連続で一五〇〇人の聴衆が集まり、講演は絶賛された。またニューヨークに戻り、ブロードウェイのブロードハースト劇場で開催した講演で、マロリーは手応えを感じ、後のルースへの手紙で、聴衆は「大興奮で」帰っていったと書いている(6)。だが半分は空席だったので、この講演は赤字になった。翌日の「ニューヨーク・タイムズ」

は「ブランディに助けられたエヴェレスト登山隊が言う、二七〇〇〇フィートの高度でひと飲みすれば、『われわれ全員を元気づけてくれる』とマロリーは聴衆に語る(7)」という見出しの記事を掲載した。

第三の極地を目指す冒険は、アメリカ人の心を捕えることに失敗したのだった。狂乱の二〇年代の刺激的な娯楽や大変革に対抗するには、冒険ではまるで歯が立たなかった。ある言葉を除いては。ニューヨークの地で、マロリーは登山の歴史でおそらくもっとも有名な台詞を口にした。なぜエヴェレスト《エヴェレスト》に登りたいのかという質問に、マロリーはひと言で鋭く切り返した。

「そこにそれがあるからだ」

トム・ホルツェルがフィラデルフィアの公共図書館でマイクロフィッシュ［書籍や新聞の保存に使う記録媒体］を調べているときに発見したのだが、今なお謎めいた厳粛さとともに記憶されるその台詞は、一九二三年三月十八日の「ニューヨーク・タイムズ」で初めて登場した。「エヴェレスト登頂は超人《スーパーマン》のみがなせる業だ」と題された一五〇〇語の記事は、次のように始まっている。

「なぜエヴェレストに登りたいのでしょうか？」という質問がジョージ・リー・マロリーに向けて発せられた。世界一の高峰の登頂を目指し、一九二一年と二二年のエヴェレスト遠征に参加した彼は、今ニューヨークに滞在している。マロリーは二四年に再挑戦を計画しており、何度も登頂に挑戦する理由として『そこにそれ《エヴェレスト》があるからだ』と述べた。

『しかし貴重な科学的成果はなかったのではありませんか？』

『ありましたとも。第一回遠征では非常に価値のある地質学調査をおこないましたし、第一回、第二回遠征ともに地質学的、植物学的な観測と標本採集をしました。地質学者はエヴェレストの頂上の石を欲しがっているのです。それがあれば、地層の褶曲の始まりなのか終わりなのかを突きとめられるからです。ただ、こういったものは副産物にすぎません。シャクルトンが南極に行ったのは科学的観測のためだと思いますか？　彼が観測をおこなったのは次の探索の資金を得るためでした。ときに科学は探検の口実になるのです。科学が探検の目的になることはほとんどないでしょう。

エヴェレストは世界一高い山で、頂上に到達した人はひとりもいません。その存在自体が挑戦なのです。そこでご質問への答えですが、エヴェレストに登るのは、世界を征服したいという人間の欲望の一部であり、本能なのかもしれません』(8)

アメリカから戻ってきたマロリーには仕事がなく、金もなかった。彼が留守のあいだ、ルースは生活費を工面するのに苦労していた。冬のあいだは家族を寒さから守る石炭が買えなくなることが不安の種だった。マロリー一家がなんとか生き延びることができたのは、ルースの父親から資金を援助してもらったおかげだった。

マロリーがこうした危機的状況に置かれているときに、ケンブリッジ大学の天文学者でエヴェレスト委員会の書記を務めていたアーサー・ヒンクスは、昔馴染みとの縁故を活かし、マロリーにケンブリッジ大学の巡回教師の職を紹介した。この仕事は給料もよく、当面のあいだ安定した収入が約束された。実はそれは、次回のエヴェレスト遠征を視野に入れてマロリーを手放さないための委員会の策略だった。マロリー一家はウェストブルックの自宅を売りに出し、ケンブリッジにハーシェル・ハウスという小さな家を購入した。

ところが一九二三年の秋になると、マロリーは家族と世界最高峰のあいだで思いが引き裂かれ、エヴェレスト遠征に参加することについては言葉を濁していた。七人のポーターの命が犠牲になった一九二二年遠征のさなかに、マロリーはデイヴィッド・パイに宛てて手紙を書いている。エヴェレストは「冷酷で信用できない魔の山だ。（中略）ひどい目に遭う可能性が高い。高所へ登った場合、人間の力などなにほどのものでもない。（中略）冒険というよりも戦争に近いような気がする(9)――ことによると、これは戦争なのだ」、と。マロリーの娘クレアによれば、ルースは次の遠征には頑なに反対していた。結婚生活が暗礁に乗り上げていたのはたしかで、この時期にマロリーが浮気をしていたかどうかが長いあいだの問題になっている。マロリーの遺体が一九九九年に発見されたとき、ポケットに入っていた三通の手紙のうちの一通は、ステラ・コブデン＝サンダーソンという女性からのものだった。マロリーは講演旅行中のニューヨークでこの女性に会っている。彼女はイギリス人で、登山家だった元夫を通じてマロリーと知り合ったというのが便宜上の説明だ。長く続いた文通のなかの一通と言われているその手紙には「あなたの愛するステラより」(10)という署名がある。

マロリーの数々の手紙から、彼がコブデン＝サンダーソンとの関係をルースに隠していなかったことが窺えるが、十九歳のイギリス人女性エレナー・マージョリー・ホームズ(11)との関係については、妻に打ち明けていなかっただろう。マロリーとホームズの手紙のやりとりは、彼女が一九二三年にファンレターを送ったことから始まり、一九二四年に彼がエヴェレスト遠征に出発するときまで続いた。マロリーがホームズに実際に会ったことがあるかどうかはわからない——会ったことを示す記述はない——が、彼女との手紙のやりとりをルースに見つからないように画策はしていた。彼はホームズに、大学宛ての手紙には「親展」、自宅宛てには「ジョージ・マロリー殿」と書くよう指示した。ホームズの手紙は明るみに出ていないが、彼女が一九七八年に亡くなったとき、息子が彼女の手紙の束のなかにマロリーからの手紙を見つけた。二〇一五年にその手紙は競売にかけられて、内容が公開された。

「あなたの手紙は、忙しい昼間はポケットに忍ばせておいたのですが、昨晩、とうとうベッドのなかですっかり読むことができました」と、マロリーはその手紙で書いている。「あなたの手紙はどうして私にこんな不思議な作用を起こすのでしょう。不思議な作用というのは？　あなたの手紙を読むと必ずキスしたくなるのです」。ケンブリッジのパブで、火花が爆《は》ぜている暖炉の前で書いた別の手紙にはこうある。「もし向かいの席で火花がもうひとつ光ったらどうなるか考えてみてください。ふたつの火花で炎が生まれるでしょうか？　もうひとつの火花が、マージョリー、あなただったらどうでしょう？　この炎がいつも燃え上がりたいと思っていたとしたら？　私たちはそれが燃え上がるのを見ていましょうか[12]、それともその火を消してしまいましょうか」

マロリーと妻ルースの手紙のやりとりには、このような愛情が明らかに不足していた。「きみをあまり幸せにしてはいないのじゃないかと思う[13]」と、ＴＳＳカリフォルニア号の船内でマロリーは手紙を書いている。一九二四年二月二十九日に運命を決する最後のエヴェレスト遠征に向けてリバプールを発ってから九日後のことだ。「最近では生活の重みがきみの肩にのしかかっていて、ふたりでゆっくり話し合える時間がないのは恐ろしいことだと思います。もちろん、私たちにはすべきことがあまりにも多くて、車の世話もきみがしなければならなくなると考えると、本当に心苦しい。その時間があれば、磁器に絵をつけたり、気分転換になるようなものをあれこれできたかもしれないのに、きみは不愉快な仕事ばかりしなくてはならなくて」

その四日前にルースはマロリーの手紙に、またもや家に置き去りにされてひとりでやりくりする苦しみを訴えている。「わたしがしょっちゅう不機嫌になって、あなたに嫌な思いをさせてしまって、それは申し訳ないと思うけれど、でも、いちばんの原因はあなたがわたしに少しも構ってくれなくてとても辛いからなのです。あなたといられる時間を無駄に使うなんて本当に愚かだとわかっているけれど、それがいつもできないでいます[14]」

マロリーがエヴェレストへ船で旅立った当日に関してちょっとした逸話[15]がある。ルースはリバプールの波止場に集まった群衆に混じって、蒸気船アンカー・ラインの無事を祈っていた。煙突から煙が吐き出されると、ルースは甲板に立つマロリーに手を振った。しかし強風のせいで引き船が蒸気船を沖に引いていくことができず、港に釘付けになった。ルースは家に残してきた子どもたちのことが心配だったのだろう、気が済むまで見送ったと思い、最後に一度手を振ると夫に背を向けて家に急いだ。マロリーが最後に目にした妻の姿は、歩き去っていく後ろ姿だった。

「つまり、わたしはどのくらい心配すればいいの?」

ハンプトンと私は、自宅のキッチンのカウンターを挟んで向かい合っていた。このとき私はエヴェレスト遠征を実現させると誓ったばかりで、彼女は同じ時期にトミーとフランスを旅することになっていた。私のパソコンがカウンターの上に置かれていた。「年齢と性別がエヴェレストに登る登山家の生死におよぼす影響[16]」と題された論文の一部を読んでいるところだった。似たような論文が多くあるなかでこの論文を私に勧めてくれたのは、高所生理学の権威であるピーター・ハケット博士だ。私はカリフォルニア州のNTSに向かう途中でコロラド州に立ち寄り、サンファン山脈にある博士の牧場を訪ねた。

博士は一九八一年にサウス・コル経由でエヴェレストに登った経験があったので、私は博士にいくつか質問した。そのひとつが、もし私が息子だったらどんな忠告をするか教えてください、というものだった。博士の忠告は、標準ルートを外れるな（済）、必ず酸素ボンベを使え（済）、万全な体調で臨め（済）、専属のシェルパを雇え（済）というものだった。そして最後に、自分の体が高所でどう反応するのか判断する手段として七〇〇〇メートル級の山に一度登っておくこと（未）を強く勧めた。私がこれまでに登った山でいちばん高いのは六二八〇メートルで、しかも二十年前のことだ。ガイドを任せたカトマンズに本部を置くネパールの企業〈エクスペディション・ヒマラヤ〉から、登山歴をまとめた書類の提出を求められていたので、その審査用の書類は中国当局へ提出されていた。私は十数回の登山や探検遠征の内容や、国際山岳ガイド連盟から認定を受けていることを記入したが、審査を通過したかどうかの知らせは届いていなかった。私が近道をしているという事実はたしかだった。

「この論文によれば、私がエヴェレストで命を落とす確率は約一・三パーセントだな」私はハンプトンに言った。

それから私が死亡率についてさらに詳しく調べられたのは、一九〇五年から現在までのヒマラヤ遠征に関する膨大な情報を掲載している「ヒマラヤン・データベース」のおかげだった。この非営利組織を立ち上げ、五十年にわたって運営したのがエリザベス・ホーリーで、カトマンズ在住の不屈の精神を持ったこのジャーナリストは、ヒマラヤのすべての登山を克明に記録することを使命にしていた。二〇一八年に彼女が九十四歳で亡くなるまで何十年ものあいだ、登山者はホーリーからの厳しい質問に答えなければカトマンズを通過することができなかった。ホーリーは細部に至るまで正確に記録をとっていた。とりわけエヴェレストについては、彼女が登山を承認せず、データベースの登山者名簿に名前を載せなければ、事実上山に登ったことにならなかった。

そのデータベースによれば、二〇一八年の春には合計二万四七七二名がエヴェレスト登頂に挑み、そのうち二九三名が命を落とした[17]。多くの人々が亡くなっているのがデス・ゾーンと呼ばれる標高八〇〇〇メートルより上の高所で、そこの空気の薄さは平地の三分の一だ。デス・ゾーンという名称は恐怖を煽っているわけではなく、登山者がこの標高に入るとまさしく死に向かっていくからにほかならない。二〇〇七年、エヴェレスト登山中の二〇〇人以上の血液サンプルを採取し、人間が高所で活動できる素因となる遺伝子を突き止めようとした[18]研究がある。標高八〇〇〇メートル以上で採取した血液サンプルには酸素が極めて少なく、瀕死の人間の血中酸素濃度に等しかった。この標高に長時間滞在すればどのような人間であろうと生き延びることはできない。そのために、死に至る前に登頂を済ませて下りてくることがなにより大事なのだ。

「わかってほしいのは」私はハンプトンに伝えた。「この確率の数字は、ピッケルやアイゼンを使ったことのない人や、そもそもエヴェレストとはまったく関係のない人を含めて出したものなんだよ。私は何十年も登山をしてきたわけだからね」

ハンプトンに見せた論文には、登頂と死亡の統計確率を年齢別と性別によって示したグラフがあった。エヴェレスト登山者のうち女性は五パーセントだが、死亡の確率は男女ともに大差はない。しかし年齢別となると話は違ってくる。横軸に年齢を、縦軸に死亡率を表示しているグラフでは、五十代後半までは線はほぼ平らだが、そこから急激に上昇する。六十歳は三十歳の二十倍近く高い死亡率だ。論文の著者はこれについてこう表現している。「若さと活力は常に年齢と経験に打ち勝つ」。これは、脚本家デイヴィッド・マメットの「年齢と経験は常に若さと活力に打ち勝つ」を逆転させた言葉である。

別の論文では、エヴェレストで人々の遭遇した災難を詳細に分類していた[19]。死亡原因はいくつかに分類されている。行方不明、雪崩、落石や落氷の直撃、高山病、低体温症、クレバス転落、そして「突然死」。

ハンプトンが流し台のところで振り返った。「突然死ってどういうこと?」

ハケット博士がその言葉を初めて口にしたとき、私もまったく同じ質問をした。博士曰く、この突然死はたいてい同じような経緯をたどる。登山中か下山中に、何の前触れもなくバタリと倒れて死んでしまうのだ。おそらく不整脈や心臓発作によるものだろう。しかしもっと厄介なのがもうひとつの死に方で、博士の説明によれば、はっきりした理由もなく急速に神経機能が低下するのだという。実際に世界のてっぺんに立った瞬間に雪の上にへたり込み、喋ることもできず、基本的な運動機能さえ失われる。こうなるともうなす術はない。デス・ゾーンは過酷な環境であるため、いくら強靱なシェルパたちが力を合わせても、動けなくなってしまった人を自力で下山させるのは不可能、というのが厳粛な事実だ。博士は、広く理解されていないこうした突然死は、脳浮腫、未分類、行方不明のどれかの項目に恣意的に入れられていた、と述べている。

エヴェレストでの突然死のもっとも恐ろしい点は、普段は健康で何の問題もなかった人の身に起きる、ということかもしれない。また、神経機能低下による死亡の場合、発症するのは突然に思えても死んでいく過程は突然ではない。最終的に、低体温症、低酸素症、身体の消耗が重なって死に至る。

ハンプトンは眉をひそめ、初めて本物の恐怖を感じたようだった。しばらくしてようやく彼女は言った。「要するにすべてを完璧にこなしていても、それでも理由なく死ぬこともあるってことね。突然死について、ほかに知っておくべきことがある？」

その一週間後、私がデンバーに着いたのは霧に覆われた朝のことだった。刊行した本の宣伝ツアーの一環として講演会に出るため、コロラド州にまたやってきた。翌朝にはオハイオ州へ出発する予定だった。ボルダーへ向かうタクシーのなかで私は、「ナショナル ジオグラフィック」の写真家で登山家でもある古くからの友人コリー・リチャーズにメッセージを送った。このあたりにいるかもしれないと思ったからだが、すぐに返事があり、トレーニング目的のハイキングを一緒にしないかと誘われた。

一時間後、私は彼の仕事場でパソコン画面を見つめていた。「これを見ろよ」とコリーは言った。スタンディングデスクに寄りかかりながら、次のシーズンに登山予定のエヴェレスト北壁の未踏ルートを指でなぞった。「ここをおれは『事象の地平面』［ブラックホールの外縁］と呼んでる」と言うと、彼は不吉な黒い三角形の岩壁を示したが、小さな雲がかかっているのでよく見えなかった。「あらゆる角度から可能な限り観察してきたんだが、この地形がどういう構造なのかわからないんだ。まったくもって未知の地形だ。簡単に登れる岩溝《ガリー》かもしれないし、恐ろしい垂直な緩い岩《チョス》かもしれない。そこがまたいかにも冒険っぽいだろ？」

コリーには二度のエヴェレスト登頂経験があり、そのうち一回は無酸素だった。彼は山の苦難も同じく二回体験していた。二〇一一年、パキスタンの八〇〇〇メートル峰ガッシャーブルムI峰の冬期初登頂から下山途中で、大雪と強風を伴う嵐に襲われた。コリーと隊員のイタリア人シモーネ・モロ、カザフ人デニス・ウルブコがお互いをロープで繋ぎ、猛吹雪のなかを腿まで雪に埋まりながら進んでいると、ライフル銃の発射音が聞こえた――上方のどこかで巨大な氷の塊が落下した音だ。雪の斜面に落ちた氷塊が大規模な雪崩を引き起こし、その雪崩が無力な三人の男をめがけて滑ってきた。「雪崩だ」とコリーが叫ぶ間もなく、三人は雪崩に呑み込まれた。コリーの体は宙に浮き、雪と氷の激流のなかで何度も叩きつけられた。ようやく雪崩がおさまったとき、コリーは首まで雪に埋まり、雪は速乾コンクリートのようにたちまち固くなっていった。身動きがとれないままコリーは、ふたりの仲間も氷の塊のなかに閉じ込められているか、致命傷を負ってすでに死んでいるだろうと思った。

恐怖にがんじがらめになったちょうどそのとき、モロが姿を現し、凄まじい力でコリーを雪から引っ張り出そうとした。ウルブコも生きていて、コリーの救助に駆けつけた。たった三、四分の出来事だったが、深淵に引きずり込まれたコリーにとって永遠の時間に感じられた。視界は真っ暗で、計り知れない巨大なものに上から押さえつけられている感じがし、まるで足首にコンクリートブロックを括りつけて海に沈められたかのような気持ちだった。雪崩に巻き込まれた人の多くは生き埋めにされる。救助された人は、雪に閉じ込められた想像を絶するほど恐ろしい閉塞感について語っている。私自身も雪崩に巻き込まれたことが二回あるが、雪崩で死ぬのは登山家にとってもっとも恐ろしい悪夢である。

コリーは茫然自失のまま雪上にへたり込み、自分が窒息していないことを納得しようとしたが、こらえきれずに涙が溢れた。カメラを取り出し、腕を伸ばして自分の顔を写した。この写真は「ナショナル ジオグラフィック」の表紙を飾った。[20]

一年後コリーは、一九六三年のアメリカ人エヴェレスト初登頂から五十年を祝う記念登山隊の一員としてエヴェレストにいた［二〇一二年なので実際は四十九年となる］。一九六三年には、サウス・コル経由と西稜経由から、ふたつの隊が登頂を果たしたのだが、コリーとコンラッド・アンカーは西稜から登ろうとしていた。初登頂以来、人々は幾度となく挑戦してきたが、成功する者のいない高難度のルートだ。最初の頂上アタックを断念して下山途中、コリーとアンカーが標高七〇〇〇メートルに来たとき、スーツケースほどの大きさの岩石が風を切りながらふたりをめがけて落ちてきた。この日は季節外れの暖かさで、大事故になりかけたのだが、この落石のおかげで下山するという判断が正しかったことが裏づけられた、とアンカーは語っている。

ベースキャンプに戻る途中でコリーが過呼吸を始めた。キャンプに到着したコリーを診たルアン・フリーア医師は、後日「アウトサイド」に、コリーの目は「皿のように大きく」[21]、「脅えているようだった」と語っている。精神安定剤バリウムを静脈内に注射すると、心拍数と呼吸はたちまち安定した。一時間後、ヘリコプターがベースキャンプに到着し、コリーは自らの足で救護テントを出てヘリコプターに乗り込み、カトマンズへ戻ったが、アンカーとは話さずじまいだった。公式報告書には、コリーは「診断は未確定だが、肺塞栓症の可能性があり」[22]、エヴェレストから撤退したと書かれている。コリーが言うには、それはパニック発作だった。カトマンズで数日過ごすと体調は回復し、彼は登山隊に再度加わろうとした。しかし遠征のスポンサーだった「ナショナル ジオグラフィック」は、撤退した隊員は遠征を棄権するという規定を定めていた。

コリーは屈辱と罪悪感を感じながらボルダーの自宅に戻り、ヨガ講師でありプロのロッククライマーでもある妻のオリビア・スーと再会した。結婚して一年も経っていなかった。スーはその夏、それまで知らなかったコリーの一面を見たと言う。

コリーは酒に溺れた。午後五時までは酒を飲まないという決まりを破り始めた。初めは午後三時から、次に午後一時から酒を飲むようになった。やがて朝から酒を飲み出した。コリーは十四歳のとき双極性障害と診断され、それ以来投薬治療を続けていた。しかし生活が崩れるにつれて薬の服用も忘れるようになり、狂ったような躁状態からなにもやる気が出ない鬱状態へと気分が揺れ動いた。あまりのひどさに自殺を考えるほどになった。

コリーの話では、解離症状にも悩まされるようになり、身体から抜け出して上から自分を眺めているような気がした。現実世界からの遊離が始まり、再び現実に戻ってきても、そのあいだの記憶が抜け落ちていた。「とても深い孤独感のなかに深く深く閉じこもっていく感じがした。あるとき、おれの心の暗闇が噴き出して周囲の世界を満たすようになった」

躁状態になったコリーを止めることはだれにもできなかった。二〇一二年秋にメキシコのサユリタで開催された「ザ・ノース・フェイス」の契約アスリートのイベントで私はコリーとともに過ごしたのだが、「ナショナル ジオグラフィック」のアドベンチャー・オブ・ザ・イヤーに選出されたばかりの魅力と機知に富む友人のコリーが、アルコール依存症や双極性障害や深刻な鬱を隠して外見を取り繕っていたとは[23]、参加した二四、五人のアスリートたちも私も、まったく思いもよらないことだった。同じく「ザ・ノース・フェイス」の契約アスリートだったオリビアとのおとぎ話のような結婚生活が茶番だったことにも、私はまったく気づかなかった。

コリーは浮気をしていた。しかも複数の女性と。今のコリーが言うには、妻に不実を働いている恥ずかしさを紛らわすためにアルコールの力を借り、アルコール依存症の恥ずかしさを和らげるためにほかの女性の愛情にすがるという悪循環に陥っていたという。

コリーの浮気に気づいたオリビアは、彼のもとを去った。セラピストは彼女に、コリーは昔ながらのナルシストの定義と一致すると説明した。「ナルシストというのは、ナルシストは一般的なイメージとは違うんです」とオリビアは語っている。「ナルシストは一般的な自我を持ちながら、実は自己を嫌悪している人のこと。自分は駄目な奴だと思っているから、そうじゃない、すごい人間なんだってことを証明しなければならない。これが悪循環になる。初めて会ったときのコリーはあんな人じゃなかった。有名になるにつれて、亀裂ができてどんどん広がっていったんです」

コリーはその頃、解離、恐怖、不安、記憶喪失、孤独感、無感情といった自らの症状について調べるようになった。ある日、そのような単語をグーグルで調べて出てきた検索結果を、彼は今でも鮮明に覚えている。心的外傷後ストレス障害（PTSD）だ。そのとき、ガッシャーブルムI峰での雪崩事件がぱっと脳裏に蘇った。すると心臓が激しく鼓動し、繋がった出来事があるのだとわかった。コリーとアンカーがエヴェレストで落石に直撃されかけたとき、それがガッシャーブルムでの雪崩の記憶を呼び覚まし、それでパニック発作を引き起こしたのかもしれない。

ＰＴＳＤに関するありとあらゆる文献を読み漁ってわかったことは、死にそうになった経験のある人の一〇から二〇パーセントがそれ以降もその記憶から逃れられないという事実だ。しかも以前から精神的トラウマを抱えている人は、ＰＴＳＤになりやすいという。コリーは、自分がガッシャーブルムⅠ峰の体験を乗り越えられないのは、子ども時代の精神的トラウマと深い関係があるかもしれないと気づいた。

コリーの両親はスキーにかなり入れ込んでいた。ふたりはユタ州のアルタ・スキーリゾート・ホテルの仕事の同僚だった。コリーが一歳のときに母親に臨床心理士のところへ連れていかれた。「何にも興味がなさそうに思えたから」[24]と母親は言う。コリーが言うには、幼年期は耐え切れないほどの悲しみに包まれていて、なぜそんな気持ちがするのかまったくわからなかった。心に闇を抱えていたが、学校の成績も運動能力もとびきり秀でていた。飛び級で二学年進み、十二歳でハイスクールに入ったが、その年に彼は重い鬱病と診断された。間もなく、十八歳の仲間とはめをはずして遊ぶようになる。[25]初めてＬＳＤを使ったのは十三歳のときだった。両親は十四歳になった彼を退学させ、児童心理更生施設に入れた。そこでの治療に、年上の少年たちにベルトを掴まれながら、施設内を歩き回らされるというものがあった。

「とにかくとんでもなくひどい場所だった」とコリーは言う。「そこで学んだ唯一のことは、自分がどうしようもないクズだということだけで、その感覚は今になっても振り払うことができないんだ」

コリーは八ヶ月のあいだに施設から三回逃走した。両親は彼に、精神病棟に入るか、それが嫌なら縁を切るかだ、と言った。こうしてコリーは十五歳でソルトレークシティーの路上暮しとなった。日々転々としながら、公園やドラッグの売人の家のソファで夜を明かした。金が底をつくと親の家に侵入し、手当たりしだい金目のものを盗み、ごめんと書いたメモを残した。

十七歳で、シアトルに住んでいる登山家の伯父と暮らすことになった。カスケイド山脈の山々に定期的に登るようになり、平坦な世界では得られなかった穏やかな精神を山で手に入れることができた。「山にいると安心できて、自分が何者かがわかったんだ」とコリーは言う。「あの思春期の暗い日々から抜け出すことができたのは、山登りのおかげだよ」

離婚後、リハビリ中の厳しい制限を経て、コリーは毎週アルコホーリクス・アノニマス〔アルコール依存症で悩む人たちが集う相互援助組織〕に通って酒を断ち、とうとう仕事へ復帰した。すぐそばに座っている恋人のメリッサ・シュナイダーは、電話でだれかとインスタグラムに投稿した有名ブランドの話をしていた。彼女の横の壁に飾られている額に入った写真には、迷彩服姿でAK-47を抱えたパキスタン人兵士たちが写っていて、彼らはカラコルム山脈の岩だらけの氷河の上に立っていた。コリーはよく冗談で、そこに写っていた五人から始まって、今ではフェイスブックにパキスタン人の友達がたくさんいるから、自分の名は米国運輸保安局の監視リストに入っている、と言っている。

コリーはパソコン画面に別の写真を開き、登攀予定のエヴェレストの氷壁の横からの姿を私に見せてくれた。その角度から見ると、最高難度のスキー滑走コースのようだった。しかも標高差が一八〇〇メートルある急斜面だ。私は数ヶ月のあいだに似たような写真を何枚も調べてきたので、少なくとも外見から、エヴェレスト北面の構造にかなり詳しくなっていた。コリーの計画では北東壁を登るつもりだという。そこは私が挑戦するルートの東側に位置していた。標高八二〇〇メートルのところでコリーのルートは標準ルートに合流するが、彼はそこで固定ロープにカラビナを取り付けることはせず、狭い道をトラバースして通常ルートを横切り、ほとんど登る人のいない雪の岩溝《ガリー》を登って頂上に向かう予定だという。一九二四年にマロリーとアーヴィンはセカンド・ステップを避けるためにトラバースを使って、登頂を果たした、と推測する人もいる。

コリーが「事象の地平面」と呼んでいる、北東壁を登り切った場所にある岩のバットレス「険しくせりあがる岩稜のこと」は、岩石塔《ピナクル》帯として知られる悪名高い難所の一部だった。一九八二年、約八キロの北東稜初完登に挑んだ世界有数のアルピニスト、ピーター・ボードマンとジョー・タスカーはこの場所で姿を消した。十年後、日本・カザフスタン隊がセカンド・ピナクルの下にひとりの遺体を発見した。後日、その服装からボードマンであることがわかった。タスカーは依然発見されておらず、彼らの身になにが起きたかは不明だ。嵐のなかを、酸素もシェルパの支援もなしで未踏の地に突き進んでいったこと以外は。

この計画のコリーのパートナーが、二〇一三年にエヴェレストの無酸素登頂を果たしたエクアドル人の熟練アルピニスト、エステバン・「トポ」・メナだった。ふたりはボードマンやタスカーと同じように、しかしもっとも純粋なやり方で登頂の計画を立てていた。前進ベースキャンプから一気に新ルートを踏破することを目指し、登攀器具をすべてザックに詰め、途中でビバークする。登攀の全行程においてというわけではないが、大半を安全装置なしで登らなければならない。地形が険しいために敏捷さが求められるので、ロープ、ハーケン、アイス・スクリュー、ビレイ［ザイルを留めるもの］などの重い荷物を持たないという選択をせざるをえない。コリーは登頂には四日から八日かかるだろうと言った。固定ロープはなく、シェルパの支援も酸素補給器もなしで行くことになる、と。

これまで何千もの人がエヴェレストの頂上に立ったが、酸素ボンベの助けを借りずに登頂したのは二〇〇〇人あまりだ。コリーはエヴェレストでの無酸素登頂を二〇一六年に北東稜経由で初めて達成し、その功績で少数精鋭の登山家集団の仲間に入った。しかし仲間入りのための無酸素登頂には、大きな危険が伴った。一九七八年にメスナーとハーベラーがエヴェレスト初の無酸素登頂を成し遂げ、それ以来この偉業を目指した冒険家の死亡率は普通の登山者に比べて六、七倍は高い。実際に無酸素登頂を達成した人――挑戦者のなかのほんのわずかだ――では、下山中の死亡率が四〇パーセントまで跳ね上がる。この数字が実証しているように、エヴェレストに（メスナーが述べたような）「正しい手段で」登頂することは、生と死を分かつナイフの上を歩くのに等しい。

メスナーの有名な言葉だが、「不可能を排す[26]」ために酸素器具を使うことについての人道的な議論は、一九二〇年代のイギリスのエヴェレスト遠征に端を発している。一九二一年の初挑戦でイギリス隊は酸素補給器を使わないことに決めたが、その理由のひとつとして、隊員たちの大半が酸素の使用は不正行為であり、イギリス人としてあるべきスポーツマン精神に反すると考えていたことを挙げている。ともあれ一九二一年の遠征ではエヴェレスト高所に到達できなかったので、酸素補給の善し悪しはわからないままだった。一九二二年遠征の装備に酸素器具が含まれると、マロリーは酸素の使用を「忌まわしき異端[27]」の使用という有名な言葉で表し、アーサー・ヒンクスは、酸素器具なしで最低でも標高七六〇〇メートルまで登れない奴は「ろくでなしだ」と書いた。

コリーと私は並んでエヴェレストに登る格好になったが、それぞれがまったく異なるスポーツをしていると言えるかもしれない。コリーが計画しているルートの最初の四分の三は未踏の地だ。頂上までの残り六〇〇メートルを固定ロープや酸素器具なしで登っていくことは、コリーとトポを人間が耐えられ得る限界まで押し上げることになる。エヴェレストという林檎を、われわれは口を大きくあけて齧ることはできないのだ。私がたどる予定のルートは、これまで能力も経験値も多様な登山者が使ってきたルートであり、徹底的に管理されている。中国チベット登山協会（ＣＴＭＡ）は、自分たちの派遣隊が山の頂上から基部まで固定ロープを張り終えたことを確認するまで、入山の許可すら出してはくれない。

エヴェレストにはおよそ二〇の確立された登山ルートがあるが、登頂に成功したおよそ五〇〇〇人あまりの九九パーセントは、そのなかのふたつの標準ルートを使っている。ネパール側から入るサウス・コル・ルートと、中国側、正確にいえばチベット側から入る北東稜ルートだ。ヒマラヤン・データベースによれば、これまで非標準ルートでエヴェレストへの登頂を試みたのは二六五人だけだ。そのなかで、約八〇名が山中で落命している。数字から考えれば、次のシーズンにコリーがエヴェレストで命を落とす確率[28]は三分の一に近い。弾をひとつではなくふたつ詰めた六連発銃でロシアンルーレットをするのに等しい確率なのだ。


一時間後にコリーと私は、フラッグスタッフ山の東面の、泥と氷で滑りやすくなっている薄暗い山道を登り始めた。コリーが設定したペースはまずまずの速さで、彼に会ったのが「回復日」と彼の言う日で良かったとつくづく思った。山道を十分ほど登ると、コリーはそこで初めて心拍数を確認した。

「数値は？」

「一二〇。完璧だ。一三三以下のゾーン1を維持したいからね」。私は心拍計をつけていなかったが、指先に光を当てることで脈拍を測定するアプリをスマートフォンに入れていた。歩きながら測ってみると、心拍数は一二八だった。

一年前からコリーが契約している会社はアップヒル・アスリートといって、高所登山に特化したトレーニングの提供を専門にしていた。この会社の創設者のひとりがノルディックスキーの元アメリカ代表スコット・ジョンストンで、コリーのコーチでもあった。コリーによれば、ジョンストンは週の頭には必ず緻密な計画表を送ってきて、頻繁に連絡をとりあっているとのことだった。通常の一週間の場合、週に五日か六日、計二十から二十五時間におよぶトレーニングをする。たいていの日は重りを使わないが、週のうち少なくとも一日は、水を入れたガロンボトルを四、五本（合計一四から一八キロ）をリュックに詰めこみ、ボルダーにあるグリーン山の東尾根の岩層フラティロンズで一八〇〇メートルを黙々と登る。回復日には、私たちがしていたようなハイキングに充てる。

コリーは早足で山道を登りながら、エヴェレスト登山のための効果的な訓練方法について、私の知らないことを教えてくれた。エヴェレスト行きを本気で考え始めたとき、私はスコット・ジョンストンと登山家スティーヴ・ハウスの共著『新しいアルピニズムのためのトレーニング（*Training for the New Alpinism*、未邦訳）』を購入した。それを通読してわかったことは、この遠征には普段しているような高強度インターバルトレーニング［短期間に種類別のトレーニングをすること］とは別種の訓練が必要になる、ということだった。何年にもわたって私は、冬のあいだの運動能力を維持するためにクロスカントリースキーをかなりやっていた。通常、一時間程度懸命にスケーティング走法で滑り、これでよしと思って切り上げるのが常だった。同じように、減量や筋肉増強を目指す一般の人にとっては、クロスフィット〔専門のジムでおこなう高強度の全身運動プログラム〕やペロトン〔動画でインストラクターの指導を受けられるサブスクリプション型のサービス〕は非常に効果的な訓練になる。しかし高所登山遠征のような、多大な耐久力の要る運動をする者には、こうした訓練では効果を得られず、それどころか身体運動を妨げることになるかもしれない。それで有酸素能力を備えなければならないとわかり、私はほぼ毎日何時間もスキーをするようになった。とはいえ、私が有酸素能力の重要性について理解したのは、コリーから人の生理機能のことを聞いたからだった。

私たちの体は、生きる上で必要なエネルギーの大半を酸素を代謝することで産み出している。つまり酸素を使い、アミノ酸（タンパク質）の助けを借りながら、おもに脂肪と炭水化物を分解している。タンパク質は、筋肉などの組織を消費するのでエネルギー源としては決して理想的なものではない。筋肉の組織を消費するのは、飢餓状態に陥ったときの最終手段だ。炭水化物や糖は三つのエネルギー源のなかでもっとも強力なもの——体のハイオク燃料のようなもの——だが、血液中に貯蔵できるのは一時間分だけなので、頻繁に補給しなければならない。私は、間もなく身をもって学ぶことになるのだが、酸素が少ない高所環境では急激に食欲がなくなっていくので、エヴェレスト登山者は充分なカロリーを摂取することがなかなかできない。結局、何日分ものエネルギーを蓄えておける脂肪こそが、エヴェレスト登山のような長期戦では不可欠な燃料となる。コリーの厳しい訓練が目指していたのは、筋内に蓄えられた脂肪を利用できるように体を慣らしていくことだった。それでジョンストンは、主要トレーニングの多くを長時間かけて負荷を抑えながら、しかも空腹時におこなうよう指示していた。

私がスキーを使った訓練時間を大幅に増やしたのはこのためだ。酸素代謝の限界まで肉体を追い込んだところで何の得にもならない。この限界を超えると、体は酸素なしでエネルギーを生み出す代謝の仕組みである無酸素回路《アナロビック・サーキット》を作動させる。ごく普通の一時間程度の訓練では、有酸素回路と無酸素回路が同時に働いている（体を「完全な無酸素回路」に移行させるような極度に激しい運動は、どんなにがんばろうとも二分程度しか持続できない）。無酸素回路が働き始めると、ふたつのことが起きる。ひとつは、筋肉が乳酸を作り出してそれを貯め込むので、筋肉をとても重く感じるようになり、最終的には使いものにならなくなる。ふたつ目は、体が血中の糖を大量に消費し始める。ハイオクの糖は無酸素回路が活用できる唯一の燃料だからだ。

ジョンストンとハウスによれば、アップヒル・アスリートと契約をした五人のうち四人が「有酸素能力欠乏症」と呼ぶ状態だったという。健康そうに見えても、そして本人もそう思っていても、基礎となる酸素代謝を長らく疎かにし、短時間の激しい運動を長年続けてきたために、限界まで無酸素運動に耐えられる体になっている。相当な重量のバーベルを持ち上げたり、一万メートルを良好なタイムで走ったりすることはできるが、それもカロリーをすぐに補給できる冷蔵庫やコンビニが近くにあることが条件だ。しかし、継続的なカロリー補給ができないまま何日も活動しなければならないヒマラヤ登山では、こうした激しい訓練に耐えてきた無酸素回路はあまりよい結果をもたらさない。実際に、このような登山家は災難に遭遇する傾向にある。運動能力に自信があり、痛みにも慣れている人々は、体力の限界を超えてもなお自らを追い込んでしまいかねない。本当に必要なのは、一日中活動しても無酸素回路を作動させない肉体なのである。このような体を獲得するには、何時間も何時間もそれほど激しくない運動を積み重ねるしかない。コリーはいくぶん恥ずかしげに、今やぼくの本職はトレーニングなんだよ、と言った。

日が沈む頃、私たちはボルダー中心街のパール・ストリートに面したホテルの前に車を停めた。コリーは背もたれに寄りかかり、フロントガラスの外をぼんやり見つめていた。次の予定が何であれ、急いで行かなくてもいいようだった。彼が次の夏に生きて帰れない確率について考えたことがあるかどうか、私は知りたかった。登山家や極限に挑むアスリートが危険な挑戦をするのは死への願望があるためだという説を、私はこれまでたびたび否定してきた。しかし目の前にいるのは、重い鬱病に何年も苦しみ、一度は本気で自殺を考えた人物で、そんな彼が死ぬ確率が三〇パーセント近くもある登山に挑もうとしているのだ。コリーが進んで死を選ぼうとしているようには見えない。しかし、どんな自己破壊衝動が彼をそこまで駆り立てているのか。

「こんな挑戦をするのはどうしてなんだろう?」と私は尋ねた。「きみには写真や物語を通して世の中に伝えることがいろいろあるのに、これは本当に危険を冒す価値があるのだろうか?」

「毎日死ぬことを考えてる。恐ろしいことだよ」コリーは答えた。「恐怖や不安に抗いながら、しょっちゅうこう考えているんだ。おれは戦争に行く準備をしているのだろうか、もしかしたらこれはそういうことなんだろう、おれはエヴェレストで死ぬかもしれないな、と。こんな考えがぐるぐると頭のなかを駆けめぐるんだ、本当にへとへとになる。でもおれが前に進み続けるのは、未知への追求心と好奇心が恐怖を打ち負かすからだ。それにおれは似たような経験をしてきたから、後ろ向きで陰鬱な考え方はこうした挑戦とは切り離せないってこともわかってる。山に挑むときは毎回こうだ。これまでは、木に触っておまじないをして、生還できたわけだ」

コリーは私の質問にまともに答えてくれなかった。

第二部　山に登る

第六章　雪の住処へ

私たちが乗った泥だらけのマヒンドラ［インドの自動車メーカー］のＳＵＶスコーピオは、雪解けで増水した四月半ばのトリスリ川沿いに伸びる砂利道を、がたがた揺れながら登っていた。段々畑の広がる谷間と、胡桃の木、榛の木、唐檜《とうひ》の木が鬱蒼と茂る森が、霧深い山々のなかに現れてきた。私たちの車の前に、二〇一九年サンディ・アーヴィン調査遠征隊の装備を積んだ箱型トラックが走り、すぐ後ろに、シェルパの支援隊を乗せたＳＵＶが走っている。

ネパールの多くの場所でよく目にしたが、私たちが車で通った村々は、二〇一五年にこの国を襲ったマグニチュード七・九の大地震からの復興の途上にあった。道沿いの家屋や商店は半壊したものや建て直し中のものが多い。ヒマラヤ山脈の隆起を生み出したものと同じプレート運動のせいで、ここは世界でも有数の地震頻発地になっている。煉瓦を積み上げ、練った泥で隙間を埋める昔ながらの建築方法は、地震の揺れには手も足も出なかった。あらゆるところの壁が崩壊し、屋根が陥没し、その場しのぎの修理がおこなわれている。この地震で九〇〇〇人が亡くなり、多くの人が家の下敷きになった。私たちが通過している地域は、震央から五〇キロしか離れていない。

遠征隊長のジェイミー・マクギネスがひどいニュージーランド訛りで説明してくれたが、この道は八百年以上にもわたり重要な交易路になっていたという。チベット人は高地から運んできた毛織物や塩を、低地から運ばれてきた米や穀粉やバターと交換した。この地域のネパール民族はチベット人とインド人の仲買を引き受けていた。この谷は交易がおこなわれる地というだけでなく、知識や文化がインド亜大陸からチベット高原へと入っていくための中継点でもあった。

元気な山岳ガイドのジェイミーはエヴェレスト登山の経験が豊富な五十三歳で、その人生の大半をヒマラヤ探検に費やしてきた。その日の朝にわれわれはカトマンズを出発したのだが、そのときからずっとジェイミーは思いつくままに過去の遠征話を語り続け、この地域についての知識が無尽蔵にあるらしかった。彼は私に背中を向けて座っていたが、バックミラーに顔が映っていた。クルーカットの髪にメタルフレームの眼鏡をかけたその顔は、満面の笑みを浮かべていた。

私は車内を見て、これからの二ヶ月をともに過ごす男たちを観察した。ジェイミー、トム、レナンのほかに、レナンが「ナショナル　ジオグラフィック」のドキュメンタリー映画を撮るのに手を貸してくれる三人がいた。その映画の題名は『ロスト・オン・エヴェレスト（*Lost on Everest*）』に決まっていた。背が高く手脚が長い五十代半ばのジム（ジェイムズの愛称）・ハーストは登山家で山岳ランナーであり、信頼のおける男だった。数年前に彼がモロッコで映画『フリーソロ』の制作に携わっていたときに会った。親切で博識で、しかも礼儀正しかったのを覚えているが、プロの登山家でこの最後の資質の持ち主は必ずしも多くない。ジムと初対面のトムは、すでに「ジェイムズ先生」というあだ名をつけていた。

私の後ろの三列目のシートに座っている三十五歳のマット・アーヴィングと三十一歳のニック・カリシュは共同撮影監督だった。マットは口髭を生やしたユタ州出身のかなり無骨な人物で、クライミングと長距離走の経験が豊富だった。マットと私は、二〇一一年にニューファンドランド島南海岸でおこなわれた探検クライミング遠征で初めて出会った。

ニックとは数日前に初めて顔をあわせた。遠征隊の最年少で、目に届きそうなほど垂れた金色の巻き毛のために一段とその若さが際立っていた。長期にわたる遠征では、仲間との相性次第で厄介な問題が起きたりするので、今回のように初めて会う隊員がいる遠征に参加する場合にはいつも神経質になってしまう。だが、ニックのちらりと浮かべる笑みと物静かで控えめな態度を見て、気持ちがとても楽になった。

標高が上がってくると谷は急に険しくなり、悪名高きトリスリ峡谷の東側の急峻な崖をジグザグに登っていく。道はでこぼこで、未舗装ばかりというわけではなかったが、整備されているところはたいしてなかった。この道路はネパールでもっとも危険な道に挙げられていて、チベット北側で国境をまたぐ二本の道路のうちの一本にあたる。私が後部座席の窓からちょうど見下ろしている崖から、二〇一五年に一台のバスが転落し、三五人の命が失われた。

二十代前半らしいネパール人運転手は、超感覚的な知覚を持ちあわせているか、厭世的な気持ちになっているかのどちらかだった。彼は対向車にいっこうに注意を払わず、この狭い道で定員超えのSUVを猛スピードで走らせていた。見通しのきかない急カーブが現れるたびにアクセルを踏んでクラクションを鳴らしながら、ハンドルを勢いよく切った。車は『刑事スタスキー&ハッチ』の赤いグラン・トリノのように横滑りしながらカーブを曲がった。砂利がタイヤから飛沫のように飛び散り、ぽっかり口を開けた断崖の向こうに落ちていった。ようやく私は、車をここで降りてチベットまでの三〇キロを歩いていくのが嫌なら、ひたすら下を向いて目の前のビーズのシートカバーを見つめているしかないと悟った。

国境が近づくと、派手な色に塗られたインドのタタのトラックが何十台も路肩に列を成して停まり、ボリウッド映画の英語の台詞やキャッチフレーズを掲げていた。「速度を落とせ」、「神を信じれ［ママ］」、「彼女いなけりゃ張り合いなし」。運転手の大半は自分のトラックで寝起きしながら、中国からの物資を荷台に積む順番待ちをしていた。運搬する物資は、スマートフォンやインスタント・ラーメン、色鮮やかな毛布などのアジア市場向けの消費財だ。ネパールのトラック運転手は退屈かつ危険な仕事だが、腕がたしかなら月に五〇〇ドルは稼げる[1]。ひとりあたりの平均年収が七〇〇ドルの国では莫大な金額だ。

ネパールが経済面で低迷していることは、商品を受け取るために谷で長い列を成している空のトラックを見ればわかる。輸出するものがほとんどないのだ。この国が世界の最貧国の地位からなかなか抜け出せない理由のひとつが、ネパールがインドと中国を相手に抱えている巨額の貿易赤字だ。内陸国で自然資源も乏しいネパールは、土で育てられず地面から掘り出せないあらゆるものを輸入に頼らなければならない。

ネパール側の正式な税関は、波形ブリキ板でできたみすぼらしい小屋で、その前に折り畳み式の机が置いてあった。ネパール語の張り紙は、センザンコウの鱗やジャコウジカの分泌物、虎の骨といった希少動物製品の密輸禁止を謳っている。虎の骨は伝統的な漢方薬の原料として高値で売買されているが、輸出禁止の品だ。ネパールの役人に荷物をざっと調べられた後、私たちの車はトリスリ川に高く架かる鋼の橋を進んでいった。橋の先に建っているのは、ドーリス式の柱と、階をまたがる色付きガラス窓が特徴的な巨大な建物だった。その建物の内部を道路が貫いていて、大きな四角い入り口の上部には赤と金の立派な中国共産党の紋章が掲げられ、石造りの真っ白な正面さえも、こちらが怯むような外観だった。

CTMAの建物の前で出迎えた連絡職員が、私たちをアルファベット順――シェルパが前で外国人は後ろ――に並べ替えてからなかへ案内していった。室内を見渡すと、高い天井やステンレス鋼の柱、何台もの監視カメラがあり、電子モニターが天井からいくつも下がっている。部屋の真ん中に、アクリル樹脂製の仕切りで囲まれた税関ブースが並んでいた。私の前にいるトムのキャンバス地のダッフルバッグから茶色い液体が滴っているのに気づき、私がそのことを伝えると、トムはバッグを開けて小声でつぶやいた。「わあ、ひでえ。ひでえなあ……」。カトマンズで買ったウイスキーの瓶が割れたのだろう、中国の最新の税関のぴかぴかの大理石の床に液体がこぼれた。ここでは絶対に目立ちたくなかったので、だれにも気づかれないことをひたすら祈った。

カトマンズでおこなった最初の打ち合わせのときにジェイミーは、エヴェレストでドローンを飛ばすという計画を台無しにしてしまったかもしれないと打ち明けた。彼は撮影用のドローン使用の許可をCTMAに正式に申請していた。彼の計画書には、レナンが使うことに決めた小さなマヴィック・プロではなく、インターネット上で拾った大型の商業用ドローンの写真を入れていた。「ドローンのことなど中国当局は考えもしていなかったのだが、今では軍が治安におよぼすドローンの影響について警戒している」とジェイミーは言ったのだ。「正式に駄目だと言ってはいないが、許可も出ていない……。国境でドローンを没収するつもりかどうか、私にはわからんよ」

ジェイミーは中国の税関職員とのあいだでわずかな揉め事も起こしたくなかった。一九九〇年代後半のことだ、彼はコロラドから来た「クリスタル・ヒーラーズ」の一行とともに、チベットからネパールへ入ろうとした。ヒーラーズは、チベット一神聖な山、カイラス山の巡礼路を一周したばかりだった。災難だったのは、彼の入国許可証にタイプミスがあったことだ。五月十八日のはずの出国日が、五月八日と印刷されていた。彼らが国境に着いた時点で、記録の上では十日も期日を過ぎていた。中国ではビザが切れて不法滞在するのは、条件が良いときでさえ重罪にあたるが、その十日前に、NATO軍がユーゴスラビアを空爆したとき、アメリカ軍が誤ってベオグラードの中国大使館を爆撃し、三人の中国人ジャーナリストが死亡するという事件が起きていた。クリントン大統領は陳謝したものの、激怒した中国当局は爆撃を「野蛮な行為」と非難した。

中国の入国審査官たちはジェイミーに言った。「問題ない。アメリカ人ひとりにつき一万ドルの罰金を払えば通す」、と。ジェイミーは職員の机から全員分のパスポートをひったくり、最寄りの警察署に駆け込んで誤記を正してもらった。彼が入国審査官に問題が解決されたことを示すと、ジェイミー以外の全員が通過できたが、ジェイミーは二日間勾留された。

こうした経験があったにもかかわらず、私たちの計画におけるドローンの重要性を理解してくれたジェイミーは、中国から正式に持ち込みを禁じる連絡を受けていないことを理由に、国境で一か八かの賭けに出る選択肢しかないという意見に同意していた。

列が進んでいくに連れて、私の心拍数が上がっていった。不安だったのは、ドローンのことは言うまでもないが、パソコンにチベット解放運動に関するデータだけは絶対に入れておくなと厳重に注意されていたからだ。彼の話では、中国の税関職員がノートパソコンを開き、検索窓に「ダライ・ラマ」と入力することがあるらしい。ダライ・ラマの写真が一枚でも見つかればば入国は認められない。私はパソコンのなかを検索して、チベット解放に賛同を示すようなファイルがないことはとっくに確認済みだったが、サンディ・アーヴィンの捜索に関する書類や写真は数え切れないほど残っている。そしてその捜索で、北面からのエヴェレスト初登頂を成し遂げたのは中国ではないことを証明する結果になるかもしれないのだ。

税関の順番になると、私はとびきりの笑顔を浮かべて若い女性にパスポートを渡した。目の前の小さな画面に、職員の対応を評価するための表示があった。私はすぐさま彼女に五つ星をつけた。彼女は私に抜け目ない視線を投げ、それからパスポートにスタンプを押した。

数分後にはわれわれは、ＣＴＭＡが用意した新たな二台のミニバンで、きれいに舗装された道路をすっ飛ばしていた。ネパールで辛抱してきた轍だらけの死の道路がアスファルトの平坦なものになり、路面には車線が引かれ、ありがたいことに車道の端にはコンクリート防護柵が設置されていた。三十分後、小さな峠の頂上まで来た。深い森に覆われた谷が目の前に広がり、縦溝の走る雪と氷の山肌と聳え立つ岩壁を持つ、輝く雪をかぶった山々に三方向を囲まれていた。ヒマラヤだ。

イギリスが一七八三年にアメリカの植民地を失うと、帝国を拡大するという野心の矛先がアジアと太平洋に向けられた。一八〇三年には、イギリス東インド会社が二五万人以上の兵力を擁する軍隊の力で広大なインドの地を支配下に置いた。イギリス帝国は競争相手がいないまま一世紀以上にわたってアジアに君臨し、その時期に約二六〇〇万平方キロまで支配を広げた。二十世紀初頭、イギリスの植民地、保護領、自治領、属領は「太陽の沈まぬ帝国」と呼ばれ、地球を取り囲むように散らばり、地表の四分の一を占めるほどになっていた。つまり、地球上の四人にひとりはイギリス臣民だったのである。

植民地のなかでも、インドは最良の宝だった。イギリスはこの貴重な領土を支配すると、やがて十九世紀の大半にわたって中央アジアの覇権を争うことになる相手、ロシアからインドを保護する計画を立て始めた。アジアとインド亜大陸を分かつ全長二四〇〇キロの山脈は当時は完全に未知なる領域だった。ヒマラヤ山脈を実質的に支配できる国は、植民地の支配域を維持拡大する競争で極めて優位に立てるはずだ。

やがてヒマラヤ山脈の測量へと繋がる計画は、一八〇二年にウィリアム・ラムトン中佐を中心に始まった。ラムトンはその前年に東インド会社に接近し、彼が「大三角測量」と名付けた事業を提案した。この計画達成には五年はかかる、とラムトンは予想していたが、結局は七十年も続くことになる。どの山が世界一の標高なのか、その結論が出たのは、大三角測量が終わった後のことだった。

ラムトンの意欲的な計画は、地図製作法と航海学の核心ともいえる重要な科学的課題に挑むものだった。一六七二年に、ジャン・リシェというフランスの天文学者が実験をおこない、北緯四度のフランス領ギアナにある振り子時計は、北緯四八度のパリにある同じ振り子時計と異なる時間を刻むことを証明した。それから間もなく、アイザック・ニュートンは著書『プリンシピア：自然哲学の数学的原理』〔中野猿人訳、講談社、一九七七年刊〕のなかで、地球は完全な球体ではなく、扁平楕円体——自転に伴う遠心力で赤道半径がわずかに長い球体——であると理論づけた。リシェの振り子時計の実験は、赤道付近のほうがほかの地点より重力がわずかに小さいことの証明となり、もしニュートンの理論が正しければ、赤道上はほかの地点と比べて地球の中心部からの距離が長いことを実証することになる。

ところが一七一八年、フランス人の天文学者ジャック・カッシーニは、父親とともに測地測量をした結果に基づき、地球は扁長楕円体——赤道半径がわずかに短い球体——であると提唱した。カッシーニの理論を証明するために、フランスの科学者らは一七三五年に南米に航海し、緯度三度分の子午線弧の長さを測定した。一年後、次はスウェーデンへ向けて航海し、同じように測定をした。結果はニュートンの理論の正しさを裏づけるものだったが、証明にはならなかった。測定された子午線弧が短すぎて、測地学の世界では実質的な価値がなくなったからだ。

ラムトンの目標は、地球の理論上の歪みを正確に測定することだった。緯度と経度（さらにこの座標系が基づいている地図の測地基準）は、地球の楕円の形状が決定されない限り、完全に正確なものになりようがなかった。ニュートンは地球の歪みの程度を測定する単純な方法を提唱した。南北を結ぶ経線の弧を地球のどこかで計測し（具体的な長さや場所は何でもよい）、その実測値と、測定地の両端の天測によって得られた理論値を比較するというものだ。理論値は地球が完全な球体であるという前提なので、ふたつの値の差異が地球の真の形状を計算するために利用できる。理屈は簡潔かつ鮮やかだが、当時の未熟な距離測定方法を考えれば、ニュートンの実験を実行に移すのはこの上なく困難なことだった。ラムトンは、インド亜大陸の南端からヒマラヤ山脈の麓の丘陵地帯まで二四〇〇キロの経線の弧を測定することで、これを実現できると考えた。ラムトンが命名した「子午線弧」計画は、インドの測量の大きな助けになる。インドの測量は、インド亜大陸全土とその北に聳える山脈の正確な地図を作るというイギリスの野心的な構想だ。これが後に、インドの広大な土地に道路を建設し、鉄道を作り、最終的には植民支配へと繋がっていく。

ラムトンの計画には桁外れの労力が必要だった。ラムトンと彼の測量仲間は、何百人もの労働者の力を借り、毒蛇や虎が生息しマラリアが多発するジャングルを進みながら、何年もかけて北へ北へと三角測量を進めていった。起伏がなくて距離が測れない土地では、煉瓦や石を積み上げて高さ九メートルの観測塔を建て、その上に望遠鏡に似た重さ四五〇キロの経緯儀という装置（道端で三脚にトランシットを載せた橙色ベストの男の十九世紀版）を引き上げた。距離は、何キロも伸ばせる正確な目盛りのついた鎖で測定された。

ラムトンが一八二三年に亡くなると、彼の仕事は助手のジョージ・エヴェレストに引き継がれる。ウェイド・デイヴィスは著書『沈黙の山嶺』のなかで、エヴェレスト――実際の発音は「イーヴレスト」だった――のことをこう説明している。「みじめな男でもあり、意地悪でひねくれて(2)」いた彼は「インドでは友人もいなかったが、それは、彼が宗教にまつわる史的記念物を疎かにし、寺院を下らない異教徒の迷信が形になったものであり、自分の仕事の障害になるものと見なしていたからでもあった」。それどころかエヴェレストは、測量の邪魔になるものをことごとく躊躇せずに跡形もなく破壊した。村は完全に消された。神聖な遺跡は形跡さえ残らなかった。子午線弧を北へ伸ばし続けるためには手段を選ばなかったのである。

とはいえ、あらゆる記述から考えるに、偏執狂的なエヴェレストが優れた測量士だったことは疑いようがない。彼の測量値の精密さは、最新のＧＰＳ技術よりほんの少し劣っているだけだ。計算をするたびに高度や大気の靄による光の屈折を正すのに手間がかかり、距離を測定するたびに気温を考慮にいれなければならなかった。気温が一度違うだけで、鎖は一キロメートルあたり約五ミリ収縮した(3)。ミリ単位の勝負だったのだ。

エヴェレストは一八四三年に退任したが、その時点ですでに子午線弧は完成間近となっていた。北へ伸ばしてヒマラヤ山脈に入るのを託されたのは、後任のアンドリュー・ウォーだった。

ウォーはネパール政府に何度も入国許可を求めたが、にべもなく断られた。そのため、ヒマラヤの丘陵地帯の南に位置するインド平原の湿地や森林の低地帯からヒマラヤ山脈を測量しなければならなかった。国境上にある複数の地点を直接に測定することができなかったので、ほかの複数の観測点から三角測量して距離を導き出す必要があった。

一八四六年、大三角測量で定めた観測の基準点を用いて、測量隊は地平線上にうっすらと見える山の三角測量をおこなった。その山はネパール北東部にあるカンチェンジュンガと呼ばれている山の西側から二二〇キロ先にあった。カンチェンジュンガの標高はおよそ八五〇〇メートルで、当時は世界一高い山と考えられていた（実際は標高八五八六メートルで世界第三位）。ピークXVと呼ばれた新たな山の標高の計算は、一八五四年に若いインド人数学者ラダナート・シクダールへとデータが渡されて、ようやく開始された。シクダールは二年をかけて大量の数値を計算し、さまざまな屈曲を丹念に再確認し、ようやくピークXVは高さ八八四〇メートルと推定した。[4]今日、エヴェレストは標高八八四八メートルとされている。エヴェレストが一年で五ミリずつ成長してきたとすれば、一八五六年時点では今より一メートルほど低かったことになる。当時利用できた未発達の道具を使った大三角測量の数字は、実際のエヴェレストの標高とわずか数メートルしか違いがなかった。

観測隊が発見して測量した地勢に名を付けるとき、ラムトンやエヴェレストは現地の呼び名を使うという慣習に従っていた。ウォーも基本的には同じ方針を取った。しかし彼は、世界一の高峰にはその卓越した地位にふさわしい名前——絶対に英語名——が必要だと思った。一八五六年の王立地理学協会への手紙で、ウォーはピークXVに、敬意を表して前任者の名前をつけたいと提案した。この提案がなければエヴェレストは、ウォーやラムトンと同じように歴史的注釈に登場するだけの存在だったはずだ。この提案は猛烈な反対に遭った。[5] エヴェレスト本人すら、現地の人にとって言いにくい名称だと反対した。しかしウォーの意思は固く、九年におよぶ執拗な働きかけの末に、とうとう一八六五年に王立地理学協会は世界最高峰をエヴェレストと呼ぶと発表した。

エヴェレスト本人はその一年後の一八六六年に他界した。自身の名が「これまで試みられてきた中でもっとも偉大な科学的取り組み」と彼が述べた子午線弧の測量にかかわるところではなく、ひとつの高い山の名称として永遠に残ったことを知ったら、落胆したのではないだろうか。ジョン・ケイは『大円弧（*The Great Arc*、未邦訳）』のなかで、「便利な三角点として使うことを除けば、（作者註　エヴェレストの）人生では、山というものには関心をたいして抱いていなかった。（中略）測量士としての人生でヒマラヤ山脈をその目で見たのは晩年であり、大円弧計測をするのにちょうどよい対象だくらいにしか思わなかった。その山の高さに興味を抱いていたことを示す事実はない」と書いている。

エヴェレストが指揮権をウォーに引き継ぐ少し前の一八三九年から一八四一年にかけて、三〇〇〇回を超える天測が大円弧の北端と南端の測点からなされた。弧の理論上の長さと実測した長さを比較した結果、実測値のほうがわずかに短かった。
エヴェレストは非ユークリッド幾何学を使い、赤道部分の地球の直径は、北極点と南極点を結ぶ直径よりも四二・三九キロ長いと計算した。今日の科学者らは現代のGPS技術を用いてその差を四二・六四キロと結論づけているので、(6) エヴェレストによる計測の誤差はわずか二五〇メートルである。とはいえ、細部まで正確でなければ気が済まなかった彼がこの値を知ったら、こんなずさんな自身の仕事ぶりには納得いかないだろう。エヴェレストの名誉のために言えば、最新の研究ではこの誤差がヒマラヤ山脈の引力によるものと判明している。ヒマラヤ山脈の巨大な質量が、基線の測定に用いる器具にわずかな狂いをもたらしていたのだ。エヴェレストの測量に反映されたこのずれ（「鉛直線偏差」という）は当時の技術では計測不能だった。彼が正確さを狂信的に追求しながらも、山にはまったく関心を持たなかったことを考えると、人生を賭けた測定の数値にずれが生じた原因が、自身の名を冠した山だったことは、なんとも皮肉な（そして彼にふさわしい）経緯《いきさつ》である。

ヒマラヤ山脈の姿は見えていたものの、私たちがエヴェレストのベースキャンプにたどり着くには車であと三日ほどかけなければならなかった。一日目に泊まったのは、標高二八〇〇メートルにある活気のない国境の小さな町吉隆《キーロン》で、そこは片足を過去に、もう片足を未来に突っ込んでいるような場所だった。暖房設備のない簡素でいかにも共産主義的なホテルに宿泊手続きをしてから、トムと私は町中を見物しにでかけた。細い路地に自動販売機があった。スナック菓子か、もしかしたらビールがあるかもしれない、と思いながら自動販売機目指して進んでいった。ところが驚いたことに、そこで売られていたのは「大人のおもちゃ」ばかりだった。等身大のダッチワイフがあったので、一瞬、購入してミニバンのマットの席に置いておいたら面白いだろうな、と考えた。

吉隆は一夜《いちや》で作られた町のように見えた。至るところにあるのは新築のコンクリートブロック造りの家や店、ホテル、レストランばかりで、人の気配がなかった。ちゃんと動いている信号機——絶対に必要不可欠なカトマンズでは一度もお目にかからなかった——の設置された交差点を渡ったが、車は一台も通っていなかった。唯一目にしたのは、ドルと元を両替しないかと言って近づいてきた三人のチベット人女性だった。

間もなく、敷設されたばかりのコンクリートの自動車道に出た。歩道はきちんと整備されていたが、道沿いに並んでいる街灯の根元からは電線が飛び出していた。数百メートルほど歩くと道路は行き止まりになり、その向こう側に小さな牧草地が広がり、山羊が数頭草を食《は》んでいた。ぼろぼろになった祈禱旗の紐が松の枝ではためいていた。

夕食の席でジェイミーが、ここの大がかりな工事は新たな鉄道路線が敷かれるのを見込んでのことだ、と説明してくれた。中国は北京とラサを結ぶ路線を完成させたばかりだが、次なる目標は、線路を延ばしてチベット高原を横断し、私たちがこれから通る同じルートを経由してヒマラヤ山脈を越えていく道の建設だった。計画は予定より遅れていたが、ゆくゆくは入り組んだトンネルと橋をいくつも通過しながらトリスリ峡谷を下ってカトマンズへ、そして最終的にはインド――二〇二七年までに中国の人口を超えると予測されている国――へと延びる予定になっている。

これは中国国家主席の習近平が立ち上げた数兆円規模の大がかりなインフラ計画の一部で、この計画は一帯一路、一般的には新シルクロード構想として知られている。すでに着実に実行されているが、この構想は国家資金を投じて中国本土とアジア、中東、ヨーロッパ、アフリカ、南北アメリカを繋ぐ輸送網と交易網を構築するというものだ。この野心的な計画は、陸と海の交易路だったシルクロードの現代版に当たる。習近平は政治理論を扱った著書『習近平　国政運営を語る』［外文出版社、二〇一四年刊］のなかで、「中国の夢」[7]と呼ぶものについて書いている。彼が思い描いているのは、中華人民共和国成立の百周年にあたる二〇四九年までに、中国が経済的、地政学的、文化的にアメリカを追い抜き[8]、アメリカから覇権国家としての地位を奪うことだ。新シルクロード構想には、影響範囲を地球規模に拡大しようという中国の思惑がはっきりと示されている。

ネパールは中国のチベット支配について揺るぎない支持を表明しているが、その見返りとして習近平は相当な資金をネパールに注ぎ込んでいる。二〇一九年の六月、ネパールの主要なインフラ計画を中国が支援することを約束する二四億ドルの貿易協定が二国間で締結された。二日前にネパールのトリスリ峡谷を揺られながら上っていたとき、私たちは山のなかを真っ直ぐ掘り抜いた全長四キロのトンネルなどがある巨大な水力発電施設のそばを通過した。長江に世界最大の水力発電用ダムを建設した中国国有の発電企業、中国長江三峡集団の子会社(9)がこの施設を建設していた。

翌朝、私たちはきれいな舗装路をさらに北へ進み、青い松、樅、唐檜が茂る森を抜けていった。標高が増すにつれて木々は次第に小さく不揃いになり、四〇〇〇メートル付近で森林限界に達した。道路は砂色の斜面の不毛な峡谷へ向かって続いていく。数時間後、標高五二〇〇メートルの峠を越え、ジグザグの長い坂道を下ると目の前にチベット高原が広がった。

無事にヒマラヤ山脈を越えたのだ。道路脇の駐車場所に車を停め、目の前の広大な景色を畏敬の念を抱いて眺めた。春の息吹に満ち、曲がりくねった川や小川が網目状に伸び広がる緑の平原には、北にも東にも西にも見渡す限り果てがなかった。チベット高原はアメリカ合衆国西部をまるごと包み込む広さで、グレートプレーンズ〔ロッキー山脈の東に広がる大草原地帯〕と似ているところもある。しかし平均標高はロッキー山脈の最高峰を上回る四五〇〇メートルで、チベット高原にはネブラスカ州やモンタナ州ではありえない、この世のものとは思われない趣がある。そう感じるのは、その場に立って写真を撮ったり景色を眺めたりするときに、全方位から射し込む光の質感のせいかもしれない。付近の山々と渦巻いている黒雲のあいだから、一条の光が地平線に射し込んだ。光の筋は地面のところどころを照らし、ジョージ・エヴェレストがかつて言ったように、この地は「ほかのどんな場所よりも少しだけ星々に近い」ようだった。前方には、南北二七キロの長さのペンクン湖があり、カリブ海の色によく似た湖面が、赤茶色の小山に囲まれた窪地のなかで、藍玉の原石のように輝き、砂糖衣のような真っ白な塩が湖岸を縁取っている。これがチベットの遊牧民がネパールの商人と千年近くにわたり交換してきた塩だ。

エヴェレスト山が聳える東に目を向けて、この二五〇万平方キロにおよぶ広大な高原の境界に並ぶ高峰の輪郭をたどった。世界で一四番目の標高を誇り、八〇〇〇メートル峰で唯一山全体がチベット内にあるシシャパンマが、空のなかで蜃気楼のように揺らめき、雲に囲まれた頂上は万年雪に覆われていた。

チベット遊牧民は数千年にわたってこうした高原を移動しながら羊や牛や山羊やヤクを放牧し、牧草地を移しながらヤクの毛で作ったテントを張った場所を我が家とする生活を続けてきた。ところが二〇〇六年から、中国政府は「快適な移住定住」政策[10]のもとで、遊牧民に住居を与える計画を開始した。この政策は辺境のチベット民族の生活水準を高め、地域経済を活性化するものだと中国政府は主張している。チベット高原を走りエヴェレストに向かう車のなかで、私たちはこの徴候をたびたび目にした。ジェイミーによれば、こうした政策による公営住宅が急激に増えていったのは、二〇一三年に新シルクロード構想が開始されてからだという。人権保護団体ヒューマン・ライツ・ウォッチの調査では、少なくともチベット遊牧民の三分の二にある数十万の人々が、私たちの車が走っている「友好道路」のような幹線道路沿いに建てられた公営住宅に強制的に移住させられている。

公営住宅に移り住んだ家族は商店や道路建設現場で働かされることが多く、慣れ親しんだ生活や習慣から切り離されている。家は新しく、多額の助成金ももらえるかもしれないが、その代償として人々は、昔ながらの生活様式を失ったのである。元遊牧民に鬱病やアルコール依存症の発症率や自殺率が高いことが報告されている。

一九五〇年にチベットが中国に併合されて以来、中国政府に批判的な人々は、この住宅政策は同化政策に当たると非難してきた。併合されてからしばらくのあいだ、チベットは自治権の大部分を維持することができ、伝統的な文化も残存していた。[11] しかし一九五〇年代の中頃、中国の支配が次第に過酷さを増してきて、チベット民族の苛立ちは抜き差しならぬところまできた。一九五九年の武装蜂起で、チベット民族の精神的指導者ダライ・ラマはインドのダラムサラに亡命し、それ以来そこで暮らしている。一九六六年から一九七六年の文化大革命のあいだに、チベット全土にある六〇〇〇以上の寺院が毛沢東の紅衛兵の手で破壊された。何世紀もチベット文化の柱となっていた寺院を中心とした暮らしは、根絶されたり隠れた場所へと追いやられたりした。抵抗したあげく投獄され、あるいは殺された僧や尼僧はひとりやふたりではなかった。一九八〇年代から九〇年代にかけて、中国は東側の低地にいる漢民族に向けてチベットへ移住することを奨励し、住宅補助や有利な貸し付け、現金給付をおこなった。私が初めてラサを訪れた二〇〇二年は、街のまわりには農地が広がり、伝統的なチベットの雰囲気が残っていた。今ではラサは中国の町そのものに作り変えられつつある。通りには中国人が経営するレストランやホテルや店が建ち並んでいる。景気が上向きになり、考案中の建築計画も多い。

砂だらけの小さな町ティンリで二晩を過ごして標高四三〇〇メートルの高度に慣れてから、私たちはベースキャンプまでの最後の行程に出発した。ヒマラヤ山脈の北面に沿って中尼公路を一時間東に走り、チョモランマ自然保護区（チョモランマとはエヴェレストのチベット名で「母なる大地の女神」という意味をもつ）の入り口を曲がると、北面からエヴェレスト登頂を目指したイギリス遠征隊が一九二一年から三八年にかけて七回たどったルートについに合流した。ネパールに入れなかったイギリス隊は、私たちがヒマラヤ山脈を越えた地点のずっと東にあるシッキムからチベットに入った。当時はもちろん整備された道はなく、エヴェレストまでの四八〇キロの道のりは、徒歩か馬に乗るかして数百頭のロバの行列とともに進み、到着するまでにほぼ二ヶ月かかった。

この最後の部分にあたる道路はエヴェレスト・ロードと呼ばれ、一九六〇年の中国遠征隊を支援するために最初に作られて以降、六十年のあいだ整備が続けられ、ついに二〇一七年に舗装が完成した。今回、私たちは平らな舗装道路を走り、難なくベースキャンプに入ることができた。エヴェレスト・ロードは、現在のエヴェレストの北面と南面の違いを示す辛辣な例のひとつになっている。ネパール側では、相変わらず登山者はルクラにある「世界一危険な空港」へ恐怖のフライトをし、それからヒマラヤの丘陵地帯を十日間かけて歩き、ようやくクンブ氷河のベースキャンプにたどり着く。北面では、ハイポクシコのような仕組みで事前に高度順化をおこなっておけば、シガツェまで飛行機で飛び、その数時間後にはベースキャンプに入ることができる（私たちが時間のかかるカトマンズからの陸路移動を選んだのは、ガイドやシェルパ隊の多くがカトマンズを拠点にしていたからだ）。習近平はアメリカのヨセミテ国立公園やイエローストーン国立公園を視察したのだろうか、と私は思った。というのも、平坦な舗装道路を走ってベースキャンプに向かっているときに、アメリカ合衆国国立公園局が楽で安全で収益が上がるように園内の動線を設計し、似たり寄ったりで画一的な体験へと来訪者を送り出すやり方に酷似しているような気がしたからだ。

中尼公路をさらに二十分ほど東に走っていくとシェーカルという町に着く。そこではウォルマートのショッピングセンターが五つくらい入る大きさの巨大登山施設が完成間近になっていた。この複合施設には、エヴェレスト博物館、診療所、旅行代理店、山岳ガイドサービス、装備の貸出所、宿泊設備、レストラン、ヘリコプターの発着場などが揃っているという噂だ。新シルクロード構想の高速鉄道で、シェーカルを駅に加える計画も進行中という。

エヴェレスト・ロードの最後の峠を越えて道を下ると、広い川が流れる谷間に出た。ティンリの高原から下ると村はごく稀にしかなかったが、エヴェレストのすぐ近くのこの場所では数分おきに小さな集落を通過した。ある典型的な村では中央の庭を囲むように十数軒の家が建ち、家は空積みした厚い石か水漆喰を塗った泥煉瓦でできていた。ジェイミーによれば、こうした村々はエヴェレストのベースキャンプから前進ベースキャンプへ物資を運ぶ際に使うすべてのヤクを飼育していて、実際に私たちは、谷間を流れる浅い網目状の川のほとりでヤクの列を率いる牧夫を何人も見かけた。種蒔きの時期だったので、女性と子どもは畑で大麦や冬小麦の作付けをしていた。道端でふたりの女性が協力して大量の土を動かしていた。ひとりがシャベルの取っ手を握り、もうひとりがシャベルの先のあたりに結んだ紐を引っ張っていた。真っすぐに南に進む私たちの前にはエヴェレストが大きく聳えていたが、黒い雲が低く垂れ込めて頂上はぼんやりとしか見えなかった。雪がちらつき始めた。

レナンがエヴェレスト接近の様子を映す空撮映像を求めたので、小さな村の外れに車を停め、マヴィック・プロの一台を発進させた。幸いにもすべてのドローンが問題なく国境を通過することができた。NTSを訪れて以来、レナンはドローンのプログラム改変を試みていた。しかしDJIは、器用で粘り強い使用者なら不正アクセスで高度制御を無効化できるプログラム上の欠陥を修正してしまったようだった。レナンはまだ、高度制御を解除できていなかった。これは今回の調査を阻む深刻な、そして解決には至らない問題だった。とはいえ、ここでは村の上を低空で飛べば充分なので、問題はなかった。

車の上空にドローンを飛ばしながら道路を突っ走っているとき、顔を上げるとすぐ前方に道路を横切る格好でロープが張られていた。

「うわあ、警察の検問所に来てしまったのかな」と私は言った。

「まずいな」レナンは言った。「待ってくれ。高度を上げたいんだ」。レナンは操作スティックを前に倒し、ドローンの高度をまっすぐ上げた。だが、高度上限の五〇〇メートルに達したところで、レナンの手のなかにある送信機が、つまりその実体は彼の iPhone なのだが、大きな警戒音を鳴らしながら女性の機械音声でこう告げてきた。「バッテリー残量低下。十秒後に発進地点への帰還を始めます」

「とんでもねえぞ、一巻の終わりだ」とレナンが大声で言った。

マットがレナンの肩の先に身を乗り出し、「貸してくれ」と言った。マットもドローン操縦のプロだった。レナンは無言で送信機を後ろに渡した。もうドローンは地面近くまで来ていたので、マットはそのドローンを私たちの車の進行方向にある道路の真ん中へ降ろそうとした。カメラは真下を向いていたせいで、ファインダーに映っているのは灰色の舗装道路だけだった。後になってマットから聞いたのだが、前方を確認するためにカメラをパンしなければと突然ひらめいたのだ。パンした瞬間、彼は叫んだ。「おいおいおい！」。近づいてきた一台のSUVのフロントガラスにぶつかる寸前だった。車まで一・五メートルくらいしかなかった、とマットは言う。もしも彼が咄嗟にドローンを方向転換させていなかったら、私たちは国際的な事件を起こし、遠征はここで終了していただろう。四台の白いトヨタのランドクルーザーは、政府用か軍用の車隊のようだった。どの車両もラジエーターグリルに点滅する赤と青のライトがついていて、窓はスモークガラスだった。私たちの知る限り、習近平も似たような車に乗っている。数分後、私たちの運転手は全員分のパスポートを持って車に戻ってきた。少し道を戻ったところで車を停め、マットが先ほど道路標識の横に慎重に着陸させたドローンを拾い上げた。

午後四時にロンブク僧院の外にある最後の検問所を通過した。ここは一九二一年にイギリス隊が初めて僧院長の祝福を求めた有名な場所だ。いろいろな本で昔の写真を見たが、この場所だけは一世紀経っても変化はないようだった。平らな屋根と水漆喰を塗った泥煉瓦でできた四角い建物は、この数日車窓から見てきた家々に似ていた。不毛な灰色の斜面の麓にこうした建物がたくさんあり、積み重ねられたり、不規則に並べられたりしていた。大きな仏塔《ストゥーパ》（仏陀の聖廟）が前庭に堂々と鎮座し、その上に金色の方尖塔が建ち、何本もの祈禱旗が張ってあった。

道はついに未舗装に変わった。最後の坂を登り切り、標高五二〇〇メートルの砂利の平地に出た。目の前には広がっていたのはまさにひとつの街で、ありとあらゆる大きさや形や色の数百のテントが点在していた。

ここがこれから六週間の我が家となるのか、と私はやや気落ちしつつ車を降りると、吹きすさぶ突風のせいで湿った雪がたちまち地面を白く覆った。この土地の第一印象は、サンディ・アーヴィンが一九二四年四月に同じ場所に足を踏み入れた際、日記に記した気持ちと似ていた。

「ベースキャンプはまったく心惹かれない場所[12]に見えた」

第七章　奇跡のハイウェー

私たちが車を駐めたのは、六張りの軍用テントのあいだの狭い道だった。テントの頂点を結んで張られた祈禱旗が、氷河から吹き下ろす強風に煽られ、頭上でばたばたと音を立てていた。テントの入り口が開き、湯気が漏れた。なかから現れたのは、がっしりした体つきの五十代半ばのシェルパ[*1]だった。彼は近づいてきて私の両手を握り、こう言った。「ようこそベースキャンプへ。私はダワです」。ダワのことはジェイミーからすでに聞いていた。ダワは〈エクスペディション・ヒマラヤ〉の責任者のひとりで、私たちの雇ったネパール人山岳ガイドだ。若い頃ダワは数多くの八〇〇〇メートル峰に登り、エヴェレストにも数回登っていた。しかし現在は高所登山から身を引き、今回は私たちのベースキャンプの管理役を務めることになった。カトマンズから一緒に車で移動した彼の息子のソナムは、私たちを支援してくれる十数人のクライミング・シェルパのひとりだ。ソナムはエヴェレストに登るのが初めてだった。しかも、私と同じように八〇〇〇メートル峰に登った経験がない。ダワはクライミング・シェルパの半数と料理人ひとりとチベット人の調理助手ふたりとともに、一週間前に到着していた。この全員とこの先ずっと仲良くやっていくことになる。

ダワに案内されて鮮やかな黄色の食事テントに入った。テントの中央に一台の長テーブルが置いてあり、その両側に折り畳み椅子が並べてあった。地面には芝生柄のジョイントマットが敷かれている。小さなパンと紅茶をとりながら、ダワからエヴェレストの最新情報を教えてもらった。私たちのキャンプは中国隊の真横に設置されていたが、それは偶然ではなかった。CTMAは結局のところエヴェレストでの撮影を黙認した。ジェイミーやダワをはじめとする〈エクスペディション・ヒマラヤ〉の上層部がCTMAと結んだ契約のなかに、CTMAが派遣する四人のクライミング・シェルパをわれわれが雇うという文言があった。はっきりと記載されていなかったものの、私たちを支援することになっているこの四人は、中国側が差し向けたお目付役なのだ。

中国の映画制作会社もベースキャンプにいて、一九六〇年のエヴェレスト北東稜初登頂を題材とするハリウッド風の映画を撮影している、ということも教えてくれた。この映画『クライマーズ（*The Climbers*）』については、三月に「ハリウッド・リポーター」のウェブサイトで読んだことがある。ジャッキー・チェンが出演予定だった。ダワによれば、ちょうど今ジャッキー・チェンがベースキャンプに滞在中で、中国などの撮影隊がそこら中でドローンを飛ばしていた。

私はそれから二、三時間をかけて、ザ・ノース・フェイス製の黒と黄色の四人用ドーム型極地対応テント「バスティオン」のなかで来たるべきことに備えていた。私は期待していなかったのだが、この地域の送電網に繫がっている電線のおかげで、贅沢にも、私のテントに電気が来ていた。テントの天井から照明が吊り下がり、コンセントも設置されているなどということは、これまでの遠征地では一度もなかった。さらに驚いたのは、それなりにLTE電波が拾えたことだ。どうやらハンプトンや家族と連絡をとるのはそう難しいことではなさそうだ――少なくとも我が家から遠く離れた新しい家、このベースキャンプにいるあいだは。

ダワは私たち一人ひとりに厚さ一〇センチのウレタンフォームマットを支給してくれた。こうしたことは何度も経験していたので、私は家から自分の枕を持ってきていた。このマットと三つの柔らかい枕のおかげで寝床は本物のベッドさながらになった。マットレスの隣に、ティンリで買ったプラスチック製の椅子を置いた。これから数週間、読書をしたり日記を書いたり調査内容を報告したりすると思ったからだ。座面が少し高すぎたので、調理助手から鋸を借りて四本の脚を少し切り落とし、その脚で床に穴が開かないように厚紙を敷いた。

椅子に腰掛けたちょうどそのとき、テントの外でトムの声がした。「おいジノット、早くテントから出てこい」。私はダウンブーツに足を入れ、テントの入り口から這い出した。三メートルほど離れた場所にトムとレナンが立っていて、その脇にカメラを手に持ったニックとマットがいた。ジムはさらに一メートルほど後ろで、先端に大きな房飾りのあるマイクブームを持ち上げていた。雪交じりの突風は止み、雲が消えていた。エヴェレストが私たちの真正面に姿を現した。

陽が沈みつつあった。影に覆われていないのは、アルペングローの金色の輝きに包まれた北壁の上部だけだ。エヴェレストは白いマントを羽織っていたが、イエロー・バンドの水平の縞模様と、ノートン・クーロワールの特徴的な垂直な割れ目が見えた。そのさらに上には、濃紺の空に浮かぶ天空の頂《いただき》があった。

ジョージ・マロリーは初めてエヴェレストを見たときのことをさまざまに書いているが、「巨大な白い牙」(2)と表現していることもある。一九二一年六月十五日にルースに宛てた手紙では、彼は次のように書いている。

【突然、雲のあいだに雪がきらりと光るのが見えました。そして少しずつ、ほんとに少しずつ、二時間ぐらいかけて、大きな山の側壁、氷河、尾根《リッジ》が、瞬間的にできる雲の切れ目からあちらこちらに、断片的にあらわれてきたのです。（中略）しまいには信じられぬほど高いところに、エヴェレストの山頂がその姿をあらわしました。（中略）その大きな尾根や氷河は具体的な問題として形をとりはじめ、たえず頭から離れなくなってきています。(3)】

サンディ・アーヴィンは、日記や遠征中に書いた故郷宛ての手紙にエヴェレストの印象を書き残すことはほとんどなかった。彼は想像をめぐらせるのが苦手だった。一九二四年四月二十一日、アーヴィンは小さな山に登り、マロリーとともに五〇キロ先の頂上ピラミッドを双眼鏡で見たときのことを書いている。「山全体は、つまりぼくたちに見えた部分ということだが、途轍もなく巨大だった[4]」

アーヴィンは遠征参加を持ちかけた直後に、酸素器具担当の補佐として酸素補給器の設計を改良する責任を任されたので、詳細な設計図と指示を書いたものを製造元のシーベ・ゴーマン社に提出した。カルカッタで酸素装備が入った箱を開けてみると、シーベ・ゴーマン社が提案をいっさい聞き入れなかったことがわかり、彼は肩を落とした。さらにまずいことに、酸素器具の多くが損傷していた。遠征隊がインドに送った九〇本のボンベのうち、一五本が空で、二四本は酸素が漏れていた。「残念だが、製造元はぼくの設計を聞き入れなかった[5]」とサンディはスピッツベルゲン島遠征の相棒ジェフリー・ミリングへ手紙を送っている。「(略)彼らが送ってきたのは愚にも付かない代物で、触れば壊れ、空気は漏れ、馬鹿げた重さで扱いにくいったらない」

アーヴィンは幸運にも、銅管、圧力弁、鋲、はんだごて、ねじ回し、金槌、たがね、レンチといった道具一式と交換用の部品を持ってきていた。仲間たちが冷静さを失ったアーヴィンを目撃した数少ない瞬間のひとつは、酸素器具のねじ山の型について、シーベ・ゴーマン社から誤った情報を伝えられていたことがわかったときだった。緻密な計画を立てて二五キロを超える工具一式を選んだにもかかわらず、違う大きさのタップ［雌ネジを作るための工具］とダイス[6]［雄ネジを作るための工具］をチベットに持っていく羽目になった。

遠征隊がベースキャンプに向かう途中で、アーヴィンは自ら「マークⅣ」と呼ぶ四番目の改良版の最後の仕上げをしていた。一九二二年の遠征で酸素ボンベがたいして使われなかった理由のひとつは、酸素器具の重さが一三キロを超えて扱いづらく、背負って山を登るのがほぼ不可能だと判断されたからだ。アーヴィンは、元栓が下にくるよう酸素ボンベを逆さにすれば、圧力計と、壊れやすい管の大半が省けることを発見していた。

アーヴィンのテントは遠征隊の作業部屋と化した。油を染みこませたテントのキャンバス地が氷河から吹き下ろす強風に吹かれてばたばた音を立てるなか、彼は来る日も来る日も日の出から夜中まで、ときにはさらに遅い時間までこのテントで細かな作業を続けた。若き修理屋は酸素器具のほかにも、遠征隊の料理用コンロやベントレー・ビーサムのカメラ、オデールの三脚、マロリーの簡易ベッド、自分の時計など、さまざまなものを忙しなく修理したり改良を施したりしていた。テント内の照明として使っていた石油ランプにつけるシェードも錫で作った。

遠征隊の修理工としての役目に相当な時間を費やしていたので、アーヴィンは作業場に釘付けにされたままエヴェレストに登れないのではないかと不安な思いを抱いていた。エヴェレストを目指すとき、比較的山の経験が浅いアーヴィンは、五月下旬に計画されている頂上アタックでマロリーとチームを組むと知らされてとび上がるほど喜んだ。もうひとつのアタック隊は、エドワード・「テディ」・ノートンとハワード・サマヴェルになる予定だった。その夜、アーヴィンは日記にこう書いている。「第一陣でマロリーと組めるのはとても嬉しいが、それが無酸素での挑戦ならもっと良かった」[7]

ベースキャンプで過ごす初めての夜はとても長かった。本に目の焦点がなかなか合わなかったが、いずれにしてもあまりの寒さに、手袋をはめた手でも本を持っていられなかった。体を暖めるために氷点下四〇度にも対応できる寝袋に頭まですっぽり潜り込んだが、ベースキャンプに到着してから腹に溜まり出したガスが、寝袋内をガス室に変えていた。

朝になり、覚束ない足取りで食事テントに入ると、隊の全員が湯気を立てるエスプレッソメーカーを囲んでいた。椅子に勢いよく腰を下ろして大きく吐いた息が空中で凍った。日の光はまだキャンプまで届かず、気温はおそらく氷点下一〇度台だろう。ダワが隅にプロパンガスのヒーターを設置してくれていたが、寒さが和らぐことはなかった。変な臭いがしていたので、ヒーターのガスが漏れているのかもしれないと思った。

「気分はどうだ？」トムが私に訊いた。

私はガスで窒息しそうになったことを話した。「ああ、それはＨＡＦＥだな。高所放屁症だ」。私はこれをトムの気の利いた冗談だと思ったのだが、後で調べてみると、現実にある症状だった。科学者の研究対象にもなっている。おいおい、本当か。二〇一三年に「メディカル・ハイポシシス」に掲載された論文で、ＨＡＦＥ（実際は高所腸内ガス排出症の略である）の原因は、腸内でのガスの膨張ではなく、「血中から腸管腔への二酸化炭素の拡散」であると解き明かされていた。

この症状に苦しんでいるのは私だけのようだったが、トムは頭痛がひどく食欲がないと訴えていた。マットは二日前にミニバンから降りる際に気を失って私たちを驚かせたのだが、もう回復し、軽い頭痛がするだけだと言った。私は体がだるく、自分のテントに戻りたかったが、頭痛の症状がないのはありがたかった。家で高度順化テントのなかで過ごした成果が表れたようだった。

あるいはダイアモックスのおかげかもしれない。二日前、チベット高原に入る前に、標高五二〇〇メートルの最後の峠に近づいていたときに一回目の服用をした。ダイアモックスは別名アセタゾラミドといい、緑内障とてんかん治療のために一九五〇年代初頭に開発された薬だ。一九七五年にクンブ渓谷で実施された画期的な研究で、ピーター・ハケット博士はトレッキングをしている人々にダイアモックスを服用してもらい、高山病の予防と治療にも効果があることを証明した。彼は事前に、この薬が呼吸促進剤としても効果があり、低酸素状態の犬の血中酸素濃度を上昇させたという研究があることを知っていた。ダイアモックスは血液を酸性にすることで呼吸回数を増やし、血中酸素濃度を上昇させ、脳内の血流の鬱滞と浮腫をも改善する。高所登山者はそれ以来ダイアモックスを服用するようになった。私はこれまでの遠征で服用したことがあるが、今回も副作用である感覚異常に苦しめられ、爪先や手指の先がちりちりしたり痺れたりした。

チーム全員の合計時間よりも長い時間を高所で過ごしてきたジェイミーは、ひとりだけ平然とした顔をしていた。彼はノートパソコンを私に向け、ストームサーフというウェブサイトのなかの色鮮やかな画像を見せてくれた。「これが秘密兵器だ」と彼は言った。ジェイミーはジェット気流のコンピュータモデルを勉強中らしく、ジェット気流が画面を横切る色鮮やかな蛇のような形になっている。エヴェレストでは、生活は天候を中心に回る。天気予報を解釈し、それに応じてチェスのように行動計画を立てるのがジェイミーの仕事だ。要するに、天気が良ければ前進し、悪ければ後退し、終盤になって悪天候時に最悪の場所にたどり着いてチェックメイト、とならないよう祈るしかない。マロリーとアーヴィンの時代には、天気の予測は気圧計を確認し、テントの入り口から外を覗くだけだったが、現代ではどの隊も専門の気象学者や天気予報業者と提携している。ジェイミーが契約を結んでいるのは〈エヴェレスト・ウェザー〉といい、民間の気象学者とワシントン州レドモンド出身のアマチュア登山家マイケル・フェイギンが経営している会社だ。フェイギンは、登山家のほかにも農場や葡萄園で働く人たちに天気予報を提供している。それでジェイミーのところに毎日詳細な天気予報がメールで送られてくる。

ジェイミーによれば、現在の状況は望ましいものではない、という。例年になく冬と春に大雪が降ったため、今もエヴェレストは雪に覆われている。調査するには最悪の状況だ。その一方で、私たちがなにより望んでいるのは、ジェット気流がハリケーン級の風速でエヴェレスト上部に何度も吹きつけてくれることだった。標高八〇〇〇メートルを超えると雪は解けることがないので、山の神々の箒がイエロー・バンドの雪を掃き清めてくれるのを祈るしかできないのだ。

標高の高いエヴェレストは、ジェット気流のなかに顔を出しているようなもので、強風が吹かない日は、一年のうち数日もない。モンスーンがくると、亜熱帯ジェット気流は弱まる傾向にあり、寒帯ジェット気流は北へそれていく。高高度のところでは大気の気温差による複雑な要因[8]から、短期間だがエヴェレスト高所で風が止むときが訪れる。例年それは、モンスーンが南からヒマラヤ山脈に吹きつける直前の五月下旬頃だ。頂上アタックはこの時期におこなわなければならない。エヴェレストには九月か十月にもモンスーン後の好天の日が訪れるが、春に比べてあまりにも寒く、登山家からは敬遠されている。

とはいえ、想像することすら難しいのだが、冬期にこの山の頂上は一五回も征服されている。初めての登頂は一九七九年のことで、最終登頂は一九九三年である。一九八七年に故アン・リタ・シェルパは十二月二十二日に無酸素でエヴェレスト登頂を達成した。今のところ、八〇〇〇メートル峰の冬期登頂は、現代の高所登山の極限を表している。冬期における単独での無酸素登頂はいまだに達成されていない。Ｋ２への冬期初登頂は長いあいだ追求されてきたが、二〇二一年一月、ネパール人登山家一〇名の隊が成し遂げた。一九二一年のイギリスの第一回遠征隊がエヴェレストに挑んだのは夏期モンスーンの時期だった。何度も襲ってくる嵐と降雪量の多さに苦しめられた彼らは登頂には最悪の時期であることを学んだ。

しかし、ラインホルト・メスナーは一九八〇年七月、モンスーン最盛期にエヴェレスト北面の単独無酸素登頂に成功している。これはこれまでもっとも大胆不敵なエヴェレスト登頂だろう。メスナーが雪が多いと知りながらあえてこの時期を選んだのは、エヴェレストに人がおらず、ノートン・クーロワール上部の岩が深い雪で覆われていれば登攀が容易になると判断したからだ。

ジェイミーによれば、風速が秒速一二メートル以下なら登頂可能で、七メートル以下なら理想的な天候だという。秒速一二メートル以上になると、風速冷却によって凍傷と低体温症の危険が恐ろしいまでに高まる。例年の登頂シーズンでは、風速一二メートル以下の日が三日から五日しか続かないので、その始まりと終わりを正確に予測することがなによりも重要になる。ひとたび高所順応を済ませてキャンプを設営すれば、前進ベースキャンプから頂上まで三、四日（北面からでも南面からでもほぼ同じ日数）を要し、下降に一日ないし二日はかかる。登りや下りの日の判断を、たった一日でも誤れば、ジェット気流がまたやってきたときに高所にいる羽目になる。これは致命的な過ちだ。

とはいえ、絶好の登頂日が長く続く年もある。二〇一八年の春は好天が十一日間も続いた。ジェット気流がエヴェレスト登山隊の邪魔にならなかったので、北面と南面にいるいろいろな登山隊は協力して頂上アタックに時間差を設け、最近の登山者の悩みの種である行列する程の人混みを解消することができた。二〇一八年は恵まれた年だった。死者も五人で済んだ。
ジェイミーの考えでは、翌日から四日間をベースキャンプで過ごし、現在の高度に全員の体を順応させる計画だった。さらに彼は水分補給を欠かさないように指示を出し、もし余力があれば周囲の小山を軽く歩くのもいいだろうと言った。四月二十六日に最初の高所順応に出発する予定を立てていた。仮の行程では、五日かけて標高七〇〇〇メートルのノース・コルに到着し、そこで二晩過ごし、それから休息と回復のためベースキャンプに戻ることになっていた。ノース・コルで無酸素の二日間を過ごせば私たちの体の順応反応はさらに促進され、血液中の赤血球の割合が増加する。それで初めて、生理学的な意味でデス・ゾーンへ挑む準備が完了する。

この間にレナンがドローンのプログラムの改変方法を発見できなければ、ノース・コルからドローンを何度か飛ばして調査予定区域の写真を高解像度で撮影し、ベースキャンプに戻ったときに画像の分析ができるのではないかと思っていた。ホルツェルの予測地点でもほかの場所でも、ドローンでなにかが発見できれば、その場所まで登って自分たちで調査ができる。登頂をするかどうかといったことはだれも言い出さなかった。この段階では、みんなの関心事は調査探索だけだった。

一週間前、ネパールに来て初めての夜、私たち全員がカトマンズ中心部の喧噪から五階分だけ離れたホテル・チベットの屋上の酒場で、ビールを飲みながら寛いでいた。

「挙手で決めようじゃないか」とジェイミーが言った。「今回の遠征のついでにエヴェレストに登頂したいという人は？」

トムはさっと手を挙げた。次に私、それからジムが続いた。マットとニックは少し迷っていたが、同時に手を挙げた。私の正面に座っていたレナンはかなり長いあいだ躊躇っていたので、彼は反対だろうなと私は思ったが、やがて彼の手も挙がった。手を挙げなかったのはジェイミーひとりだけだった。彼が遠征隊長を引き受けたのは、マロリーとアーヴィンの物語の最終章を完成させる手助けをしたかったからで、もう一度頂上に立ちたかったからではない。ジェイミーは唇をすぼめ、ひとりひとりの顔をゆっくりと順番に見ていった。

「これまでにエヴェレストで案内してきたいろいろなグループに比べたら、きみたちは遥かに経験豊富だよ」とジェイミーは言った。「だが、エヴェレストの高所にいられる時間はとても短いってことを理解してほしい。わかるだろ？　ジェット気流が止む期間は例年わずかしかないし、高所ではきみたちの体が極限状態になる。第三キャンプで二日も三日も夜を過ごせる者は皆無だ。だから私は調査か登頂かどちらかにすべきであって、両方は無理だと思ってる。みんなの希望を完全に打ち砕くつもりはないが、とにかく、この場でみんなの気持ちを聞いておきたかったんだ」

もちろんジェイミーの意見は頷けるものだった。登頂に費やす時間があれば、もっと詳しい調査ができる。調査時間が増えれば、アーヴィンとカメラを発見する確率も高まる。「ナショ

ナル ジオグラフィック」はこの時点で、私たちの遠征に一〇〇万ドル近くの資金を提供していた。私たちがエヴェレストの高所まで行って登頂に夢中になり、調査を疎かにしたらスポンサーはどう思うだろう？

二者択一になる可能性があるのは初めからわかっていた。トムとの最初の会話でこの調査計画の話が出たときには、登頂せずに済ますのはもっともなことだと思った。レナンと話したときには、彼がエヴェレスト登山者の行列になんか加わりたくないと冷静に反対するだろうと思い、私は頂上が手に届くところにありながら背中を向けて帰るなんてどんなに痛快だろうな、という誘い文句まで考えていたのだ。当時は自分自身も半分はそう思っていた。しかし遠征の計画が進むにつれて、はるばるエヴェレストまで行って登頂に挑まないなんてつまらない、と思うようになった。

ベースキャンプにいるあいだ、ここでなにをすべきかという問いに悩むようになった。

朝食の後、自分のテントで休んでいるときに、ドローンがこの調査計画でどれだけ重要なものになっていたかがわかった。もし高所順応で高度を上げるあいだにノース・コルから徹底した調査ができれば、登頂もできるかもしれない。もしドローンで遺体らしきものが見つかれば、正確な場所まで回り道をするだけで済むので、頂上に到達するだけの余裕ができるかもしれない。だが相変わらず、レナンの高度制御プログラムの改変は遅々として進まなかった。ひっきりなしに酸素器具の改良や修理をしていたアーヴィンさながら、レナンはドローンの高度制御を解除するために、毎日何時間も使って考えつく限りの方法を試していた。

　その日の午後、レナンとマットとジムと私は、周囲にちらばっている蛍光色のナイロンテントの海から離れ、アルペングロー・ベースキャンプに滞在中のコリー・リチャーズに会いに行った。エヴェレストの大部分は雲に隠れていたが、少し離れたところは見晴らしが良く、まわりの状況が観察できた。最初に通過したのは〈トランセンド・アドベンチャーズ〉のキャンプだった。ジェイミーからは、この隊には気をつけるよう、きつく言われていた。登山経験のほぼない十代の子どもが一一人参加するインドの登山隊だ。私たちの左側には、ロンブク氷河の末端をなす砂礫の小山のそばに、白いドーム型テントが密集していた。ここはアレックス・アブラモフ（ロシアの実業家）が経営するロシアの会社〈セブン・サミッツ・クラブ〉の本拠地だった。アブラモフは七大陸最高峰《セブン・サミッツ》や八〇〇〇メートル級の峰、北極や南極への遠征を企画している。

　ベースキャンプを歩きながら痛感したのは、この地が非常に清潔である点だった。わずかなごみさえ目にしない。私たちはごみ収集のためにひとり一五〇〇ドルの環境税を支払っていた。思った通り、二日後にごみ収集車がキャンプに入ってきたが、その様子は生まれ育ったボストン郊外となにひとつ違わなかった。

　私たちがコリーに会ったのは、キャンプ中央にある〈アルペングロー・エクスペディションズ〉所有のオレンジの巨大なジオデシックドーム・テントのなかだった。ニコンと、スイスの時計会社ヴァシュロン・コンスタンタンから遠征資金の援助を受けたコリーは、アルペングローの許可を得て自分と相棒トポの場所を購入していた。テントの扉は木製でクロークがあり、幅が一〇メートル近くある広々とした部屋があり、天井の高さも四、五メートルはあった。二重になっている壁の内側はまるで白い羽毛布団のようで、南側の大きなプラスチック製の窓からは、晴れた日には壮大な景色が望めるに違いない。床一面に室内外兼用の栗色のカーペットが敷き詰められ、さらに東洋の絨毯が何枚か敷いてあった。私たちのキャンプに比べれば宮殿さながらで、砂漠に建つスルタンの王宮のようだった。L字形のエアソファまで備わり、トポとコリーが並んで寛いでいた。

コリーは元気そうだった。顔は日に焼け、暗めの金髪はおしゃれな乱れ方をしていて、いつものとおりだった。コリーはソファから飛び上がって私たちを迎えた。

「なにを飲む？」とコリーが言った。「コーヒー？　炭酸水？　缶もソーダストリームもあるんだぜ」。最後に会ったときと違って、コリーは陽気で楽しそうだった。この一年間休みなしでトレーニングを重ねてきたのはこの山のためだったのだ。その山を目の前にして、ようやくその魅力に囚われていたのだと思う。コリーとトポはこのベースキャンプですでに一週間ほど過ごしていた。高所順応のトレッキングもおこない、数日後には前進ベースキャンプへ向かう予定だという。

「昨日中国人がやって来た」とコリーが言った。「おれたちのルートはやめておけと言うんだ」

「なんだって？　どうして？　許可は取ったんだろう？」

「もちろん。何ヶ月も前に書類は揃えた。それなのに、危険すぎるからやめろと言いに来た。一応伝えておく必要があったんだろう。伝えればあっちは満足だろうから」

その中国人がどこから来たのか察しはついた。エヴェレストで未踏ルートを登ることと無酸素で登ること、そのどちらがより危険なのかはわからない。だがこのふたつの組み合わせは、私が想像しうるなかでもっとも危険な行為だ。そして、チベット側のほうが死亡者の数が少ないという事実を自慢しているCTMAも、私と同じ意見だったらしい。評判のエヴェレスト・ブログを書いているアメリカ人登山家アラン・アーネットによれば、(9)今期にエヴェレスト北面の登山者は二八四人。入山料を払って登る者と、それを支援するクライミング・シェルパはちょうど半々。南面の登山者は七七二人（このうち三九〇人がシェルパ）。合計一〇五六人が頂上に挑むことになる。言うまでもなく、非標準ルートで登ろうとしているのはコリーとトポのふたりだけだ。サウス・コル経由のルートでは数人が無酸素登頂を計画していたが、北面で酸素ボンベを使わないのはコリーたちしかいない。

コリーに無酸素登頂にこだわる理由を尋ねると、彼は蠅を追い払うような手つきをした。マットがカメラを回し、ジムはコリーの頭上の画面に入らないぎりぎりのところにマイクブームを伸ばしていた。「この質問にはトポが答えるべきだな」とコリーは言った。トポはそれまで私たちの会話を難しそうな顔で聞いていたが、ほとんど口を開かなかった。ジーンズとパーカー姿だが、黒髪に黒縁の眼鏡にもの静かな態度は、エクアドル版クラーク・ケントといった印象だ。

トポは私を真っ直ぐ見つめ、淡々とした口調で語った。「酸素補給をしてエヴェレストに登るのは、バイクでツール・ド・フランスに出場するのと同じだ。たしかに景色は楽しめる。喜びも得られる。だが、自転車で走るのとはまったく違う」

トポはエヴェレストに四度登っていた。一回目は自分のために酸素を使わずに登頂した。それ以降はガイドとして三度エヴェレストに登ったが、いずれも酸素を使った。トポは、自分が山頂までガイドした人たちは皆、「大量の」酸素を使わなければ登頂は叶わなかっただろうと言う。しかし私たちが酸素を使うことに気づいたからかもしれない、すぐに言葉を濁した。エヴェレストに登るのに正しい方法も誤った方法もない、と言った。「登山客のなかには、プロの登山家よりはるかに熱意を持っている人もいた。その登りたいという情熱に嘘偽りはない。『頂上に立ちたい』。みんなこう言う。これこそが私にとって純粋な登山精神だよ」

コリーは自分のカメラで撮影した予定ルートの写真を数枚見せ、「事象の地平面」を越えたらエヴェレスト上部でなにをするつもりでいるのかを語ってくれた。標高八二〇〇メートルのところでふたりのルートは標準ルートと交わる。未踏のルートでそこまで登れたとしても、残りの六〇〇メートルは、固定ロープにカラビナをかけて賑やかな行列に加わるつもりはないという。コリーはカメラのスクリーンに一枚の写真を拡大してみせ、セカンド・ステップの真下にある細い道を指さした。そこなら標準ルートに加わらず、北東稜の難所を避けることができるかもしれない。そこは、一九二四年に頂上へ向かうマロリーとアーヴィンが通ったと主張する人たちが示すトラバース道だった。

「自分たちの挑戦とマロリーとアーヴィンの挑戦が似ていると思うのは、どういった点でしょう？」とレナンが訊いた。

「いろいろな点でよく似ているよ」とコリーは答えた。「ふたりの人間が世界一の標高を誇る山の未踏の道に挑む。初期のエヴェレスト探検そのものだ。大事なのはそこだよ。おれたちの挑戦は冒険であり、未知のものであってほしい。この思いが人間の進歩の原動力になるんだからな。人類はどのくらい遠くまで行けるのか？」

「トラバース道を進んでいるとき、アーヴィンの姿があるかどうか注意していてくれないか？」と私は言った。

コリーはくすくす笑った。「おれたちふたりがアーヴィンを見つけたりしたら、傑作じゃないか？」

ベースキャンプを出発する前に、ヒマラヤ登山遠征をする者はだれでもチョモランマに入山許可を求め、安全祈願をする。プジャというチベット仏教の儀式をおこなわなければならない。私たちのキャンプの中央に、ダワとシェルパ仲間が岩を積み上げて四角い祭壇を建てていた。

祭壇は腰の高さほどで、明るい黄色の布が被せられ、その上に香や蠟燭、小さな鐘、果物、金の盃、さらには調理担当がバターと小麦粉をこねて彫ったトルマと呼ばれる十数体の美しい小像など、さまざまな供物が並んだ。そのほかにも、チベット仏教の神々が描かれたタンカという色鮮やかな絵画がいくつか置かれた（ダライ・ラマの絵画があえてここにないのが目立っていたが、私たちのあいだに座って儀式に参加しているＣＴＭＡの職員が許可するはずがないからだろう）。

ジェイミーが、神の加護が必要な物を祭壇に置いてもかまわないと言った。数名のシェルパはピッケルやアイゼンを置き、レナンは遠征前にイーベイで購入していた年代物のＶＰＫカメラを置いた（私が持ってきたホルツェルのＶＰＫと違ってレナンのＶＰＫは使えるので、彼はちゃんとフィルムも持ってきていた。アメリカを発つ数日前、ホルツェルから銀紙に包まれたＶＰＫが郵便で届き、メモには「本物」を見つけたときにその替わりとなるので中国へ持っていくように、と書いてあった）。トムはふたりの息子の写真を置いた。私は家族写真と、二歳の息子のお気に入りの小さなキリンのぬいぐるみも置いた。ベースキャンプに着いてダッフルバッグから中身を取り出したとき、おそらく出発前にハンプトンが忍び込ませたのだろう、マニラ封筒を見つけた。封筒の中身は長文の手紙と数枚の家族写真、そしてキリンのぬいぐるみだった。メモ書きには、トミーが「愛がたっぷり詰まっているから」、あなたに持っていってほしいって、と書いてあった。

祭壇の前には四〇人以上が集い、マットレスや座ぶとんを敷いて座っていた。見慣れた顔が多かったが、初めて見るシェルパもいた。このシーズンに〈エクスペディション・ヒマラヤ〉は、私たちのほかに三組の遠征隊を手配していた。皆アメリカ人の隊だった。フロリダ州から来た五十五歳のフランク・カンパナーロは、頂上へたどり着くためにふたりのシェルパを雇っていた。オレゴン州から来た五十代後半のファイナンシャル・プランナーのジムは、熟練アメリカ人ガイド、スコット・ウーラムズとともに登る予定だ。アリゾナ州からの一行はノース・コルまでの登山許可は持っていたが、そこから上の許可が出ていなかった。

シェルパのナーティ（「いたずらな《ナーティ》」と同じ発音だ）が祭壇の前であぐらをかき、目の前に祈禱書を広げて唱え始めると、すぐにシェルパ全員がそれに唱和した。杜松《ねず》の燃える甘い香りが漂い、炒った大麦を粉にしたツァンパをダワが私たちひとりひとりの頬に塗って回った。さらに、生の米をひしゃくですくって私たちの掌に置いたので、私たちはそれを三回（仏教徒にとって縁起の良い数字）に分けて上に放り投げた。シェルパたちは米を投げるとき、「神々へ勝利を」という意味の「ラ・ギャ・ロ」という言葉を叫んだ。儀式が始まって三十分が経つと、数人のシェルパが一本の長い木の棒を持って祭壇に向かった。祭壇の中央に置かれていた五ガロン（約二二リットル）用のプラスチック製のバケツに、棒の端を突っ込み、バケツに岩石をぎっしり詰めてそれを直立させた。その棒に、色とりどりの祈禱旗が結びつけられている何本もの紐の端を結びつけた。紐のもう一方の端はキャンプ内のさまざまな構造物に結びつけてあるので、祈禱旗が放射線状に広がった。氷河から吹く風がはためく祈禱旗の音とリズミカルな詠唱を運んでいった。

そのときすでに気づいていたが、五色の旗は常に同じ順番で並んでいる。青は天を、白は空を、赤は火を、緑は水を、黄色は地を表している。この五色が合わさって、調和を表す。旗の一枚一枚に印刷された祈りの文句やマントラは風に乗り、（私はこれを勘違いしていたのだが）神々のもとへではなく世界中へ運ばれていく。そして世界中へ、生きとし生けるものへ、善意と思いやりを伝えていく。

ダワがまた私たちのあいだを回り、今度はなかに祈りの言葉が入っているフェルトの小袋が付いた首飾りを渡された。遠征が終わるまで首に掛けていることになる。儀式は終始厳かで敬虔で「私はなぜここにいるのか？」ということを考えさせられるような体験だった。私は山の神という考えを受け入れたことはないが、私がどう考えようと、そんなことはどうでもよかった。プジャは私のためにあるわけではないからだ。シェルパが安心して山に登れるのは、そしてこちらのほうがさらに大事かもしれないが、私たちと打ち解けることができるのは、プジャのおかげだ。シェルパにとって私たちは、自分たちの命を危険に晒す者なのだから。

祈禱がかなりきつく思えてきたところで、カルマという男が輪を回って緑の缶のラサ・ビールを配った。全員に配り終えると、今度はネパールの安いラム酒の瓶を持って回り、瓶の蓋に注いでひとりずつ順番に差し出した。隣に座っていたマットは普段は酒を飲まない。彼はカルマの誘いを断ろうとしたが、カルマは険しい表情をして一歩も引かなかった。マットも引かなかったが、一分ほど経つと、カルマはノーという返事をいっさい聞き入れないのだということがわかり、マットは「くそったれ」と言ってその酒を口のなかに入れた。私の番が来ると、蓋を唇につけないようにして口に流し込んだ。大勢の人が蓋に直接口をつけるのを見ていたからだ。日中から酒を飲み、さらに三十何人もの人と唾の交換をするのは賢明なことには思われなかった。病気になれば、エヴェレスト遠征から脱落してしまう。

プジャの儀式にはこれまで何度か参加したが、今回のようなものは初めてだった。カルマは何度も回ってきて、六周目が終わったところでマットは覚束ない足取りで食事テントの裏に向かい、そこで嘔吐して意識を失った。どうやら下戸らしいナーティが酒は駄目だと言い張っていたが、数人のシェルパに体を押さえられて、安酒を強引に喉に流し込まれていた。

そして、この酒の回し飲みは準備運動にすぎなかった。私は大騒ぎから抜け出した後で、シェルパの食事テントのなかを覗いてみた。そこはすでにラム酒とビールが飛び交うディスコダンス・パーティーと化していた。カルマと十数人のシェルパが手に酒瓶を持って口に煙草を挟み、春休みの大学生さながら酔っ払って体をぶつけあっていた。オレゴン州から来たファイナンシャル・プランナーのジムがシェルパのなかにいて、急いで立ち去る直前に私が目にしたのは、ひとりのシェルパにどんぴしゃりのタイミングで体当たりされて吹き飛ばされるジムの姿だった。

エヴェレストに到着して五日目にあたる四月二十六日の昼前に、トムと私はベースキャンプと前進ベースキャンプの中間にある中継キャンプを目指して出発した。レナンと彼の撮影仲間は、まだ荷造りをしたりカメラ機材をいじったりしていたので、後から出発することになった。私たちはロンブク氷河の東側のサイドモレーンに沿って、平らな砂の道を進んだ。この地域の天気はたいてい南西から変わるので、ヒマラヤ山脈の南面には雪が大量に降るが、北面の大部分に降ることはめったにない。そのためエヴェレストの中国側の氷河はネパール側のクンブ渓谷の氷河よりかなり小さく、楽に通過できる。こうした理由もあって、エヴェレスト北面はルートが高所にあり技術的には難所だが、南面よりも多少安全だと考えられている。

エヴェレストにサウス・コル経由で登る人はひとり残らず、悪名高いクンブ氷瀑を通らなければならない。クンブ氷瀑とはクンブ氷河の標高五四〇〇から六〇〇〇メートルに広がる斜面で、その姿はスローモーションのナイアガラの滝に似ている。クンブ氷瀑で勾配がもっとも急な部分は、一日約一メートルの割合で下流へと進んでいて氷の河としては動きが速い。足元でクレバスが口を開けていたり、セラックと呼ばれる氷の塔が前触れなく崩れたりする危険がある。このルートでは高山病やその関連症によって奪われる命のほうが多いが、山での不慮の事故で死ぬ確率はクンブ氷瀑のほうがずっと高い。さらにクンブ氷瀑はベースキャンプのすぐ先にあるので、何度も行き来しなければならない。すべての隊員が行きと帰りで少なくとも二回、シェルパは場合によっては一〇回以上通らなければならない。毎シーズン、氷瀑を通行するルートは「氷瀑の修繕屋」と呼ばれるシェルパ隊が作る。彼らは固定ロープを張り、クレバスを渡りセラックを越えるために使われるアルミ製の梯子を掛ける。安全な長さや高さを確保するため、複数の梯子を縛って繋ぐこともある。

二〇一四年の四月十八日、巨大なセラックがエヴェレストの西肩側の氷河から分離し、何千トンもの氷塊がポップコーン・フィールドと呼ばれるクンブ氷瀑の上部に崩落していった。そのときこの場所にいたのが、第一キャンプへ荷揚げをおこなっていた数十名のシェルパで、そのうちの一六人が亡くなった。三人の遺体は氷河の奥深くに埋まってしまい、引き上げることができなかった。当時、一日の死者数としてはエヴェレスト史上最多を記録した。この惨事から、エヴェレスト登頂につきものの危険をシェルパに押しつけていることが明らかになった。さらにシェルパたちは、ルート工作に加え、登山客のキャンプに椅子やエスプレッソメーカー、発電機やパレット積みの酸素を備え付けるという仕事も担っている。

二〇一四年の悲劇を受けて、エイドリアン・バリンジャーは〈アルペングロー〉のエヴェレスト登頂事業を北面のルートに移した。もはやクンブ氷瀑を通行する危険を正当化することはできないと思ったからだ。「まるでロシアン・ルーレットだ」とバリンジャーは言う。一年後の二〇一五年四月、バリンジャーがエヴェレスト北面にいたとき、ネパールがこの百年で最大の地震に見舞われた。これで発生した雪崩が南面のベースキャンプを直撃し、一七人が命を落とした。これが史上最多の死者数となった。地震が起きたとき、中国隊が北面に固定ロープを設置するためにノース・コルへ登っているところだった。一行は揺れを感じたが、登っていた斜面では雪崩は起きず、全員が無事だった。北面のすべてのキャンプも同様に被害を免れた。

私たちはベースキャンプから数キロ先の東ロンブク氷河との分岐点に到達した。ここで左に曲がり、前進ベースキャンプまでロンブク氷河の支流を登っていくことになる。気温もちょうどよかったので、私たちは座って後続の仲間を待つことにした。

一九二一年、ガイ・ブロックとともにノース・コルへのルート偵察を試みていたマロリーが、東ロンブク氷河の分岐点を見過ごしたのは有名な話だ。ふたりは本流であるロンブク氷河と西ロンブク氷河を踏査し、マロリーはリントレンとプモリを繋ぐ尾根の鞍部からネパール側を見下ろし、クンブ氷河が流れる壮大な谷間を目にした。後にマロリーはその場所をウエスタン・クームと名付けた。クームとは谷という意味の一般的なウェールズ語である。

ふたりはノース・コルへ西側からたどり着く安全なルートを発見できなかった。ロンブク氷河を進んだ先の巨大なクレバスは通過不能に見え、ノース・コルへの斜面も登攀できないように見えた。マロリーとブロックはロンブク氷河を引き返したが、目標達成の鍵となる東の支流はまたもや見落とされた。後に東にかなり遠回りするルートでノース・コルへの道を発見したが、不要な回り道をしたために一ヶ月近くが無駄に費やされた。最終的には、ひとりの隊員が東ロンブク氷河のルートを発見し、それ以来北面から登山する隊のすべてがこのルートを使っている。

東ロンブク氷河途中の中継キャンプに向かっているとき、私はニックがかなり遅れていることに気づいた。彼を待っていたのは標高五八〇〇メートルにある中継キャンプのすぐそばで、そのキャンプは氷河右岸のモレーンの砕石の上に設置されていた。ようやく私たちに追いついたニックの胸が、カメラ機材を詰め込んだ大きなザックの下で波打っていた。そして苦しげに息をしながら、生気のない目で私を見た。

「どこがおかしいのかわからない。でもなかなか息を吸い込むことができない」と彼はやっとのことで言葉を吐きだした。このときには考えがおよばなかったのだが、背負っていた荷物の量を思えば苦しむのは当然のことだった。とはいえ、薄い空気は認識力を鈍らせる。私はニックの体調を心配するよりも、八〇〇〇メートル峰で映像撮影をするのはなんと厳しい仕事だろうなどと思っていた。マロリーがノース・コルへ直接登るルートを見逃したように、私は自分たちが難事を抱え込んでいるという兆しを見逃していたのである。

私は中継キャンプの食事テントで椅子に体を預け、後頭部のつぼを押していた。そのあたりがずきずきし、高山病の辛い頭痛が始まっていた。そのとき入り口のジッパーが開き、ふたりのインド人がテントに入ってきた。パースとクンタルは弾むようなアクセントで完璧な英語を喋り、このキャンプを共有しているある登山隊の一員だと自己紹介した。その多国籍の登山隊には、ロシア人がふたり、ウクライナ人が三人、フランス人女性がひとりいるということだった。二十三歳のパース・ウパディヤヤナは華奢な体つきで、ひげのない幼さの残る顔をし、髪はきっちり整えていた。ムンバイの出身で航空工学を学んでいたが、今は山岳ガイドとして働いているとのこと。今回が初めてのエヴェレスト登山だという。三十九歳のソフトウェア開発者クンタル・ジョイシャーはがっしりした体格で、幅広の鼻はわずかに曲がり、黒く濃い髭を蓄えていた。ジョイシャーは、二〇一六年にヴィーガン［厳格な菜食主義者で、生活するうえでも動物性のものを使わないとする人もいる］として初のエヴェレスト登頂という記録を打ち立てたのだという。エヴェレストに戻ってきたのは北面からの登頂を目指すためで、二本の主要ルートでは北面のほうが難度が高いと考えていた。さらに、二〇一六年の登頂時には鳥の羽毛を使ったダウンスーツを着用していたので、ヴィーガンとしてはそれが納得できないとのことだった。今回、セーブ・ザ・ダックという会社と提携しているという。セーブ・ザ・ダックはすべてを合成素材で作った特注の高所対応ウェアを提供していた。グースダウンが入っていないウェアを着用していたのは、私の知る限り、エヴェレストではジョイシャーだけだった。ザ・ノース・フェイスやポーラテックなどの企業は何十年もかけて材料科学の研究をしているが、ダウン以上に断熱性と軽量性に優れた素材はまだ開発されていない。

防寒に関して、人類がいまだに自然に勝てずにいるのがにわかには信じられないが、さらに驚くのは、防寒手段としてこのもっとも効果的な素材が一九二〇年代の遠征で一度しか採用されなかったことだ。私はてっきり、当時の探検家は北極点と南極点への到達後、ダウンがウールや毛皮と比べてはるかに優れていると考えられていたとばかり思っていた。実際にダウンの上着を発明したのは、一九二二年のエヴェレスト遠征のメンバーで進取の気性に富んだジョージ・フィンチだった。遠征前に彼は衣料品会社と契約し、雌の毛綿鴨《けわたがも》の胸から採った柔らかい羽毛を詰めた膝丈の上着[10]を作らせた。フィンチはこの新たな上着に惚れ込んだが、仲間たちはそれを着た彼をからかった。しかしその年の最後に笑ったのはフィンチで、ジェフリー・ブルースとともに標高八三二〇メートルに到達する新記録を打ち立てた。「今になってみんながぼくの毛綿鴨の上着を羨んでいる」とフィンチは日記に書いている。ダウンの衣類がエヴェレストで確固たる恩恵をもたらすことが証明されたにもかかわらず、一九二四年の遠征隊がこの山に現れたとき、ダウンの衣類を着用していなかった。フィンチは種々の政治的理由でこの遠征から外されたのだが、頑固で遠慮しない性格もその大きな原因のひとつだった。ともかくマロリーとアーヴィンが運命の登頂に挑む際に身につけていたのは、ヴィクトリア時代以来アルプス登山に挑む紳士の正装とされた伝統的なツイードとギャバジンの服だった。

ジョイシャーは南面からの登山許可も持っていた。すべてが計画どおりにいけば、北面から登頂した後で、同じシーズンに二度のエヴェレスト登頂を達成したヴィーガンになるために、ネパール側へ急いで向かうつもりでいた。

「ああ、この頃は、インドではみんなエヴェレストに夢中なんだよ」とジョイシャーは言った。「正真正銘のエヴェレスト狂だ。今年のエヴェレスト登山者でいちばん多いのはインド人だそうだ」

アラン・アーネットの今シーズンの展望では、中国人とインド人登山者が大勢やってくる、という正しい予測をおこなっていた。ヒマラヤン・データベースによれば、エヴェレスト登山者のなかでいちばん増えている国は、インドと中国になっている。その理由は、アーネットの意見だが、この二国で可処分所得の多い中産階級が急増し、若い世代が登山のようなスポーツに熱心に金を注ぎ込んでいるからだという。そして興味深いことに、中国人登山者のエヴェレストでの死亡率は低く、いっぽうでインド人の死亡率がいちばん高い。この傾向はさらに顕著になっているように思う。

もちろん、中国の死者数は割り引いて考えなければならない。中国当局が都合の悪い情報を検閲していることはよく知られている。公表されている北面での中国人の死者数――現在までで、たった一〇名――は、中国の共産主義体制の優越性を強調するために、わざと数字を変えている可能性がある。しかし中国人登山者がインド人登山者と比べて、全般的に経験豊富で山をより理解しているのは、中国政府が国民に対し、北面からエヴェレスト登頂に挑む前に八〇

○○メートル級の山に登ることを求めているからだ。

中国の集産主義的な文化では、エヴェレストに登頂した者に何の名誉も与えないが、インドでは優勝選手のように祝福される。さらに、ジョイシャーによれば、エヴェレストの頂上にたどり着いたインド人は、名声と栄誉だけでなく富と経済的安定をも手にすることができる。こうした現象が生まれたのは二〇一〇年だろう、と彼は述べている。この年、北インドのハリヤナ州出身の女性マムタ・ソダが、エヴェレスト登頂を果たしたというだけで、高給取りの終身制政府職である警察の副署長に任命された。彼女には警察関連の職務経験や伝手《つて》はなかった。数年後、ハリヤナ州の別の人物がソダと同じ偉業を成し遂げ、国に対し、自分を警察の副署長に任命するよう求めた。政府が断ると裁判所が介入してきた。前例が作られていたからだ。それでエヴェレストに登頂すれば、政府職員になれるようになった。

さらに、十三歳のインド人女子生徒マラバト・プルナの物語[11]がある。彼女はテランガーナの州政府に選ばれ、二〇一四年にエヴェレストに挑戦した。プルナは登頂を果たし、エヴェレスト登頂の女性最年少記録を打ち立てた（この記録は今も破られていない）。歴史を作って故郷に戻ったプルナは英雄のように遇された。プルナと、彼女とともに登頂したインド人少年には、それぞれ二万平方メートルの土地と約三万ドルの現金が与えられた。年収六〇〇ドルの小作人の両親を持つ少女にとって、人生を一変させるに足る額であった。「フィナンシャル・エクスプレス」によれば、プルナは政府閣僚に向かって、あなたたちは「この国の貧しい子どもたちの救世主」[12]です、と感謝を述べた。

　プルナはこの後も登山を続け、七大陸最高峰のうち六峰を制覇している。二〇一七年には、彼女の半生を描いたボリウッドの伝記映画『プルナ』が公開され、そこで彼女はインドのニュースサイト「ファーストポスト」の取材に、エヴェレストに登ったのは「女の子だってやれば何でもできるんだってことを証明するため」だった、と答えている。

　プルナを援助し、指導役を務めたシェカール・バブ・バチナパリは、二〇〇七年にエヴェレスト登頂を果たした元警官だが、プルナの登頂によって報奨金をもらった。それ以来、自身が設立した会社〈トランセンド・アドベンチャーズ〉は、インドの恵まれない子どもたちをエヴェレストへと導いている。今期も彼は、エヴェレスト北面のベースキャンプに滞在して生徒たちの面倒を見ていた。後日彼に話を聞き、生徒たちをデス・ゾーンまで導くためにどんな準備をしているのかを知った。バチナパリは、計画の鍵は厳密な選抜過程にあると語った。まずは学校めぐりから始める。先生や指導者から推挙された生徒と面談する。二〇一九年に遠征する生徒の選抜は前年に開始され、当初の候補者は五〇〇人にものぼった。半年をかけて候補者を絞り込むのだが、そのあいだに基礎的な運動能力を評価し、精神面を強化し、さらにはロック・クライミングや登山、ロープワークといった演習をおこない、仕上げに標高五八八五メートルのラコ・カグサイ山への登頂を含むラダックでの二十五日間の登山実習がおこなわれる。

　バミニ・セティはムンバイ出身の三十四歳の女性実業家で、彼女も〈トランセンド・アドベンチャーズ〉の遠征に参加していた（バチナパリはおもにインドからの一般登山客のガイドも務めていた）のだが、後日私に、選ばれた子どもの両親にはふたつの筋書きが伝えられるのだと言った。ひとつは、我が子が無事登頂を果たし、名声と報奨金と良い仕事を獲得するという最高の筋書き。もうひとつは、我が子が家に戻ってこないという最悪の筋書きである。

「やろうとしてることは間違ってない」とジョイシャーは言う。「彼らはお金がなく恵まれない子どもたちに、不可能なことはない、きみたちを支援するためにわれわれはここにいる、というメッセージを発している。でも、おれはインドを愛しているが、インドのエヴェレスト文化は壊されていて、見直しが必要だと思っている」

プルナ、マムタ・ソダ、ジョイシャー、バチナパリをはじめとする多くのインド人が、何百万人にものぼる恵まれない同郷人を山に向かわせているのを見れば、金持ちになることを夢見ている人が大勢いることがわかる。アラン・アーネットの話では、少なくとも週に一度はインド人から連絡があり、どうすれば「あのエヴェレスト」に登れるか助言を求められるが、その大半は登山経験も資金もない人たちだという。なかには、後援者から資金を援助されたり、クラウドファンディングを募ったり、家族の不動産の二重抵当などを組み合わせたりして資金を工面する人もいる。多くのインド人家庭にとって、無理をしてまで金を工面する価値が充分にある。なぜなら、幸運に恵まれて息子や娘が世界の頂上に到達したら、家族全員が——上手にやり繰りすれば後々の世代まで——その報償の恩恵に与れるからだ。厳しいカースト制度があり、立身出世の機会が限られているインドでは、エヴェレストはまたとない成功の機会を与えてくれる場なのだ。

　前進ベースキャンプまで続く東ロンブク氷河の最後の一〇キロは、「奇跡のハイウェー」として知られる珍しい地形だ。高所ゆえに氷が巨大な鮫の歯に似た尖塔形のペニテンテに覆われている［ペニテンテとは、その形状が跪いて懺悔をする人々の群れに似ていることから「悔悟者の形をした雪」という意味である］。ペニテンテという現象はアンデス山脈の至るところでも見られる。最初にその現象を記録したのはチャールズ・ダーウィンで、一八三九年のことだ。南米の陸の氷山はめったに人の身長を超えることはないが、なににつけても規模がまったく違うエヴェレストでは、三〇メートルを超えるものがある。

「奇跡」とは無数の氷の塔のことではなく、(13) 中央堆積《モレーン》と呼ばれる隆起した土砂と岩石が氷河の真ん中に真っ直ぐ続く歩行路を作っていることを指している。氷河は刻一刻と姿を変えるので、この通路がなければ通ることなどできなかっただろう。

　私たちは果てしなく続くヤクの行列とともにこの道を歩いた。脚の短い「長毛の牛」は、エヴェレスト北面の原動力である。ヤクの見た目はバイソンと牛の雑種のようだが、中国、中央アジア、モンゴル、ネパールにかけて、標高四〇〇〇から六〇〇〇メートルの地勢で生息している。チベット高原の環境に適応するために進化した「ノヤク」が祖先で、それより標高が低い場所では口蹄病のような牛の病気に罹ってしまい、生存することができない。

私たちの登山隊には、前進ベースキャンプへ運び上げなければならない食糧と装備が二トン近くあった。これを分散して運ぶには四〇頭のヤクが必要だ。この数に、ここに来ている一〇以上の登山隊の数を掛けるのだから、東ロンブク氷河を相当な数のヤクが進んでいくわけだ。ジェイミーやエイドリアン・バリンジャーのようなガイドにとっては、ヤクを使えば物資計画の検討事項が少し増えることになるが、比較的簡便に、かつ効率的に物資を標高六四〇〇メートルまで運べるので、利益のほうが大きい。南面ではこうした物資は必ずシェルパが背負い、ベースキャンプから第一キャンプまでクンブ氷瀑を通って荷揚げしている（ネパール政府は二〇一九年に初めて、第一キャンプまでヘリコプターを使って装備品を運搬する許可を出した）。いっぽう北面では、ベースキャンプから前進ベースキャンプへ歩いて登っていくには距離がかなり長いが、シェルパに重い荷物を背負わせることもないし、道程もこのうえなく安全だ。

一九二〇年代、東ロンブク氷河は今日よりも大きく複雑だったので、ヤクを使って物資を運搬できるのはベースキャンプまでだった。一九二四年の五月十日、イギリス隊と当時は「苦力《クーリー》」（かつて大英帝国で使われていた土着の労働者を指す言葉）と呼ばれたポーターが、現在の前進ベースキャンプ付近にあった第三キャンプへの荷揚げのためにこのあたりを進んでいるときに激しい嵐に襲われた。大半のポーターはテントを持っていなかったので、氷点下一五度を下回る岩穴のなかで薄手の毛布にくるまっているしかなく、食べ物は生の大麦だけだった。猛吹雪のあいだ第三キャンプにいたアーヴィンは、日記にこう書いている。「風と雪とが吹きすさぶひどい夜だった。テントがどうやって持ちこたえたのかわからない。睡眠がとれず、テントのなかのあらゆる物に雪が五センチほど積もっていた。夜はリウマチの痛みがひどく、今朝は頭痛に苦しんでいる」[14]。嵐が止むと、遠征隊とポーターは食糧と装備を氷河のうえにばらまくように置いて、ベースキャンプまで撤退した。遠征隊の物資補給体制は完全に混乱し、ふたりのポーターが嵐の最中に負った傷が原因で亡くなった。一名は凍傷のせいで、もう一名は動脈瘤か脳卒中が原因だったのかもしれない。

「これはカテゴリー4のサイクロンだ」とジェイミーが言った。彼が指で示しているのは、パソコン画面に映された衛星画像で、ベンガル湾を巨大な白い渦が覆っていた。私たちが折り畳み式の机を囲んで座っているのは、前進ベースキャンプの外れにある平たい岩の上に設置した食事テントのなかだ。太陽が照りつけ、風のそよぎもほとんどない。テントの入り口は開けっ放しだ。数人のチベット人が水を作るために近くのセラックから氷を切り出している。大気には、ピッケルで氷を叩く音と、氷河の登り下りを果てしなく繰り返すヤクの行列の鈴の音が響いていた。そばには小さなテントが集まってできた町があり、何百人が私たちと同じように高所に登る準備をしている。テントの裏手から北東壁と、コリーとトポ（近くにいるはずだった）が登攀を目指すクーロワールがはっきり見える。白い竜のしっぽのような雪煙が、山頂から東の方角へ数キロにわたってたなびいていた。

その日は五月一日で、ジョージ・マロリーの遺体が発見されてからちょうど二十年が経っていた。発見された場所は、二〇〇〇メートル弱ほど上方にある、私の座っている場所からも見える雪のテラスだ。ファニと名付けられた接近中のサイクロンは、風速六七メートルまで成長し、ここ数十年のあいだにインドを直撃した嵐のなかでも最強と考えられていた。四十八時間後には上陸するという予報だ。このとき、ファニの進路にあたるインドとバングラデシュの沿岸に暮らす何百万人という人々は、高台へ避難しているところだった。中心部は一四〇〇キロ以上離れていたが、反時計回りに回転する巨大なサイクロンは次の二、三日でインド亜大陸を通過しながら、エヴェレスト地域に湿気と強風をもたらすはずだった。

マイケル・フェイギンから届く最新情報によれば、五月三日の金曜日には雪が二五センチ降り積もり、翌土曜日にさらに二五センチ降るということだった。これから数日間、標高七〇〇〇メートルでは風速一八メートルになる。私たちは、明日ノース・コルまで高度を上げるべきかどうか話し合っていた。ジェイミーはフェイギンの予報を信じておらず、フェイギンが使っているのと同じ天気図の元データから、自身で予想を立てていた。

「もしもそれ（作者註　ファニ）が左に進めば」ジェイミーは言った。「強風が吹き、二、三日で一メートルほどの雪が積もる可能性がある。だが右に進めば好天に恵まれるだろう」

高所順応計画の一環でノース・コルに登らなければならないのは皆がわかっていることだっ

たが、ドローンを飛ばしてみて、調査区域をまずは見てみたいという強い思いもあった。数週間かけてもマヴィック・プロのプログラム改変ができなかったので、レナンはとうとう諦めて、一か八かの最後の賭けに出た。つまりDJIにメールを送り、高度制限を解除するコードを教えてほしいと頼んだのだ。この種のコードを教えてもらうのは極めて困難であり、手応えがあるなどと思う者はひとりもいなかった。だからこそ、レナンはほかの方法から先に試していたのだ。そうしているあいだに、水面下で興味深い動きがあった。私たちがエヴェレストに到着後に、「ナショナル ジオグラフィック」とその親会社21世紀フォックスを三月に買収していたウォルト・ディズニー・カンパニーが、経営体制の移行を完了させた。ディズニーの経営陣は、私たちの遠征の概要について知るや、映像撮影とドローンの許可に関する細部に至る厳しい質問を送ってよこしていた。経営陣は中国の政府高官に会いに行き、私たちが正式の許可を取っているかどうかを確認し、私たちのために尽力してくれたのだが、それがどうやら実を結んだようだ。間もなくベースキャンプのCTMA職員から、エヴェレスト北面にドローンを飛行させる正式の許可が下りた、と知らされた。エヴェレストにおけるドローン飛行が公認されたのは初めてのことだった。

この知らせが届いて一日も経たないうちに、食事テントのなかにいたレナンが「うわ――」という歓声を上げた。DJIからコードが送られてきたのだ。コードを教えてくれた理由については、本当のところ、わからなかった。レナンは急いでコードを打ち込み、テントの外に出てドローンを発射した。二分後、ドローンは私たちの頭上二〇〇〇メートルのところにいた。意義のある調査をおこない、同時に頂上に挑む、という願いが実現する見込みが出てきたのである。

前進ベースキャンプを出て氷の堆積《モレーン》上の道を登っていくと、東ロンブク氷河の源流となる滑らかな青い氷の窪地、クランポン・ポイント（アイゼン装着地）と呼ばれる場所に出る。ここで私たちはハーネスを装着し、高所用登山靴にアイゼンをつけ、氷河の最後の部分を横切ってエヴェレストの斜面へ向かっていった。

氷河の部分が終わり斜面が始まる箇所では、一般的にはベルクシュルントと呼ばれるクレバスが口を開けている。しかしノース・コルの東側では氷の傾斜が大きくなるだけで、ここに青と紫の細い固定ロープの支点があるのを発見した。これはエヴェレストの頂上に私たちを導いていくロープで、「黄色い煉瓦の道」[15]〔『オズの魔法使い』で目的地エメラルド・シティへと続く道〕と呼ぶ人もいる。私たちは長さ六〇センチのナイロンの紐でハーネスに繋いだ登高器《アセンダー》をロープに取り付けた。登高器には小さな斜めの歯のあるカムがついている。ロープにそって上がっていくときには滑らかだが、重量が加わるとロープを挟み込む形になり、下に滑っていかない仕組みになっている。正しく使えば、足を滑らせても登高器がロープに固定されるので、滑落が防げる。

ほかの多くの登山者も、天候に関して一か八かの勝負に出ていた。それで登山集団のいくつかは、すでに傾斜四五度の雪と氷の斜面を登っているところだった。わずか三〇メートルほど行ったところで、のろのろと進む集団という最初の難関に遭遇した。ここがニューハンプシャー州のワシントン山ではなくエヴェレストの標高六七〇〇メートル地点であることを軽視し、登高器をロープから外して斜面を力強く登り、集団を抜き去った。追い越すときは完全に無酸素運動だった。固定ロープの次の支点にたどり着いた瞬間、私はへたりこんだ。息が切れて、その場から動けずに横たわっていると、さっき追い抜いたばかりの人たちがゆっくりと私の横を通り過ぎていった。ロシア人らしき男が、「のろまが頑張ったじゃないか」とでも言うように、馬鹿にした顔でにやっと笑った。

高所順応が充分にできていない状態で高所の急斜面を登るのは、これまでのどんな経験より気が滅入るものだった。まるで、船酔いや二日酔いの状態で辛い単純労働をやらされるようなものだ。間もなくニックが列から遅れ出した。私は隊列の先頭近くを歩いていたので、ニックと会話することも、正確な状況を把握することもできなかった。

ノース・コルまでの斜面を三分の二ほど登ったとき、「おい、調子はどうだ?」という元気な声が聞こえてきた。見上げると六メートルほど上に、真っ赤なダウンにミラーレンズの白いゴーグルを着けたコリーが立っていた。だれもが生きているのが嫌になるくらい苦しんでいるというのに、コリーだけは楽しげにポーズを決め、まるで「GQ」の撮影セットから抜け出してきたかのようだ。しかも彼は固定ロープにカラビナを取り付けていなかった。どうやらコリーは早朝に前進ベースキャンプを発ち、凄まじい勢いで標高七八〇〇メートルまで登ってきたらしい。私は呼吸を整えて気の進まない返事を絞り出すのに少しだけ時間がかかった。

「順調さ」

「すぐ楽になる。あとひと踏ん張りだ」そう言い残して彼は私とすれ違い、サンタの妖精エルフのように雪の上を軽々と下っていった。


数時間後、私はノース・コルのキャンプでレナンとニックと一緒のテントのなかにいた。ドローンを飛ばしてアーヴィン捜索に着手したがっていたレナンは、風が収まった隙を見計らってマヴィックを一機飛ばしたが、早くもその判断を後悔していた。彼がコントローラーを持ち上げたのでニックと私にはその様子が見えた。

「ほらな。操作スティックを全力で押し下げてるのに、ドローンはまだ上昇しているんだ。こいつの姿は二度と見られないかもな」

小さな飛行機は約六〇〇〇メートル上空を飛んでいた。カメラは真下を写し、キャンプの鳥瞰図を見せてくれた。三〇以上のテントがノース・コルのさまざまな場所に散らばっている。この細い雪の鞍部はエヴェレスト北面と副峰チャンツェとを繋いでいた。

ニックが、なにが起きているのか確かめるために肘をついて体を起こした。ニックは最終的に一時間遅れでノース・コルにたどり着いたが、私たちと比べると体力を相当に消耗したようで、かなり辛そうに見えた。ニックは細い目で私を見て、それからだれかに額を撃たれたかのように寝袋の上に仰向けに倒れ込んだ。テントの生地のせいで光がオレンジ色だったのかもしれないが、黄疸のような黄色い顔をしていた。

「着陸させようとしているんだが」とレナンは言った。「風速が二〇メートル以上あるらしく、ドローンがまったく反応しない」。レナンは風と戦い続け、突風が一瞬止んだ隙に十分かけて徐々にドローンを下ろしていった。充電が切れるまで残り数秒というところで、テントのそばの雪面に強行着陸させた。北壁を写した有意義な画像は撮れていなかった。明日は気象条件が良くなるといいのだが、と私は思った。

レナンがドローンを回収しに行くと、私はマットとジムと共用の隣のテントに移った。ジェイミーは斜面の上のほうにある自分のテントにいて、事前に物資を運び上げてキャンプの設営をしてくれた数名のシェルパは私たちの上と下のテントに分かれていた。トムはその日の朝、目が覚めたらひどく頭が痛かったために、前進ベースキャンプに留まっていた。このせいで高所順応に決定的な遅れが出るわけではないとトムは考えていたが、今回の高所順応の機会を逃したことを後で後悔しないとは言い切れなかった。ジムは目を閉じてスリーピングパッドの上で体を丸めて横になり、マットは寝袋のなかからうつろな目で私を見あげていて、不機嫌そうに見えた。

私はと言えば、頭痛が着実に悪化し、後頭部全体がずきずきとした痛みに襲われていた。しかし、ニックの様子に注意しなければと思っていた。ニックの目のなかの表情を見て、ほかのだれよりもニックを気遣わなければならないと思った。私はニックのことが心配だなとマットに言った。マットは固定ロープの始まったときからニックの前を登っていたからだ。

「そうだ、今日のニックはひどくばててたな」マットはそう言っただけだった。

私は翌朝には忘れずにニックの体調を確認しようと心に決めた。今は全員がしっかり水分補給することくらいしかできることがなかったので、私はテントの入り口近くに陣取り、コンロに火を点けた。シェルパのひとりが二、三時間かけて裏手のセラックの壁から氷の塊を切り出し、テントの扉の外に氷を詰めた米袋を置いてくれていた。私はひとつずつ氷を鍋に移し、氷を溶かして沸騰させ、ふたつの袋麺を入れたカップにお湯を注いでかき混ぜた。私たちは三人でこの粗末な食事を分け合い、なんとか無理して飲み込んだ。超高所では飲食は吐き気を催す辛い義務と化すが、これを怠ると、低血糖や脱水症状で低酸素症状がいっそう悪化してしまう。

夕食後、私は寝袋のなかに入った。上下が繋がっているダウンスーツを着用していなければならない高所登山の経験がなかったので、その格好のまま寝袋に入るとほぼ身動きがとれないことを初めて知り、気持ちが沈んだ。ナイロンの繭のなかに入っているのは、小さすぎる靴下に足を無理矢理押し込んでいるような具合で、何度も寝返りを打ちながら、頭の痛みが和らぐ姿勢を探した。しかし、頭痛から逃れることはできなかった。

頭痛に加えて、夜になると強風が吹き荒れた。テントの布が目の前でばたばた鳴り、しかもはるか頭上から聞こえる不吉な音は次第に大きくなってきた。聞いている限りは、雷鳴とよく似た音だ。

ジェット気流がその到来を声高に告げていた。

＊「東の人」を意味するシェルパ族（Sherpa）は、十五世紀にチベット東部からネパールのソルクンブ郡へ移り住んだ民族である。西洋人がヒマラヤ探検を始めた初期の頃から、シェルパ族は後方支援やポーターやガイドの役割を担ってきた。一九二〇年代と三〇年代の初期エヴェレスト遠征では、ほかにもチベット人、ボーティア族（チベット民族の血を引くシッキム系民族）やグルカ族（インドから来た者もいた）がポーターを務めていた。現在「シェルパ」という語は、実際にシェルパ族であっても、あるいはチベット人、タマン族、ライ族、グルン族、インド人、中国人であっても、エヴェレスト登山で支援をおこなう現地の人間を指す言葉として定着している。近年「シェルパ」は、多様な民族がヒマラヤでガイドやポーターを務めているという認識と民族的差異への意識を欠いた大雑把な表現だとして、使用の廃止を訴える人もいる。しかしこの呼び名はエヴェレストでは今も広く用いられており、私の知る限り、大半の登山者やシェルパのあいだではもっぱら肯定的な意味合いで使われている。本書で私は先頭が小文字の sherpa（シェルパ）や climbing sherpa（クライミング・シェルパ）という語を、ガイドもポーターも含めてエヴェレストで支援の仕事や役割を担う人たちを指すときに使い、大文字の Sherpa（シェルパ族／シェルパ）という語を民族集団や人名を示すときに用いている。シェルパ族が自らの民族的アイデンティティを姓につけるのは、ネパールでは一般的なことである。また、植民地主義的な印象を与える「彼のシェルパ」という表現は避けるようにしたが、使わざるをえない箇所では「彼のガイド」という言葉を同じ意味で用いたことを断っておく。歴史上の出来事を語る箇所では、当時のイギリス隊に従って、後方支援にあたる現地の人たちをポーターと呼んでいる。こうした点に関しては、巻末の資料に関する註でも補足している。

第八章　ファニの襲来

夜のあいだにキャンプを襲った大惨事のせいで、風に煽られたテントが今も回転しながら空中を飛んでいた。その荒れ果てた様子を見ながら、私は同じことばかり考えていた。

「こんなところで、おれはいったいなにをやってるんだ？」

三〇メートルほど離れたキャンプ地の斜面を、四人の登山者が、固定ロープに沿ってゆっくり下りてきているのが見えた。その後ろにそそり立つ山頂を仰ぎ見ると、頂付近をすっぽり包み込むように黒い雲が渦巻いている。その瞬間、再び突風に襲われた。私は雪の上に身を伏せ、テントが飛ばされないように細い張り綱を握りしめた。摑めなかった綱が上下に激しく揺れた。突風が通り過ぎて立ち上がると、叫び声が響き渡った。先ほど目にした四人の登山者が、氷の崖縁からぶら下がっている。少し前まで寝袋のなかで唸っていたジムが、一目散に上に向かって駆け出した。四人のロープの端を留めていたアルミニウムのスノーピケットが、今にも雪面から抜けそうになっている。ジムはそのスノーピケットに飛びつくと、ピッケルでそれを打ち付けて押し込んだ。シェルパの一団が、補助ロープを使い、不運に見舞われた四人を引き上げた。

その後間もなくその四人は、私たちの横を通って下山を続けた。突風が起きた瞬間の四人の様子をジムが目撃していた。なかのひとりが――女性のようだった――空中に飛ばされ、そのまま崖に投げ出された。彼女のロープに引っ張られて、ほかの三人も足を取られたらしい。

「こんなところ、さっさと立ち去ろう」私は叫んだ。

私たちは、倒されたテントが飛ばされないように素早く雪をかけてから、固定ロープに沿ってここより安全な前進ベースキャンプへ下山を始めた。

前進ベースキャンプで一晩を過ごし、一日半かけてなんとかベースキャンプまで下りていった。最後に下りてきたのはニックだった。彼はわき目もふらず自分のテントに向かい、なかへ倒れ込んだ。その朝彼は、ベースキャンプまでの二〇キロを戻っていく力がないと訴えていたが、ジェイミーが承知しなかった。ジェイミーや撮影仲間の助けを借り、ニックは力を振り絞って重い足を動かし続けた。キャンプに着いたときにニックと短いやりとりをしたが、彼は今回の登攀がこれまででいちばんきつい、と言った。とはいえそれに耐え抜いたので、大丈夫だろうと私は思った。

翌朝、ニックの様子を見に行くと、彼は片方の肘で体をわずかに持ち上げることしかできなかった。胸が痛み、息をするのが難しいという。

「一から一〇までの数字で表したら、今の痛みはどれくらいだ？」と私は訊いた。

「九だ」とニックが答えた。

「いつから？」

「実は、中継キャンプに発つ前の日からだ。ヤクに載せる荷物の仕分けをしていたときに気がついた」彼は言った。「インフルエンザのような気がしたんだが、そのときは標高の高い場所にいるせいだから、すぐに治まるだろうと思った。ところがますます悪くなっていった」

レナンはなにも言わなかったが、おれたちはニックの状態に気を配るべきだったな、という目つきで私を見た。彼をノース・コルまで登らせるべきではなかったのだ。

〈トランセンド・アドヴェンチャーズ〉のインド人登山隊の医師に診せるため、ニックを彼らのキャンプまで連れていった。本部テントの外に、十代の若い登山者たちが数人座っていた。私たちは挨拶をし、医師の居場所を尋ねた。若者たちは虚ろな表情でこちらを見て、淡い青色のテントを指さした。戦争のトラウマでも発症したかのような様子だった。後でわかったが、その若者たちこそ、崖から投げ出された四人だった。

医師は親切そうな、にこやかな顔の中年のインド人女性で、患者に優しかった。医師はニックの脈拍や血圧、体温などのバイタルサインを調べたが、すべて正常値だった。ニックがひどい胸の痛みや息苦しさ、倦怠感といった症状を説明すると、ニックに転倒したかと尋ねた。私は、「肺塞栓症の可能性はないでしょうか」と訊いた。ちょうどこの遠征に出る前、義理の母が肺塞栓症になり、その症状がニックのものと似ているように思えたのだ。医師はニックに脚の痛みを尋ねた。肺塞栓症は普通、ふくらはぎにできた血栓が原因となるからだろう。痛みはないとニックは答えた。医師によれば、はっきりと診断を下すことはできないが、肺や腎臓に感染症を起こしているかもしれないということだった。さらに、抗生物質を処方し、一日か二日で症状が改善しなければ、病院に連れていくことを考えるべきだと言った。

翌朝、ニックのテントを開けて四つん這いになってなかに入ると、古いロッカールームのような強烈なにおいが鼻を突いた。ニックは寝袋を背もたれにして、上半身を預けていた。汗まみれで、肌は土気色をしている。具合が良くないのは明らかだったが、私は努めて明るく励ますように声をかけた。

「よう、調子はどうだ？　胸はどんな具合だ？」

「今は一〇だよ」ニックの声はかすれていた。「激痛で、寝転がることもできない」

横に置かれた透明のプラスチック容器には、オレンジジュースとミルクを混ぜたような濁った液体が入っていた。

「小便なのか？」

「ああ、腎臓が感染したのかもしれん」

ジェイミーがいつの間にか私の横に来ていた。ニックに具合を尋ねると、胸の痛みに加えてふくらはぎにも痛みがあると答えた。

「ローツェの遠征で、脚に血栓ができたときとまったく同じような感じだ」

「なんだって？　ローツェで血栓ができたのか？」ジェイミーが訊いた。

「ああ」

「治療はしたのか？」

「それほどひどくはないって言われたから、そのまま放っておいた」

ジェイミーは苛立ったように私を見て、「何で今頃になってこんなことが判明するんだ？」とでも言いたげな表情をした。ジェイミーに促されて私もテントの外に出た。

「もう無理だ」ジェイミーは言った。「とにかく一刻も早く下山させないと危ない」

南面のベースキャンプならヘリコプターを呼ぶのは簡単だが、北面では、中国軍がチベットでのヘリコプターの運航を禁止しているので緊急搬送用の車を手配しなければならない。私はテントに戻り、病院へ連れていくつもりだとニックに伝えた。ニックは目に涙を湛えてうなずいた。彼の遠征が終わった。

一時間後、私たちは酸素供給をおこないながらニックをミニヴァンに運び入れ、ジェイミーも乗り込んだ。ふたりは吉隆で一泊して、翌朝国境を越えてネパールに入り、ヘリコプターを要請し、カトマンズの主要な病院のひとつ、CIWEC《シーウィック》病院に行くことになった。ジェイミーはニックの無事が確認されたらすぐに戻ってくると言った。

翌日の夕飯時に私の携帯電話が鳴った。ピーター・ハケットからメッセージが送られてきた。

彼はこれまでニックの状態についていろいろと助言をしてくれていた。ニックとは面識もないにもかかわらず、自らCIWEC病院のニックの担当医と連絡を取り、できるだけよい治療を受けられるように尽力してくれた。ニックは集中治療中で、「両肺塞栓症」と診断されていた。右肺の下葉の一箇所、左肺の上葉の二箇所に血栓があり、さらに感染症の疑いもあった。容体は安定していて、じきに回復する見通しだが、少なくともあと一週間は入院しなければならない。ハケットによれば、もし病院に連れて行くのがあと一日遅れていたら、あるいは、高所で重症化していたら、ニックは生きていなかったかもしれないという。「ニックがいたのが第三キャンプでなくて本当によかったよ」とハケットは言った。

五日後に私たちはノース・コルに戻った。レナンは自分のテントの入り口にあぐらをかいて座り、野球帽とさらに毛糸の帽子を重ねて被っていた。数分おきに、雪を踏みしめる登山靴の音がして、新たな登山者がキャンプ地に到着しているのがわかった。

私は膝をつき、レナンの膝の上にあるドローンのコントローラーを、その肩越しに見つめた。ドローンに搭載されたカメラはイエロー・バンドのおよそ〇・二平方キロメートルの範囲を映していた。一四〇〇メートル上空でホバリングしているマヴィック・プロによるライブ映像だ。

「どっちに行く？　右か左か」とレナンが尋ねた。

「あたりはつけているんだが、とりあえず真っすぐ近づいていてくれ」と私は答えた。

レナンは操作スティックを親指で動かし、山の壁面にドローンを近づけた。三メートルから五メートルほどの高さの岩壁が、雪の被った岩棚に挟まれている様子がいっそうはっきり見えた。岩壁は縞の入った石灰岩で、真ん中に白い蛇紋岩の層が水平に走っている。私は目を細めて、赤みを帯びた岩のあいだに走る、真っ黒な垂直の割れ目を見つめた。ここがホルツェルの言っていた地点だろうか？

レナンは、ドローンを岩壁から三〇メートルほど離してホバリングさせながら写真を撮り続けていたが、いきなり警告音がけたたましく鳴り始めた。「くそ、ぶつかる！」とレナンが叫んだ。下降気流にドローンが巻き込まれたのだ。警告音は、ドローンが山の壁にぶつかりそうになったのを赤外線で感知し、衝突回避機能が作動したことによるものだった。自動運転車と同じように衝突しそうになると操縦者が操作できないようになる。しかし気流の勢いがドローンの最高速度を超えていたに違いない。破壊行動に出ているような飛び方をしていた。

そのうち警告音が止んだ。一瞬なにが起こったのかわからなかった。

「まだ飛んでいるのか？」私は尋ねた。

「ああ」レナンは大きく息を吐きだした。「危なかった」

「よし、戻してくれ」

数分後にテントの外の雪の上にドローンが着陸すると、レナンは寝袋の上にコントローラーを落とし、気が抜けたように床を見ていた。私は彼の肩を摑んで言った。「おめでとう。新しい歴史を作ったな」レナンは頂上近くまでドローンを飛ばしたのだ。私たちの知る限り、その高度まで個人用ドローンを飛行させた者はひとりもいなかった。

私は二度目のノース・コルへの登高で高所順応がうまくいき、その夜は数時間ほど眠ることができた。朝、テントの外でドローンが離陸する音で目が覚めた。風はそよとも吹いていない。シェルパたちが壊れたテントの支柱を直してくれていたので、テントはかろうじて元の形に戻っていた。私は横に寝ているトムを軽く突いて、問題がないかどうか確かめた。トムは唸り声をあげるだけで身動きしなかった。〈ストームサーフ〉は、ジェット気流はやがてエヴェレストの南へ蛇行すると予想していたが、それが的中したようだった。テントの外に出ると、ジェイミーが湯気の立つポットを手にやってきた。

「コーヒー飲むか？」

それから数時間、レナンと私はテントの床にピンで留めた北壁の写真を見ながら、サンディ・アーヴィンの捜索をする範囲を絞ることに取り組んだ。私はその写真の重要な場所に赤いマーカーで印をつけていた。ホルツェルの予測地点、一九三三年にピッケルが発見された場所、八一六〇メートルの雪のテラス[1]上にあるマロリーの埋葬地などだ。北壁の写真に空撮した写真を重ね合わせていけば、ベースキャンプに戻ったときにパソコンでつぶさに調べることができるはずだ。

その朝に何度かおこなったドローン飛行にかかった時間は二十分程度だった。K2でバルテック・バルギエルがしたように、レナンはすでにバッテリーの安全設定のプログラムを改変していた。これをしておかなければ、ドローンはバッテリー残量が四〇パーセントになると自動的に離陸地点に戻ってしまう。捜索する範囲が高所なので、バッテリーが切れる寸前までドローンを飛ばせておくことが重要なのだ。

レナンはさらにプログラムに手を加えて、ドローンの下降時の速度の限界値を変更した。ドローンは時速約一〇キロメートルが最高速度だったが、そんなスピードでは、捜索範囲まで飛んでいって戻ってくる前にバッテリーが切れてしまう。

レナンは繰り返しドローンを上空に飛ばし、捜索範囲の高解像度画像を何百枚[2]も撮影した。六回の飛行では、ホルツェルの予測地点周辺を中心に撮影したが、その上方や両側、下方、そして特に最大傾斜線の撮影もしていた。そのあたりのどこかの岩棚に、アーヴィンの遺体が、雪崩で落ちたか例の中国隊に放り投げられたかして引っかかっているかもしれないのだ。一九九九年にマロリーが発見された雪のテラスの撮影にもたっぷり時間をかけた。不思議なのは、マロリーが眠る場所を突き止められないことだった。トムの話では、完全に埋葬できなかった彼の脚が、重ねた岩の隙間から突き出ているのが見えるはずなのだ。

レナンは一度、ドローンを一六〇〇メートルほど上昇させてから、山を離れて西の方角に飛ばした。コントローラーのボタンを押すと、ドローンの下側に取り付けられたジンバル付きカメラが回転し始め、三六〇度回るあいだに二六枚の広角写真[3]を撮影した［ジンバルとは機器を水平に保つ装置］。

午後には暖かくなってきたので外に出て、さらに数回空撮をおこなった。高く昇った太陽が青空に輝き、東に目をやると東ロンブク氷河の向こうにラクパ・ラが一望できた。ラクパ・ラは、一九二一年にマロリーがノース・コルへ向かう際、「奇跡のハイウェー」を登る近道を見逃して通っていった峠である。キャンプはTシャツ一枚で充分なほど気温が上がっていた。その夜に八二九〇メートルの高所キャンプへ荷揚げするため、シェルパたちが慌ただしく動き回り、活気に溢れていた。シェルパのあいだでは、ネパール側からの登山隊がすでに登頂間近だとの噂が広まっていた。

テントの外では、クライミング・シェルパのリーダーであるラクパ・テンジェ・シェルパが、竹の棒で囲いをこしらえ、そこに酸素ボンベを薪の束のように積み重ねていた。酸素ボンベをひとつひとつ重ねるたびに金属音が響きわたり、ロンドンのイギリス山岳会で聴いた一九二四年の酸素ボンベの音を思い出した。積み重ねられた酸素ボンベは二種類あり、そのときには気がつかなかったが、ラクパはそれを登山隊員用とサポート要員のシェルパ用とに分けていた。登山隊員が使うのは、イギリスのサミット・オキシジェン社の最先端酸素ボンベだ。ステンレス製のそのボンベは暗灰色のマイラーフィルムで補強されているため、黒鉛で作られているように見える。一方、シェルパたちが使うのは、ポイスクと呼ばれる古いロシア製のボンベだった。ポイスクは一九八〇年代からエヴェレスト登山で一般的に使われている、少しずんぐりした形のオレンジ色のボンベで、側面に青い文字が入っている。たいていへこみがあり、バルブ付近の塗料はほとんど剝げ落ちている。ポイスクがイギリス製より劣っているとは必ずしも断言できないし、ジェイミーによれば、シェルパたちの多くは、使い慣れているポイスクを好むらしい。とはいえ、登山客の私たちが最新の酸素ボンベを使っているという事実は、公平さを欠くと思えてならなかった。

両酸素ボンベの太さは、二リットル入り炭酸水ペットボトルと同じくらいだが、長さはその二倍はあり、三〇〇気圧（ロケットの液体燃料の圧力に匹敵）に圧縮した酸素が一二〇〇リットル入っている。ジェイミーによれば、イギリス製サミット・オキシジェンの酸素ボンベには圧力安全弁が付いているが、ポイスクにはこの安全装置がない。昔、彼が前進ベースキャンプにいたときのこと、三キロほど離れた第三キャンプでポイスクの酸素ボンベを落とした者がいた。その爆発で彼のテントが揺れたという。

エヴェレストで現在使用される酸素ボンベのほとんどがレンタルで、一本ごとに高額な保証金が支払われている。ジェイミーによれば、二〇〇六年に多くのエヴェレスト登山ツアー会社が話し合って合意したことがある。それは、遠征が終了した下山時にシェルパが酸素ボンベを持ち帰ってきたら、一本につき一〇〇ドルの特別手当を支払う、というものだ。この方法で、山に大量の酸素ボンベが放置されるという問題は解決を見た。

残念な話だが、酸素ボンベは、特に満タンのものは大変に貴重なために――それが山の上であればなおさら価値が高い――ラクパがテントの外に作っていたような保管場所から、酸素ボンベが盗まれることがよく起きている。過去の遠征のときも酸素ボンベを盗まれたことが多々あり、むしろ盗まれないときのほうが珍しい、とジェイミーは言う。ニュージーランド人のラッセル・ブライスは、一九九六年からエヴェレスト登山ツアーを提供している〈ヒマラヤン・エクスペリエンス〉（またはヒメックス）のオーナーだが、サウス・コルで大量の酸素ボンベを盗まれてから、ボンベに南京錠をかけるようにした。[4] アラン・アーネットによれば、このような問題は一九九〇年代から起きていたが、ネパール人やインド人が経営する低価格の登山ガイドサービスが爆発的に増えたこの五年間で、特に悪化しているという。「彼らは少ない数の酸素ボンベしか持って来ない」とアーネットは言う。「山に入れば盗めるとわかっているからだ。彼らは金の節約が目的だが、結果的には人の命を危険にさらしている」

その二日前に前進ベースキャンプで、ジェイミーは私たちの命を左右する酸素ボンベの取り扱い方について詳しく教えてくれた。レギュレータ（酸素調整器）とマスクが入ったメッシュバッグを手渡し、自分の名前を書いたテープを貼るように指示した。ジェイミーは手袋をはめ、ボンベを摑むと両脚のあいだに挟んで立たせ、レギュレータをはめて回し始めた。あと少しで完全に締まるというときに、ボンベがまるで車のタイヤにナイフを突き刺したようなシューッという大きな音を立てた。手袋が必須なのは、高圧ガスが解放されるとき、急速に膨張するガスが過冷却され、液体窒素のように手を凍らせてしまうからだ。

レギュレータをしっかりと装着すると、メーターは約二九〇気圧を示した。レギュレータのダイヤルは一から四まであるが、その半量ずつに設定することもできるので流量の調整は八段階でできる。仕組みは単純だ。たとえば、一にセットすると毎分一リットル、二にすると毎分二リットルが出る。流量が少ないほど吸い込める酸素量は減るが、その分ボンベは長く持つ。毎分一リットルに設定した場合、ボンベは一二〇〇分、つまり二〇時間持つ。毎分四リットルにすると、五時間で使い果たしてしまう。

ジェイミーからボンベを受け取った私は、手袋をはめ、ねじの溝同士を合わせてからレギュレータを回し始めた。ボンベのダイヤフラムに針が刺さるとき、どれほど強い抵抗に遭うかわからなかった。耳をつんざくようなシューーッという音に驚いて対処するのに手間取り、消防ホースのようにボンベから酸素が吹き出してくるのを数秒間止められなかった。ようやく作業を終えると、ジェイミーが「だからここで練習するんだ」と言った。「標高八五三〇メートルのところでこれをするのがどれほど大変かわかるだろう？」酸素ボンベの設定や補正のやり方を知っておくことは重要だが、山の上ではクライミング・シェルパが私たちひとりひとりについてサポートをし、酸素ボンベの交換もおこなうことになっている。「シェルパたちは数えきれないほどやっているから、任せておいたほうがいい」ジェイミーは言った。

私はマスクとレギュレータを赤いゴムホースで接続した。ゴムホースには、透明なプラスチックの小さな「流出表示器」が付いていて、そのなかにばねのようなものが入っている。酸素が流れていると、このばねが小刻みに揺れる仕組みで、後に私はこの機能に感謝することになる。マスクの外側は硬いプラスチックだが、顔を覆う部分は黒い柔らかなゴムでできている。マスクをして呼吸するのは、スキューバダイビングに似ている。規則的に繰り返すシューコーという音は、ダース・ベイダーの呼吸音そっくりだ。

酸素ボンベをザックに入れ、ゴムホースを肩にかけると、立ち上がってどんな具合か確かめてみた。標高六四〇〇メートルのテントのなかにいるだけだったが、それでも背中の酸素ボンベ一式の軽さに胸を撫で下ろした。ボンベ自体の重さは二・三キロほどで、圧縮した酸素の重さが約一・六キロ。合計で一ガロン［約三・八リットル］の牛乳ボトルより少し重いくらいだ。かつてのイギリス遠征隊がこの軽い酸素ボンベを使用していたら、素晴らしいことを成し遂げただろう。

私は、一九二四年に使われた完全な酸素器具一式を見たことがない。私の知る限り、現存してはいないようだ。(5) マロリーが頂上アタック時に持っていたとされる酸素器具は、一九九九年に彼の遺体が発見されたときにはそこになかった。滑落する前に酸素がなくなり、棄てたものだと思われていた。一九二四年に使用されたボンベは（私がイギリス山岳会で見たもの）、約一二〇〇気圧で五三五リットルの酸素を充填できた。これは現在の半分以下である。一九二四年の酸素器具はもともと、ボンベを三本収納でき、重さは約一五キロあった。アーヴィンはそれにさまざまな改良を加え、三本で一三キロ、あるいは二本で九キロにまですることに成功した（彼らが山頂にボンベを何本持っていったか、ということについてはいろいろな説がある）。

私たちの遠征ではひとり五本の酸素ボンベが割り当てられていて、これは、ジェイミーによれば極めて標準的な量だという。一本目は、ノース・コルから第二キャンプ（七六八〇メートル）に登るときに使い始める。酸素量は最低の〇・五か一に設定し、眠るときも同じボンベを使う（流量も同じ）。翌朝は二本目を使って八二九〇メートルの第三キャンプに向かう。ここでも同じように酸素の流量を抑え、眠るときも同じボンベで残った酸素を使う。理想的にことが運べば、三本が残ることになる。

カトマンズでジェイミーが、アーヴィンの捜索をしっかりおこない、なおかつ頂上も目指すということは難しい、と話していた主な理由は、高所キャンプでは普通、一泊しかできないからだ。私は脳裏ですばやく計算をしてみた。高所キャンプから三本使えるとしても、毎分一リットルで六〇時間、毎分二リットルで三〇時間、毎分三リットルでは二〇時間しかもたない。これではどう工夫しても時間が足りない。

エヴェレストの登山料金が高いところは酸素ボンベを多く使える。〈アルペングロー・エクスペディションズ〉のウェブサイトによると、八万五〇〇〇ドルのラピッド・アセント・エヴェレスト・ツアー（エヴェレスト速攻登山）に参加する人々にはひとり九本の酸素ボンベが支給される。

ということは、ノース・コルより上のキャンプでは毎分二リットルで寝て、登頂時には毎分四リットルを使える。アルペングローは私たちが計画する消費量の少なくとも二倍の量を提供し、それによって他社より登頂の可能性を高め、「最大限の安全と成功を約束する」とウェブサイトで謳っている。

コロラド州アスペン出身のスキー登山愛好家であるジム・ガイルは、ソフトウェア・エンジニアと数学者の顔を持ち、エヴェレストの標高別に、酸素使用量と体感高度の相関関係を示したグラフを作り、多くの人から支持されている。(6) 彼のグラフによると、毎分二リットルで大量に酸素を吸入しているとき、山頂にいても体感高度は六八六〇メートルになる。毎分四リットルの場合は五七九〇メートルで、実際より三〇〇〇メートルほど低い。

エヴェレスト登山では酸素欠乏以外にも、当たり前のことだが、困難や危険が数えきれないほどあって、なかでも特筆すべきは極寒と急激な天候悪化だ。そのため、エヴェレストで毎分四リットルの酸素吸引をしていれば、アフリカのキリマンジャロ（五八九五メートル）や、アラスカのデナリ（六一九〇メートル）に登るのと変わらないというわけにはいかないが、少ない酸素量で登るより体への負担が減るのは事実だ。いずれにせよ、毎分二リットルや四リットルの酸素で登頂を目指すほうが、無酸素よりはるかに有利だ。

私は前進ベースキャンプの食事テントで補助酸素をありがたく吸いながら、若い頃にメスナーのエッセイ「不可能の抹殺（The Murder of the Impossible、未邦訳）」を読み、「すげえ、これ！」と叫んでガッツポーズしていた自分を思い出していた。二〇一五年に私は、エヴェレスト登山に酸素ボンベと過剰な装備で挑む登山者が増えていることを激しく非難する記事[7]を書いた。そのときに、メスナーが一九七八年のエヴェレスト登山前に果敢にも述べた言葉、つまり登山者はエヴェレストが差し出す条件で挑み、「正々堂々と、あるいは、特別なことをせずに」登るべきだという彼の意見を引用した。私はこう書いた。「少数のシェルパと山岳従事者だけを大きな危険にさらし、そんな彼らに準備や装備を任せることでしか成り立たない登山を、果たして登山と言えるのだろうか？」

それから四年のあいだになにがあったのか？　私がエヴェレスト登山を真剣に考え始めたとき、無酸素登山の方針は即座に捨てた。自分の命がかかっていなければ、独断的なもの言いをするのはたやすいものだ。

世界の高峰登山で酸素ボンベを使うべきかどうかということに関しては、長いあいだ議論が続けられてきた。私はイギリス山岳会でノエル・オデールの残した文書を調べていたとき、「ネイチャー」[8]誌に宛てた日付のない手紙を見つけた。それには、オデールが「酸素論争」と呼んでいたことが書かれていた。手紙は次のように締めくくられている。「工学者も生理学者もいずれ気づかされるでしょうが、エヴェレストやそのほかのヒマラヤ山脈が登る価値のある山であるなら、スポーツを単なる研究室の実験に貶めるような人工的な補助機器などを使わずに挑戦すべきだという意見が登山家のあいだでは大半を占めています」

　ところが、オデールは一九二四年に酸素器具管理責任者の任務を引き受けた。工学の専門知識を買われて抜擢された愛弟子であるサンディ・アーヴィンとともに、オデールは必要になったらすぐに使える酸素補給器の調整に取り組んだ。今日では忘れてしまいがちだが、一九二〇年代の酸素論争の核心は、どんなに健康で遺伝的能力に恵まれていても、人が酸素を補給せずに八八四〇メートルまで登ることが生理学的に可能かどうか、というところにあった。当時は、それが可能であることを示す具体的な証拠はなく、理論的な知識も乏しかった。この分野でもっとも有力な情報を持っている人物は、隠遁生活を送っている変人のスコットランド人化学者アレクサンダー・ケラス教授だった。彼は一九〇七年から一九二一年にかけて調査目的でヒマラヤ遠征を八回おこなっている。

　一九一〇年にケラスは東ヒマラヤのシッキムとチベットの境界線沿いにある六〇〇〇メートル峰九座に初登頂した。その一年後には、ヒマラヤ山脈のパウフンリ（七一二八メートル）山頂に立った。当時は知る人はいなかったが、パウフンリはそれまで人が登頂を果たした山のなかでいちばん高く、この記録は一九三〇年まで破られなかった。

　ケラスはいつも、四、五人のシェルパ族だけを伴い単独で山に登った。彼は高所におけるシェルパ族の卓越した能力を初めて認めたヒマラヤ探検家として知られているが、シェルパをポーターとしてだけでなく、登山者およびガイドとしても使うという考えは、ヒマラヤ探検家のノルウェー人C・W・ルーベンソンから得たものだった。ルーベンソンは一九〇八年にイギリス山岳会で講演した際[9]にこう述べている。「われわれがもっとも勇猛果敢だと感じた人々はチベット系ネパール人のシェルパという民族です。ピッケルとロープの使い方をきちんと教えれば、ヨーロッパ人ガイドよりもはるかに役に立つに違いありません。ガイドと荷役をこなしますし、特別な気遣いを求めないからです。彼らが随行してくれたら、どんなことも遂行してくれるはずです[10]」

とはいえ、実際にヒマラヤ登山でシェルパ族を随行させるように決めたのはケラスであり、彼が訓練した何人かは、イギリスの第一次エヴェレスト遠征隊に参加することになる。「間違いなく、彼らほど優れた山の仲間はいません」とケラスは書いている。「屈強で、きちんと遇すれば愛想がよく、仏教徒なので食べ物に気を遣わなくていい――これは高所では大いに歓迎される点です」

当時の探検家の多くは現地の人々を召使のように扱ったので、彼らのことが記された文書は皆無に近い。ところがケラスは、目を掛けたシェルパたちのことを賛美し、多くの手紙や論文のなかで彼らの人柄を生き生きと記している。例えば、チュニィはアイスクライミングがとりわけうまい、ピッケルの扱いに長けているソナはかなり慎重だ、とある。イギリス領インド帝国の黄金時代には、現地の労働者たちはたいてい消耗品のように扱われ、アジア人の命はヨーロッパ人の命より価値が低いという考えがまかり通っていた。しかし、ケラスはこのような人種差別的考えを徹底して排している。一九一二年に彼はこう書いている。「苦力《クーリー》たちは自分の命を尊いものだと考えているので、危険な場所に連れていかれることをひどく嫌う」[11]、と。シェルパがロープで互いの体を結びつけることを嫌がるのは、もしひとりでも滑落すればほかの仲間も巻き添えになって死ぬかもしれないからだ、とも述べている。

ケラスは一九二一年のエヴェレスト偵察遠征よりかなり前から高地生理学に強い関心を抱き、その後「エヴェレスト登頂の可能性についての考察」[12]という論文を著した。ロンドンの研究室と、ヒマラヤ山脈で自身とシェルパたちにおこなった実験の両方から得たデータをもとに、高度と大気圧が異なる場所で肺と動脈の酸素分圧と飽和度がどう変化するかを分析している。頂上アタックの際に登山者が消費する酸素量を計算し、酸素ボンベを使用する場合とそうでない場合の登攀速度の変化を推定した。後にこれが先見の明のある評価だったことが判明するが、ケラスはその論文のなかでこう結論付けている。「エヴェレスト特有の自然の猛威に遭遇することがなければ、この山は一流の訓練を積んで心身ともに優れた人が酸素補給なしで登頂できる」

一九二〇年秋、ケラスは再びヒマラヤへ出発した。計画では、カブルー（七三三九メートル）とカメット（七七五五メートル）の二座に挑むつもりでいた。カメットで新しい酸素器具を試してみた。これは第一次世界大戦中に戦闘機のパイロット[13]が使用していた酸素供給装置を登山用に改良したものだ。ケラスはシェルパたちとともに、シェルパが「イギリスの空気」[14]と呼んだ酸素を吸入しつつ、カメットの七一九三メートルのところまで到達した。ケラスは後にアーサー・ヒンクスに、補給酸素を使用して得られる利点は、その装置の大きさと重さという欠点を補うものではなかった、と報告している。

ケラスはその年の冬をダージリンで過ごしながら、春にカメットへ再挑戦することを、そして一九二一年のエヴェレスト遠征に招待されることを待ちわびていた。遠征隊への招待状が届いたのは一月だった。それはちょうど、ダライ・ラマがようやくチベットからのエヴェレスト登山をイギリス政府に許可したというニュースをロンドン各紙が報じた直後のことだ。

四ヶ月後、エヴェレスト調査遠征隊の隊員たちは、ベンガル州知事ロナルドシェイ卿の邸宅で行われた公式晩餐会の席についていた。マロリーは、登山仲間となる五十三歳のむさくるしいヒマラヤのベテラン探検家であるケラスに、一瞬で引きつけられた。一週間後、マロリーはルースに宛てた手紙でこう書いている。

「ケラス博士が好きになりました。スコットランド人丸だし。しゃべり方といい態度といい――まったく無骨そのものです。晩餐会では、全員が席について十分ほどしたとき、入ってきました。六キロ半離れたグロムという小さな村から歩いてきたとかで、髪も服もくしゃくしゃ。まったく道化芝居の舞台にでてくる錬金術師にもってこいの姿で、背が低く、やせっぽち、猫背で、胸幅はせまく、まことに貧相な体つきです。顔は（略）異様な眼鏡と先のとがった長い口ひげとでグロテスク」(15)。

遠征隊は一週間後、五月十八日と十九日の二回に分けて出発し、常緑の赤樫が聳え、木生シダが生えている魅力的な森を通って北に向かっていった。五月二十四日にはジェレプ・ラを越えてチベットに入り、ポニーに乗ってチュンビ渓谷を下った。マロリーが「ちょっと想像もつかないほど汚い、ごみごみしたところ」[16]と表現した、吹きさらしの荒涼とした場所にある村パーリに到着したとき、隊員の多くが赤痢にかかっていた。春にカメット遠征で赤痢にかかり、回復しなかったケラスは、食べることもままならず、衰弱し切って歩くことすらできない状態だった。そのため、そこから先は急ごしらえの担架で運ばれることになる。

五一八〇メートルの峠を越えているとき、ケラスは重い心臓発作を起こして死亡した。そのとき彼のそばには彼が信頼を寄せ、担架を運んでいたシェルパたちはいたが、イギリス人がひとりもいなかった。残念なことに、付き添っていたシェルパたちの名前をマロリーも遠征隊長のチャールズ・ハワード＝ベリーも記していないが、四人ともケラスに選ばれて訓練を施された人物であることがわかっている。ケラス博士が最期を迎えたときにそばにいたのは、付き合いの長かった友人チュニィとソナだったかもしれない。

エヴェレスト遠征の最初の死者となったケラスは、その翌日にカンパ・ゾン村の外の岩だらけの山腹[17]に埋葬された。ハワード＝ベリーが「コリント人への手紙第一」の一節を読み上げているあいだ、葬儀に参列したわずかな人々は、不毛の地が広がるチベット高原の彼方に聳えるヒマラヤ山脈に目を向けた。西にあるエヴェレストは雲に覆われていた。

遠征隊の輸送荷物のなかに酸素器具があったが、ケラス博士しかそれを操作できなかった。

そのため使われることはなかっただろう。酸素器具を使うことの利点は、五十七年後にラインホルト・メスナーとペーター・ハーベラーが証明することになるが、そのことを予想していたケラス博士は、エヴェレストを初めて目にしたその日に息を引き取った。

太陽が沈み始めてノース・コルが急速に冷えてきた頃に、私はダウンのブーツを履いて足を引きずるようにしてプラカシュ・ケムチェイに会いに行った。彼はオレンジとブルーのダウンスーツを着て自分のテント前に座り、脚のあいだにストーブを置いていた。近づいてくる私に気づいて顔をあげると、温かい笑みを浮かべた。

「やあ、マーク」小柄な体格とは対照的な太いバリトンの声だった。「調子はどうです？」

「まあまあだね。そちらは？」

彼は調子はいいと答え、その言葉どおり元気そうだった。茶色い目は輝いていた。口髭が薄く生えていて、顎鬚もまばらにあった。彼はほぼ完璧な英語を話し、国際山岳ガイドになるために猛勉強をしていると前に話していた。私たちの登山隊にいるほかのクライミング・シェルパとは異なり、プラカシュは岩壁や氷壁を登る技術があり、ロープワークや救助に関する数々の研修を受けていた。彼が初めてエヴェレスト遠征に参加したのは前のシーズンで、南面から挑戦したが山頂にはたどり着けなかった。ジェイミーは、私たちの遠征隊のシェルパをベテランだけで揃えることもできたが、クライミング・シェルパはどこかで実地経験を積まなければならないので、プラカシュやダワの息子ソナムのような将来有望な二十七歳の若者を隊に入れて、ラクパのような経験豊富なシェルパの指導を受けさせることにしている。プラカシュは、今年こそ登頂して自分の力を証明したいと思っていた。

　プラカシュはグルン族で、ネパールの中央のアンナプルナ連峰の麓にあるポカラ近郊の小村で育った。グルン族はネパールの人口を構成する一二六民族のひとつだ。遠征隊の支援する人々のほとんどがシェルパ族だが、グルン、タマン、チベット人などもいる。ほかの遠征隊には、ライ、クルン、ベンガル人、インド人、漢人もいた。エヴェレスト登山にはさまざまな仕事があり、多くの民族や他国籍の人はおもに低地キャンプで働き、高所ガイドとポーターの大半はシェルパ族が占めていた。

　プラカシュの家は代々グルカ兵で、彼はその末裔だという。グルカ兵とは、イギリスのインド統治時代にイギリス軍の一員として活躍したネパールの勇猛な戦士だ。「臆病者になるより死を選ぶ」が信条で、伝統的な武器――ククリという湾曲した強力なナイフ――を一旦抜いたら、それが血を吸うまで鞘に収めないそうだ。プラカシュ[18]は兵士の家系に連なろうと二度も挑戦したが、歯が弱いことと、採用試験のなかに一マイル［約一・六キロ］を五分三〇秒以内で走るという課題があり、その二項目で不合格になった。

　彼のザックにはすでに荷物が詰め込まれ、少し離れた雪の上に置かれていた。縫い目がはち切れそうなほどふくらんでいて、それを地面から担ぎ上げたり真夜中に八二三〇メートルまで運んでいったりすることを考えるだけで、私は気が遠くなりかけた。荷物のなかには、七本の酸素ボンベも入っている。さらに自分用の飲み物や食糧、夜間歩き続けるのに必要な各種備品を合わせると、三〇キロ以上はあるだろう。

プラカシュが荷物を背負い、酸素マスクを装着し、キャンプを出発するクライミング・シェルパの隊列に加わった頃には、エヴェレストの山頂ピラミッドには日没の最後の光が射し込み、赤々と燃えていた。風は吹いていないが、ノース・コルは影のなかに沈みこみ、気温は四度から氷点下一度ほどに下がっていた。私はプラカシュに手を振ると、自分のテントに潜り込んだ。

その日のテントに私ひとりだけだったのは、トムが早々に前進ベースキャンプに下りてしまったからだ。第一回目のノース・コル遠征をおこなうには彼の具合はあまりにも悪かった。トムが標高七〇一〇メートルで夜を過ごすのは昨夜が初めてだったので、十二日前に私やほかの隊員が経験した苦しみのまっただなかにいた。朝には、頭がずきずきと痛むようになっていた。昼頃になって彼は、ノース・コルで仲間と二晩目を過ごすのはやめて下りることにした。私はそのとき、トムが無事に登頂を果たせるのか不安に思った。毎朝、ジェイミーがパルスオキシメーターを持って私たちのところにやってくる。これは人差し指に装着して脈拍数と血中酸素飽和度を測定する電子機器だ。ジム・ハーストと私は決まって最高値を出した。トムはたいてい数値がもっとも低く、レナンもたびたび低い値を出していた（レナンの酸素飽和度が低いのは、二〇一一年のスキー事故で椎骨動脈を一本切断したことと関係があるのかもしれない）。

ジェイミーによれば、これまでの経験から、パルスオキシメーターの数値で登山客の登頂の成果を予測することができるという。

トムのいないテントのなかは寂しかった。彼のおかげで遠征中を穏やかに過ごせてきたのだ。ベースキャンプにいるとき、トムは自分のテントのまわりに鳥の餌をたくさん撒いていた。絶えず鳥が群がってくるので私はときどき耳栓をしなければならなかった。鳥たちが騒々しく囀っているのはもちろんうるさいのだが、翼のある大勢の友だちに囲まれて折りたたみ椅子に座って赤ちゃん言葉で話しかけるトムもけっこううるさかった。山へ向かう途中で出会ったみすぼらしい野良犬にもトムは優しかった。しかし、二〇一四年のエヴェレスト南面遠征で蚤に集《たか》られた野良犬に示した愛情より深い愛はなかった。そのとき彼はその野良犬をとてもかわいがり、寝袋に入れてやって一緒に寝た。私は昔からトムが好きだが、このエヴェレストのような過酷で容赦のない環境で、慈しみに溢れた彼の精神に触れるとなおさら、彼が仲間にいてくれてよかったと心から思った。

私はすぐに眠りに落ちたが、二時間後には激しい尿意をもよおして目が覚めた。高所順応の助けになると思い、水を一リットルほどごくごくと飲んで寝たからだ。テント後方のジッパーを開け、雪の上に用を足しながら、北稜と呼ばれる雪の稜線を少しずつ登っていくちらちらと輝く光の列を眺めた。月は見えなかったが、チャンツェの後ろのどこかに浮かんでいるのはわかった。ノートン・クーロワールの氷で覆われた部分が光り輝き、まるで北壁全体が内側から明るく照らされているように見えたからだ。光の列の最後の色は緑だった。ラクパかもしれない。準備に手間取っていたソナムに手を貸してやるために残り、キャンプを最後に出たのはラクパだった。

シェルパがいかに卓越した能力を持っているかは、実際にその目で見て、自身の非力さと比べてみなければわかるものではない。私たち全員が同時にカトマンズ（標高一四〇〇メートル）を出発し、それからずっと同じ高度にいて、同じ夜を過ごしてきた。だとすれば高所順応も同じになるはずだった。ところがシェルパたちは、高いところに来ても低所にいるかのような動きをした。プジャ後のパーティーからなんとか回復しつつある者もいて、ベースキャンプでは、バドワイザーの箱がどんどん消えていき、一日か二日後には水のような地元のラサ・ビールに取って替わられた。私の高所順応は予定通りに進み、これまでのところ、体調を崩すことも、不調がぶり返すこともなかった。私は、これまでの人生で完璧に近い健康状態で遠征に参加していた。

とはいっても、ノース・コルへの二度目の登高が楽になるわけではない。頭痛はないものの、相変わらず登山靴が鉛でできているようで、一歩一歩足を運ぶのが辛かった。ノース・コルへの前回の登高では、「てごわい敵」である風が吹いていなかった。エヴェレストはフロリダ州タンパと同じ緯度にあり、夏至までは一ヶ月あまりあったが太陽は真上で輝き、容赦なく光が降り注いできた。当然のことに、標高が高くなれば太陽の放射熱はより強烈になる。私は前回のような強風と寒さを恐れてダウンスーツを着ていた。ハーネスを装着して氷雪の急斜面のロープに繋げているのでダウンを脱ぐことはできない。せいぜいできることといえば上着を脱いで腰に巻きつけておくくらいだが、そんなことをしてもたいした役に立たなかった。暑さと酸素不足のせいで、喉を絞められているような感じがした。倒れ伏してしまわないためには、驚くほどの意志の力が要った。

マロリーも、一九二一年にラクパ・ラに登るときに苦しんでいた。八月二十二日付でルースに宛てた手紙にこう書いている。「これは楽しい時間の使い方だった、などといきがってもしようがないだろうね。（略）そのころからほとんどずっと薄い霧につつまれ、視界はぼやけ、雪と空だけの世界になってしまいました――焼けつくような霧、といってもわかるだろうか。灼熱の太陽よりも熱く、なんともいえないくらい息苦しい[19]」

私はその日、マロリーが一九二一年のエヴェレスト調査遠征隊の公式記録に詳細に記している呼吸法、「秘密の呼吸法」と彼が言っている方法を試してみることにした。マロリーによると、肝心なのは「足取りにあわせて息遣いを調整すること。そして、肺の上部だけではなく呼吸器官全体を使って、胸郭のみならず横隔膜を広げたり縮めたりする[20]」ことだと述べている。マロリーは、このやり方で呼吸するのは簡単だと言っている。しかし、このやり方を続けるのに必要な平静な心は、足を交互に出して進むという単調で苦しい動きをしているうちにすぐに忘れ去られてしまう。「足を動かそうとする気持ちが緩むと、肺も努力を怠ろうとし始めるものである。物思いに耽っていて現実に戻ると、疲れ果てていることがよくあるが、この倦怠感は肺の怠慢のせいだ。きちんと体を動かすためには、なによりもまず肺をリズムに乗せ、それに合わせて左右の脚を前へ前へと動かしていかなければならない」。

ハケットは私に、マロリーの呼吸法が有効な理由と、クライミング・シェルパが皆その呼吸法を使って大きな効果を上げていることを教えてくれた。登山道でシェルパが軽快に私を追い抜いていくたび、私よりはるかに呼吸が速いことに気づいた。逆説的だが、ハケットによれば、この深く速く吸い込む呼吸法を採用していないメダル級のアスリートは、エヴェレスト登山で実力を発揮できないという。その理由は、「のんびりと」呼吸しているからだ。海面レベルで力を発揮できるのは、息切れをしないからだ。彼らはゆっくりと呼吸しながらも高い能力を維持することができる。これをエヴェレストでおこなおうとする。しかも、得意なスポーツで結果を出すのが当たり前の人たちなので、体力に自信のない人より自分を追い込む傾向にある。エヴェレストなどたいしたことない、と思っていると、たちまちとんでもないことに直面する。「座り仕事で肥満ぎみのシカゴの弁護士が、膨大な酸素を使用してみごとにエヴェレスト登頂を果たすのに、マラソンランナーやトライアスロン選手が登頂を途中で棄権するんだから、何とも不思議だよ。だから私たちは、高いところでは皆平等だ、と言っているんだ」とハケットは言う。

私はノース・コルまで地獄のような登高に耐え、覚束ない足取りでキャンプ地にたどり着くや自分のテントに倒れ込んだ。なにもできず、一時間ほど動けなかった。頭に銃を突きつけられていたら、もう少し先まで進めたかもしれないが、三〇キロを超える荷物を背負っていたとしたらそれは不可能だ。そして今、私が畏れと悔しさとがないまぜになった目で見ているのは、その重い荷物を背負った人々が北東の尾根を揺るぎない速度で進んでいく、そのヘッドライトの光だった。

ハケットは研究仲間とともに、何十年にもわたってシェルパの研究を続けている。ヒマラヤ高地民族のシェルパが低酸素環境で優れた能力を発揮できるという謎を科学的に解明できれば、重度の低酸素症の患者に必要な薬や治療法を開発できるかもしれないと考えてのことだ。シェルパは何千年ものあいだ、およそ三〇〇〇メートルから四五〇〇メートルの高地で生活したために高地に順応するように進化を遂げ、高地で活発に動けるようになった唯一の民族だ（高地に暮らすヒマラヤ地域の民族の中ではシェルパがよく知られているが、そのほかのヒマラヤの民族――たとえば、チベット人、グルン人、タマン人など――もほとんどが、ある程度の遺伝的順応を遂げ、高地で生活し、働き、繁栄していくための並外れた能力を備えている）。このような遺伝子の変化は、世界のほかの地域の高地で暮らす人々には見られないことがわかっている。ペルーのアンデス高地[21]で、標高五二〇〇メートルの地に住む先住民族は、赤血球を増やすことで空気の薄さに順応している。だが、この順応の仕方には明らかなマイナス面がある。赤血球数が多くなると血液の濃度があがり、高血圧、血栓、脳卒中、心臓病などの病気を引き起こしかねない。事実、アンデス高地の人々は、こうした病気にかかる人が驚くほど多い。

一方シェルパは、赤血球のなかで酸素を運ぶタンパク質であるヘモグロビンの量が極端に少ない。その結果、心臓病や心臓関連の病気はほとんど見られない。ハケットによれば、ある共同体の健康状態や環境への適応力を測るには、その出生率と出生体重を調べるのがよいということだが、アンデス高地の人々は両方の値とも比較的低く、過去五十年のあいだにチベット高原に移り住んだ漢人も同様にその値が低い。ところが高地のシェルパは出生率も出生体重も著しく高い。

十年ほど前、カリフォルニア大学バークレー校の遺伝学者ラスマス・ニールセン[22]は、シェルパについて驚くべき発見をした。ニールセンが研究していたのは「チベット問題」[23]である。もっとも、このチベット問題とはチベット人とシェルパが高地で驚異的能力を発揮する遺伝的基盤はなにか、ということで、ニールセンはこの研究でチベット人のゲノムに共通する「EPAS1」と呼ばれる遺伝子の変異《バリアント》を発見した。EPAS1、いわゆる「スーパーアスリート」遺伝子は、低酸素誘導因子2アルファ（HIF－2α）と呼ばれるタンパク質の生成を指示する。これはHIF－1（作者註 第五章で触れた）と同じく、酸素濃度の変化に合わせる身体能力に重要な役割をおよぼすタンパク質だ。適応進化の分子基盤を研究しているニールセンは、チベット人がなぜこの遺伝子変異を持つに至ったのかを考え、「1000ゲノムプロジェクト」のデータと照合した。「1000ゲノムプロジェクト」とは、23andMeあるいはAncestry.comでDNA検査を受けたときに自分の遺伝子と比較するデータベースと同じものである。その結果を見たニールセンは、この独特な遺伝子がほかのどのヒトゲノムとも一致していないことに驚いた。そこでさらに、一般には知られていないゲノムデータベースを調べ、とうとうデニソワ人と呼ばれる古代人類[24]のゲノムにその遺伝子があるのを発見した。旧石器時代にアジアに住んでいたとされる[25]デニソワ人は二〇一〇年のシベリアの洞窟のなかで発見され、小指の骨の化石から抽出したミトコンドリアDNAを解析し、新種の人類であることがわかった。シェルパを世界でもっとも有能な登山ガイドたらしめている遺伝子は、約一万年前に絶滅した人類の系譜からもたらされたものだった。

ニールセンによると、チベット人の八〇パーセントがこの遺伝子を持ち、漢人の七、八パーセント[26]にもこの遺伝子があるという（メラネシア人やオーストラリア先住民も持っている）。二万五〇〇〇年から四万年前にチベット人の祖先がどこかで受け継いだのだろう、とニールセンは考えている。チベット人と漢人は近い関係で、二七五〇年から五〇〇〇年前のどこかで分岐した。その後、漢人がEPAS1遺伝子を含むデニソワ人のDNAの大半を失ったのは、中国東部の低地ではその遺伝子が役に立たなかったからだと思われている。しかし、チベット高原に住む人々はEPAS1から高い競争的利点を得たため、その遺伝子は何世代にわたり受け継がれた。さらに興味深いのは、この遺伝子の恩恵に与ってきたのは人間だけではない点だ。チベタン・マスティフ犬は狼からEPAS1の変異体を受け継ぎ、更新世にチベット高原で生息していた／ヤクを祖先とする家畜のヤクも、EPAS1の変異体を持っている。

数回にわたるエヴェレスト遠征時にシェルパの生理機能を調査し[27]、とりわけ低地に住む人々との違いを比べる研究によって判明したのは、シェルパの細胞は高地では少量の酸素で活動できるようになるということだった。驚くべき適応力である。酸素分子を血流に乗せて隅々まで行きわたらせ、低地にいるときより多くのエネルギーを生み出す。細胞は必然的に酸素の利用効率が高くなり、高所でも低地のときのように活動を続けることができる。シェルパ以外の者は赤血球の数を増やして対応することしかできないが、高所では血液に取り込む空気中の酸素が非常に少ないために効果は極めて低い。ケンブリッジ大学の生理学者アンドリュー・マレーは、高地でのシェルパの能力を車でたとえれば、リッター数十キロを走る高燃費のハイブリッド車であり、そのほかの者たちはガソリンを大量に消費するSUVだと述べている。

「シェルパが特別である理由は、適応力がひとつではなく複数あるからだ」とマレーは言う。

しかし、この「スーパーアスリート」遺伝子と言われているEPAS1の力は、低地ではまったく有利に働かない。これは、高所出身のアスリートが低地でも強さと持久力を存分に発揮できるのとは対照的である。ペルー人とコロンビア人の自転車競技者は、長いあいだツール・ド・フランスで山岳賞を争ってきた。そして言うまでもなく、ケニア人とエチオピア人は、何十年ものあいだ多くのマラソン大会で優勝を独占してきた。だが、シェルパがボストンマラソンで優勝したり、ラルプ・デュエズに乗って一位でゴールしたりする姿を見ることはないだろう。

　翌朝、ノース・コルのキャンプ地に最初に戻ってきたクライミング・シェルパのひとりが、パサン・ゴンバだった。彼はうんざりしたような笑みを浮かべて私の前を通り過ぎ、私のテントのすぐ下にある自身のテントの前に疲れた様子で腰を下ろした。ゴンバは、フロリダから来たフランク・カンパナーロという男に雇われた個人ガイドだ。カンパナーロとゴンバと、もうひとりのシェルパ、ダワ・デンディの三人は、私たちとは違って単独行動をしているときが多かったが、同じときに同じキャンプ地にいることがよくあり、一緒に食事をすることもあった。カンパナーロは、元特殊部隊隊員で国家安全保障局の外部契約社員（そしておそらくスパイ）から実業家に転身した人物で、カスピ海へのHALO《高高度降下低高度開傘》ジャンプやマウイ島の巨大な波に乗るサーフィン、コンゴでのサイの密猟者捜索などのことを愉快に話してくれた。その話の半分でも真実であれば、これまでに会った人のなかで彼ほど興味をそそられる人物はいない。

　カンパナーロは、私の知る限りエヴェレスト最高のクライミング・シェルパのひとりを雇っていた。ゴンバは五十歳で、ヒマラヤ山脈の山を一〇〇回登頂した経験があり、しかもそのち三二回は八〇〇〇メートル峰だった。エヴェレストには八回登頂している。ゴンバはカンパナーロに、自分はあと五、六年はエヴェレストのガイドを続けられると思うと言った。一年の大部分をカトマンズで過ごし、高山ガイドで稼いだ金で子どもたちに一流の教育を受けさせている。ガイドの時期が終わって夏になると、故郷のクリマという小さな村に必ず帰る。クリマはクンブ渓谷の南にあり、いちばん近い道路からでも歩いて二日はかかる。ゴンバはあまり話をしないが、口を開いたときにはだれもが作業の手を休めて彼の言葉に耳を傾ける。

ゴンバが登山靴を引き抜いた。左の膝をさすっていると、太陽の熱を受けて足から蒸気が立った。

「上はどうだった?」私は声をかけた。

ゴンバは顔をあげて私を見た。陽光を大量に浴びてきたせいで、その顔は日焼けしてすっかり黒くなっているが、氷河用サングラスで保護された目のまわりだけは色が薄かった。

「悪くない」ゴンバは答えてから咳払いをした。「だが、非常に乾燥している。第二キャンプと第三キャンプのあいだに雪はそれほどない。足が痛くなる」

ドローンを飛ばしたときに私たちも雪が少ないようだと思っていたが、エヴェレストのベテランガイドから直接、通常より雪が少ないことを聞けたのはありがたかった。あれほど恐ろしかった強風のおかげで、山から余計なものが一掃できたわけだ。なにかを探し出すとしたら、今年しかない。

ゴンバと話してわかったのは、シェルパ全員がすでに高所キャンプに到着していること、キャンプに持ち込まれた何十本もの酸素ボンベ、燃料容器、ストーブ、テントなどは、ナイロン製の米袋に入れて保管されているという。固定ロープを張る役割の中国隊は、前日に第三キャンプ*まで行き、すでに下山していた。彼らはその後シガツェで慰労休暇を取るので、山頂に固定ロープを張りに戻ってくるのは四、五日先のことだろう。

＊一九二〇年代とは違い、現在ではノース・コルの前に作られたキャンプには番号がつけられていない。そのため七六八〇メートルの第二キャンプと八二九〇メートルの第三キャンプは、かつてのイギリス遠征隊の第五キャンプと第六キャンプに相当する。

二日後、ベースキャンプに戻る途中、ポケットから携帯電話の振動が伝わってきた。携帯を取り出すと発信者の名前がトム・ホルツェルだった。ちょうど私は、この数日に撮影した捜索範囲の高解像度画像をホルツェルが見たらどう思うだろう、と考えていたところだった。

「やあ、トム」私は電話に答えた。

「おお、マーク、今どこだ？」

「ベースキャンプに下りているところですよ」

「そうなのか？　ずいぶん繋がりがいいな。ニューハンプシャーにいるようだ」

私はホルツェルにこれまでの経緯を説明した。捜索範囲の写真を四〇〇枚撮影したことや、彼が見たら仰天するくらい精密に撮れていること、それもホルツェルの予測地点まで一五メートルほどのところから最先端カメラ（一フレームあたり一二〇〇万画素の画像撮影が可能）で撮影したからだ、と。ホルツェルの家でクルマバソウを入れたワインを飲みながら考えていた無謀な計画が、いよいよ動き始めたのだ。

「写真をできる限り多く送ってくれ」ホルツェルは言った。「任せろ。なにかあれば、おれが見つけ出してみせる」。それから最後に、「これは実に刺激の多い仕事だ[28]」と言って電話を切った。私はどこかで聞いたことのある台詞だなと思ったが、それがなにかはわからなかった。数日後、私はテントのなかで低くした椅子に座り、食事テントから「拝借」した電気ヒーターで足元を温めながら、デイヴィド・ロバートスンが書いたジョージ・マロリーの伝記を読み返していた。マロリーがロンブク氷河に初めて足を踏み入れ、探索したときの話を探してページをめくっていると、一九二一年六月二十八日に妻のルース宛てに書いた手紙に目が留まった。マロリーは手紙の締めくくりにこう書いていた。「これはじつに刺激の多い仕事です。ぼくがどんなに夢中になっているか、どのような見通しを立てているかは、とても伝えきれません。そしてこの美しさも！」

私が食事テントに入っていくと、ジェイミーがパソコンでBBCのウェブサイト記事の見出しを読んでいるところだった。「南面でひとり死亡、ひとりが行方不明」

エヴェレスト登山シーズン最初の死亡者として公式発表されたのはラヴィ・タカールという二十八歳のインド人男性で、前日の午後には登頂を果たしていた。彼はサウス・コルの七九二五メートルにある第四キャンプに戻ったが、朝になってテントのなかで死んでいるのが発見された。死因は不明で、ハケットが分類する「突然死」の可能性が高く、おそらく高山病、脱水症状、極度の消耗が重なり、心臓発作か脳卒中を起こしたのだろう。その日は、エヴェレストの姉妹峰で世界第四位を誇るローツェを下山していたブルガリア人も死亡した。さらに、エヴェレストの南東一九キロのところに聳える世界第五位のマカルーでは、インド人兵士ひとりが死亡した。その二日前には、カンチェンジュンガでもインド人ふたりが山頂付近で死亡し、ひとりのチリ人登山者が行方不明になっているが、この人物も死亡したと考えられる（遺体は発見されないだろう）。つまり、二〇一九年春のヒマラヤ登山シーズンにおける最初の登頂時機、八〇〇〇メートル峰の四座で七人の死者が出たことになる。

エヴェレストではもうひとり行方不明者がいた。シェイマス・ローレスという名のダブリンから来た三十九歳のコンピュータ・サイエンスの教授だ。彼は前日、四人で登頂した。そのうちわけは南アフリカ人女性、アイルランド人女性、アイルランド人のベテランガイドのノエル・ハンナだった。後にハンナからその経緯を聞いた。

何百人もの人々が南面からの山頂を目指していたので、ハンナは早めに出発することにした。五月中旬に最初の登頂時機が到来したとき、ハンナがガイドを担当する人々は高所順応ができていた。五月十二日にベースキャンプを出発し、四日後の五月十六日午前九時に完璧な状態で登頂を果たした。とりわけローレスは絶好調で、メンバーの女性ふたりがゴーグルの曇りに悩まされて消耗しているのを尻目に、速いペースで進んでいた。八三八〇メートルにある広々とした岩棚にたどり着いた。登山者が休憩したり酸素ボンベを交換したりする場所だ。そのときローレスがハンナに、クライミング・シェルパのペンバと先に下りていいかと尋ねた。そうすれば一足先にサウス・コルに着いてみんなのために温かい飲み物を用意することができる、と。ハンナが了承したので、ふたりは先に下山を始めた。

「ではまた、サウス・コルで」とローレスは言った。

ハンナと女性ふたりがキャンプに到着すると、彼らのテントの前で待っていたペンバが、ローレスが消えたことを重々しく報告した。一時間前、キャンプ手前の氷の斜面で、ローレスは固定ロープから離れた。用を足してくると言って、ローツェ・フェースに向かって西へと歩いていった。それまでも風は強かったが、さらに激しい突風がふたりに襲いかかってきた。ペンバはローレスに気を遣って、そちらを見ないようにしていたが、やがて叫び声が聞こえた。ペンバが顔を上げると、ローレスが傾斜四〇度の青白い氷壁を滑り落ちていた。その一瞬後、五〇度の傾斜の、氷と雪に覆われた高さ一一三〇メートルにおよぶ壁の端の向こうへ姿を消した。ペンバはローレスの名前を何度も呼んだが返事がなく、キャンプへ戻って救助隊を指揮するほかなかった。

ハンナとペンバ、あと数名のシェルパがローレスの捜索へ向かった。彼の名を呼び続け、できる限り捜索を続けたが、風が危険なほどに強くなり、ローツェ・フェース上部の硬い蒼氷上を扇状に広がって捜している彼らには自身を守るロープもなかった。夜のあいだもハンナは、何度かテントから出てローレスが滑落した場所にライトの光がないかと探したが、なにも見えなかった。

あるウェブサイトのニュース記事によれば、ローレスは山頂から妻に電子メールを送り、登頂したことを告げ、「これから家に帰るよ」と書いている。しかしハンナは、ローレスがメッセージを送ったのは山頂からではなく、「インリーチ《inReach》」という衛星通信機器を利用していたので、落ちたその場所から送っていたことがわかった、と言っている。ローレスは〝送信〟を押した直後に足を滑らせたのだろう。

その後カトマンズに戻ってから、私は一枚の写真を見つけた。ローレスがいなくなった午後に、ローツェ・フェースを下から見上げる角度でだれかが撮ったものだ。写真の上のところ、コルのすぐ下に、まっすぐ立っている人物が写っていて、サウス・コルの第四キャンプに向かって岩場を登っているような姿だ。ハンナは言う。「シェイマスかどうかはわからない。でも、あのあたりには当時、彼しかいなかったと思う」。ハンナによれば、その岩場はキャンプ地からわずか一五〇メートルほど下のところだ。それほど離れてはいないが、そのときのローレスは酸素ボンベを入れたザックを失ってしまい（後日、ローツェ・フェースの下で発見された）、しかも低酸素で負傷もしている状態で、瞬く間に寒さに負けたのだろう。キャンプに戻ることは叶わなかったのだ。

ハンナはローレスを褒め称えた。「あんなに素晴らしい人はいない。いつも陽気で生命力に満ち溢れていた」。ローレスは遠征中、歌ったり面白い話をしたりして、しきりに登山仲間を楽しませていた。自身の四十歳の誕生日を迎える前にエヴェレストに登頂するのが夢だった。「アイリッシュ・サン」によれば、[29]ローレスはエヴェレスト出発前に四歳の娘のエマにこう言ったという。「あまり成長しないでいておくれ。ぼくが帰ってくるまで、そのままでね」

　私は残りの午後を、食事テントでドローンの写真を調べながら過ごした。マットが、すべての写真を入れたノートパソコンを私に渡してくれていた。よく冷えた中国製偽物バドワイザーをちびちび飲みながら、時間をかけ一枚一枚クリックしては慎重に調べていった。この実写版『ウォーリーをさがせ！』には飽きるということがなかった。今にも衝撃的な発見をするかもしれないと胸の高なるような楽しみがあったからだ。

　そして私はついに、特別な一枚に視線が釘付けになった。レナンを振り返って言った。「この写真のここだ。見てくれ。四五度に傾いた溝がある」まさに許競が言っていたとおりだ。しかも周辺の様子も一致している。

　レナン、トム、ジェイミーが私のまわりにやってきたので、私はカーソルを岩に垂直に走る深い割れ目《クラック》に持っていき、キーボードの「＋」を押した。「ここがホルツェルの言っていた地点だと思う」写真が拡大し過ぎてぼけてしまったため、ズームアウトして最適な大きさに調整した。その拡大写真は素晴らしかった。岩に走る細い筋が一本一本判別でき、雪がほとんどないこともわかった。この写真のどこかに遺体があれば見逃すなどということはありえない。唯一見ることができないのが、例の溝の内側だった。溝の幅は一メートルほど、四五度に傾いた割れ目が見える。遺体を隠すのに充分な広さのある場所は、そこだけだった。

左の登山ルートのほうに画像を動かしていくと、画面の端にあるものが目をとらえた。その部分を拡大した。

「何だろう」とレナンが言った。

「死体だ」ジェイミーが口を開いた。「古い死体じゃないな」

「あの黒い部分は、脚か？」トムが訊く。

「そうだ」レナンが答えた。

遠征が始まってから初めて確認した遺体だった。「なんてこった。生々しいな」と私は言った。

ジェイミーはそれがだれなのかわかっていると言った。石井伸一という名の日本人だという。ジェイミーは二〇〇七年にエヴェレスト登山で登頂を果たした真夜中に、それとは気づかずに彼の横を通り過ぎていたという。石井はその前日に登頂を試み、途中で闇に包まれたのだ。ジェイミーの登山隊が暗いなかで通り過ぎたとき、彼はまだ生きていたかもしれない。しかし、隊が登頂し、明るいなかを下山してくるときに石井を見つけたが、すでに事切れていた。

私はその遺体をじっくり観察した。頭が小さな崖の縁にかかっている。ダウンスーツは、もとは赤だったのだろうが色褪せて白っぽくなっている。なにより私が驚いたのは、その体の大きさだった。もっと小さいと思っていた。おかげで知りたいと思っていた地形の規模がわかり、例の溝が思っていたほど大きくないことがわかった。写真は考えていた以上に細部まで写していた。

石井の遺体は、私がホルツェルの予測地点を調べるために固定ルートから逸れようと考えているところにあった。彼を道しるべにしようと思った。

ノース・コルで強風に煽られたときに発症した咳がなかなか治まらなかった。二度目のノース・コルへの登高時にはよくなった気がしたが、急激に悪化した。あまりに激しい空咳が出るので、喘息用吸入器を使った。救急箱に入れておくようにピーター・ハケットが忠告してくれたものだ。南面ではこうした咳は「クンブ咳」と言われ、悪化するとたちまち登山中止となりかねないので、絶対に発症しないように警告されていた。吸入器のおかげで楽になったが、心拍数が上がってなかなか寝付けなかった。

そのせいで翌朝、食事テントに入ったときには快調とは程遠い状態だった。同じように咳をしているマットと挨拶を交わしたが、彼は中耳炎も起こしていた。ここ数日、彼の耳には緑色の膿が滲んでいた。マットもあまり眠っていないようで、ことのほか不機嫌そうな様子だった。どうやら、山で動き回って撮影するチームに対してサポートするシェルパの数が不足している問題で、ジェイミーと言い合いをしていたらしい。

次にやってきたジェイミーも、顔も声もひどいありさまだった。目は充血し、顔は紅潮している。ニュージーランド訛りの声が、痰が絡んだような鼻声に変わり、自信なさそうに聞こえた。ジェイミーが言うには、前日から体調が悪いが原因がわからないという。おそらく気管支炎になっているのだろう。その日の朝から抗生物質を服用していた。私の咳はジェイミーのよりひどかったが、気分は悪くなかった。肺が冷気にやられただけだ。しかしジェイミーのほうは、緑と黄色の痰をひっきりなしにティッシュに吐き出していて、目の前のテーブルにはたちまちティッシュが山を成した。

私たちの隊は何となく沈んだ雰囲気だったが、ほかの登山隊は登頂に向かう準備に入っていた。前日、私たちが下山しているときに、アレックス・アブラモフと彼の率いる〈セブン・サミッツ・クラブ〉や、アルペングローの速攻登山隊など、前進ベースキャンプを目指す多くの登山隊とすれ違った。マイケル・フェイギンをはじめ、ほかの天気予報士たち、さらにはベルギー人のマーク・デ・ケイザーは、五月二十三日に登頂可能な天気になりそうだと発表したらしい。固定ロープ係の中国隊は山頂までロープを張るためにエヴェレストに戻ってきていた。キャンプ内の噂では、私たち以外のこの場にいる一二隊すべてが中国隊の後に続いて登るとのことだった。

「かなり危険な状況だ。登頂に完璧な天候だと予報しているわけじゃない」とジェイミーは言った。予報では、一日か二日だけ風の弱い日があると予測しているだけだった。つまりこの天気であれば、悪天候のなかを競って高所キャンプまで登り、風の収まるわずかな間隙を縫って登頂し、ジェット気流が再び吹きすさぶ前に急いで下山しなければならない。ジェイミーはさらに言った。「頂上の温度は変化しないが、頂上以外のところが暖まると、天気は不安定になる。しかも、多くの登山隊がこの最初の好機に登ろうとするわけだから、数多の登山者と予測できない天気のせいで、とんでもない混雑が起きるだろうな」

ある意味では、最初の好天の機会に登山者が一斉に登頂を目指す、というのはいい知らせだった。山に留まる人が減った後で天気の神が微笑んでくれたら、私たちは人のいない山に登れるかもしれない。ジェイミーが、この展開を初めから考えていたんだ、と言った。山を独り占めにできなければ、規定ルートを外れてアーヴィンの捜索をすることなどできないからだ。人が多ければ中国隊に一挙手一投足を監視され、しかもほかの登山者に挟まれて手も足も出なくなる。

「重要なのは、大きな隊には近づかないことだ。そして、インド人の隊には絶対に近づいてはならない」そして、ジェイミーが悲しい統計を思い出させてくれた。エヴェレスト登頂日に死亡する登山者は約一パーセント。今からわずか五日後、約二〇〇人が北面から頂上を目指す予定になっていた。

「何人死ぬか賭けたい奴はいるか」と彼は言った。

今やファニはこちらへ向かってまっすぐに進み、バングラデシュ上空に姿を現していた。しかし、ジェット気流はそれでも活発に動き、近くから遠くからはためくように動きながら山頂を舐めていた。

第九章　エヴェレスト急変

　五日後、私は前進ベースキャンプの食事テントからコーヒーカップを手にして外に出た。前日に標高六四〇〇メートルのここに戻ってきて一晩過ごしたばかりで、ぼんやりした頭をすっきりさせたかった。太陽はラクパ・ラ上方の空の低い位置にあるが、すでに鼻と頬には強烈な日射しが降り注ぐ。近くの大きな丸石にかけられた祈禱旗が静けさのなかで力なく垂れ下がっている。対流圏のはるか上方の天空は不気味なほど静かだ。マイケル・フェイギンの予測は正しかった。ジェット気流は南に急速に下り、エヴェレスト山頂はきれいに澄み渡っている。キャンプを見渡しても、干し草を食《は》む数頭のヤク以外、ひとっこひとりいない。すべての登山隊が頂を目指し、今頃はデス・ゾーンに達し、競うように頂上を目指しているだろう。

　そばに立っているシェルパたちが、双眼鏡を順番に手渡しながら興奮した口調で喋っていた。やがて私にも双眼鏡が回ってきた。双眼鏡でゆっくりと北東稜をたどり、それからあの有名な三つのステップを越え、頂上ピラミッドの雪斜面の先、鮮やかな青空を突き刺している頂を眺めた。

トムが、まるで新しいおもちゃの順番を待つ子どものように、私の横でうろうろしていた。「なにが見える?」とトムが言った。

筋状の雲がファースト・ステップとセカンド・ステップに薄っすらとかかっていたが、頂上ピラミッドは陽を受けて輝いていた。頂上へ続く雪の斜面に、小さな蟻のような黒点が連なり、少しずつ上方へ向かって進んでいる。私はトムに双眼鏡を渡した。

「なんだあのコンガ・ライン「人々が列になり、前の人の背に手を添え進みながら一緒に踊るダンス」は!」とトムが叫んだ。

たしかにその日エヴェレスト登頂に挑んだ人の数は史上最多を記録した。後日、ヒマラヤン・データベースで調べたところ、その日の朝、北面から山頂を目指した一般登山者とサポートのシェルパは合わせて一五八人。しかもそれは南面の登山者の半数以下だった。

このときはまだ私たちは知らなかったのだが、二〇一九年春のエヴェレスト登山シーズンを象徴する混雑の様子を撮った写真[1]がすでに拡散されていた。ニムズという愛称を持つグルカ兵ニルマル・プルジャ[2]が、五月二十二日朝九時三十分頃に、ネパール側山頂まであと一〇〇メートルというところで撮影した写真だ。固定ロープに沿って並んださまざまな色の服を着た人々が、岩と雪の細い稜線の上でひしめいている危険な状態を写しとっていた。ディズニーランドで目にする長蛇の列そのものだった。ダウンスーツと酸素マスクを、Tシャツとビーチサンダルに取り替えたらまさにディズニーランドだ。

この写真は、エヴェレストが観光客の殺到するつまらない名所に成り下がったという、一般的な意見をそのまま形にしたようなものだった。メディアはすぐさま批判的に取り上げ、「この人々はどうかしてしまったのか？　何という愚かな集団」などと書きたてた。写真とともに掲載された記事の見出しは、混雑や環境破壊、金払いがよければだれでも引き受ける拝金主義の登山ツアー会社を非難する内容のものばかりだった。「ニューヨーク・タイムズ」は、「標高八八四八メートル版の『蝿の王』を彷彿とさせる」光景だと書いている。

その混雑に巻き込まれたひとりが、ユタ州出身の五十四歳のドナルド・キャッシュだった。彼は午前八時十分に登頂を果たした。複数の目撃者によれば、キャッシュは七大陸最高峰《セブン・サミッツ》のチャレンジに成功したことを祝うジグ・ダンスを踊ってから気を失ったという（彼は残りの南極大陸マウント・ヴィンソンとエヴェレストの二座に挑戦するため五ヶ月前にソフトウェアの営業職を辞めていた）。ガイドのシェルパが急いで心肺蘇生をおこない、酸素ボンベの流量を増やした。キャッシュは意識を取り戻し、立ち上がって下山し始めることができた。二度目に意識を失ったのは、標高八七四八メートルにある悪名高い難所のヒラリー・ステップで並んで待っているときだった。このときは、シェルパによる蘇生も功を奏さなかった。かなり高所で亡くなったため、遺体を下ろすことができず、倒れた場所にそのまま残された。

同じ日、夫とエヴェレスト登山に来たアンジャリ・クルカルニという五十四歳のインド人女性が、やはり下山中にサウス・コルの近くで急死した。登山を手配したインドのトレッキング代理店によると、「体力低下」と「大行列」[3]が死の原因だという。クルカルニは、エルブルスやキリマンジャロなどいくつかの易しい高峰に登ったことがあるが、六五五三メートルを超える山を登った経験はなかった。ガイドのギャルジェン・シェルパが「ヒマラヤン・タイムズ」に語ったところによれば、彼女は今季登頂を果たすために十年分の収入に相当する資金をつぎ込んでいたので引き返すのを拒んだという。

人の多さや相次ぐ死亡事故を非難するメディアの報道が過熱するなか、データ・サイエンティストのテレサ・クバッカは、ある疑問を抱いた。その疑問とは、近年エヴェレスト登山に挑戦しているのはどのような人なのか？　というものだ。クバッカは後に調査結果をまとめ、「Mount Mid-Life Crisis」（中年の危機という山）[4]と題する論文を発表した。それは、私たちの知るさまざまな事例を裏付けるものだった。つまり、エヴェレストが記録的な数の登山者で混雑する原因は、五十歳以上の男性層の大幅な増加によるものだという。エヴェレストに挑戦する女性の割合も増えてはいるが、まだ男性のほうが四対一の割合で多い。エヴェレスト登山ガイドという職業が生まれる前の一九八〇年代には、エヴェレスト遠征は冒険であり、商業的なものではなかった。遠征隊は通常、登山経験の豊かな二十五歳から三十五歳までの若者で構成されていた。クバッカは、この年齢層を「人間の身体的な能力をいちばん発揮でき、充分な経験を積んでいる理想的な層」と述べている。興味深いのは、現在エヴェレストに挑戦している三十代の数は、一九八〇年代と変わらないという点だ。つまり、増加した登山者はすべて四十代、五十代、六十代だった。なぜなのか。多くの人にとってエヴェレスト遠征を目指す余裕が生まれるのは、高収入が得られる年齢、つまり中年以降だからだ。

またクバッカは、近年エヴェレストに挑戦する人の大半が登頂を果たしている事実を明らかにした。五十歳以下では五人に四人が登頂に成功しており、これは三十五歳以下の成功率と等しい。五十歳以上の登山者で頂上に立てる確率は五〇パーセント以上。ピーター・ハケットが一一〇人目のエヴェレスト登頂者となった一九八一年のときと比べてみてほしい。その年の登頂率は一桁台で、一九八〇年代は一〇パーセント以下、一九九〇年代に入って二〇パーセント程度に増えた。それ以降は確実に増加を続けている。

〈ヒマラヤン・エクスペリエンス〉、〈インターナショナル・マウンテン・ガイヅ〉、〈アドベンチャー・コンサルタンツ〉といった、登山ガイドを提供するさまざまな欧米の会社が、登山客の登頂率を最大限に引き上げる方法を考案した。もっとも効果的な方法は、ふたつの標準ルートに麓から頂上までを繋ぐ固定ロープを張ること、そしてひとりの登山客にひとりのクライミング・シェルパを担当させることだった。技術の進歩も後押しした。最先端技術を用いた登山用具に登山ウェア、信頼性の高い「イギリスの空気」を安定して供給する酸素ボンベ、一〇〇パーセントに精度が近づきつつある天気予報。気象の専門家による天気予報を、LTEや衛星通信Wi-Fiを介して毎日、時には毎時、手に入れることができる。こうした技術の進歩のおかげで、経験の浅い登山者と質の悪いガイドであっても登頂できる確率がかなり高くなっている。

その日の朝、ほかの登山者たちが夢を叶えようとしているまさにそのとき、キャンプ地に座っていた私は、イカした同級生たちがパーティーに繰り出していくのに自分だけ家でくすぶっているティーンエイジャーのような気分だった。頂上にいる人々は天気予報の賭けに出て、勝利まであとわずかというところだった。この瞬間、今季のエヴェレスト登頂を求める人々は地球でいちばん高い場所にいる。もしくは、そこを目指しているところだ。私たちも、今回は行かないという賭けに出た。しかし、今日が今季最後のチャンスだとしたら？　もし次のチャンスが訪れなかったら？　その日の朝、私たちのベースキャンプ責任者ダワは、次のチャンスを待つという私たちの決断に不満を漏らしていた。エヴェレストは商売であり、商売が成功するか失敗するかはバランスシート次第だ。エヴェレストの滞在日数が増えれば、人件費や食費やそのほかさまざまな費用がかさむ。今回の登頂チャンスを無駄にしたことで、〈エクスペディション・ヒマラヤ〉は何千ドルもの損害を被った。もちろん、CTMAも私たちの遠征が終わるまで撤収できないので、経費も懸念することも増える。CTMAの役人たちは早く家族のもとへ帰りたいと思っているに違いない。目下の大きな問題は、中国当局がいつまで私たちをエヴェレストに滞在させてくれるかということだ。

朝食時に私たちはジェイミーとともに長期の天気予報を確認した。予報は芳しくなかった。

フェイギンと、「ヨーロッパの」エヴェレスト天気予報と呼ばれる会社を運営しているマーク・デ・ケイザーのふたりともが、現在の好天は長く続かないという予測を出していた。これから数日間は強風が吹き荒れ、次の登頂のチャンスが訪れるかどうかは五分五分だという。これまで私たちはあらゆることを乗り越えてきたが、登山の最高到達地点がノース・コルになるかどうかは運任せになりそうだった。

その日の早朝、というより真夜中を過ぎた頃のこと、オーストリア人で四十五歳の会社員ラインハルト・グルブホーファーは、ファースト・ステップ上部の岩肌が露わになっているところまでなんとかたどり着いた。標高八五七〇メートルの有名な岩壁の上に立ち、酸素マスクから貪るように酸素を吸い込んでいるうちに、ようやく自分がどこにいるかはっきりしてきた。雪がちらほら降っている。風はわずかだ。天気予報によれば、気温は氷点下約三七度。前方に目をやると、クリスマスの電飾が取り付けられたかのように稜線のうえに無数の明かりが見えた。ヘッドランプの数は八〇個くらいだろうと彼は思ったが、実際にはその倍に近い数が北東稜の上に列をなしていた。理由はわからないが、彼の登山隊が高所キャンプを出発したのは午後十一時過ぎで、最後尾に近かった。

南に目を向けると、ネパール側の南東稜にも同じように光が連なっていた。何百もの小さな蛍が、地球のもっとも高い場所に向かってゆっくり進んでいる神秘的な光景だった。だが、グルブホーファーはその光景を見てもまったく楽しくなかった。[5] それどころか、大きな不安を感じていた。エヴェレスト登山の準備をしていたとき、山の高所で雑踏に巻き込まれ、前にも後ろにも進めなくなるという悪夢を繰り返し見た。それが現実になるかもしれない。

グルブホーファーは、妻のアンジェリカと四歳の娘ノラ（愛称はマウス）と交わした約束を思い出した。ぼくはブーメランみたいなものだから、冒険に出ても必ず無事で帰ってくるからね、と冗談を言った。自分の体のことはわかっているし、その限界も理解しているから、もう引き返したほうがいいと思ったら躊躇《ためら》わずに戻るよ、と妻に伝えていた。ウィーンの自宅の居間では、その発言がいかにも理性的で筋の通ったものに聞こえたが、北東稜の上にいると、デス・ゾーンでは単純明快なものなどひとつもなく、曖昧なものばかりであることがわかった。

グルブホーファーが参加した登山ツアー会社の著名なスイス人ガイドであるカリ・コブラーは、ツアーの登山客にこう伝えていた。日の出の時刻に頂上にたどり着けるのが最高の形です、そうすれば日があるうちに下山できるし、十二時間以上の余裕があることになります。でも、多少人が多く混雑しているので、引き返さなければならない時間を午前十時とします。その時間になったらどこにいようと、たとえ山頂まであと三〇メートルのところにいようと、必ず反対を向いて引き返してきてください、と。十一時間あれば登頂してもまだだいぶ余裕があるはずだったが、混雑のせいでのろのろと進むしかなかった。グルブホーファーはファースト・ステップの基部ですでに三十分近く待たされていた。山頂まで残り二四〇メートルはあるので、夜明けまでに登頂することは不可能だ。それに今では、午前十時までに登頂できるかどうかさえ怪しい。「できるだろうか？」と自問した。一瞬、元気が出てきて希望を抱いた。「よし、大丈夫だ。きっとうまくいく。ラインハルト、集中しろ。よくやってるぞ。さあこのまま進んで、さっさと頂上に立とうじゃないか」。だが、次の瞬間、別の声がそれを打ち消した。「なにをやってる？　時間がかかりすぎだ。もう引き返す頃合いだ」

アイゼンが岩をこする音にグルブホーファーが振り返ると、彼のテント仲間で、同じオーストリア人のエルンスト・ラントグラーフが岩棚に上がってきたところだった。ラントグラーフは六十四歳で、オーストリア南東部の農業と山で有名な牧歌的なシュタイヤマルク州の小さな町に住んでいた。ラントグラーフのドイツ語は訛りがかなり強く、その州から車で数時間しか離れていないウィーンに住んでいるグルブホーファーでも、彼の言葉がわからないときがあった。ラントグラーフには妻と成人した子どもがふたりいた。登山とバックカントリー・スキーの豊富な経験があり、七大陸最高峰のうち六座に登頂を果たし、エヴェレストへ出発する二週間前に、長年順調にキャリアを積み重ねてきた建築業界を引退した。七大陸最高峰全座を制覇した人々が集まるセブン・サミッツ・クラブへ入会を希望する人たちと同じように、いちばん難しい山をあえて最後に残していた。

ラントグラーフが静かに近寄ってくるのを見たグルブホーファーは、彼がここまでやってきたことに驚いていた。ラントグラーフは登頂開始直後に頭痛にひどく苦しめられていたので、ベースキャンプではコブラーの指示で酸素を補給しつつ睡眠をとっていた。高所順応のための移動が始まると、ラントグラーフは常に仲間たちのはるか後ろにいた。食事テントでは、高所順応に苦労していることをだれにでも訴え、登頂を諦めることを考えていると、一度ならず口にしていた。

グルブホーファーはラントグラーフのことが好きだった。オーストリア人同士ということでコブラーが遠征途中に宿泊したホテルでふたりを同室にしたため、自然に親しくなった。意見がくい違ったり対立したりすることはなかったが、ラントグラーフがエヴェレスト登山のために訓練してこなかったことをグルブホーファーは腹立たしく思っていた。ラントグラーフは、冬から春にかけてアルプスでスキーツアーに参加していたらしいが、コブラーが前もって参加者全員に指示を出していた身体訓練にそれほど真剣には取り組まなかったと言っていた。つまり、彼は登山隊のなかで最年長でありながら準備不足の状態だった。登山隊のよしあしはいちばん弱い者の状態で決まるということを考えると、ラントグラーフが身体的な訓練を怠ったことに腹を立てるなというほうが無理だった。

しかし、思いがけないことが起きた。頂上を目指す段になるとラントグラーフが突然、調子を上げてきたのだ。その前日、ふたりはほとんど同時に第二キャンプ（七六八〇メートル）から第三キャンプ（八二九〇メートル）に向かって登山を開始した。エヴェレストのガイドたちは長年の経験から、登山者たちが登頂を果たすか否かが決まるのはこの日だとわかっていた。体調がよい者は頂上を征する可能性がある。そうでない者は、上を目指せないまま翌日に下山することになる。グルブホーファーにとっては苦しい一日だった。その理由のひとつに、骨ばった顔に酸素マスクが合わないということがあったかもしれない。酸素マスクが顎のほうにずれて、きちんと装着されているようには思えなかった。早いうちからラントグラーフがグルブホーファーのはるか前を進んでいき、その日ふたりの距離が縮まることはなかった。頂上を目指す日になっても、彼の調子はよさそうだった。目標に向かって一心不乱に歩いていく仲間の姿こそ、励まされるものはない。グルブホーファーは頂上を目指して進みながら、まずはセカンド・ステップを越えたらラントグラーフの評価について改めて考えようと思っていた。

グルブホーファーが前方に見た光の列のなかに、インド人のヴィーガン登山家であるクンタル・ジョイシャーがいたが、彼もまたセカンド・ステップの下で不安を感じているひとりだった。ジョイシャーもその日の夜に頂上を目指して高所キャンプを最初に出発した一団に加わっていた。彼とクライミング・シェルパのミングマ・テンジは、大所帯の登山隊の一員で、行列の後ろより前にいたほうがいいと判断し、仲間に先んじて出てきたのだ。ふたりは何年にもわたってともに登山してきた。これまでの経験から、進みの遅い登山隊が道を譲ってくれるのは単独あるいはふたり組の登山者の場合に限られ、六人や八人の集団では譲ってくれないことがわかっていた。人気の高い八〇〇〇メートル級の山の頂まで順調に登るためには人々を追い越していくことが肝心で、歩みの遅い登山隊に近づくとミングマがジョイシャーの酸素供給量を四に上げる作戦を編みだしていた。供給量を上げることで素早く先の集団に追いつき、足取り軽く登っている様子を示すことができる。すると、ほとんどの登山者は快く道を譲ってくれる。追い越すときには一時的に固定ロープからカラビナを外さなければならないので、危険な場所を避けるためには動くタイミングを見定めることが重要になる。うまく追い越して再び固定ロープに戻ると、ミングマがジョイシャーの酸素供給量を下げて元の状態に戻す（ミングマの酸素供給量はほかのクライミング・シェルパと同様に一に設定され、一日中それは変えられない決まりになっていた）。ふたりは出発から何度かこの作戦を実行してきたが、唯一追い抜けなかったのが〈トランセンド・アドベンチャーズ〉の集団だった。そして今、全ルート中の最難関といわれるセカンド・ステップの下で、もがきながら梯子を登る三人のインド人ティーンエイジャーを前にして足止めを食らい、ここで初めてふたりは混雑に巻き込まれたことを悟った。

セカンド・ステップはきれいな一枚の岩壁ではない。全体の高さは三〇メートルほどだが、上下二段に分かれており、そのあいだに傾斜の緩い雪の斜面がある。下段はほとんどジグザグの斜面で、勾配も上段ほど急ではない。しかし、この部分にかけられている梯子が、登ろうとするとガタガタと不安定に揺れ動くのだ。

ひとりのインド人の子は、このぐらつく奇妙な道具の登り方がわからなかった。ジョイシャーやほかの何人かが見守っているなかを、その子は梯子の最下段に足をかけては動く梯子に怖じ気づいて足を滑らせ、登高器をつけているロープに宙吊りになった。残りのふたりはその子の少し上と、その下で待機していた。三人にそれぞれついているシェルパは途方に暮れて、子どもを叱りつける声がジョイシャーの耳まで届いてきた。子どもたちは南インドの民でマラーティーと呼ばれる方言を話すが、インドの主要言語でありシェルパが使っているヒンディー語もわかってはいた。シェルパたちは初めは「大丈夫だ、やれるよ。これまでちゃんと登れてきたじゃないか[6]」と子どもたちを励ますような声を掛けていた。しかし、子どもがいっこうに進もうとしないので、張り詰めた雰囲気になってきた。シェルパのひとりが先を急がせようとその子を怒鳴りつけた。その頃には、セカンド・ステップの下に短い行列ができていた。ミングマがこの場で進まなくなることを予想し、早々とジョイシャーの酸素供給量を「一」に下げた。人々は血流をよくするために足踏みをしたり、腕を振ったりした。

　その子が三十分ほどもがき続けてもどうにもならないので、とうとうふたりのシェルパがその子の下にもぐるようにして体を押し上げ、上にいるもうひとりが片手で梯子にぶら下がりながらもう片方の手を伸ばして子どものザックの肩紐を掴み、空港の手荷物仕分け人のように、岩棚の上にその子を引っ張り上げた。

　ジョイシャーとミングマがセカンド・ステップを登ってその上に出ると、小さな岩棚にインド人の子どもたちが座っていて、足元を見つめながら胸を大きく上下させていた。ミングマがインド隊のシェルパと短いやりとりをしてから、ふたりは慎重に彼らを追い越して登り続けた。

三つのステップのうちもっとも易しい、六メートルほどの崖のサード・ステップを登り切り、最後の雪の斜面に取り掛かった。ここが後に頂上に向かう人々の長蛇の列ができた場所だ。ジョイシャーが顔を上げると、三〇メートルほど先にヘッドランプの灯りがぽつんと見えた。その人物が休憩しているのはちょうど岩だらけのトラバース道が始まるところだった。このルートは雪の急斜面を避けて右側へと伸び、頂上ピラミッドの北面へ繋がるようになっている。ジョイシャーのヘッドランプは壊れていたが、雲間からたびたび顔を覗かせる半月近い月が西の空にあり、その光で雪が輝いていた。雪は降ったり止んだりを繰り返し、ジョイシャーの顔のそばで粉雪が舞った。ミングマが前にいた。彼が数歩歩くたびに振り返ってヘッドランプで斜面を照らしてくれるので、ジョイシャーは足を踏み出す場所を確認できた。ミングマの先を見ると、先ほどのヘッドランプの灯りが少しも動いていないことに気がついた。

雪原の上部に着くとそこにある小さな岩棚にひとりのシェルパが腰を下ろしていた。岩棚には岩の割れ目《クラック》に打ち込まれたハーケンが何本もあり、そこに絡まったロープが結びつけられている。ミングマがヘッドランプでそのシェルパの顔を照らした。若者で、二十代前半くらいだろう。睫と眉毛に氷がびっしり張り付いていた。

「おい、どうした?」ミングマがネパール語で声をかけた。男は自分の足元をじっと見つめたままだ。ミングマが若者の肩を揺すりながら、「おい、目を覚ませ、大丈夫か?」と言った。やがて男は身動きしてゆっくりと顔をもたげた。なにかを伝えようとし、訳のわからない言葉がこぼれた。ミングマはジョイシャーを見て、わかりきったことを口にした。「まずい状態ですね」

ミングマは若者の酸素マスクを外し、自分の口に当てた。酸素がなかった。若者のザックを開けてみると、酸素ボンベがたくさん詰め込まれていた。若者はポーターで、どこかの登山隊のために酸素ボンベを運んでいたのだ。最後尾にいて隊から遅れ、酸素が切れてしまったのだ。

ミングマは彼に新しい酸素ボンベを取り付け、供給量を最大にした。「少し待ってどうなるか見てみましょう」

後でわかったことだが、遭難していたそのシェルパが所属していたのは〈セブン・サミッツ・トレックス（SST）〉という会社で、マカルーに近いクンブ渓谷の小村出身のシェルパの四人兄弟が経営していた。兄弟のひとりミングマ・シェルパは、二〇一一年にネパール人として初めて世界八〇〇〇メートル峰一四座すべてに登頂した人物だ。しかも酸素ボンベなしでその偉業を成し遂げた。四兄弟はミングマが獲得した名声を利用し、トレッキングと遠征登山の代理店を立ち上げ、今では世界最大のエヴェレスト登山ツアー会社に成長している。SST（これは〈セブン・サミッツ・アドベンチャーズ〉や〈セブン・サミッツ・クラブ〉とは異なる）が、二〇一九年春にエヴェレストの北面と南面に送った登山客とシェルパの数は、それぞれ一〇〇人。さらに、そのほかの八〇〇〇メートル峰を合わせると、SSTがそのシーズンにガイドした登山客は約二五〇人にのぼり、フェイスブック上で、市場の四〇パーセントを独占、と宣伝していた。だが、顧客の四〇パーセントを相手にしているということは、災難の四〇パーセントを引き受ける可能性があるということでもある。二〇一九年の春、SSTはすでに六人の登山客を死なせていた。エヴェレストでふたり（シェイマス・ローレスとラヴィ・タカール）、アンナプルナでひとり、マカルーで三人だ。しかも、なかでも危険なエヴェレストの登頂はようやく始まったばかりだった。

近年、エヴェレスト・ガイドのビジネスは、欧米の会社よりネパール人が経営する会社のほうが優勢となっている。アラン・アーネットによれば、二〇一〇年には欧米とネパールのエヴェレスト登山ツアー会社の比率は四対一だった。現在、その比率が逆転している。この業界を牛耳っているのはSSTのようなネパール人経営の会社だ。

この逆転への種まきが始まったのは一九二二年のことだった。この年、地元のポーター七人がノース・コルで雪崩に巻き込まれて死亡する事故が起きた。嵐のせいで山が深い雪に覆われていたにもかかわらず、ジョージ・マロリーが最後の登頂を試みると言い張った結果の出来事だった。それ以降も同じ悲劇が繰り返されてきた。死亡するのはいつも、列の最後尾で重い荷物を背負い、苦労して登るポーターたちだった。雪崩が起きたときにマロリーと先頭を交代していたハワード・サマヴェルは、クレバスに埋まったポーターたちの遺体を掘り出したことを思い出してはひどく苦しむようになる。後に彼はこう書き残している。「シェルパ族とボーティア族だけが亡くなった――なぜ、いったいなぜイギリス人はだれひとり彼らと運命をともにできないのか？　あの瞬間、私は喜んで雪のなかで死体となって横たわったものを。生き延びた仲間の人々に、われわれが実際に危険をともにし、同じ悲しみを抱いていることを伝えることができればいいのだが[7]」

イギリス人は「苦力《クーリー》」のことを立派だと褒めていたが、植民地主義的な考え方がその世界観に深く入り込んでいたために、自分たちが彼らを搾取していることには思い至らなかった。雪崩の後、マロリーはルースへの手紙で「山の危険に関しては、ポーターたちは子ども同然」と書いている。後になってエヴェレスト委員会は、死亡したポーターの家族に二五〇ルピーずつ支給した（現在、エヴェレストで死亡したシェルパの家族にネパール政府が支払う死亡給付金[8]は、一万五〇〇〇ドルである。非営利団体のジュニパー基金では同額を、五年間かけて給付している）。

一九九〇年代初頭にエヴェレスト登山ガイド業界が爆発的に発展をし始めたとき、欧米のエヴェレスト・ガイドのガイ・コッター、ラッセル・ブライス、トッド・バールソン、エリック・サイモンスンなどは、シェルパを単なる荷物運搬役ではなく実際のガイドにするための訓練を開始した。訓練を受けたシェルパたちは、雇用主からきちんとした待遇を受け、誠意をもって遇され、二ヶ月間のエヴェレストの登山シーズンに五〇〇〇ドルを稼ぐことができた。ひとり当たりの平均年収が七〇〇ドルの国ではかなり高収入の部類だ。ほとんどのシェルパはこの条件に満足していた。なかには稼いだ金を賢く投資して金持ちになった者もいた。エヴェレストガイドになった第一世代のシェルパたちには、現状を受け入れ、波風を立てまいとする傾向が強かった。しかし彼らは、まったく同じ仕事をしている欧米人ガイドの給料が、自分たちより一〇倍も高額である――さほど熱心に働くわけでも、より多くの危険を負うわけでもないのに――ことを知っていた。

二〇一〇年になると新しい世代が現れ始めた。その多くが、一九九〇年代から二〇〇〇年代にエヴェレストガイド業界の草分けとなったシェルパの子どもたちだ。父親がエヴェレストで稼いだ金で、子どもたちの多くは村ではなく、活気あるカトマンズの街中で育ち、私立学校に通い、英語が堪能になった。テレビやインターネットで情報を集め、欧米の文化や消費主義を夢中で学んだ。多くはカトマンズを離れ、ヨーロッパやニューヨークで仕事を探したが、カトマンズに残って父親やおじからエヴェレストの仕事を受け継いだ者もいた。国際感覚があって進歩的で、世界を野心的に見ているこの新世代は、なぜ遠方から来た白人たちが我がエヴェレストの利益の大半を享受しているのか、という疑問を抱くことにためらいはなかった。

そして二〇一二年九月二十三日、世界第八位の高峰マナスルで大惨事[9]が起きた。午前五時少し前、アメリカ人の元アドベンチャー・スキーヤー［氷壁などの極めて危険な場所をスキーで滑走する人］であるグレン・プレイクは、頂上に向けて出発する準備をするために七〇一〇メートルの場所にテントを張っていた。プレイクと同じテントを使っているフランス人のグレッグ・コスタが最初にその音に気づいた。かすかな、だが間違いようのない、雪崩が襲ってくるときの雷鳴に似た轟きだった。その恐ろしい音はあっという間に耳を聾さんばかりになり、次の瞬間、キャンプ地全体が三〇人の登山者ごと押し流された。雪崩が収まったときプレイクは、自分がテントに入ったままクレバスのなかに半分埋まっていることを知った。キャンプ地から三〇〇メートルほど下まで流されていたのだ。この雪崩でコスタをはじめ一〇人が行方不明になった。

多くの記事が報じたのは、その日の朝にアメリカ人とフランス人の三人のプロスキーヤーが死亡したということだった。ほかの八人――全員がシェルパ――について触れた記事は皆無だった。だが、そのおよそ一年後に、グレイソン・シェイファーが「アウトサイド」に「使い捨ての男」と題した記事を書いた。「一世紀以上にわたって欧米の登山者たちはネパールのシェルパを雇い、エヴェレストでもっとも危険な仕事を担わせてきた。貧しい地域では利益をもたらす仕事だが、金を払う顧客のために労働者がこれほど頻繁に死亡したり大怪我を負ったりするサービス業は世界でも類を見ない。死者はたいてい忘れられ、家族のもとに残されるのは亡霊だけだ」[10]。この記事は、シェルパたちが長年感じていた、爆発寸前の怒りに火をつけた。シェルパは多くの危険を引き受けているのに、わずかな報酬しか受け取っていないのだ。

そして二〇一四年、クンブ氷瀑で一六人のシェルパの命が奪われるという悲劇的な出来事が再び起きたとき、生き残った仲間のシェルパたちが反旗を翻した。歴史上初めて、彼らは死者を悼むため山に登ることを拒み、登山シーズンの全仕事を取り消した。自分たちの山を取り返すときが来たのである。

　ネパール人経営の登山ツアー会社が急激に増えていった。給料の高い欧米人ガイドを切り捨て、シェルパたちの賃金を減らすことで、ガイド付きエヴェレスト登山を格安で提供するようになった。エヴェレスト遠征の費用は二万ドルまで下がり、数年のうちに、このような会社が市場の大半を占める結果になった。二〇一九年には、その価格は三万五〇〇〇ドルから四万ドルまで上がっている。私たちが〈エクスペディション・ヒマラヤ〉に支払ったひとり当たりの遠征費用もそれくらいだ。一方で、グルブホーファーは〈コブラー・アンド・パートナー〉に六万五〇〇〇ドルを払っていた。〈アルペングロー・エクスペディションズ〉の速攻登山ツアーは、八万五〇〇〇ドルという堂々たる価格だ。値段の張るツアーでは、経験豊富な欧米人ガイドがつき、より良い宿泊施設、より美味しい食事、より快適なベースキャンプ、より多くの酸素を得ることができ、その結果、登頂の成功率は——そして生きて家に帰れる確率も——ぐんと上がる。

　しかし、低価格ツアーと高価格ツアーのもっとも重要な違いは、高価格のほうが登山客の審査を厳格におこなっていることかもしれない。もし〈アルペングロー〉、〈コブラー〉、〈IMG〉などの会社のツアーでエヴェレストを目指す場合、八〇〇〇メートル級の山に登頂した経験があることが参加条件になっている。こうした会社はたいてい、エヴェレストとチョー・オユーをセットで販売している。秋にチョー・オユーに登り、その半年後に本命のエヴェレストに挑む。エヴェレスト登山への足がかりとして、比較的低い八〇〇〇メートル級の山に登るために時間、費用、労力をかけることは多くの人には納得しかねることかもしれない。しかし格安の会社を選んだら、山頂をともに目指す仲間のなかには、生まれて初めて八〇〇〇メートル峰に登るという登山者がいる可能性が高いのだ。

シェルパによるガイドサービス市場が成長するようになってから、ひとりの登山者にシェルパをひとりつけてサポートするという体制が確立され、高い技術を持つクライミング・シェルパの需要が供給を上回っている。アラン・アーネットによれば、ネパール人やインド人が経営する格安の登山ツアー会社は、シェルパ、タマン、グルンなどの民族のほかに、クンブ、ロワリング、マカルーの村やほかの地域の人々を大量に雇っているという。ネパール政府には山岳ガイドに関する規則や基準がなく、訓練を受けようが受けまいが、事実上すべてのネパール人が山岳ガイドとして認められている。この問題について長年記事を書いてきたアーネットによれば、格安登山ツアー会社は経験の浅いシェルパを、二ヶ月の重労働の報酬としてわずか一〇〇〇ドルか二〇〇〇ドルで雇い、すぐさま過酷な山へ送り込む。雇われた者の多くは、登頂に成功すれば将来的にもっと稼げるようになると期待してその条件を受け入れるという。

しかし、SSTの会長のミングマ・シェルパは、従業員たちに充分な給料を払っていないという指摘は間違っていると言う。彼から聞いた話では、彼は二〇一九年には五〇〇人のシェルパを雇い入れ、次世代の有望な若者たちの育成に一〇万ドルを投資した。「私が充分に賃金を払っていないというなら、なぜこんなに大勢のシェルパが私のもとで働いているんです？」

クライミング・シェルパが登山技術や、「自然に痕跡を残すな《リーブ・ノー・トレース》」という環境倫理プログラムの訓練を適切に受けられるよう精力的に活動している非営利団体が、ポルツェの村を拠点とする〈クンブ・クライミング・センター（ＫＣＣ）〉だ。この団体は、二〇〇三年にジェニファー・ロウ＝アンカー、コンラッド・アンカー、パヌル・シェルパの三人が設立し、アレックス・ロウ慈善財団が資金を提供している。毎年、数多くのネパール人に登山技術を教えているが、ここでの訓練機会を得られない者は現場で学ぶしかない。これまでに数百人のシェルパに数週間のカリキュラムで訓練を施してきたが、受け入れ人数に限りがあり、プログラムへの参加を申し込んだ者全員を引き受けることができない。

ジョイシャーとミングマは雪の積もった岩棚に腰を下ろし、若いシェルパの様子を見守りながら、彼が酸素供給で意識を戻すのを待っていた。もちろんジョイシャーは、「本物」のヴィーガンによるエヴェレスト登頂達成という自身の夢が天秤にかけられていることを理解していた。クライミング・シェルパはエヴェレスト高所で苦境に陥っても救助を当てにはできない。窮地に陥ったシェルパを救助できるのはほかのシェルパだけなのだが、そのシェルパはいつも登山客のサポートで手一杯だ。しかも登山客を放っておくわけにはいかない。しかし今回ジョイシャーは、もし目の前のシェルパが意識を取り戻さなければ、登頂を諦めてミングマとともにに救助にあたるつもりでいた。そのことを話し合ってはいなかったが、ミングマも同じように考えているものとジョイシャーは思っていた。そして、この決定をかなり簡単におこなえたのは、エヴェレスト山頂に一度立ったことがあるからだ、ということに気づいた。だが、一度も登頂したことがなかったとしたら？　初登頂に挑戦した二〇一六年のときに、この名も知らぬシェルパに遭遇していたらどうしていただろう？

ジョイシャーは、子どもの頃からエヴェレストに登ることを夢見ていた。テンジン・ノルゲイをずっと崇拝していた。ノルゲイはエドモンド・ヒラリーとエヴェレスト初登頂を果たした直後にインドのダージリンに移住したので、ジョイシャーはずっと彼をインド人だと思っていた。二〇一〇年にはアラン・アーネットに連絡し、「夢のエヴェレスト」に登るためのアドバイスを求めた。するとアーネットは、エヴェレスト登頂の鍵は潤沢な資金にあると述べた。当時ジョイシャーは、カリフォルニアを拠点とするIT企業のウェブヴィジブル社で働き、インド事業を担当していた。すでに主任になっていた彼は、ムンバイにいながらにしてアメリカと同等の賃金をもらっていた。金はあったが、起きている時間のほとんどを会社の机で過ごし、体重も標準より二〇キロ以上増え、太り過ぎだった。そこで上司に相談し、新たな雇用形態での契約を結ぶことにした。後継者を育てた後、個人事業主となって仕事をし、毎年夏には四ヶ月間の休暇をもらってインドのヒマラヤで訓練を重ねた。登山用具もたくさん購入した。数週間にわたる訓練コースを受講し、何百キロもトレッキングし、六〇〇〇メートル峰には数え切れないほど登った。二〇一三年には、エヴェレストへの挑戦に残された障害はひとつだけになった。資金を募ることだ。運動をすることがなくて締まりのなかった体を、屈強な肉体へと鍛え上げていくジョイシャーの様子を間近で見ていた上司が、資金を提供してくれることになった。

二〇一四年の春、ジョイシャーが南面のベースキャンプに到着した直後にクンブ氷瀑で大規模の雪崩が起きた。そのシーズンの登山中止が決まり、ジョイシャーは手ぶらで帰国するしかなかった。だがすぐに彼の夢を後押しする人々が現れた。次の春のシーズンが始まる頃には、クラウドファンディングで三万ドルが集まり、再びエヴェレストに挑戦することができた。そして彼がエヴェレストに戻った春に、百年に一度の大地震がネパールを襲った。ベースキャンプにいた一七人が死亡し、(11) 七〇人以上の負傷者が出た。幸運にもジョイシャーはけがもせず無事ではあったが、またしても登山が中止となり、彼は三万ドルを失った（規則では、このような状況で返金されることはない）。

帰宅後、ジョイシャーは両親をはじめ家族全員から責められた。こんなにも多くの命を奪う冒険に多額の金を費やし、結局得られたものなどなにもないじゃないか。もう諦めるべきだ、と。エヴェレスト登頂を目指してから五年が経っていた。エヴェレストは進むべき人生の道を示し、肉体だけでなく精神的にも大きな変化をもたらした。彼にとってエヴェレストはもはや天命であり、生き甲斐であった。それからジョイシャーは、最後の貯蓄債券を現金にし、家を担保に資金を借り入れた。そして二〇一六年五月十九日、彼は世界の頂点に立つ夢を果たした。

チベット高原に太陽が昇り始める頃に若いシェルパは正気を取り戻してきたようだった。背を丸め、足元を見つめ、胸を上下させていたと思ったら、次の瞬間には頭を上げ、目を見開き、正常な状態に戻っていた。それからようやく、ミングマとジョイシャーに目を合わせた。

「どうしたんですか?」若いシェルパは口を開いた。

ミングマから、酸素ボンベが切れてしまい、反応のない状態でいたことを告げられた男は、首を横に振った。なにも覚えていないし、どうやってこの岩棚にたどり着いたのかさえわからないという。ミングマはこのような状況で若者を叱ったりしたくはなかったが、もっと注意深くならなければ駄目だと言った。若いシェルパは「ダンニャバード、ダンニャバード、ダンニャバード」(ありがとう、ありがとう、ありがとう)と何度も言った。数分後には立ち上がり、最後にもう一度ありがとうと言うと、何事もなかったかのように岩だらけのトラバース道を歩き出した。

ロルフ・ウーストラは目を開けると、自分の両脚が空に向かって伸びていることに気づいた。逆さまで仰向けになり、頭の下には小さな崖の縁があった。「いったい、何だってこんなことになってるんだ?」

太陽がちょうど地平線から顔を出したところで、空は鈍色《にびいろ》に変わっていた。それでも、オーストラリア人のベテランガイドであるウーストラには充分な明るさで、自分がセカンド・ステップの基部の下のそれほど遠くないところにいるのがわかった。両手で石の塊をつかみ、両脚を滑らせて座った状態に体勢を立て直した。登山靴のあいだから北面を見下ろした彼は、自分が転落死寸前だったことを知り、いきなり目が覚めた。あと一メートル先まで転がっていたら、崖から落ちて北面をトマホークのように落下し、二一三〇メートル下に落ちていただろう。

ウーストラは背中を丸め、体に傷がないか両手をうごかしてみた。奇跡的に重傷は負っていないようだ。「しかしどうして固定ロープから外れた?」すると、酸素マスクの調子が悪かったことを思い出した。次のロープにカラビナを取り付けようとしていたときに、酸素が出なくなったのだ。

狭まった視界に明滅する光が入ってきて、まるで高速道路で警察から道路脇に車を寄せるよう指示されているような気がした。その光がどんどん明るくなってくるので、再び気を失わないうちに固定ロープのある比較的安全な場所に戻らなければならない。斜面を四つん這いになって登り、ようやく戻ると固定ロープに繋がった。そして、次にどうすべきか考えた。「どのくらい気を失っていたのだろう?」。覚えているのは、彼がガイドしていた登山客のなかのひとり、イギリス人女性のカムと呼ばれているカマルディープ・カウルに会ったことだ。彼女はそのとき集団からだいぶ遅れていた。あたりを見回しても彼女の姿が見当たらない。すでにセカンド・ステップを登り切ったにちがいない。そのとき、突然の閃光に目がくらんだ。まるでだれかがハロゲンスポットライトを彼の顔に当てたかのようだった。まわりにはだれもいない。それは、自分の脳裏で発せられた光だった。

午前九時三十分にラインハルト・グルブホーファーは、頂上でひしめき合う二十数人ほどの人混みをかき分け、周囲三六〇度すべてが雪の斜面になっている場所に到着した。世界の頂点に立ちはしたが、ピラミッド型の山の影や、湾曲している地球の果てを見ることができず、面白くもない他人のダウンスーツを見つめていた。ひっきりなしに山の両側から登ってきた人々は、密集している人を押しのけながらお決まりの自撮りをしていた。彼には、込み合う街のバスの座席を取り合っているように思えた。実際に何人かに押しのけられて、彼は驚き呆れていた。「こいつら、どうかしてるんじゃないか?」と思った。

彼より数分前に頂上に着いていたラントグラーフが、北側のところに腰を下ろしていた。グルブホーファーに手招きをすると、並んで座れるように体をずらして場所を空けた。グルブホーファーは落ち着くまでしばらく時間をかけ、それからラントグラーフと握手を交わし、登頂を祝福し合った。グルブホーファーのガイドのタシが写真を何枚か撮った。グルブホーファーは、自身が働くオーストリアの〈ビッグ・バス・ツアーズ〉社のために横断幕を広げた。「最初の停車駅は冒険。世界の頂上で」。それから両手でハートの形を作ってみせた。タシは、カメラをしまう前にもう一枚、グルブホーファーとラントグラーフが並んで座る写真を撮った。

ラントグラーフのダウンスーツの前面は、厚い氷で覆われていた。彼はゴーグルを外し、輝く朝陽に目を細めた。その姿を見たグルブホーファーは、彼の目が赤く腫れ、目尻に深い皺が刻まれていることに気づいた。かなり疲れ果てているようだ。それは当然のことだった。自分も同じような姿に見えるはずだ。

ようやくグルブホーファーの目の前から人がいなくなり、北と西を眺めることができた。厚い雲がリントレンとプモリの姿を覆い隠し始めていた。オーストリア人ガイドのアンドレアス・ニューシュミッドの襟についている無線機が鳴った。無線機の声は、前進ベースキャンプにいるカリ・コブラーのものだった。コブラーは、小型望遠鏡《スポッティングスコープ》で自分の担当する登山隊の状況を観察していた。

「昼頃には天気が悪くなる。すぐに下山してくれ」とコブラーは言った。

グルブホーファーは、昔からよく言われていることわざを知っていた。曰く、山頂は中間地点に過ぎない、エヴェレストで死亡した登山者の七〇パーセントは下山中だった、と。嵐が迫りつつあった。アンジェリカや娘のマウスと交わした約束のことを考えた。ブーメランは頂点まで飛んだ。家に戻る番だ。

グルブホーファーは重い腰を上げてなんとか立ち上がり、ラントグラーフに向かって挨拶した。「じゃあ、気をつけて」ラントグラーフはぼんやりとしたまま見つめ返した。なにも言わなかったが、しばらくしてから頷いた。数分後に立ち上がると、少し前に出発したグルブホーファーの後を追って下山を始めた。

　数時間後、前進ベースキャンプに戻ってくると、コリー・リチャーズが私のほうを向いてこう言った。「山であんなに長い夜を過ごしたのは初めてだよ。途中で震えが止まらず歯がガチガチして、まるでアニメの骸骨みたいだった」

　昼食の後で私たち五人は〈アルペングロー・エクスペディションズ〉の食事テントでテーブルを囲んで座っていた。コリーとトポは並んで二脚の折りたたみ椅子に、その向かいにレナンと私とエミリー・ターナー（アルペングローのベースキャンプ責任者）が腰をかけた。コリーとトポが北東壁の新ルートに挑戦したすさまじい経験を話し出してからすでに三十分は経っていた。トポの鼻は、太陽にさらされて乾ききったまま放置された一枚のハムのようだった。顔は黒い無精ひげに覆われ、目はどこか遠くを見ているようだ。コリーの鼻も焼け、髪は逆立っていた。出発前に私たちとぶらぶらしていたときに彼らの心の内に燃えていたものが何であれ、それはことごとく消え去っていた。目の前にいるふたりの男は、燃え尽きた抜け殻だ。

　登攀初日が終わる頃、トポとコリーは標高七四一〇メートルのところで、固まっていない雪が三〇センチほど積もっている傾斜五五度の石灰岩の一枚岩《スラブ》の上にいた。体力が消耗していたがテントを張る場所がなく、階段の踏み板ほどの幅しかない狭い岩棚に座り、縁から足をぶら下げて夜を過ごすしかなかった。ふたりのロープを固定している支点《アンカー》——もろい岩の層に上向きに打ち込んだ二本のハーケン――はかなり頼りないもので、ふたりともそこに体重をかける勇気がなかった。ふたりは登山靴を履いたままスリーシーズン用の寝袋に潜り込んだが、結局その場は、岩溝《ガリー》を通って吹き下ろす雪煙が首まわりにできた隙間を直撃する絶好の場所だった。寝袋が雪で埋まるのにそれほど時間はかからず、まるで漁船の船倉で冷凍された二匹の鮪よろしく氷詰めにされた。

その日の早朝、ふたりが北東壁の基部に置いたデポ地で装備を準備しているとき、ベースキャンプに救急セットを忘れてきたことに気づいた。つまりこれは、高地肺水腫や高地脳浮腫の治療に使われる強力なステロイド薬デキサメタゾンが、一、二回服用する分しかない、ということを意味した。ふたりは薬を使わないで済むことを願い、そうなるはずだと思っていたが、コリーは、これが大惨事に繋がる一連の出来事の最初の過ちかもしれない、と思わずにはいられなかった。数年前にスキューバダイビングの事故で死にかけたことを急に思い出した。その出来事は、今回と同じように一見取るに足らないような過ちから始まり、気がつくといつの間にか水深三〇メートルのところで、酸素ボンベには空気がまったく残っていないという状況に陥っていた。

ふたりの装備には、シングルウォールの小型テント、耐寒温度氷点下七度の寝袋二枚、食糧六日分（ひとり一日二八〇〇キロカロリー）、ストーブ、燃料缶数個、長さ約八〇メートルで六・五ミリ幅のロープ、ロッククライミング用具を入れた袋、アイススクリュー四本が入っていた。荷物の重さは合計約三四キロで、それをふたりのザックに分けて詰めた。真っ暗だった空がゆっくりと青色に変わっていく頃、ふたりは登攀を開始した。トポが先に、その一メートル下にコリーが続く縦列で登ったが、ロープで繋ぐことはしなかった。ふたりを固定しているのはピッケルだけで、そのピッケルは「へその緒」と呼ばれる短い綱でハーネスと繋がっていた。

その氷壁の扇状堆積層《エプロン》は、登り始めの頃は傾斜が四五度くらいだったが、六〇〇メートルほど上の岩溝を目指すうちに、徐々に勾配がきつくなっていった。コリーとトポにとって不運だったのは、斜面が一五センチから二〇センチほどの雪に覆われた非常に硬い氷に包まれていたことだ。コリーはその状態を「凍結雪面状の埃」と言った。もし表面がこれほどまでに硬くなければ、フレンチテクニックを使って進んでいけたかもしれない。そうすれば、足首を外側に傾け、アイゼンの爪を斜面に対して直角に接地し、ピッケルのヘッドを握って杖のように使って雪の斜面をジグザグに登っていけただろう。たしかにそうすれば急な斜面を素早く効率的に登ることはできるが、それは雪面が硬すぎず、足を滑らせたときの滑落止めのためにピッケルの石突きを奥まで突き刺せるくらいの雪面でなければ難しい。コリーとトポが鋼鉄のような氷壁を安全に登る唯一の方法は、斜面に向き合って、アイゼンの前爪を氷に突き刺し、ピッケルのピックの先端を氷に押し当てて進むやり方だ。だが、万年氷は脆く、ピックで打つと砕けて剝がれることが多かった。一歩一歩登るたびにピッケルを振り下ろし、氷を削ってより硬い氷に行きつくまで何度も振り下ろさなければならなかった。雪面の勾配は四五度で、ピッケルを振り上げるにはかなり身をかがめなければならず、腰とふくらはぎに大きな負荷がかかった。コリーは鬼のようになって訓練を重ねてきたが、有酸素運動に長い時間をかけるよりも脚の筋肉を鍛える訓練をもっとすべきだったとすぐに後悔した。ふくらはぎがあっという間に痛みで悲鳴をあげ始めた。

太陽が昇り、ふたりが二匹の虫けらのようにへばりついている氷の海原が、綿あめ色に変わったとき、自分たちが取りかかっているものの壮大さに圧倒されて身が縮みそうになった。コリーは、空を突くような地球の大波にふたりで乗っているような気がした。踵にかかってくる重力に、体の芯が凍るような恐怖を覚えたが、同時に気持ちが浮きたってもいた。このときのために、一年をかけて準備してきたのだ。

ふくらはぎの負担を和らげることができないまま、単調で過酷な登りが何時間も続いた。そしてようやく、朝から目指していた岩溝にたどり着いた。そこの雪は深く、表面は硬かった。足で表面を蹴って穴を開け、そこに立つことができた。しかし、雪の下はもろく、崩れやすそうだった。ふたりが登っていたのは「ウィンドスラブ」と呼ばれる、いつでも雪崩が起きそうなことで知られているところだ。この一枚岩は非常に薄く、一歩踏み出すたびに太鼓の革のように震えた。

一枚岩のてっぺんに出ると、切り立った岩から青く輝く氷柱が巻き鬚のように何本も垂れ下がっていた。ところどころに、幅がわずか六〇センチほどの氷で覆われた溝が垂直に走っていた。それはまさに、コリーとトポがこのルートを初めて目指した二〇一六年からずっと夢見ていた、極めて危険な地形だった。しかし現実に目の当たりにしたとき、コリーはよくわからなくなった。かなり困難なルートらしく、彼はこれまでの経験から、見た目以上に過酷な登りになるだろうと思った。これまで登ってきた道と同じように氷がもろければ、とてつもなくきつくなり、登る速度も遅くなる。コリーは、トポがうずうずしているのがわかった。彼は登りたくてたまらないのだ。コリーは違った。ふたりで少し話し合い、トポを説得してここを迂回し、左に向かって岩溝を通り、そこから登ることにした。

ふたりが次の岩溝に向かって登攀する頃には、太陽がすでに空高く昇っていた。風はなかった。ダウンスーツを着ていると、熱がこもって暑かった。山もまた活気づき、氷が融けて真っ黒な岩石が顔を出し、上から岩が落ちてくるようになった。小さいものはゴルフボール大くらいで、大気を裂く音を立てて勢いよく脇を落ちていった。大きいものはグレープフルーツ大ほどもあり、大砲が飛んでくるような音を響かせて落ちてきた。

午後のあいだ中ふたりは登攀を続け、落ちてくる岩石は運を天に任せるしかなく、できるだけ危険の少ない道を通った。午後七時には、まばらな粉雪に覆われた黒い岩の下り坂になった一枚岩の上にいた。一歩踏み出すたびに、ばらばらになったジグソーパズルのような不安定な石の上をアイゼンが滑っていく。ピッケルで支える場所もなかった。もしどちらかが足を滑らせれば、九〇〇メートルほど下の北東壁基部に着地することになる。先に進んでいくトポが、未知の世界を熱心に探求していた。コリーは肉体的にも精神的にも遅れずについていくのがやっとだった。トポが狭い岩棚で立ち止まり、コリーが追いついてくるのを待った。

「調子は？」トポが訊いた。

「それほどいいとは言えないな」コリーは答えた。「暗いなかでここを登るのは気が進まない。今日はそろそろ終わりにしないか」

トポは頷き、ほとんど言葉を返さなかった。コリーは、アクセルを踏むべきときにブレーキを踏んでいたのだ。トポは夜通し登攀を続けたかった。それに、ビバークする適当な場所がなかったので進み続けるほうが賢明だった。立ち止まっても体力は少しずつ失われていき、貴重な時間が無駄になるだけだ。よく考え、果敢に行動すべきときだった。だが、コリーはすっかり怖じ気づいていた。

十二時間後、氷の繭と化した寝袋で震えているみじめなふたりに向かって太陽がゆっくりと近づいてきた。コリーは何時間も前に、もうこれ以上登らない、と決めていた。夜中にトポにそう伝えると、トポは同意した。凍死寸前の目に遭っている夜に、トポもすっかり熱意を失っていた。だが、ついに陽の光に照らし出されると、この状況はそれほど悪くはないように感じられた。トポがストーブに火をつけ、ふたりは数分後には日を浴びながら熱い紅茶をすすっていた。いくぶん元気になってきたので、登攀を諦めるのはまだ早いという結論に達した。しかし四時間後、眠れず震えながら過ごしたことで彼らの体はすっかり衰弱し、登っていくにつれて、厄介な問題の深みにはまっていくだけだと悟った。ふたりは引き返した。七時間におよぶひたすら長く、危険をはらんだ下山をおこない、ふらふらになりながら東ロンブク氷河に出て、キャンプ地を目指した。

それから二十四時間後、ふたりは私たちとこうして紅茶を飲み、受けた痛手からなんとか立ち直ろうとしながら、次の計画を考えていた。

「おれはまだ、このシーズンを諦める気にはとうていなれない」とコリーは言った。

「おれもだよ」とトポも答えた。

話はやがて、今回の挑戦で学んだこと、そして次に挑むときに改めて作戦をどう練るかということに移っていった。登攀用具を減らして荷物を軽くする。より寒さの厳しい夜のあいだに登攀すれば、落石の心配はほとんどなくなる。足元の確保がしやすい岩溝の中央を登り続ける。だが、ふたりはどんな話をしようとも身が入っていないように思えた。ふたりの登山はもう終わったのだ。おそらくふたりもそのことに気づいていたのだろう。そしてコリーはこう言った。

「次の登頂時機は、六月一日までないらしいな」

今度は私が意気消沈する番だった。「それが本当なら、この計画はもう終わりだな」と私は言った。「六月一日は八日後だ。中国当局がそんなに長いあいだ滞在を許可してくれるわけがない。万が一、許可してくれたとしても、あと一週間も前進ベースキャンプにいれば体がすっかり弱ってしまう。ベースキャンプに一旦逃げ戻ったらそれで終わりだ——中国当局は二度と私たちを前進ベースキャンプに登らせてくれないだろう」

ターナーの無線機は、上にある第三キャンプから数分おきに報告をがなりたてていた。アルペングローの速攻登山隊は、前の日の午後に高所キャンプに到着していて、その日に登頂を目指す予定だった。しかしガイドが山頂の混雑を心配し、一日ずらすことに決めた。彼らが夜の十時に出発する準備をしながらテントで過ごしていると、猛烈な暴風雪が降り始めた。強風が山の高所で吹きすさび、激しく雪が降りだし、視界が白くなった。無線機でだれかがターナーに呼びかけるたび、風の唸り声とテントが激しくはためく音が聞こえた。どうやら速攻登山隊は賭けをした天気で負けたようだ。そのときコリーとトポが、やっぱりな、といわんばかりの表情をした。おそらくふたりは自分たちが前進ベースキャンプで安全にいることで安堵し、「事象の地平面」で大嵐と闘わずに済んだことに感謝しているようだった。

ターナーの携帯電話がテキストメッセージを受信した音を出した。彼女は机の上にある携帯電話を手に取った。メッセージはカリ・コブラーからで、彼の隊は山頂から下っているところだという。

「そんなまさか」とターナーは口にした。彼女の顔から一切の色が失われた。

ラインハルト・グルブホーファーがセカンド・ステップの上に到着したのは、午後十二時三十分頃だった。行列ができていた。梯子を下りる順番を待つ人は一〇人くらいだろう、とグルブホーファーは見当をつけた。天気が急激に悪化しているから、あまり待たないで済むといいが、と思った。二時間をかけて下山しているあいだに、谷に湧き立つ雲が上昇し、エヴェレスト頂上付近を呑み込んでいた。今や雪が激しく降りだし、風は秒速一五メートルで吹き荒れ、さらに強烈な突風がときおり押し寄せてきた。風速冷却によって気温が氷点下三〇度まで下がった。

グルブホーファーがそのときもっとも悩まされていたのが、前が見えないことだった。夜明け前の暗闇のなかで頂上を目指して登っているときに、ゴーグルが曇ったまま凍り付いてしまったのだ。元に戻せないのでゴーグルをザックに入れた。代わりに彼は今、予備に持ってきたアディダスの広角のサングラスをかけていた。午前中の快晴時には視界は良好だったが、北東稜に氷交じりの雲が渦巻き始めると、数分ごとにサングラスが霧氷に覆われた。レンズの氷を取るには、オーバーミトンを脱ぎ、薄いフリース手袋をはめた指で拭きとるしかない。何度もそれを繰り返しているうちに、指先がかじかんで感覚がなくなってきた。凍傷になるのは時間の問題だと思った。

サングラスに気を取られていたグルブホーファーが、「どうした、どうして列がまったく動かないんだ？」と思い始めたのは十五分後のことだった。そのとき、列の先頭にいる中国人女性が原因であることがわかった。彼女が中国人だとわかったのは、中国登山隊の隊員全員が身につけている赤いダウンスーツを着ていたからだ。シェルパがふたり、彼女に梯子を下りるように叫んでいたが、彼女はプールで高飛び込みをする幼い子どものように恐怖で凍りつき、身じろぎひとつできなかった。ここで下りる道はそのひとつしかなく、彼女がそこを塞いでいるのだ。彼女が下りるまで、だれも動くことができない。

時間はゆっくりと流れ、グルブホーファーはサングラスの氷を何度も拭き取り続けるしかなかった。三十分が過ぎてもなにも変わらなかった――女性はまだ同じ場所にいた。人々は文句を言い出した。だれかが叫んだ。「いいかげんにしろよ、何で動かないんだよ」。グルブホーファーが後ろを見ると、少なくとも二〇人が並んでいた。何人か後ろにラントグラーフが黙って立っているのが見えた。彼は自分の足元を見つめたまま動かないでいる。青いダウンスーツがすっかり霧氷で覆われていた。

四十五分が経過した。

「クソッ！　早く動け！」グルブホーファーは怒鳴った。ほかの人々も彼女に対して口々に罵り出した。シェルパたちは女性を引っ張ったが、彼女はその催促に応じなかった。グルブホーファーの気持ちはどんどん暗くなっていった。中国人女性は、どう見てもエヴェレストに来られるような人間ではない。それなのに、その女性のせいで命を奪われようとしている。グルブホーファーは思った。「このままじゃ約束を守れない。おれはここで死ぬんだ。一九九六年の事故と同じじゃないか。こんな馬鹿な奴のせいで、なぜおれがこんなところで凍死しなければならないんだ。あの女はおれたち全員を殺すつもりだ。あの女のところに行って蹴り落とすべきじゃないか。彼女が生き残るのか、おれが生き残るかどちらかだ」

そして、怒りで我を忘れそうになったまさにそのとき、赤いダウンスーツが崖の縁から消えたのがわかった。一時間かかったが、女性はついに勇気を振り絞って梯子を下りたのだ。グルブホーファーが列の先頭に立つまでには、さらに三十分がかかった。結局、猛吹雪のなか、標高八六〇〇メートルで一時間半も待たされる羽目になった。もはや手足の指の感覚はほとんどなくなっていた。重度の脱水症状で、口のなかがくしゃくしゃの紙で一杯になっているように感じられた。

二十分後、グルブホーファーが梯子を下り切ってセカンド・ステップの下の厄介なトラバース道を進んでいるとき、突如背後で新たな騒動が持ち上がった気配がした。人々が叫び声をあげた。ひとりの女性の叫び声がひときわ大きかった。グルブホーファーは進み続けなければならなかった。そうしなければ彼のすぐ後ろにいる人々がさらに遅れることになる。ラントグラーフのことが気になった。頂上での彼の大儀そうな姿を思い出した。彼は念じていた。「ああ、エルンストではありませんように。お願いします、どうか、エルンストではありませんように」

セカンド・ステップの上では、ヨルダン出身で二十七歳のドロレス・アル・シェレという女性がラントグラーフのすぐ後ろに並んでいた。彼女は、ラントグラーフが梯子を二、三段下りた直後に足を滑らせたのを目にした。彼は固定ロープに逆さまにぶら下がった。ザックの重みで後ろに引っ張られたのだ。彼はひっくり返った兜虫のように、もとの体勢に戻れないまま手足をばたつかせていた。彼女は「おかしい。自分で起き上がれないなんて」と思った。「アレックス！」彼女は声の限りに叫び、ふたり置いて後ろにいるロシア人ガイドのアレックス・アブラモフを呼んだ。その数分前、アブラモフはシェルパにショートロープでアル・シェレと梯子を下りるように指示を出していた。そのため彼女は、そのシェルパのハーネスとロープで結ばれて、リードに繋がれた犬のような格好になっていた。だが、アル・シェレは信頼している別のシェルパとのショートロープを求め、アブラモフに文句を言った。アブラモフはきっぱりと言った。「大丈夫だ、ドロレス。ただ下りるだけだから」。まわりにいた人々はそのやり取りの一部始終を見ていたので、皆、彼女が叫んだのを見て、先ほどの中国人女性のように梯子を下りることを怖がっているのだろうと思った。なかにはすでに二時間近く待たされている者もいた。彼らは危険なほど低体温になり、酸素ボンベが切れかかり、我慢の限界をとっくに超えていた。怒りが爆発し、怒鳴り声が響いた。「いったいなにやってんだよ」別の怒声が飛んだ。「頭おかしいんじゃないか？　とっとと梯子を下りろ！」

そのときには、ラントグラーフのガイドのシェルパが彼の下に移動し、下からザックを押し上げ、梯子で体勢を立て直す手助けをしていた。と、突然、十分ほど逆さ吊りになって手足をばたばたさせていたラントグラーフの動きがぴたりと止まった。彼はアル・シェレのほうを見上げ、それから目が上向きになり、体から力が抜けた。

アル・シェレは再び悲鳴を上げ、やがて泣き出した。アブラモフはふたりを追い越して彼女のところへやって来た。腹を立てていた。彼女がヒステリーを起こしているのは先ほどの口論のせいだと思っていたのだ。ロシア語で彼女に悪態をつき始めたが、下を見て、上段の梯子の下に横たわっているラントグラーフの姿を認めた。ようやく彼は理解した。ラントグラーフは懸垂下降器を取り付けたロープと繋がっていて、ロープの下を掴んだ手で動きを抑制しながら下りていたのだ。彼は、体を立て直そうとして手足をばたつかせているあいだもずっとロープを握って体を支えていた。意識を失ったときに手がロープから離れて、梯子の下まで六メートルほど落下した。アブラモフが梯子を下りてラントグラーフのシェルパのいる場所へ行った。ラントグラーフは頭を下にしてハーネスに吊りさげられて脚が上を向いていた。マスクは外れ、酸素ボンベはザックから抜けて北壁を落ちていった。目は閉じていた。アブラモフは彼の体を揺さぶり、目を覚まそうとした。しかし、ラントグラーフは反応せず、息をしていなかった。絶命していた。

アブラモフは彼の遺体をセカンド・ステップの下まで下ろして通り道を開けることを考えたが、そうするには少なくとももさらに一時間かかり、しかも数人のシェルパの助けが必要になる。そしてシェルパたちは皆、弱りかけている自身の客の世話で手一杯だ。時刻は午後三時を回ろうとしている。列が進まなければ、ラントグラーフと同じ運命をたどる人が出てくるかもしれない。そこでアブラモフは、彼の遺体をできるだけ通り道から離れた脇に寄せて縛り、アル・シェレに下りてくるよう呼びかけた。彼女は下りようとしたが、なぜか彼女と繋がっているシェルパが動こうとしなかった。アブラモフはアル・シェレが下りないのを見て梯子を登っていった。彼女の体が動けないことを知らないまま彼は彼女の足をつかんで引っ張り始めた。下からアブラモフに引っ張られ、上からはシェルパに体の自由を奪われたアル・シェレは、再び悲鳴を上げ始めたが、その声を聞いて待機していた人々のあいだでさらに一悶着が起きた。上にいた者はだれひとりとして、ひとりの人間が今命を落としたことに気づいていなかった。アル・シェレはついに手を伸ばしてシェルパと繋がっていたロープからカラビナを外し、確保なしで下り始めた。梯子の下ではラントグラーフの体を肩で押して横にずらし、その青いダウンスーツに体を滑らせ押しのけるように通るしかなかった。

一方、グルブホーファーはタシ、ニューシュミッドとともに、セカンド・ステップの下の厄介なトラバース道に取り掛かっていた。背後から聞こえる騒ぎで、恐ろしいことが起きたことがわかった。ニューシュミッドのすぐ後ろにいたとき、そのガイドの無線機が音を発した。ラントグラーフのシェルパからだった。彼は「年寄りの男性が死んだ」と言った。「年寄りの男性が死んだ」

グルブホーファーは膝をついた。頭を岩にもたせかけ、ラントグラーフのこと、彼がもう家族のもとに帰れないということを考えた。気分がどんどん沈んでいった。性根尽き果てたような気持ちがした。だが、グルブホーファーは次の瞬間、気持ちを上向きに、意欲的にならなければ、と思った。なにがあろうと、娘のマウスとの約束を守らなければならない。「イッヒ・ニヒト」と彼は心のなかで言った。「イッヒ・ニヒト」（おれは死なない）。そしてこの呪文とともに彼は立ち上がり、一歩一歩下山を始めた。

午後五時ごろに彼がキャンプ地に近づいたとき、ついに酸素が切れたがなんとか必死に意識を保っていた。目が勝手に閉じていき、そのうち足が動かなくなった。彼は這いつくばるようにして残った道を進み、生きるための戦いを続けながら、繰り返し「ブーメラン、プリンツェシン《お姫様》、マウス、ブーメラン、プリンツェシン、マウス」と唱え続けた。

非難の的となった頂上付近のコンガ・ライン。「エヴェレストが急変した日」にネパール側南東稜で登山者の大行列ができた。多くの人は気づいていなかったが、チベット側北東稜でも混雑が起きていた。
©Mark Ballard

ジョージ・マロリーと妻ルースの写真。第一次世界大戦中、マロリーが一時帰国した際に撮影された。マロリーはソンムの戦いで第40攻囲砲兵中隊に所属していた。

1923年の夏をイングランドで過ごすサンディ・アーヴィンとマージョリー・サマーズ。サンディが親友の継母と不倫したことで、マージョリーの夫はこの写真が撮られて間もなく離婚届けを提出した。

ベースキャンプに滞在中のイギリスの1924年エヴェレスト遠征隊。後列左からサンディ・アーヴィン、ジョージ・マロリー、エドワード・ノートン、ノエル・オデール、ジョン・マクドナルド。前列左からエドワード・シェビア、ジェフリー・ブルース、ハワード・サマヴェル、ベントリー・ビーサム。

1924年6月6日の朝、ノース・コルを発つ準備をするマロリーとアーヴィン。この2日後、北東稜の標高8600メートル付近を登る姿をノエル・オデールに目撃されたのを最後に、ふたりは姿を消した。©noel E. Odell/Royal Geographical Society via Getty Images

マロリーの遺体が1999年5月1日に発見されたとき、衣服の大部分は風で吹き飛ばされてなくなっていた。左脚が怪我をした右足首の上に重ねられている。この仕草から、滑落したマロリーにはわずかなあいだ意識があったと解釈する人もいる。
©Thom Pollard

マロリーの革製の登山靴。1999年5月、エヴェレスト北面の標高8160メートルで遺体が発見されたときに撮影された。アイゼンの代わりに、氷雪で滑らないためのV字形の鋲釘が打ち付けてある。
©Thom Pollard

2019年サンディ・アーヴィン調査遠征隊のメンバー。後列左からジム・ハースト、レナン・オズターク、マーク・シノット。前列左からマット・アーヴィング、トム・ポラード、ジェイミー・マクギネス。
©Thom Pollard

2019年サンディ・アーヴィン調査遠征の発起人トム・ポラード。登山家で映画監督の彼は、ジョージ・マロリーの遺体を発見した1999年の遠征に参加していた。
©Renan Ozturk

エヴェレスト歴史家トム・ホルツェルは数十年にわたる粘り強い調査でGPS座標を割り出し、調査隊はその場所でサンディ・アーヴィンの遺体を発見できると語った。「ここにないことは考えられない」とホルツェルは言い切った。手にしているのは1920年代に製造されたコダックVPKで、調査隊が探しているカメラとそっくりだった。
©Mark Synnott

写真右上のビレ・タマンは、ベースキャンプで30人を超える人たちの食事を毎日作っていた。この写真でタマンは、調査隊のベースキャンプの管理役を務めてくれたシェルパのダワ(写真左下)、ガイドシェルパのパサン・ゴンバ、補助役のチュンビとテーブルを囲み、食事を楽しんでいる。
©Renan Ozturk

ベースキャンプのコリー・リチャーズ。リチャーズと相棒のエステバン・「トポ」・メナは2019年の春、エヴェレスト北東壁の新ルート登攀を目指していた。©Renan Ozturk

チベット仏教の儀式プジャが終わり、大騒ぎするクライミング・シェルパたち。プジャの儀式中は、チョモランマ(エヴェレストのチベット語名)へ安全祈願をしていた。
©Renan Ozturk

クライミング・シェルパの若手、プラカシュ・ケムチェイ。この遠征中に著者と特に強い絆で結ばれた。©Renan Ozturk

4人の子を持つ49歳のラクパ・テンジェ・シェルパは、遠征隊をサポートするクライミング・シェルパのリーダー。©Renan Ozturk

東ロンブク氷河の奇跡のハイウェーとは、高地で氷が変形したペニテンテに覆われた氷河にできた、中央堆積の歩行路のことである。写真の奥に中継キャンプが写っている。
©Renan Ozturk

ヤクはモンゴル、中央アジア、チベット、ネパールにかけて、標高4000から6000メートルの地勢で生息し、エヴェレスト北面の原動力となっている。東ロンブク氷河を登り降りして大量の食糧と物資を運ぶ。©Renan Ozturk

標高7010mのノース・コルへと
続く氷雪の壁。
©Renan Ozturk

標高7680メートルの第2キャンプで、小便のかかっていない雪を探すレナン・オズターク。ここの雪を融かして水を作らなければならなかった。©Mark Synnott

カテゴリー4のサイクロン「ファニ」は、インド亜大陸を通過しながら、エヴェレスト地域に湿気と記録的な強風をもたらした。2019年の登山シーズンは始まる前から終わる恐れがあった。©Renan Ozturk

ノース・コルで暴風に襲われたときのニック・カリシュ。突風でテントは倒され、4人のインド人登山者が山の崖縁に投げ出された。©Renan Ozturk

インド系イギリス人女性のカマルディープ・カウル。エヴェレスト挑戦前、友人たちに「山に登ることで命を救われた」と話した。
©Caroline Gleich

オーストラリア人のベテランガイドであるロルフ・ウーストラは、セカンド・ステップの下で意識を取り戻した後にこの自身の写真を撮る。その日、北東稜の高所でたった一人きりの勇気ある救助をおこなった。
©Rolfe Oostra

ヴィーガン登山家として初めてエヴェレスト登頂を果たしたクンタル・ジョイシャー。「インドのエヴェレスト文化は壊されていて、見直しが必要だ」と著者に語った。©Mingma Tenzi Sherpa

64歳のエルンスト・ラントグラーフ、2019年5月23日エヴェレスト頂上にて。
©Reinhard Grubhofer

オーストリア人のラインハルト・グルブホーファーは、2019年5月23日にセカンド・ステップの上でひどい行列に巻き込まれる。第3キャンプを目指し、這いつくばるようにして生きるための戦いを続けながら、自身と妻と4歳の娘の愛称「ブーメラン、プリンツェシン、マウス」を唱えた。
©Reinhard Grubhofer

2019年5月30日、日の出の時間に北東稜高所を登るカジ・シェルパとラクパ・シェルパ。後方に見えるのは世界第5位の高峰マカルー。©Renan Ozturk

標高8750メートルで北東稜のルートは極めて難しい岩だらけのトラバース道になり、角を曲がると北壁に至る。©Jamie McGuinness

北東稜の標高8610メートル地点にある高さ約30メートルのセカンド・ステップの下で、難所のトラバース道を登る隊員たち。かつてこの辺りでマロリーとアーヴィンが最後に目撃されて以来、歴史家たちの議論の的になってきたのは、ふたりが当時の未発達の装備でこの難関の崖を乗り越えられたかどうかということだった。中国隊が1975年に設置した梯子と、登山者ふたりの遺体がわずかに見える。
©Mark Synnott

セカンド・ステップの半ばあたりから見上げた写真。1924年のマロリーとアーヴィンは、梯子の左側にあるオーバーハングの下の割れ目を利用して登ったのだろう。青いダウンスーツは、1週間前にセカンド・ステップの上で混雑に巻き込まれて亡くなった登山者。
©Mark Synnott

2019年5月30日、サンディ・アーヴィンと伝説のコダックVPK を捜し出すため、標高8440メートル地点で固定ロープを離れ、イエロー・バンドの危険地帯を下りていく著者。©Renan Ozturk

貢布（右）は、エヴェレスト北面の初登頂を果たした歴史に残る1960年中国遠征隊において、3人の登頂者のひとりとなった。4年後の1964年6月、貢布は中国共産主義青年団の第9回全国大会に参加し、議長の毛沢東から歓迎された。©Baidu Baike

高所登山で負ったダメージを物語る写真。遠征の最後にベースキャンプに滞在中の著者。
©Thom Pollard

第三部　すべてを越えて

第十章　カムの闘い

一週間前にジェイミーが、最初の登頂時機に何人死ぬか賭けないかと言ったとき、私は非情で軽率な発言だと思った。彼が賭けの対象にしていたのは、私たちのような人々の命なのだ。五月二十三日木曜日の午後、私は涙をこらえているエミリー・ターナーを抱きしめながら、ジェイミーがこのような状況に何度も遭遇していることに思い至った。毎年毎年エヴェレストに戻ってくる者は皆、自分の仕事を懸命にこなすかたわら、死と対峙しなければならず、ある種の精神的な鎧をまとわざるを得なくなる。ジェイミーもそういう立場にいた。

私ですら、こんな身近なところで死が訪れたというのに、立ち止まることなく遠征隊の計画を推し進めていかなければならない。私はラントグラーフと親しく交流したことはないが、コブラー登山隊とは何度か山道ですれ違ったことがあるので、ターナーから彼の特徴を聞いたとき、その顔がすぐに思い浮かんだ。彼が死なずに余生を送れていたら、世界の頂点に登ったことを孫たちに繰り返し話すことができただろう、と思わないわけにはいかない。しかし今彼は標高八六〇〇メートルでロープから吊り下がったままだ。しかもまだ、この一日は終わっていない。無線機から流れてくる報告では、さらに多くの登山者たちが、切羽詰まった状況に置かれているようだった。

そうしたことに思いをめぐらせながら、私たちはサポートチームのシェルパたちとミーティングを開いていた。天候が回復し、山頂へ向かうことができた場合の計画を話し合うためだ。デス・ゾーンはまだ暗い険悪な雲に覆われていたが、標高六四〇〇メートルにいる私たちのところにはときおり陽が射し込んできた。私たちは炊事テントの外に大人数で集まっていた。ベースキャンプでおこなわれた全体会議に参加していない者もいたので、まずは自己紹介から始まった。まずはトムが、一九九九年にジョージ・マロリーの遺体を発見した捜索隊の一員だったこと、それから二〇一六年に南面からエヴェレスト登頂を果たしたことも話した。「私はこの文化や人々がとても好きです」とトムは言った。「頂上に立つのは素晴らしいことですが、このような遠征でとても大事なのは、ここにいる皆さんと親しい友人になることなのです」。シェルパたちは、トムの言っていることが理解できなかったのか、あるいは気にもかけなかったのか、無表情で無反応のままだった。若いシェルパのひとりは手に持った石を、横にある大きな岩に何度も打ち下ろしていた。

トムは幾度となく私に、シェルパたちと強い仲間意識を育んでいないことに不安を覚えていると漏らしていた。「なかには、あえて距離を置こうとしている者もいる」と彼は言った。「まるでだれかが私たちへの不信感を言いふらしているみたいだ」。特によそよそしい態度を取るシェルパたちとうまくやろうとしてみた。話しかけ、連絡先やフェイスブックのアカウントを交換し、「よし、これで仲良くなれた」と思う。しかし、その翌日キャンプで会うと、見も知らぬ人間であるかのようにトムを無視するのだ。後でわかったのだが、彼らはCTMAから私たちの隊に付くよう任命されたクライミング・シェルパだった。このときには、彼らの立場が後にどれほどの悪い結果をもたらすか、私たちにはまったくわかっていなかった。

次はレナンがネパール語で話した。だれも通訳しなかったので彼がなにを言っているのかわからなかったが、シェルパたちが揃って笑っていたので、面白い話だったに違いない。レナンは昔、カトマンズに一学期間留学したことがあり、それ以降、二〇回近くネパールを訪れている。いろいろな意味で、ネパールは彼の第二の故郷であり、ネパール語に堪能なために長年にわたってさまざまな人々と付き合いを広げてきた。レナンがネパールに行った回数のなかには、二〇一五年に公開された『シェルパ』というドキュメンタリー映画の撮影のためのものもあった。この作品は、エヴェレストに二一回登った伝説のシェルパ、プルバ・タシを取り上げたものので、彼とエヴェレストとの神聖で精神的な繋がりや、生計を立てるための仕事が危険であるがゆえに家族全員を苦しめていることに葛藤する姿を描いている。一九九六年のエヴェレスト遭難事故を扱った『エヴェレスト』というハリウッド映画はシェルパたちからことごとく嫌われたが、それとは対照的に『シェルパ』は大勢のシェルパに受け入れられた。レナンがその映画にかかわっていたと話したとき、嬉しそうな声があちこちからあがった。

「今年、マークと一緒にここに来たのは、エヴェレストに関する別の話を追いかけるためなんだ」レナンは言った。「今回は登頂とは関係がない。この後マークが詳しい話をしてくれると思う」

私はまず、自分の登山経験について少し話した。大人になってから高峰ではなく、未踏の巨大な岩壁《ビッグ・ウォール》を求めて世界中を旅してきた、だが今回八〇〇〇メートル峰に登ることになり、ついに子どもの頃の夢を叶えるチャンスをもらえたと思っている、と伝えた。ここで、私はジェイミーを見やり、訊いた。「もう、計画の詳細について話していいのか？」

「もう話したよ」とジェイミーは答えた。

私は深く息を吸い込んでから、ざっくばらんにこの遠征の経緯を話し、登山史上長いあいだ謎に包まれている事柄に強く興味をひかれてきたことを語った。「エヴェレストの高所に登ったら、その時期がいつになるにしても、頂上をまっすぐに目指すのではなく、イエロー・バンドでサンディ・アーヴィンにまつわる捜索をおこなうつもりでいます。皆さんにはそのサポートと協力をしていただければありがたく思います」

私はシェルパをひとりひとり順番に見つめていったが、だれも口を開こうとしなかった。咳払いをした者がひとり、もうひとりが片足を伸ばした。その拍子に岩が斜面をころころと転がっていった。何人かが山頂を見上げていた。そこでは今も物語が展開しているのだ。

ラクパがジェイミーを見て言った。「頂上には行かないのか？」

私が、捜索も登頂も両方するつもりがあることを言おうとする前に、ラクパが言った。「それはかなりまずい」

その言葉が彼の口から発せられたとたんに大混乱になった。それまで平静さを失うことなどなかったラクパが、とんでもない早口でネパール語をまくし立て始めた。私たちのプジャを取り仕切ったシェルパのナーティは、ヘビースモーカー特有のがらがら声で同じことを何度も繰り返した。私にわかったのは、「規約書」と「ブラックリスト」という言葉だけだった。いつもは私がキャンプ地で挨拶をしても返事さえしない若いシェルパのペンバ・テンジンが、だれよりも息巻いていた。

「ここはネパールじゃない」と彼は英語で叫んだ。「中国だ」

シェルパたちがますます興奮してくると、ラクパは無線機を摑み、輪から離れていった。私はダワに連絡しているのだろうと思ったが、その通りだった。彼は数分後に戻ってくると、ネパール語でレナンに怒りをぶちまけた。

「わかった、わかったよ、皆さん落ち着いて。おれが通訳するから」とレナンが言った。そして、私たちの計画によってシェルパたちが被る多様な問題について説明してくれた。まず、CTMAには「規約書」があり、固定ロープから離れることを禁じている。唯一の例外は、用を足すときだけだ。第二に、シェルパたちは登頂を切望している。エヴェレスト登頂はクライミング・シェルパには流通貨幣と同じだ。履歴書に記された登頂回数が多ければ多いほど有利になる。私たちの遠征隊のシェルパのなかには、まだ一度も登頂したことのない新人が何人かいた。登頂したいという強い思いはほかの人も同じで、登頂に成功すれば翌年からの報酬額が目に見えて変わる。ラクパのようなベテランも山に登るために来ているのであり、死体を探すために来ているわけではない。シェルパの全員が、とまでは言わないが、ほとんどが仏教徒で、死者を冒瀆するような行為を忌み嫌っている。罰が当たるからだ。もし最初からこの捜索計画を知っていたら遠征には参加しなかっただろう。第三の問題は、最近CTMAが私たちの隊に、第三キャンプでの滞在時間を十二時間までと指示してきたことだ。中腰で肘を膝に乗せ、バフ［首や頭などを覆う筒状の布］で口を覆ったナーティが言った。「標高八三〇〇メートルで十二時間以上過ごすのは体によくない。だれにとってもとても危険だ」

しかし私がいちばん辛い思いをしたのは、私たちが最初から本当の目的を言わなかったことでラクパたちが明らかに失望していることだった。「計画が変われば、われわれの仕事は非常に難しくなる」とラクパは英語で言った。私たちはシェルパたちに、CTMAが具体的に禁止していることや、家族の生活に大きな影響を与えかねないことをするように依頼して、シェルパたちを危うい立場に追い込んでしまったのだ。私たちにとって規則を破るのはたいしたことではない。もちろん、中国での登山を禁止されたいと思っている者はひとりもいないが、仮にそうなったとしても、それで生活に困るわけではない。世界中に登ることのできる高峰がいくらでもある。しかし、シェルパたちがCTMAのブラックリストに載ってしまえば、それは実入りの良い仕事を永久に失うことを意味する。

そして、気がつくと私たちは、今にも爆発しそうな一斉蜂起のただなかにいた。ノース・コルへの厳しい二回の登攀を経た私には、この後シェルパたちのサポートなしで登山を続けられるなどとは思っていなかった。彼らが行かなければ、私たちの遠征はおしまいだ。

このとき、全員の目がジェイミーに向けられた。彼は私たちに、捜索計画のことは〈エクスペディション・ヒマラヤ〉の幹部とそこのクライミング・シェルパたちに伝えている、と言ったばかりだった。遠征の前にジェイミーと私とのあいだでは、シェルパたちには今回の目的を理解したうえで遠征に参加してもらおう、ということで話はついていた。ところが今目の前にいるシェルパたちは、知らなかった、と言っているのだ。

ジェイミーは、黒いネックウォーマーを鼻まで引き上げていた。それを引き下げてなにかを言おうとしたようだった。口を動かしたが、言葉が出てこなかった。喉に手を当てて咳をする身振りをし、声が出ないことを示した。

「冗談はよせ」と私は言った。「ちょうど今、声が出なくなったっていうのか？ ずいぶん便利な喉だな」。ジェイミーは肩をすくめるとどこかへ行ってしまった。あっという間に収拾のつかない状況になった。レナンが、不安な思いを教えてくれたシェルパたちに感謝の言葉を伝え、誤解を招いたことを謝罪した。それから、すぐに話し合いをおこない、すぐにその結果を報告する、と約束した。私たちは食事テントに向かったが、シェルパたちはひと塊になっていた。

ペンバ・テンジンの声がひときわ大きく聞こえた。ネパール語かシェルパ語で話しているのでなにを言っているのかわからなかったが、山頂を指差していた。山頂を覆う雲は、いまだに暗いままだった。

食事テントに戻った私は、ジェイミーに言った。「どうなってるんだ？　捜索のことを話したんじゃなかったのか？」

ジェイミーは辛うじて聞き取れるくらいの声で話し出した。ダワと数人には話したのはたしかだが、ラクパには伝えなかったかもしれない、と。そして、いちばん気がかりなのは、CTMAが第三キャンプでの滞在時間を制限したことだと述べた。これまで長年エヴェレスト登山に関わってきたが、こんな話は聞いたことがない、と。CTMAはこの捜索計画のことを端《はな》から知っていたのか？　はっきりしているのは、今のところは知らずにいてもいずれ耳に入る、ということだ。ペンバ・テンジンが、この瞬間にも無線でCTMAに報告していてもおかしくない。

「それで、これからどうする？」私は訊いた。

「おれたちのせいで、彼らの生活がめちゃくちゃになるのはごめんだ」とジムが口を挟んだ。「それはよくないよ」

「どうやら、登頂することが最優先事項になったようだな」とトムが言った。「とにかく頂上を目指して、下山時に捜索をするというのはどうだ？」私の考えを、トムが口にした。

「捜索にあたって現時点でもっとも重要なことは、ホルツェルの予測地点まで行き、例の裂け目を調べることだ」と私は言った。「あそこはルートからほんの少し外れるだけだ。シェルパの要望に応じてまずは頂上を目指す。その行きか帰りかに、予測地点へ寄り道する」

「下山の途中だ。そのほうがいい」とジェイミーが小声で言った。ホルツェルも同意するだろう。彼はずっと、捜索地帯には上方から下っていくのがいいと考えていた。そうすれば、許競が一九六〇年に目撃した状況と重なる。それに、予定通り山頂を目指して出発するとなると、登りのときにはまだ暗い。

「おれが心配しているのは、マークが下山中にシェルパをその場に残して固定ロープから離れ、捜索地帯に向かって行ったら、どんなことになるかってことだ」とレナン。

「その計画でいくなら、おれは慎重に慎重を重ねてやるだけだ」私はそう言ってから「これはここだけの話だよな？」と付け加えた。全員が、その意味を理解した。

「ではそれでいこう」とジェイミーが言った。

私たちはラクパを食事テントに呼び、新たな計画を伝えた。レナンがまとめ役を引き受け、ラクパにはネパール語で話し、私たちにも内容がわかるように英語で通訳した。「できる限り、いちばん簡単な計画で行くことにしたよ」とレナンは説明した。「頂上を目指して進んでいく。規則を守りながら、その途中で撮影もおこなう。みんなと協力してやっていきたい。中国政府と問題を起こすつもりはない。みんなの今後の仕事を邪魔するようなこともしない。つまり、頂上を目指して登っていき、安全に下山するというのが新しい計画だ。どうだろう？これでいいかな」

「ティックチャ、ティックチャ」ラクパは頷いた。

「今の状況では単純な計画ほどいいものはない」レナンは続けた。「おれたちはただ、いい遠征をしたいだけなんだ。それにわれわれみんなにとって、これは仕事だ。おれたちはこれからも山で仕事をしたいと思っているし、中国政府とのつきあいが大変なこともわかってる」レナンはそう言ってから、物問いたげな目でテーブルのまわりを見渡して付け加えた。「おれだけが話すのはよくないな」

「私たちの計画を知らないでいれば、皆さんには迷惑が掛からないと思っていたんです」とトムが口を開いた。「CTMAとはだれも問題を起こしてほしくありません」

「ああ、わかってます」ラクパは答えた。

トムは続けた。「頂上に立って、いい映像を撮って、下山して、盛大にパーティーをしましょう」

「いいね、賛成」みんなが口々に言った。ラクパはようやく静かに笑い、やさしい微笑みを浮かべた。私は心のなかで小さくガッツポーズをした。一ヶ月以上前にベースキャンプに到着してからずっと気になり続けていたジレンマ——捜索を優先させて登頂は断念すべきか——をシエルパたちが解決してくれたのだ。結論が出て私はほっとした気持ちになった。

下山中に、私が突然予想外の規則破りをする可能性についてはだれも触れなかった。ラクパも特に突っ込んだ質問をしなかった。あえて口にしなかったのは、私たちが賢明な妥協案を見つけたからのようだった。そして、許可を求めるより謝罪するほうがいい場合があるとすれば、今こそそのときだった。

その日の朝、グルブホーファーとラントグラーフが登頂を果たした頃に、オーストラリア人ガイドのロルフ・ウーストラがふらふらになって第三キャンプまで下りてきた。もしファースト・ステップの下で中国人女性とシェルパに会わなかったら、キャンプ地に戻れなかったかもしれない。ウーストラと同じようにそのふたりも酸素が切れていたが、すぐに、互いが必要なものを持っていることに気がついた。ウーストラは満タンの酸素ボンベを何本か持っていたが、レギュレータが機能していなかった。ふたりはレギュレータに問題はないが、酸素ボンベが空になっていた。ウーストラの満タンの酸素ボンベに彼らが所持するレギュレータのひとつを取り付け、三人はマスクを交換しながら生命維持の酸素を順番に吸引した。数分後にはウーストラの具合がよくなり、これならキャンプまで一気に下山できると判断した。それで持っていた酸素ボンベをふたりに渡した。

ウーストラがキャンプ地に到着して最初にしたことは、予備の酸素ボンベが保管されているテントに入ることだった。膝をついて酸素ボンベを手にした瞬間、足下の地面が動くのを感じた。斜面に張ったテントの下側を支えていた岩の壁が崩れたのだ。テントは破れてペグから外れ、ウーストラはそのまま斜面を転がり落ちていった。その日、二回目のことだった。「こんなふうに死ぬなんて、おかしいじゃないか」。テントの入り口から酸素ボンベが滑り落ちていったとき、ウーストラはそう思った。テントは三〇メートルほど転がり、岩に引っかかって止まった。北壁をあちこち衝突しながら落ちていく酸素ボンベの金属音と破裂音が聞こえた。ウーストラは自分の体を調べた。さんざん地面にぶつかって負傷していたが、痛みはそれほどひどくなかった。

ウーストラは斜面を這い上って別のテントを見つけ、必死の思いで新しい酸素ボンベから酸素を吸入した。昼頃になると風が強まり、雪が降り始めた。午後三時には秒速一八メートルの強風が吹きつけ、近くの無人テントが地面から剝ぎとられて飛ばされていく音が聞こえた。無線機でクライミング・シェルパと通信し、ほかの登山隊員の様子を確認した。歩みの遅いカムも含めて、全員が下山中だった。報告によれば、その日北面から登頂した最後の人物がカムだった。シェルパたちは、骨の折れる登頂だったがなんとかやり遂げたと言った。シェルパはすべきことをきちんと果たしたのだ。

別の隊の登山者たちがようやくキャンプ地に到着した。うめくような声や叫び声が、英語、ロシア語、ヒンディー語、中国語、シェルパ語がウーストラのところまで聞こえてきた。とりわけ、ひとりの女性が非常に興奮した様子で大きな声でまくしたてていた。しばらくすると、だれかがその女性を怒鳴りつけた。「今すぐその口を閉ざさなければ、ひっぱたくぞ」女性は静かになった。

ウーストラは衛星通信機を取り出し、妻にメッセージを送った。「九六年の悲劇の再来だ」。午後四時頃、彼のひとり目の登山客がキャンプ地にたどり着いた。そのイギリス人の警察官ジェイミー・アイアマンガーは登頂せずに戻って来たのだ。山頂を目指す長蛇の列を見て、下山時には酸素がなくなっているだろうと考え、セカンド・ステップを登った直後に引き返した。アイアマンガーの話によれば、山を下りる前に岩に腰かけてヒマラヤの景色を眺めていた。そのとき、のろのろとした足どりで登ってきたカムに会った。時間ははっきりとわからないが、午前九時頃だったという。

「ぼくと一緒に引き返したほうがいいと思う」と彼はカムに言った。「嵐が近づいているし、明日にもう一度チャンスがあるらしいから、また挑戦しよう」アイアマンガーには、翌日に再挑戦する人などいないことがわかっていたが、そう言えばカムも納得して一緒に引き返すかもしれないと思ったのだ。

彼の話では、そのときカムはこう返事をしたらしい。

「いいえ、あたしは登る。平気よ、このまま登る」そう言うと、カムは重い足取りでサード・ステップに向かった。

次にキャンプ地に到着したのは、カナダ軍将校のクリス・デアだった。デアは午前十時頃に登頂を果たしたが、今や全身氷に覆われて声も出ない状態だった。彼のガイドシェルパもウーストラになにかを伝えようとするものの、ろれつが回らないせいか、訳のわからない言葉を発していた。ウーストラはふたりを空いているテントに押し込んで熱い飲み物を飲ませた。

次に現れたのは、イギリス出身の家具職人アーサー・プレスティージとシーナ・ウェストで、ふたりとも五十三歳だった。ふたりは午前十一時頃に登頂を果たした。キャンプ地に着いたプレスティージは、ほとんど歩けない状態だった。ガイドのシェルパは泣いていた。比較的元気にその日の登山をやり遂げたのはウェストだけだったようで、彼女はウーストラをしっかり抱きしめながら言った。「本当に素晴らしかった。大満足よ」

あたりが暗くなっても、カムも彼女のガイドシェルパのビルも、姿を現す気配がなかった。午後八時頃になってようやく、ビルが暗闇のなかからぬっと現れた。ウーストラのテントの前まで来て、膝をがくりと折るとその場に倒れ込んだ。ウーストラは彼の横で膝をつき、両手を彼の肩に置いた。「おい、大丈夫か？　カムはどこだ？」しかしビルは憔悴しきっていて、言葉を発することも目を合わせることもできなかった。ウーストラはほかの隊のシェルパの助けを借りて、彼をテントに運び込み、酸素を供給し、温かい飲み物を与えた。二十分ほどすると、ビルは意識を取り戻した。

「カムはどこだ？」ウーストラはもう一度、はっきりと言葉を区切って尋ねた。「カムは、どこに、いる？」

ビルはゆっくりと顔を上げて言った。「わかりません」

歩いている、先に行っている、ああ行ってしまった。カムは、自分の前方でビルが稜線を這うようにして歩いていく様子を見ながら、そう思っていた。彼の動きには、彼女を置き去りにしていくと告げているような雰囲気があった。カムはマスクを外して叫んだ。「ちょっと、置いてかないで」。ビルが立ち止まった。カムの目には、映画をスローモーションで観ているような感じだった。ビルが振り返る。ビルは彼女を見返したが無言のままだ。それから彼女に背を向け、そのまま下りて行った。

寒気にも似た恐怖心に囚われて、カムは岩棚に崩れ落ちた。午後五時頃だろうか、それとも、もう少し遅い時刻か。彼女はファースト・ステップとセカンド・ステップのあいだの稜線にいた。登頂したのは午前十一時十五分頃だった。それから六時間近く経ったが、動けた距離はわずか一五〇メートル。太陽はすでに沈みかけ、手足の感覚は失われている。デス・ゾーンでもう二十時間、ほとんど休むことなく動き続けている。肉体的にも精神的にも限界に近づいているのがわかる。「自分ひとりでは無理だ」と思った。だがほかの選択肢はなかった。彼女が最後のひとりだ。エヴェレストにいるすべての人々は下のどこかにいる。彼女のために戻ってくる人はひとりもいない。

少し上方のセカンド・ステップでは、固定ロープから青いダウンスーツ姿の遺体がぶら下がっていた。高所キャンプから山頂までの道には、十数体の遺体が散らばるように置かれていた。しかし、青いダウンスーツの遺体は、皆が登っているときにはその場になく、凍りきってもいなかった。ところがセカンド・ステップの梯子を下りるときには、その遺体を押さないと通ることができなかった。「あたしもこうなっちゃうの？」とカムは思った。

嵐は収まりつつあった。霧が立ち込め、まだ小雪がちらついてはいたが、風は弱まっていた。カンシュン・フェイスから湧き上がる雲が山稜にかかり、夕陽に照らされている姿は美しく彼女の心に染み入った。ほんの一瞬、すべてが楽しく感じられた。しかし、自分がゆっくりと死につつあることに気づいていた。

カムは幸福な幻想から我に返った。「現実を見て、集中するのよ、止まっちゃ駄目」気を緩めるわけにはいかない。死は、いつでもやすやすと近づいてくる。

カムことカマルディープ・カウルは一九八三年、ロンドンに生まれた。インド人の父親は十七歳のときにイングランドに移民としてやってきて、何十年間もバス運転手をして家族を養ってきた。父親は一九七〇年代半ばにパキスタンのラホール出身の教師と見合い結婚し、イングランドに連れてきた。カムは末っ子だった。ふたりの兄は七歳と五歳違いだった。バーミンガムから一二キロほど離れたウォルソールという町の小さな家に住んでいた。家計は苦しかった。三人の子どもは数年間、同じ部屋で生活していた。近隣地域の治安は悪く、ギャングが多くいて、犯罪やドラッグがはびこっていた。人種差別は苛烈を極めた。

幼い頃のカムは引っ込み思案で、いつも母親のスカートを握りしめながら後をついて回っていた。少し大きくなると、ホッケーとネットボールをやり始め、憧れの兄たちに追いつこうと懸命に努力した。しかし彼女は兄たちとは違って生まれつき運動能力に秀でているわけではなかった。十歳か十一歳の頃には、自分の身体の変化と自尊心に悩まされるようになった。ときどき、ソファの後ろに隠れて、自分がいないことにだれかが気づいてくれるかどうか確かめたりした。

カムは優秀な生徒というわけではなかった。十二歳になると学業への興味を失った。悪い連中と付き合い、学校をさぼってドラッグや酒に手を出すようになった。

十四歳のときに男たちに拉致された。自宅からそれほど遠くない家に監禁され、一週間にわたって集団でレイプされ続けた。その後で路上に捨てられ、自力で家に帰りついた。インドの文化では、そのような暴行を受けた女性は一生涯、不名誉な人間と見なされる。家族にとっては恥辱であり、当事者は結婚できない。カムは、自分の身に起きたことを正直に打ち明ければ家族が崩壊するのは目に見えていたので、逃げてきたとだけ話した。それが起きた場所を知っていたし、男たちの何人かの顔を覚えてはいたが、今日までその事件を通報することはなかった。

彼女はそれまでも不眠症に悩まされていたが、そのことがあってからは一睡もできなくなった。

　それで見出した唯一の避難所は、意識を失うまで酒を飲むことだった。ある日、彼女はアルコール中毒で病院に運ばれた。意識が戻って帰宅すると、母親のヤシュパルが、拉致されていたあいだになにがあったのかを尋ねた。カムは沈黙したままだった。悪循環に陥って自滅の道をひた走っている娘を救い出す方法がほかにないと悟った母親は、カムをインドに連れて行った。父親も後から合流した。

　ある日、三人はアムリトサルにある聖地、黄金寺院を訪れた。炎天下で長い一日を過ごしてから、混雑するおんぼろバスに乗って宿泊先に向かっていた。カムは、母親の顔色が悪いことに気づいた。体調について尋ねると、母のヤシュパルは「さようなら」というような意味の言葉を呟き、意識を失って目をつむり、カムの腕のなかに倒れ込んだ。カムと父親は、彼女をバスから抱えるようにして降ろし、タクシーを拾っていちばん近くの病院に運んだ。ヤシュパルはまだ息をしていたが、病院側は彼女が町の住民ではないために治療ができないと言った。別の病院に行くしかなかった。その途中、母親の体が青くなったので、カムはワゴン車の後部座席で母親に心肺蘇生を施した。緊急治療室にようやく着き、担架に母親を乗せたが、すでに手遅れだった。ヤシュパルは息をしていなかった。

　病院側に遺体の収容を断られ、父親が氷を手に入れるために奔走しているあいだカムは母親のそばにいた。ふたりはヤシュパルをシーツでくるみ、ワゴン車の後部に氷の塊を敷き詰め、そこに横たえた。ニューデリーを目指して夜通し走り続けているうちに、車内には徐々に死臭が満ちてきた。カムは母親の体が硬直し、冷たくなっていく様子を見つめ続けた。

この光景を一生忘れない、と彼女は思った。自分の体を身動きできないようにして繰り返しレイプした男たちの顔を決して忘れないように。

ニューデリーで葬儀をとりおこない、母親の亡骸を荼毘に付した後、カムは父親とイングランドに戻った。カムは眠ることしかできなかった。眠ることでしか、心のなかにある「喋り続ける猿」から逃れることができなかった。眠ることで、暗い秘密を隠し通すことができた。しかし、重度の不眠症をねじ伏せる力を発揮できるのは、強力な睡眠薬とドラッグと大量の酒だけだった。意識を失っても数時間すれば必ず目が覚め、しかも寝ているあいだには悪夢に苦しめられた。楽になりたくて、彼女は二度、薬物を過剰摂取した。一度目は、母親の処方薬の抗うつ剤を大量に飲み、それから一週間、幻覚を見続けた。その頃から、目に入ったあらゆる鋭利な道具で自分の体を傷つけるようになった。

十七歳のときには家を出て、生活保護を受けた。世間の人々が朝のコーヒーを飲む頃には、カムはたいていウイスキー瓶の中身をほとんど空けていた。ある日、どうすることもできない絶望のなかにいると母親の声が聞こえてきた。「カム、断崖から落ちてはいけない。あなたには助けが必要よ」。カムは電話帳をめくり、トレント博士という心理療法士を見つけた。バーミンガムにある博士の診療所を探し出してドアを叩いた。幸いなことに、患者を診察していない時間帯だった。「助けてもらいたいんです」とカムは言った。トレント博士は、開業医なので非常に多忙だと言った。診療費はとても高い。まずは国民保健サービスに申請をしなさい。そうすれば診療予約ができる、と。「そのときにはもうあたしは生きていません」とカムは訴えた。トレント博士は、彼女が払える金額を尋ねた。そしてふたりで話し合い、一回一〇ポンド（約一二ドルに相当）の診療費で、セラピーを二週間に一回、合計で八回おこなうことになった。トレント博士は、たとえ通常の診療費より安い料金であっても、カムが自分で治療費を払うことが重要だと考えていた。

それから四ヶ月にわたってカムはトレント博士に自分のこれまでのことを語った。セラピーを受けるうちに彼女は、自己嫌悪が他人によって強要されているわけではなく、自分の内側から生まれてくるものだということ、そして自分を変えたいのであれば、自分から進んで変えていかなければならないことを、少しずつ学んでいった。

辛い記憶が消えることはなかったが、何年かかけて感情をうまく抑え、過去に起きた最悪の出来事が自分のせいではないと考えることを学ぶうちに、辛い記憶は少しずつ薄れていった。とはいえそれでもまだ、内側には悪魔がいて、薬物と酒を欲し続けた。ようやく彼女はバッキンガムシャーに引っ越したが、そこでアルコール依存症の恋人から暴力を受けるようになった。その男は、殴られたくなければ口を閉じていろ、と彼女に教え込んだ。カムは話をしなくなった。見ることはできても話をすることはできなかった。自分の意見が取るに足らないものだったからだ。そして今でも覚えているが、自分が女だから、言われたことだけをすると思われている存在だからだ、と思っていた。その男と別れるべきだとわかっていたが、それができなかった。

恋人との関係が険悪になると、彼女はアパートを出て散歩をした。ある日、自分でもなぜかわからないが、走り始めていた。走るのは楽しかった。間もなく週五日、一日一五キロをランニングするようになった。これは、彼女の言うところの、違う種類の自滅行為を見つけ出したのだ。肉体も精神も潑溂とさせるような自滅行為を。ランニングを続けるうちに、バッキンガムシャー中のすべての公園を知り、そこで走っているとこれまでに感じたことのない自由な気持ちと解放感を味わった。

ランニングを通して、スポーツ用品を扱う小売店での職を見つけ、フィットネスの世界に携わるようになった。そのうち、競技会への出場やチャリティ・イベントへの参加を請われるようになった。カムにとって競争相手はいつも自分自身だった。とはいえ、レース中に苦しい状況に陥っても、それを感じないでいられる稀有な精神的な能力があることを知った。長距離走者にとって、あるいは登山家の卵にとって非常に有利な能力だった。二〇一一年に、イングランド、スコットランド、ウェールズの最高峰三座を二十四時間で登る「スリー・ピークス・チャレンジ」を完登した。また、スイス・アルプスの「ユングフラウ・マラソン」にも出場した。

カムはアスリートとして評判を高めていき、とうとうキリマンジャロ登山への参加招待状が届いた。これは地元の消防士協会の募金活動になっているものだった。カムはキリマンジャロのことはなにも知らないまま招待に応じ、その夏タンザニアに向かった。頂上に登る日、五八九五メートルの頂上付近で生まれて初めて日の出を見た。「うわあ、なんて、素晴らしいの！」彼女はその光景に息を呑んだ。「これは現実？」

その旅のガイドのひとりが、ロルフ・ウーストラだった。彼は、アフリカ最高峰のキリマンジャロなど七大陸最高峰《セブン・サミッツ》の登山ガイドを専門とする〈３６０エクスペディションズ〉の創設者でもあった。数ヶ月後、カムはウーストラが主催する南米最高峰アコンカグア（六九六二メートル）登山に参加した。ランニングしていたときの、そしてキリマンジャロ登山のときの度胸にものを言わせ、カムは登頂を果たした。七大陸最高峰に登るなど、かつての自分なら考えられないことだった。ところが今や、最難関の一座を含む二座の登頂に成功したのである。しかしそれよりも重要なのは、彼女が天職を見つけ出したことだった。山を登っていると、これまで経験したことのない自己を統制しているという感覚を抱いた。山に登るか登らないかを決めるのは他人ではなく自分であり、しかも山は彼女になにも期待していなかった。ようやくカムは、自分の人生に常に欠けていた方向性と目標とを見つけた。友人には、山に登ることで命を救われた、と話した。そしておそらくそのおかげで、山にいるときには眠ることができた。生まれて初めてのことだった。

南米から帰国すると、彼女は暴力を振るう恋人と別れて登山に没頭した。三つの仕事を掛け持ちした。昼間はスポーツ用品店の店員、夜はウェイトレスやバーテンダー。帰宅後は夜明け近くまでトレーニングとヨガに取り組んだ。調子の良い夜には、四時間ほど仮眠を取り、朝の五時もしくは六時に起きて同じメニューをこなした。強迫観念に囚われすぎて休むことができず、来る日も来る日もこの繰り返しだった。しかしカムの心にはまだ悪魔がいて、中毒症状を抑えつけることはできなかった。酒と薬物と手を切れず、自傷行為も続けた。うつ病のどん底でも歯ぎしりをしながら、計画通りに名峰を次々に制覇していった。

ウーストラはこれまでカムのガイドとしてすべての山をともに登ってきたが、実際ふたりが強い友情で結ばれたのはネパール側ヒマラヤ山脈のメラ・ピーク登山のときだった。彼はカムを気に入っていた。カムは強靱で決然としていた。彼女の生い立ちや過去を知り、その気骨と、登山をセラピーとして利用するという発想を素晴らしいと思った。それ以降ふたりは、何年にもわたってさらに多くの高峰に登った。ヨーロッパ最高峰のコーカサス山脈のエルブルス山、アルプス山脈のグラン・パラディーゾ山、北米最高峰のデナリ、それから彼女にとって初の八〇〇〇メートル峰だったチベットのチョー・オユー。カムにスポンサーはいなかったが、節約するのは得意だった。それにカムは自尊の気持ちが低いが、仕事での面接のときには必ず、言いようのない魅力と存在感を相手に印象づけることができた。誠実な人柄に見えた。みんなに好かれた。遠征のための費用が足りなくなると、宝飾品や絵を売った。それらはただの物に過ぎなかったからだ。

二〇一八年には七大陸最高峰の四座を制覇したが、エヴェレストは計画のなかに入っていなかった。カムの夢は、世界で五番目に高いマカルーに登ることだった。初めてマカルーの頂上の写真を見たとき、胸がどきどきした。なぜかわからないが、マカルーに精神的な繋がりを感じ、大切なことを教えてもらえるような気がした。

マカルー挑戦への足がかりとして、二〇一八年の秋にクンブにあるアマ・ダブラムに向けて出発した。ヒマラヤのマッターホルンと称されている標高六八一二メートルの山に登るには高度な技術が必要だった。これまで彼女は挑戦した山のすべての頂に立ってきた。

ところが、アマ・ダブラムでは計画通りに進まなかった。カムはひどい胃腸病にかかり、抗生物質を三回服用しなければならなくなった。頂上に向けて出発した姿はかつての彼女の抜け殻のようで、胃はなにも受け付けず、一歩一歩足を運ぶことが苦行だった。頂上まで残り一〇〇メートルほどのところで、彼女は引き返した。完全な敗北だった。数日後、カトマンズに戻った。

アマ・ダブラム遠征の前に彼女はすべての仕事を辞めていて、今後はアスリート、登山ガイド、ヨガ・インストラクターとして生計を立てることに決めていた。だからこそ、この挑戦は重要で、この山に登るために懸命に努力してきた。今さら諦めることなどできるわけがない。カムはカトマンズで数日間休養し、体調が戻ると再び山へ向かった。頂上手前で引き返した日から一週間後、人生でもっとも重要な山頂に足を踏み入れた。アマ・ダブラムより高い山に登ったことはいくらでもあったが、これほどまで深く入れ込んだ山は初めてだった。

事態が動き始めた。シェルパたちは、彼女からチップを受け取ろうとしなくなった。シェルパたちは彼女に、金を貯めてエヴェレストに挑戦してくれ、と言った。苦難の人生を歩んできたインド系イギリス人の若い女性が、山に登ることで救われ、苦しみから解放されたという話が広まり始めていた。インドとイギリスの両方の企業が援助を申し出た。カムの存在がアジアの若い女性たちに大きな力を与えているということだった。彼女の計画に投資するのでエヴェレストに挑戦してほしい、と言われた。

その半年後、カムはウーストラとともに彼女の人生において最大の山を目指して出発した。


ファースト・ステップの上部に着いたときにはあたりが暗くなっていたが、いつ日が落ちたのか彼女は覚えていなかった。日が暮れていく様子は美しかったはずなのに、まったく覚えていないのだ。小雪はまだ降り続いていた。ときおり霧が晴れ、チベット高原の上空で瞬く星々が見えた。下を見ると第三キャンプがはっきり望めた。尾根に十数個のテントの光が散らばっている。「あそこまでたどりつけることができれば」とカムは自分に言い聞かせた。

固定ロープが目の前にあるが、手先が凍りついていて懸垂下降ができなかった。指の感覚が一切なかった。手は丸太のようで、体の一部に思えない。一九二四年にマロリーとアーヴィンも同じことをしたのかもしれないが、彼女はファースト・ステップを下っていかなければならない。カムは丸太と化した手でなんとか固定ロープにカラビナをかけ、片腕にロープを何回か巻きつけ、滑り台に挑む子どものように腰を下ろし、高さが二〇メートルはある垂直に近い岩壁の縁から滑り下りた。

片腕でロープにぶら下がり、もう片方の手で掴めるものは何でも掴みながら、背中を壁に押しつけるようにした。その摩擦で落下する速度が少しでも遅くなるのを願った。ごつごつした石灰岩に体を押しつけながら下っていくと、ダウンスーツが引き裂かれる音がして、なかから飛び出した羽毛がヘッドランプの薄明かりに照らされてあたり一面に舞っているのが見えた。さらに下へ目を向けると、体ひとつ分ほど低い所に狭い岩棚があった。ロープが手からすり抜けた。なにが起きているのかわからないうちに、腕に巻きつけていたロープが外れ、体重を一切感じられなくなった。彼女は落下しているという自覚のないまま、ファースト・ステップの基部に激突して足の折れる音がするのだろうと思った瞬間、突如、がくんと体が引っ張られ、落下が止まった。背中のザックが岩の尖った部分に引っかかっていた。

カムは操り人形のようにぶら下がったまま、興奮状態が収まるのを待った。「大丈夫よ、カム」と自分に言い聞かせた。「これまでうまくやってきたんだから。こんなところで死ぬわけにはいかない。なにが何でも下りるのよ。さあ」岩壁の下のほうは雪で覆われていたので、カムはその雪にアイゼンを蹴り込み、どうにか体を押し上げて引っかかっているところから抜け出した。それから掴めるものは何でも掴みながら岩壁を滑りつつ、無事にステップの基部にたどり着いた。

キャンプ地まで続く稜線を見つめていると、驚いたことにすぐ近くに明かりが見えた。「ああ、よかった、ようやく人に追いつけた」とカムは思った。それは、赤いダウンスーツを着た男だった。マスクを外して大声で呼びかけた。「ねえ、ちょっと！　助けて。待って」その男が振り返り、手を振ってくれたように思えたが、現実なのか幻なのか定かではなかった。カムは蹴躓き、あちこちに体をぶつけながら、這うようにして下り、男が座っているところまでたどり着いた。「ああ、よかった、いてくれて」と彼女は言った。「助けがいるのよ」。男が振り返った。褐色の肌に丸い目をした中年男性だった。インド人のようにも見えた。顔には何の表情もなく、彼もまた苦境に陥っていた。カムはしゃがみこんで男の背中にもたれた。少しでも体を温めたかった。体の震えが止まらず、このままでは凍死してしまうと思った。動き続けなければならない。しかし消耗した体では、もう一歩たりとも動けなかった。男のダウンスーツの背に顔をうずめると目が自然に閉じていった。「ちょっとのあいだだけよ」とカムは自分に言い聞かせた。

「あれがカムなら、動けなくなっているんだ」とウーストラは思った。彼は暗闇の第三キャンプの外で見上げていた。一〇〇メートルほど上で光が点滅している。「もうおれはあんなところまで登っていかれない」ウーストラはその日、二度も死にかけていた。それに今は午後九時。少なくとも四十八時間、一睡もしていない。これから北東稜を再び登ることを考えただけで絶望感に打ちひしがれる。だが、彼が見ている光はカムに違いない。行方がわからないのは、彼女だけなのだ。

頂上を目指す第二のチャンスに賭けて登攀準備をしている登山隊がいた。しかしウーストラは、ヒマラヤ登山ガイドとして長年培ってきた経験から、その隊にカムの救助を頼むことはできないとわかっていた。もちろん、自分の夢を諦めて何者かわからない他人を助けようとする者がいてもおかしくないが、カムの命が天秤にかけられている今の状況で、運を天に任せるようなことはできない。朝には彼女は確実に死んでいる。

遠い光に向けて、ウーストラは自分のヘッドランプを三回点滅させた。世界共通のSOS信号だ。しばらくして、上の光がそれに応えるように三回点滅した。

だが、信号を発したのはカムではなかった。カムが休息のために背中をもたせかけている謎の男が発したものだった。カムは目を開け、下で光が明滅しているのを見た。「ロルフなの？助けに来てくれるの？」

数分後、赤いダウンスーツの男は立ち上がり、よろよろと歩き始めた。振り返りはしなかった。カムは、その男が一度も声をかけなかったことに気がついた。

ウーストラは、その日二度目となる登山ルートを苦しみながら登っていった。怒りがどんどん膨らんでくるのがわかった。カムが皆の忠告に従い、途中で引き返していたら、ふたりともこんな危険な目に遭うことはなかっただろう。その日の早朝、ウーストラ自身が滑落しかける少し前に、ファースト・ステップとセカンド・ステップのあいだの、標高八五七〇メートル地点にある有名なマッシュルーム・ロックで、彼はビルとカムに追いついた。ふたりはほかの仲間よりかなり遅れていた。それでビルがウーストラを脇へ連れだすと、登る速度が遅いのでカムを引き返させることを考えている、と言った。太陽はすでに高く昇り、ちょうどよい速度で登っていたジョイシャーやミングマ・テンジなどは、すでに登頂を果たしていた。

ほかのクライミング・シェルパと同じようにビルも、体調が万全なら高所キャンプから山頂まで八時間あれば登れることがわかっていたし、混雑に紛れて遅れたとしても九時間か十時間もあれば大丈夫だと思っていた。ビルがカムと登り始めてすでに八時間が経過していたが、まだ八五三〇メートルのところにいて、頂上までの道のりの半分までしか進んでいなかった。この速度では、高所キャンプに戻る前に酸素がなくなってしまう。そのときウーストラは、ビルの判断を信頼している、どのような決断をしようともそれを支持する、と言った。いずれにせよ、カムが歩を進めていたために、ビルはひとまず最終的な決定をせずに様子を見ることにした。

ビルは三十代前半で、二〇一〇年から八〇〇〇メートル峰のガイドを務めていた。エヴェレストに五回登頂し、アンナプルナ、ローツェ、ダウラギリ、チョー・オユーにも登頂した。このエヴェレスト・シーズン終了後は、K2でガイドをする予定になっていた。後のビルの説明では、カムに引き返すよう三回説得を試みたが、そのたび彼女は頂上に向かって登り続けると言ってきかなかったという。そのうち、午後遅くに自分の酸素がなくなり、彼はカムのためにできることはもうなにもないと悟った。彼には妻子がいて、家族を持つ登山者のだれもがそうであるように、どんなことがあっても正しい判断をして家に戻ることを家族と約束していた。

カムが引き返すべきだったか否かに関しては、後々、激しい論争が起きるだろう。ウーストラの意見では、日暮れまでに彼女がキャンプに戻れなかったことがこの事態のすべてを物語っている、という。つまり、彼女の行動は無謀で自分勝手であり、そのせいで彼は今、愚かなことをしでかした彼女を救出するために自分の命を危険に晒さなければならないのだ。

ウーストラはゆっくりと苦しみながら歩を進め、光のあるところまであとどれくらいかと常に確認した。三十分ほど経っても光は点滅し続け、それが下山していないことがわかった。怒りがさらに膨らんでいった。「ヘッドランプを操作できるのなら、何で下りて来ない？」。光の点滅が止まったとき、彼は立ち止まって暗闇に向かって叫んだ。「カム、きみなんだろう？」。返事はない。さらに大声で呼びかけた。それからまたもう一度。長い沈黙の後、弱々しい声が彼の耳に届いた。「ええ、ここにいる」

それから数分後にウーストラは、シェルパにロープで下ろされているひとりの男と遭遇した。この男が、少しのあいだカムと一緒にいた無言の登山者だったのだろう。ウーストラが、なにもできなくなったその男をやり過ごすと、上方でだれかの叫び声が聞こえてきた。「どこのチーム？　仲間はどこ？」スコットランド人ガイドのディ・ギルバートだった。三人の登山客を連れて山頂に向けて登っている途中だったが、八四〇〇メートルのところで、ロープから外れてうつぶせに倒れている登山者を発見した。ギルバートのクライミング・シェルパのひとりが様子を調べるために前に進んだとき、その登山者が三メートルほど転がり、彼らのいる岩棚のところに落ちてきた。やがてよろよろと起き上がったその登山者を見て、ギルバートはひどく驚いた。「なんてこと。カムじゃないの」

ギルバートはベースキャンプで初めてカムに会った。カムが、自分が参加している登山隊の仲間とうまくいっていないとこぼしてギルバートのいる〈アドベンチャー・ピークス〉のキャンプにやってきた。それ以来カムは、ギルバートの仲間たちと一緒に過ごす時間が多くなり、そこでカーステティという女性と意気投合した。カーステティはイギリス軍の軍医でアフガニスタンに何度か駐留した経験があった。カーステティは、自分たちの目の前の稜線に立っているのが友人のカムだと気がつくと、固定ロープから外れてそばに寄った。カムはパニック状態で、片方の手にはなにも付けていなかった。手袋をなくしたのだ。カーステティとギルバートが手袋を探したが、見当たらなかった。混乱しているカムの言葉は支離滅裂だったが、ようやく、酸素がなくなり、シェルパに見捨てられたと言っているのだとわかった。下から光がひとつ近づいてきているのにギルバートは気がついた。大きな声で呼びかけた。ウーストラが大声で返事をした。「少なくともひとり、カムを助ける人がやってきた」とカースティは思った。

ギルバートはここで選択しなければならなかった。登山客の登頂機会を捨ててまでカムを第三キャンプまで下ろすのを手伝うか、それともウーストラがひとりでなんとかカムを助けてくれることを信じてカースティとともに登攀を続けるか。カムは精神的にはまだ自分を保てているようだが、肉体的には明らかに疲弊しきっている。第三キャンプまでの約一五〇〇メートルを下るには、人が運んでいく必要がありそうだった。この高度でひとりの人間がそれをするのは至難の業だ。それにもかかわらずギルバートは、ウーストラだったらそうするだろうと思ったとおり、登山を続ける決断をした。ガイドの優先すべき義務は、登山客を山頂に導くことだ。そのために雇われているのだから。「必ず生き抜いて[1]」とカムに声をかけ、ギルバートはシェルパたちに先に進むよう合図した。続いてカースティも言った。「絶対に死なないで。動き続けて」

カムはふらふらと岩棚を一メートルほど進み、ギルバートのシェルパが彼女のために懸垂下降の準備をしたアンカーの場所までたどり着いた。〈アドベンチャー・ピークス〉のパーティーが次の岩壁に向かっているとき、カムが下を覗くと、彼女へと近づいてくるウーストラの光を見た。それから彼女は目を閉じた。

エヴェレスト登山者全員が覚悟していること——あるいは知っているはずのこと——がある。

それは、山頂を目指しているときに自分の気力が尽き、凍傷になり、判断力を失い、自力では動けない状態になるかもしれない、ということだ。しかし私が思うに、大半の人々は、道徳面での葛藤《ジレンマ》に対する心構えができていない。山に入れば、おそらくかなり高い確率でそのことに直面する。なかには、それについて考えるのをわざと避ける人さえいる。だから、いざその道徳的選択をしなければならなくなったとき、その判断基準がない。そのため、登頂を諦めて見ず知らずの遭難者を助けようという気持ちが登山者に起こるかどうかでその場の行動が決まる。登山者が心から求めているのは、これまで費やしてきた時間や努力や金額に見合うだけのもの、つまり頂上に立つことだ。何万ドルという膨大な費用をかけ、何ヶ月も訓練し、登頂の瞬間を夢見て計り知れないほどの時間を過ごしてきた人々にとって、善行を施したしるしの残念賞をもらってもまったく割が合わない。そして自己弁護が後押しをする。「この人たちはもう助からない。私にできることはほとんどないし、引き返すべきときにそうしなかった彼らの愚かな判断ミスのせいだ」と。

そしてこれが忌々しい難問になるのは——少なくとも部外者にとって、場合によってはその瞬間にいる登山者にとっても——こうした自己弁護が決して不健全なものではない点だ。エヴェレストに挑む登山者は山岳救助の専門家ではないので、肉体的にぎりぎりの状態で動いている場合が多い。だから他人の苦難に引きずり込まれないよう用心するのは当然のことだ。とりわけ、困難な状況に陥った理由が、致命的にまずい判断をおこなった場合であるならば。

また、エヴェレストのような高所を登っているとき、いつも正気を保っていられる者などいない、という単純な事実もある。酸素不足で認知機能が低下し、ゴーグルや帽子や酸素マスクを付けていることで、さらには真っ暗闇のなかで、視界が極端に狭まっている。深夜に山頂を目指して登っていく際、登山者はヘッドランプで照らされる狭い範囲しか見ておらず、ほかのものを見たり、それ以外のものに気がついたりすることはまずない。できることといえば、一歩一歩足を前に踏み出すことだけだ。トム・ポラードが言うように、「デス・ゾーンにいる人間は、地上にいるときとは別人」なのだ。

こうした「自分は自分で守れ」の姿勢がエヴェレスト嫌いを生む大きな理由なのだが、それはもっともなことである。しかし、道徳面での葛藤に直面する人の多くは、正しい決断をする基準となるものを、これまでの人生で経験していない。会ったこともない他人の命を救うために、しかも確実に助けられるかどうかもわからない相手のために、四万ドル、六万ドル、あいは八万ドルをドブに棄てるという選択に迫られる場所が、エヴェレスト以外にあるだろうか？まるで歪んだリアリティ番組の筋書きのようだ。実は、たいていの人は、個人的に意義のある登山につぎ込んだ多額の費用を無駄にしないために登山を続ける決断をしたことを最後には正当化する。たいていの人は、何度も苦境に陥った人のそばを通りながら、「神のご加護がなければ、次は自分だ」と自分に言い聞かせたり呪文を唱えたりして山頂目指して登り続ける。これは、われわれに備わっている道徳心がどこにあるのかを明示しているように思える。登山者の人数が増えていくにつれて平均的能力が低下するようなエヴェレストでは、こうした道徳的葛藤が頻繁に起きているために人の注意を引くことがほとんどない。

それでも、人々の関心を引いた事例はある。たとえば、二〇〇六年五月十五日に北東稜で命を落とした三十四歳のイギリス人エンジニアのデヴィッド・シャープの悲劇(2)だ。これは特に気が滅入る例だった。なぜなら、彼がファースト・ステップの下の「グリーン・ブーツ・ケーブ」［緑の登山靴《ブーツ》を履いた登山者の遺体が長年横たわっている洞穴の通称］の近くにいて、命が消えるまでにはかなり長い時間がかかったのだが、そのあいだも多くの人が彼のそばを上ったり下ったりしていたからだ。速く歩ける者でも、シャープがいた場所から山頂まで行って戻るには八時間ほどかかるが、比較的体力のある登山客とガイドのシェルパなら、シャープに手を貸して第三キャンプや、もっと下のキャンプ地まで下ろすくらいの時間的な余裕はあったはずだ。

シャープは、仲間やシェルパのいない単独登山を目指し、無線機を持っていなかった。酸素ボンベも限られた本数しか持たなかった。ノエル・オデールが推奨した方式に倣って酸素補給せずに登頂したいと考えていたからだが、万が一の場合に備えてボンベを二本は携行していた。彼になにがあったのかその詳細はわからないが、登頂後の下山中に意識が混濁したのだろう。

シャープの横を通り過ぎて登山を続けた者たちは皆、その翌日、もっともらしい理由を語っていたらしい。シャープの存在にまったく気づかなかった、と言う人たちがいた。シャープは基本ルートに隣接した洞穴にいたにもかかわらずに、だ。彼を見かけたが、休憩しているだけで具合が悪いとは思わなかった、と言う人もいた。また、もう亡くなっていると思った、と言う人もいた。その夜、シャープの横を通り過ぎた登山隊のなかには、ディスカバリーチャンネルで人気のリアリティ番組「エヴェレスト登頂　極限への挑戦」の撮影班もいた。そのなかのひとりが、世界初の両足義足によるエヴェレスト登頂に挑戦していたニュージーランド人マーク・イングリスだった。その隊のガイドのマーク・ウッドワードは、ルートの脇に座っているシャープを見たという。シャープは生きてはいたが、反応がなく、低体温症による昏睡状態のようだった。「彼に望みはない」(3)とウッドワードは判断した。隊は登り続けた。

その登山隊は長い時間をかけて下山してきたが、隊のシェルパのヘルメットに取り付けられていたカメラがシャープの姿を記録していた。シャープは激しく震えながら、自分の名前と〈アジアン・トレッキング〉の登山隊に参加している旨をはっきり言葉にしていた。彼の登頂への挑戦は、これまでどおりの商業的な登山ではなかった。これは七〇〇〇ドルを支払った単独登山者だけを寄せ集めた登山隊で、ベースキャンプと前進ベースキャンプの設備はほかの単独登山者たちと共有するが、ガイド、またはクライミング・シェルパを伴わずにひとりで登る計画だった。そして今彼は、一切のサポートを頼まなかったつけを払う羽目になった。その日は特に寒かった。シャープは八二三〇メートルを超える高所で三十六時間以上も酸素補給なしで過ごしていた。両足は凍傷にかかり、両手も前腕の半ばあたりまで黒ずんでいた。鼻も黒くなっていた。しばらくのあいだ、数名のシェルパが彼の手当をした。酸素を補給し、体をマッサージして血流を良くしようとした。大声で呼びかけ、体を持ち上げて彼を立ち上がらせた。シャープの意識は戻ってきたが、自力で立つことはできなかった。手遅れだった。どんなに体力のあるシェルパでも、この高所で自力で動けない者を運んでいくことは不可能なので、結局シャープをそこに残すしかなかった。その夜のうちにシャープは、エヴェレストでそのシーズン七人目に死亡した登山者になった。

防げたかもしれないこの悲劇について知った八十六歳のエドモンド・ヒラリー〔ニュージーランドの登山家で、一九五三年にテンジン・ノルゲイとともに人類初のエヴェレスト登山を果たした〕は、「ニュージーランド・ヘラルド」にこう語っている。「近年のエヴェレスト登山に対する人々の態度はどんどん恐ろしいものになってきています。ただ頂上に立ちたいだけなのです。遭難している人に手を差し伸べようとしないんですから」[4] 自身が参加した一九五三年のエヴェレスト遠征では、「岩の下に横たわっている人を置き去りにして死なす」ことなど、到底考えられなかった。現代のエヴェレスト登山者は、大切なのはなにかを完全に失念している、と非難している。「すぐにでも助けなければならない人がいて、自分が元気で体力があるのなら、全力を尽くしてその人を下山させることがなにより重要な務めであり、登頂は二の次でなければなりません」

シャープの命を救えなかった登山者を責めなかったのは、シャープの母親だけだった。彼女は「サンデー・タイムズ」にこう語っている。デス・ゾーンでは「登山者の義務は自分の命を守ることです――ほかの人を救おうとすることではありません」。

その十日後、同じような出来事が北東稜のもう少し上の部分で起きた。オーストラリア人のベテラン登山家リンカーン・ホールは、一九八五年にエヴェレスト北壁の「ホワイト・リンボ」と呼ばれる直登ルートを開拓した登山隊の一員であったために名を馳せた人物だ。そのホールがエヴェレスト山頂を果たして下山しているときに幻覚が始まった。そのとき前進ベースキャンプにいたジェイミーは、無線機でのやり取りを注意深く聴いていた。ジェイミーの話では、ホールは標高八六九〇メートル付近の、ちょうどサード・ステップの真下で、いきなりシェルパに文句を言い出し、山の下のほうで三人の女が待ち伏せをしていて、彼を「切り刻もうとしている」(5)と狂ったように怒鳴り始めたという。ホールが現実を理解できない状態になったのは、酸素不足と高所脳浮腫（HACE）の相乗効果だったのではないか、とジェイミーは推測している。

数名のシェルパが何時間もかけて彼を救おうとした。そしてそのあいだも、シェルパたちは遠征隊長のアレックス・アブラモフや、ネパール語が堪能なジェイミーと緊密に連絡を取り合っていた。夜になるとホールは無反応になった、とジェイミーが言う。息はしていたが一種の昏睡状態に陥ったようだった。シェルパたちは自身の酸素もなくなりかけていたにもかかわらず、ホールを置き去りにすることを断固として拒否した。そこを離れることは、ホールの死刑執行令状に署名するのに等しいとわかっていたからだ。とうとう彼らは、自分たちも死ぬだろうと思い、妻子に遺言を伝えてくれとジェイミーに頼んだ。

「駄目だ」とジェイミーは言い、自分の隊ではなかったが命令を下した。「きみたちはできることはすべてやった。自分の命を守ってくれ。ひとりの命を取るか、四人の命を取るかだ」シェルパたちはやむなく応じた。四人のひとり、ダワ・シェルパはむせび泣いていたという。

翌朝、アメリカ人ガイドのダン・メイザーが率いる四人のパーティーが、山頂を目指している途中でホールと遭遇した。前日に無線の交信でホールの遭難について知っていたので、凍りついた彼の遺体に出くわすだろうと覚悟していた。ところが彼らが目にしたのは、ダウンスーツの上を腰のところまで脱いで胡坐をかいて座っているホールの姿だった。頭も手も剝き出しで、酸素マスクもしていなかった。彼は運が良かった(つまり、後に自身が著した本の題名のように『万にひとつの幸運(*Dead Lucky*、未邦訳)』だった)。意識が完璧に戻ったばかりか、その日の夜が穏やかな気候だったことも幸いし、凍死から免れたのだ。「おれがここにいて、さぞや驚いたことだろうな[6]」とホールはオーストラリア訛りの嗄れ声で言った。メイザーと彼の登山客のカナダ人アンドリュー・ブラッシュ、イギリス人マイルズ・オズボーン、ジャンブ・シェルパは、直ちに登頂を断念して彼の救助に取り掛かった。アブラモフは数十名のシェルパをホールのもとへ送り、メイザーたちはホールに酸素を補給し、薬をいくらか投与した。その後、新たに到着したシェルパたちと協力して、二十四時間かけてホールを下山させた。前進ベースキャンプに到着した頃には、ホールは自力で歩けるようになっていた。ジェイミーは、彼がキャンプ地にゆっくりと歩いてくる姿を写真に撮った。ホールの家族は一昨日の晩に、彼の山上での死を伝えられていた。ジェイミーはすぐに新たな報告とともにその写真を電子メールで送った。リンカーン・ホールはメイザーと仲間の隊員の尽力によって、凍傷でいくつかの指先とつま先を失いはしたが、無事にエヴェレストの艱難辛苦を乗り越えることができた。

後日、天気も体調も申し分なく、頂上までわずか一〇〇メートルほどのところで登頂を断念した理由を聞かれたメイザーは、こう答えている「頂上はまだそこにあるし、われわれはまた戻ってこられる。しかしリンカーンの命はひとつしかないからね(7)」

トム・ポラードにも、弱り果てて死にかけている登山者にエヴェレストで遭遇した経験(8)がある。二〇一六年の三度目のエヴェレスト遠征のときだった。トムは一九九九年の遠征ではアーヴィンとカメラの捜索を優先して登頂しなかった。二〇一四年の遠征のときには、クンタル・ジョイシャーと同じく、クンブ氷瀑で起きた雪崩のために一六人のシェルパが死亡した事故の影響で、山に登ることが叶わなかった。エヴェレストの頂上に立つことは、トムが子どもの頃から抱いてきた夢だ。五十四歳で初めて登頂を果たす機会に恵まれた。ついに幸運の星がめぐってきたのだ。トムがクライミング・シェルパのラクパ・ピナサと一緒に午後八時にサウス・コルのテントを出たとき、空には雲ひとつなく、満月が輝き、ルートにはだれもいなかった。絶好の登頂日和だった。一時間後、ふたりが順調に登山を続けながらふと見上げると、上から下りてくるヘッドランプの灯りが見えた。変だな、とトムは思った。キャンプ地をいちばん先に出発したのは自分たちであるのは間違いなかったからだ。しばらくして、下りてくる若いクライミング・シェルパに出会ったが、ひどく動顚しているようだった。そのシェルパの話によれば、インド人の登山客がすぐ上の地点で亡くなり、その人物をそこに残してきたという。トムとラクパはシェルパの若者に魔法瓶のお湯を与えてから、先に進んだ。
「バルコニー」と呼ばれる突き出した岩棚の少し下、標高八三二〇メートルほどの地点にトムとラクパが近づいていくと、黄色いダウンスーツを着た遺体に出くわした。その体はロープにぶら下がったまま、斜面に対して右向きに倒れていた。腕が、まるでボールを受け取ろうとしているかのように腰から前に突き出していて、そのまま凍り付いていた。手袋は外れていた。氷の塊と化した手は握りこぶしを作っていた。トムがヘッドランプで死んだ男の顔を照らして見ると、その顔は氷で覆われ、目は閉ざされていた。

後になって、その男がゴータム・ゴーシュというインドのコルカタからきた五十歳の警察官だということがわかった。ゴーシュにとってこれはエヴェレスト登頂を目指す三度目の挑戦で、その夢のために十年をかけて登山費用を貯めたという。彼の登山パーティーは登山客四人とシェルパたちからなり、ほかの三人も西ベンガル州から来たインド人だった。十二時間前のことだ。その付近でゴーシュのネパール人ガイド、ビシュヌ・グルンが登頂を断念し、隊員全員を下山させようとした。午前の中頃で、彼らはまだ八四四三メートルまでしか到達できていなかった。登頂を果たしたほかの隊の登山者たちは、そのうちこの四人を抜いて下山していくだろう。四人がこのまま登り続けていけばじきに酸素が切れる。ゴーシュは、自分の夢が潰えていくのを知って涙した。そのとき、仲間のスバス・ポールという四十四歳のトラック運転手が、ビシュヌを押しのけると山頂を目指してのろのろと歩き出した。彼はこの遠征のために父親の年金をすべて現金で払ってしまっていた。ポールのはったりを真に受けなければ、引き返してくるのではないかと思った。ところが、ラクパの思惑を見透かしたポールは、一度も振り返らなかった。「私たちはこうした場合、相手を無理やり、もしくは腕ずくで止めることはできません」(9)と、後にラクパはジョン・ブランチに語っている。ブランチは、「ニューヨーク・タイムズ」でインド人登山者たちの長い記事を書いたジャーナリストだ。「彼らは私たちのお客さんです。できるのは説得することだけ。彼がこちらの訴えを聞かなかったので、私は追いかけるしかありませんでした」ゴーシュも、四十二歳の看護師のスニタ・ハズラも彼に続いたので、ビシュヌと、サポートをするほかのシェルパたちもふたりに従った。ただ、五十八歳の片腕の仕立て屋、パレシュ・ナートだけは納得して引き返した。

その後でなにが起きたのか、彼らのうち登頂した者がいるのかどうか、詳しいことはまったくわかっていないが、ゴーシュ、ポール、ハズラの三人が、自らを死の瀬戸際まで追い込んだのはたしかだった（後日、山頂から九〇メートルほど下の南峰に立つゴーシュをとらえた映像[10]が見つかった。彼は充血した虚ろな目をカメラに向けていた）。彼らは予定よりも大幅に遅れていて危険な状況だった。結局、全員の酸素が切れた。そして、このときになってシェルパたちは、自らの瀕死の命を守るために三人を残して下山した。

「彼は生きているのか？」とトムは尋ねた。その瞬間、まるでゴーシュが聞いていたかのように、その体がぴくっと動いたので、トムは飛び上がりそうになった。後に彼は、その時の光景を、死体だと思っていた男がいきなり蘇るホラー映画の一場面のようだった、と述べている。おそらくゴーシュは死んでいなかった――完全には、まだ。

「予備のミトンを彼に渡そうか？　引きずってキャンプまで下ろしてやったほうがいいんじゃないか？」とトムは訊いた。

「いや、もう死んでますよ。行きましょう」ラクパはそう答えて歩き始めた。トムはロープからカラビナを外して、ゴーシュの脚を跨いで通った。それほど進まないうちに、先ほどとほとんど同じ光景に出くわした。黄色いダウンスーツ姿の遺体がルートを遮るように横向きに倒れていた。スニタ・ハズラだった。手袋が脱げ、両手を広げていた。微動だにしなかった。トムの見る限り、その女性は死んでいた。およそ十五分のあいだに、ふたりの体を跨いでトムは登り続けた。

トムとラクパは順調に登山を続けた。予定より早く、出発してから七時間も経たない午前二時三十分に登頂を果たした。一日前に、インド人の隊が七時間かけて登った距離は、ふたりの三分の一にも満たなかった。

山を下りていき、女性の死体があった場所に来たときには、日が昇っていた。トムは遺体を見ないでいようと思っていたが、そこに遺体はなかった。そこの雪の上に、だれかに引きずられていったような、もしくは自力で滑り下りていったような痕が残っていた。トムとラクパは、女性を跨いだときにその女性がまだ生きていたのかもしれないということに気づき、たがいに顔を見合わせた。

実は、ふたりがスニタ・ハズラを跨いで通り過ぎてから二、三時間後のこと、レスリー・ジョン・ビンズというイギリス人兵士(11)が通りかかり、彼女が生きていることを確信した。彼はボスニア、イラク、アフガニスタンで従軍し、簡易爆弾《IED》のせいで片目を失っていた。ビンズは即座に頂上への登攀を諦めて彼女を救出しようとした。酸素がなくなっていることを見て取ると、自分の予備の酸素ボンベを与え、自分のハーネスのロープに彼女を結びつけ、その体を引きずって下り始めた。トムとラクパが下山途中に雪上に見つけたのは、その引きずった痕だった。

ふたりが登山中にゴーシュに出くわした場所にはやりゴーシュはいた。彼に近づいていくときにラクパが思いがけず落とした雪の塊が、山道を転がってゴーシュの頭にぶつかった。ゴーシュは動かず、なんの反応もなかった。ラクパが固定ロープから離れてゴーシュのそばに行き、顔をかなり近づけて息をしているかどうか確認した。ラクパはトムを見ず、無言のまま固定ロープまで戻ると歩き出した。

サウス・コルのキャンプ地に間もなく到着するという頃、ルートから一〇〇メートルほど離れたローツェ・フェースの上の斜面に、ひとりの男が座っているのが見えた。男はザックを背負っておらず、まるで紅茶を飲んでいるかのように片腕を持ち上げていた。ふたりとその男とのあいだにある斜面は非常に硬い青い色の氷で、しかもクレバスだらけだった。トムが声をかけても、口笛を鳴らしてみても、反応がなかった。やがて、男の体が揺れて横倒しになった。後でトムは、その男が片腕の仕立て屋パレシュ・ナートだったことを知った。

ふたりは下山を続け、キャンプ地のすぐ外でもうひとりの疲弊しきった登山者を見かけた。山道から少し離れたところに座り込み、そのそばに人がいた。そのあたりは安全だったので、ふたりが固定ロープから離れてそちらに向かおうとすると、付き添っていた人物が声と身振りでそばに来るなと伝えてきた。理由はわからなかったが、もしかすると座り込んでいる男はすでに死んでいたのかもしれないし、あるいは、救助隊が来るので助けはいらないということだったのかもしれない。いずれにしてもふたりが助けに行く必要がなかったので、しかもその日は重大な成果をあげた日だったこともあり、まっすぐにキャンプに向かった。すぐに男がキャンプに運ばれてきた。スバス・ポールだった。引き返すように言ったガイドの説得を聞かずに、ハーメルンの笛吹き男のように、ほかの人々を引き連れていった人物だ（ポールはその後でローツェ・フェースを下りて第二キャンプへ向かっていったが、途中で力尽きた）。

トムは自分のテントのなかに入り、脚を外に投げ出し、登山靴のアイゼンを取り外すことなくしばらく座り込んでいた。やがて、むせび泣いた。

その日の遅く、片腕の仕立て屋は死にものぐるいでキャンプに戻ってきたが、そこで事切れた。インド登山隊で生き残ったのはスニタ・ハズラだけだった。トムとラクパがほとんど調べもせずに亡くなっていると思い込んだ女性だ。彼女は後に、インドのテレビインタビューでこう語った。「彼（作者註　レスリー・ジョン・ビンズ）は命の恩人です。おかげで私は家に帰って子どもに会うことができました。ほかに言えることなどありません」[12]

ウーストラが午後十時半頃に岩棚に倒れているカムを見つけたとき、エヴェレストの試練の一日はまだ終わりではなかった。「おい、カム、大丈夫か？」最初、何の反応もなかった。ウーストラは彼女の肩を摑んで揺さぶった。カムが身動きをした。彼女が身を起こすのに手を貸した。カムは一分ほどかかってようやく目の前にいるのが昔からの友人だということに気づいた。「ああ、あたし、手が動かない」と彼女は言った。ウーストラは彼女の酸素ボンベを調べた。空だったのでザックから空のボンベを取り出して岩棚の安全な場所に置いた。自分の残りの酸素ボンベを分け与えるつもりはなかった。酸素補給せずにカムをキャンプ地まで下ろしていけるとは思えなかったからだ。だが、すぐに自分の酸素もなくなるだろう。救助に出発する前に、カム用の予備の酸素ボンベを探したが、一本も見つけられなかった。第三キャンプに蓄えておいた何本かの予備は、彼が斜面を転がり落ちたときに失い、わずかに残ったものはほかの隊員が使っていた。

ウーストラは、彼女を下ろすには引きずっていくしかないと思った。すぐ下は急斜面になっているので、同時懸垂下降の準備をした。自分の懸垂下降器にカムをロープで繋いでから、片手でロープの端を握って抑制をかけ、もう片方の手でカムのハーネスの腰ベルトを摑み、彼女を引きずって岩棚の端まで行った。岩棚の端を越えると、彼は慎重に手でロープを滑らせながら、カムに跨がるようにして立ち、脚で彼女の体勢を真っすぐにした。この状態のまま岩壁を四五メートルほど懸垂下降し、ロープの下端が着地している砂利の多いテラスに下りた。次は、勾配のある、粗石だらけの岩棚を下りなければならなかった。

「カム、立ち上がってくれ」とウーストラは厳しい口調で言った。

カムは立ち上がろうとしたが、脚が動かなかった。もはや体をまったく動かせない状態になっていた。

「立つんだ！」とウーストラは怒鳴った。

カムはもう一度立ち上がろうとした。だが力が入らなかった。彼女は泣き出した。「本当にごめんなさい。本当に、本当にごめんなさい。精一杯やってるんだけど」

ウーストラは彼女の腋を摑んで立ち上がらせようとした。カムは彼に寄りかかり、腰に腕を回した。ふらふらと二歩歩いたところで、膝を落として仰向けに倒れた。「腹ばいで進めるか?」ウーストラは努めて優しく尋ねた。ウーストラがカムのハーネスの腰ベルトを摑んで押すようにすると、カムは腹ばいで少しだけ進んだ。これはウーストラにとって途轍もない負担で、ふたりともほとんど動けなかった。カムが再び倒れ伏した。ウーストラが彼女を引きずって進むと、砂利の道に溝ができた。「カム、どうにかして動け。このままじゃ死んじまう」ウーストラが叫んだ。カムは力を振り絞って立ち上がった。ウーストラが彼女を支え、ふたりはよろめきつつ数歩進んだ。カムが再び倒れた。ウーストラは大声を上げ、怒鳴り、おだて、なだめた。カムを動かし続けるためにありとあらゆることをした。

キャンプまであと一〇〇メートルというところで、ふたりは赤いダウンスーツの謎の男[13]に遭遇した。男はルートの脇に横向きで倒れ、動かなくなっていた。先ほど彼を助けようとしていたシェルパの姿はなかった。通り過ぎていくとき、カムは反対のほうを見ていた。

真夜中過ぎに、ふたりはキャンプを見下ろす傾斜三〇度の雪面までやって来た。ウーストラは再び同時懸垂下降の設置をし、ロープと脚を梃子のように使ってカムの体の角度を保ちながらテントのほうへ降ろしていった。キャンプ地は広大で、皆眠っていたので、目印となるテントの灯りがひとつもなかった。ウーストラはすでに自分のロープの下端に達していた。酸素はカムを見つけた直後には切れていた。混乱する頭では、仲間のテントがどこにあるかさえ見当もつかなかった。とうとう、できる限りの大声で「アーサー！」と叫んだ。灯りがともり、近くのテントから家具職人のアーサーが顔を出した。「頼む、カムを連れてってくれ」ウーストラは泣きついた。

　カムは、八二三〇メートルより上の高所で二十八時間動き続けたが、そのほとんどが酸素補給のない状態だった。五月二十四日金曜日の早朝になっていた。ウーストラのおかげでカムは生き延びた。しかし、まだ危険から抜け出せたわけではなかった。

第十一章　イギリスの空気

一九二四年五月二十四日、サンディ・アーヴィンは東ロンブク氷河の第二キャンプで体力が回復するのを待っていた。その前夜、エドワード・ノートンから、ノース・コルに取り残された四人のポーターの救出を手伝ってほしいと頼まれたが、なかなかおさまらない下痢に苦しみ、その朝には「最低の気分」で目が覚めたので、[1]助けるどころか足手まといになるとノートンに告げた。少し前まで、この時間にはマロリーと一緒に頂上目指して出発しているはずだと思っていた。ところが若いサンディは、高所から撤退し、計画していたエヴェレスト登頂に挑戦することさえ覚束なかった。

計画通りに進んでいるものなど、なにひとつないようだった。遠征隊の物資運搬計画を完全に混乱させた五月九日と十日の嵐が、そのまま巨大な低気圧となってヒマラヤ山脈の西側に居座っていた。それが数週間にわたって大雪を降らせ、猛烈な寒さと強風をもたらしたのだ。東ロンブク氷河に沿って放置された大量の荷物がそのまま残されていた。

二年前の同じ時期、第三キャンプ（現在の前進ベースキャンプ付近）では雪解け水が勢いよく流れ、遠征隊の男たちは上着を脱いで太陽を浴びながらのんびり過ごしたものだった。ところがこの年は、同じキャンプが凍土と化していた。五月二十二日には遠征中でもっとも低い温度、氷点下三一度を記録した。その夜、寝袋に入っていたアーヴィンの足の感覚がなくなったので、血流をよくするために幾度となく起きては挙手跳躍運動《ジャンピングジャック》をしなければならなかった。

二日後の五月二十六日、ノース・コルのポーター四人が救出された後で遠征隊が会合を開いたのは、東ロンブク氷河と中央ロンブク氷河が交わる地点から少し上の第一キャンプの草の生えた場所だった。ノートンはソンムの戦いを始め、第一次世界大戦の主要な会戦のほとんどに従軍し、数多くの勲章を授けられた軍人だが、その彼が「作戦会議」(2)を招集したのだ。ノートンが懸念していたのは隊員たちの健康状態だった。前日には、ポーターの靴職人マンバハドゥールが五月十日の嵐のせいで両脚全体が重度の凍傷になり、合併症を起こして死亡していた。高山にいる五五人のポーターのうち、体調良好で仕事が続けられる者は一五人に過ぎなかった。ノース・コルの第四キャンプには、何張りかのテントと寝袋がかろうじて設置されていた。高所キャンプに必要な食糧と装備は、ノース・コルに整然と保管されているのではなく、東ロンブク氷河上のあちこちに無計画に散らばっているので、どこになにがあるかを把握している者はひとりもいなかった。そうした荷物を運ぶ人足が足らない状態で、しかも登山隊員の多くが体調不良だったため、ノートンは頂上アタックの作戦を見直さざるを得なくなっていた。

予想不可能の最たるものは天候であり、今は夏のモンスーンの初期段階に似た空模様になっていた。大雪が降り続いているのは偏西風の前線にあたるからで、ノートンは日記に「モンスーン気流」の前兆、[3]と記している。遠征隊は無駄に時間を費やしていた。

作戦会議は夜まで続いたがなにも決まらなかった。朝になってノートンは第二キャンプにメモを送り、オデール、E・O・シェビア、写真と映像担当のジョン・ノエル（この遠征のためにVPKカメラを購入した人物）に、下りてきて話し合いに参加するよう求めた。何時間もかけておこなわれた討議の詳細についてはだれも記録を取っていないが、さまざまな証言から、話し合いの中心になったのが、登山に補助酸素器具を使用するかどうか、というものだったことがわかっている。だれよりも酸素補給なしで登ることを強く主張したのがジェフリー・ブルースだったというのは実に興味深い。彼が一九二二年にジョージ・フィンチとともに、試作品の酸素器具を使って当時の最高到達記録である八三二一メートルを記録していたことを考えると、なおさら興味深い。

このときの登山では、ふたりは標高七七二〇メートル付近で暴風に巻き込まれ、そこで二晩も足止めをくらった。フィンチは後に、そのときの経験を感情豊かに綴っている。「感覚を殺されるほどの寒さが手足に忍び寄ってきた。（中略）なんとかしなければならない。（中略）その時、突如として、酸素を補給してみようと思い至った。（中略）最初に一度深く酸素を吸い込んでから数分後には、命が戻ってきたちりちりとした感じがして、手足がほんのりと温かくなった。私たちはその夜のあいだずっとそうやって酸素器具を繋ぎ、わずかな酸素を吸いながら過ごした。その成果は素晴らしいものだった。体が温かくなってよく眠れたのだ。眠っているあいだに酸素を補給しているホースがブルースの口から外れると、黄色がかった緑色の月光のなかで不安げに体を動かすのが見えた。ホースはテント地を通り抜けて入ってきていた。ブルースはやがて無意識のうちにホースをつけ直すと平穏な眠りに戻っていった。この高所キャンプで過ごしたこの二日目の夜に私たちの命が救われたのは、間違いなく酸素を使用できたからである(4)」

翌日、フィンチとブルースは、酸素を補給しながら、一時間に約三〇〇メートルという速さでわずか二時間で、地上最高高度まで登った。前日にマロリーの指揮のもとで同じルートを無酸素で登ったときには、一時間で進める距離は約一〇〇メートルだった。話し合いで酸素の使用を主張した隊員たちは、このときの記録を強力な証拠として提出した。

酸素器具は、遠征隊の若き技術者アーヴィンのおかげで良好な状態に保たれ、すぐに使えるようになっていた。この時点で第三キャンプには六本の酸素器具があり、高所キャンプに運ばれるばかりになっていた。ところが、ブルースが強く主張したのは、酸素器具ではなく調理ストーブやテント、寝袋、食糧、燃料をもっと多く運ぶことだった。荷揚げの人手が限られるので、ブルースの賢明な意見に反対するのは難しく、その日のうちに、全員一致で「酸素はすべて置いていく(5)」ことが決まった、とノートンは書き記している。

新たな計画では、ノース・コルより上に二ヶ所キャンプを設置することになった。ブルースとフィンチが一九二二年に到達した最高高度地点より東の北稜の上で、ひとつは標高七七〇〇メートル、もうひとつは標高約八二三〇メートルの地点だった。後者はキャンプというよりビバークするための場だ。後者の高所キャンプの設置を主張したのはマロリーだったが、それはおそらくアレクサンダー・ケラスの助言に従ったからだろう。ケラスは、明るいうちに山頂まで登って下ってくるには、最低でもその高度にキャンプを設置する必要があると言っていた。ケラスとマロリーはこの点においてかなり楽観的だったことがわかる。というのも、現在の高所キャンプも一九二四年にイギリス遠征隊が設置しようとしたところとだいたい同じだが、余裕をもって日中に下山できるためには、午前零時前にキャンプを出発して暗闇のなかを登っていくのが普通だからだ。

まだ決まっていなかったのは、頂上を目指す二組の隊員をだれにするかということだけだった。一組目は、マロリーの信頼も厚いノートンとサマヴェルに決まった。このふたりは一九二二年の遠征でマロリーが到達した最高高度八二二五メートルまで補佐役として同行している。経験豊富な登山家なので今回の遠征でも精力的に活動していた。

二組目のマロリーと組む隊員の選出は、マロリーに任された。アーヴィンの競争相手がジェフリー・ブルースだった。遠征隊の医師リチャード・ヒングストンが隊員のなかでもっとも体力があると評価していたのがブルースだった。それにブルースのほうが登山家としての経験も豊富だった。「マークV」酸素器具の使用は計画から外されたので、マロリーはブルースを選んだ。

マロリーのこの決定を、登頂を切望していたアーヴィンは無念に思ったことだろう。しかしアーヴィンはいつものように平静さを失わず、ノエル・オデールとともにサポート班につくという新たな任務を受け入れた。アーヴィンはそれについて、その夜の日記では触れていない。「ジェフの意見に全員が賛成した。(6) そうすればノース・コルへ荷揚げするポーターの人数が少なくて済むからだ」とアーヴィンは書いている。「午後、氷河末端の脇にある氷の洞窟を見に行った。三通の手紙を持っていたが（作者註 出す予定の）、封筒がなかった。おかげで送りそこなった」

この重大な局面で、マロリーは登頂の見通しを楽観視などしていなかった。ルースに宛てた最後の手紙はこう結ばれている。「愛するルース。この手紙がつくまえに、最良のニュースで、それも速報によって、きみの心配が消えることを心から祈っています。勝ちめは五十にひとつもないが、自分に与えられた仕事はやりぬき、遠征隊の面目をほどこすつもりです。大きな愛を送ります(7)」

二〇一九年五月二十四日、エヴェレストでの大変な一日が終わったその翌日、南東稜の高所で列を作っている登山者を写したニムズの写真がさまざまな大手メディアの一面を飾り、その結果、私の携帯電話がひっきりなしに鳴る羽目になった。しばらくのあいだ私は電話の相手に向かって、その写真は南面を捕えたものであり、私がいるのは北面で、私たちの隊は混雑を避けて登頂日をずらした、ということを繰り返し伝えるバイトの学生みたいな気分だった。

そして、山頂が混み合って進むことができなかったせいで犠牲者が出たという新たなニュースが飛び込んできた。その朝ジェイミーは、衛星を介するWi-Fi通信が不安定な状態ではあったが、前日に南面で死亡したふたりの登山者に関するインターネットの記事を見つけ出した。ひとりは、深夜に登頂したインド西部の都市プネから来た二十七歳のニハル・バグワンだ。彼は二〇一七年に約八四四〇メートルまで登り、今回が二度目の挑戦だった。彼の遠征を手配したネパールの登山ツアー会社〈ピーク・プロモーション〉は、その死因について「ヒンドゥスタン・タイムズ」に、「バグワンの死因は、登山道の混雑に入ってしまったことによる脱水症状、極度の疲労、体力の消耗だった[8]」と語っている。

もうひとりはインドから来た五十歳の弁護士カルパナ・ダスである。彼女は二〇〇八年にエヴェレストに初登頂している。当時、エヴェレストに登るインド人女性はほとんどいなかった。彼女はエヴェレスト登頂という切り札をうまく利用し、ベンガル湾に臨むインド東海岸のオディシャでささやかな名声と富を手にした。そして十一年後の今年、「女性三人の登山隊」を率いて戻ってきたのだ。仲間のふたりはネパールと中国の女性だった。三人は午後十二時五十五分頃に登頂した。下山中にダスは脚の痛みと息苦しさを訴えるようになった。その日の午後遅く、バルコニーの真上の八四四三メートル付近で彼女は息を引き取った。オディシャ州のナヴィーン・パトナイク州首相は声明でこう述べている。「登山で彼女が遺した功績は、州の若い女性たちの大きな励みになることでしょう」[9]。報道によると、パトナイク州首相はネパール観光省とともに彼女の遺体を山から下ろし、インドに運んで敬意を込めて埋葬することを手配したという。

さらに同日の午後遅く、ネパール人の三十五歳の登山ガイドのドゥルバ・ビスタがサウス・コルに向かうローツェ・フェースを半分まで登ったところにある第三キャンプの外で倒れた。彼はプラカシュ・ケムチェイの友人で、女の子の赤ん坊の父親でもあった。ヘリコプターでベースキャンプに運ばれはしたが、その日のうちに死亡した（現在では救助ヘリコプターは、状況が良ければエヴェレストの八〇〇〇メートルまで飛ぶことができる）。さらに、マカルーでは、ニマ・テンジ・シェルパが登頂後の下山中に、第二キャンプの外で死亡した。死因はわかっていない。その日が終わるまでに、二〇一九年のエヴェレストにおける死者数は九人となり、ほかの八〇〇〇メートル峰で亡くなった人の数の合計も九人だった。

悪い知らせばかりで気分が沈んでいたが、登頂を成し遂げた登山者が少しずつキャンプに戻り始めていることを知り、私はその姿を見ようと昼食の後に散歩がてら外に出た。二十四時間前は皆が山頂を目指して列を作っていて、前進ベースキャンプはゴーストタウンと化していた。ところが今では、登頂を果たした偉大なるヒーローたちが覚束ない足取りで戻って来て、キャンプのなかはざわついていた。多くの登山者が下山途中の前夜は、ノース・コルの第一キャンプで過ごしていた。サポートスタッフたちは、キャンプの撤収と荷下ろしをするために慌ただしく作業していた。ヤクの列が延々と隊列を組み――まさにヒマラヤならではの混雑ぶり――ゆっくりとキャンプ地を通過し、その鈴《ベル》が川のせせらぎのような音を出していた。キャンプに散在するテントの黄色いナイロンの屋根には、さまざまなダウンスーツが広げられて干してある。陽を浴びて湯気を上げている色とりどりのダウンスーツは、「エヴェレストの強者《つわもの》ここにあり」と高らかに謳う旗のようだった。

目の前には蜘蛛の巣のように小道が広がり、その先には登山隊のテントの一群が見えたが、私はそのまま本通りを進んだ。数メートル先の左側で、疲れきった顔つきの中年男がテントの前のウレタンマットの上でウールのズボン下のまま胡坐をかいていた。顔は無精ひげに覆われ、脂っぽい髪はあちこちではねている。その男がぼんやりと私のほうを見ていたので、私は立ち止まって声をかけた。「やあ、どうだった？　登頂できた？」

「ああ」と彼は疲れた声で答えた。ドイツ語訛りがかすかにあった。

「それはおめでとう」と私は応じた。男は笑顔になって「ありがとう」と口だけ動かして言うと、拝むように両手を合わせた。

さらに進むとダウンスーツと寝袋に覆われた多くのテントがあった。小道から少し離れたところに、台座のような綺麗な岩があり、その上にテントが張ってあった。インナーを外して入り口の前に置かれたひと組の登山靴から蒸気が立ち上っていた。すぐそばの小岩の山にオレンジ色のハーネスが置かれ、そのビレイループ［ザイルを確保するためのもの］には懸垂下降器がついたままだった。使い込まれたスリングの先に、青い登高器がぶら下がっている。テントの出入り口がちょうど目の高さだったので、通り過ぎる際にちらりとなかを覗いてみた。出入り口に素足を載せ、仰向けに寝ている男性の胸がゆっくりと上下していた。

前方から、ひとりの登山者が不格好な高所靴をひづめのように鳴らしながら歩いてきて、気がつくと、一頭のヤクが杭に繋がれている泥だらけの水たまりのそばで彼と向かい合う格好になっていた。私のほうはスニーカーにナイロンのトレッキングパンツ、薄手のダウンジャケット、野球帽という姿で、男のほうはデス・ゾーンを経てきた装備のままだった。オレンジ色のダウンスーツのジッパーを腰まで下げ、装着したハーネスには大工の腰ベルトのようにさまざまな登山用具が掛けられ、アイゼンもカラビナでぶら下がっていた。相手は立ち止まった。私が元気そうでこざっぱりとした格好をしているのに面食らったらしい。私が差し出した握りこぶしに、相手は自分の握りこぶしを軽く当てて応じた。

「調子は？」と私は尋ねた。

「へとへとだよ」と男は東欧訛りの太い声で応じた。「下山できてよかった」そう言って右のほうに目を向けた。そちらに彼の帰りを待つキャンプがあるのだろう。

「登頂したのか？」

「ああ。とんでもない一日だった。最悪な天気さ。無事にたどり着いたが、下山中は危険極まりなかった。ひどく寒いし、風は猛烈だし。秒速二〇メートルで吹き荒れていた。写真なんてほとんど撮れなかったよ。ところで、あんたはなにしてるんだ?」

私は、今回の登頂を見送り、次の登頂機会を待っているところだと説明した。数日内には頂上目指して出発できるといいんだが、と。彼の登山は終わった。私の登山はまだ始まってもいなかった。

「強烈な風が吹くんだ」と彼は言った。そして、唇をすぼめて首を傾げた。まるで、「きみの判断は間違いだったかもな」とでも言うように。

「よくやった、本当によくやったよ」私は頼りない足取りで自分のテントへ向かう彼の肩を叩いた。クライミング・シェルパがふたり続いてやってきた。頭の上を越えそうなほど大きなザックを背負い、その上に酸素ボンベをたくさん積み重ねている。ふたりの足取りはしっかりしていたので、私は脇に寄って道を譲りつつ拳を突き出した。ふたりとも通り過ぎるときに拳を当てて頷き、心のこもった笑みを浮かべた。

前進ベースキャンプの上部に向かっていくと、不規則にテントが張られた中国隊のキャンプの真ん中を小径が貫いていた。濃い緑色の軍用テントが小径の両側に設置されている。灯油ストーブの唸る音と、テント内のスピーカーから流れる中国のポップミュージックが聞こえた。数人の男たちが座っていた。私が挨拶をすると、わずかな会釈を返してきた。

その日の早朝のことだった。中国隊のキャンプから男が私たちのキャンプにやってきて、今後の計画について尋ねてきた。中国人の「クライミング・シェルパ」は正確に言えば全員がチベット人で、固定ロープの設置やガイドに加えてエヴェレストにおける捜索と救助の役目も担っている。私たち登山者はひとり残らずCTMAに追加料金を払っているが、それは万が一事故や厄介な問題が起きて救助が必要になったときのためのいわば保険なのだ。ジェイミーによれば、CTMAはシェルパたちに、私たちの隊が山を離れない限り帰れないと言ったという。つまり中国側のシェルパたちは、私たちのせいで少なくともあと一週間はここに留まることになるかもしれない。

しかし、果たしてこの先、高所へ登る機会がめぐってくるのだろうか？　最新の天気予報では、ジェット気流は分裂し、その高度と緯度も変化していた。登頂時機は終わろうとしている。これから山頂では秒速三〇メートルから三五メートルほどの強風が数日間吹き荒れる見通しだ。その風が束の間鎮まるときが二十八日と、それから三十日にもあるかもしれないという。とはいえ、風が弱まるのは、わずか二十四時間かそこらなので、強風のなかを高所キャンプまで登らなければならないだろう。

私たち登山隊と同じ許可証で入山している二組の少人数パーティーも、今回の登頂時機を見送っていた。そのうちの一組が元特殊部隊隊員のフランク・カンパナーロで、私たちがつけたあだ名が「世界一興味をそそられる男」だ。もう一組はベテランガイドのスコット・ウーラムズとその登山客だった。彼らが今回見送ることにしたのは独自の判断なのか、それとも同じ許可証のもとで登っているため、全員揃って行動することに何らかの意味があるのか、私にはさっぱりわからなかった。ただ、彼らのシェルパが私たちのシェルパととても仲が良いので、単独で登るより大勢で登ったほうがいいと思ったのかもしれない。カンパナーロとウーラムズ、そして彼らのシェルパ頭たちは、その日の朝の天気予報会議に同席していた。もし二十八日の風が鎮まるときに登頂するつもりなら、翌日にノース・コルを出発しなければならない。しかしそうなると、秒速三〇メートルの強風のなかを高所キャンプに向かうことになる。ゴーグル焼けがますます目立ってきたベテランのクライミング・シェルパのゴンバは、きっぱりとした口調で「いやだね」と言ってテントを出た。そうなるともう三十日に登るしかない。しかしそれも、好天が続けばの話だ。「第二、第三キャンプに登る日も風が強くては駄目だ」とスコットは言った。「風速三〇メートルなら、われわれは行かない」

「今、この時点での私たちの勝率はどれくらいだと思う?」と私は尋ねた。

「認めたくないが、だいたい五分五分に下がったようだ」とスコットは答えた。

その翌日の五月二十五日土曜日の朝、トムと私は食事テントに座って紅茶を飲みながら、開いたままの入り口の向こうに見える騒がしい様子を眺めていた。キャンプはゆっくりと撤収され続けていた。隊員やサポートスタッフ、そして重い荷物を載せたヤクの群れがひっきりなしに山を下りていった。

「おい、あれは何だ？」とトムがヤクを指差して言った。ヤクの片側に変わったものが括り付けられていた。「うわあ、あれは遺体だ」

私たちは椅子から立ち上がり、死者を見送ろうと外に出た。遺体はブルーシートに包まれ、古いロープでヤクの右側に縛りつけられていた。重さを均等にするためにダッフルバッグがいくつか左側の木の荷鞍に吊り下げられていた。

そのときには、北面で三人か四人が亡くなったという噂が広まっていたが、詳しいことはわかっていなかった。ただ、私たちが聞いたところでは、エルンスト・ラントグラーノはまだセカンド・ステップにぶら下がったままで、ケヴィン・ハインズという五十六歳のアイルランド人が前日にノース・コルの自分のテント内で死亡していたという。また、カムという名のインド系イギリス人女性が死亡したと思われていた。北東稜を登攀中に運動失調に見舞われたポーランド人も死亡したということだった。

いつの間にか現れたジェイミーによれば、ハインズの遺体はクライミング・シェルパ六人が二日かけてノース・コルから下ろしてきたという。「あれはハインズに違いない」とジェイミーは言った。そのとき私は知らなかったのだが、左官の仕事をしているハインズは、この八年間をメイン州ウィンダムの息子の家の近くで暮らしていた。ウィンダムは、長年私が少年サッカーの試合に付き添って行った町で、自宅から車でわずか一時間半ほどのところだった。

ケヴィン・ハインズは二日前の五月二十三日、登山ツアー会社〈360エクスペディションズ〉の仲間とともに、ロルフ・ウーストラに率いられて午後十時頃に高所キャンプを出発した。ところが、たった一〇〇メートルほど登っただけで登頂を断念することにした。原因はわからなかったが、体に力が入らず、足を前に運ぶことすら難しくなっていった。一年前に南面から挑戦したときにはそんな問題は起きず、八〇〇〇メートル峰のエヴェレストとローツェの両座の登頂に続けざまに成功した。その数年前には、世界第一二位の高さを誇るパキスタンのブロード・ピーク（標高八〇五一メートル）にも登っている。ハインズはウーストラの友人であり、ウーストラのチームのなかではもっとも経験豊富で頑健な登山家であった。チベット高原から初めてエヴェレストを見たとき、ハインズはウーストラに向かってこう言った。「さあ、黄金を掘り当てようぜ、相棒[10]」

ウーストラはハインズを第三キャンプまで送り届け、熟練のシェルパふたりに彼の世話を託した。シェルパのふたりに向かってウーストラはこう言った。夜明けまでここで休み、それから下山を始めてくれ、できれば一気に前進ベースキャンプまで下りたほうがいい、と。ハインズに付き添ったシェルパたちによれば、ハインズは足の運びは遅いものの、冗談を飛ばし、いつも通り陽気にふるまっていたという。昼過ぎに嵐になったので、第二キャンプのテントに潜り込み、五、六時間休んでから下山を続けた。ノース・コルに到着する頃に日が沈んだ。ハインズはずっと酸素の吸入を受けていて、疲れ切っていること以外に問題はないように見えた。

シェルパは熱い飲み物と温かい食事を彼に出した。そして睡眠中も酸素補給できるように準備してから彼を寝かせた。

朝の七時頃、シェルパのひとりがハインズのテントに行った。いびきが聞こえていたので、もう三十分ほど寝かせておこうと思った。七時半にハインズの様子を見に行くと、テントのなかは静かだった。シェルパがテントのジッパーを開くと、ハインズが寝袋のなかで不動のまま横たわっていた。後にカトマンズで行われた検死では、いわゆる自然死だったという――高山病が原因ではなかった。典型的な突然死だった。

五月二十五日の夜は、皆よく眠れなかった。予報のとおりジェット気流がエヴェレスト上空に現れ、下へと移動していた。そしてその夜、強烈なジェット気流が山頂を襲った。前進ベースキャンプの状況は、ノース・コルで見舞われたファニの凶暴な風ほどではなかったが、激しい突風で私のテントの前室の支柱が折れるほどの勢いがあった。その後は一晩中、テントの入り口がヨットの補助帆のようにバタバタとはためいていた。私は眠ることができず、何時間も咳き込んでいた。咳をすればするほど、肺の炎症がひどくなり、とうとうどうやっても咳が止まらなくなった。ひっきりなしに胸が上下に揺れ、それが頭へと伝わり、ほどなくして激しい頭痛に苦しめられるようになった。午前四時ごろ、テントのジッパーを開け、潰れた前室から外に這い出ると、痰の塊を吐き出した。夜空には雲ひとつなく、黄色い虧月《きげつ》の光が降り注ぎ、天の川を背にして頂上ピラミッドの黒い影が浮かび上がっていた。強力なジェット気流で雪煙が生まれ、絹のスカーフのように東側へたなびいていた。その美しい光景が、山頂で吹き荒れている風の獰猛さを物語っていた。そして、病んだ体を抱えた私は、その光景に見惚れる気分ではなかった。

翌日の日曜日の午前中に私は何杯かのコーヒーを飲んで元気を取り戻し、前進ベースキャンプをぶらぶら散歩しながらふと目を上げると、茶色の長い髪のインド人女性が小径をぎこちない足取りで歩いてきた。すでにキャンプ地は閑散としていたので、彼女を見て私は驚いた。もうほかに登山者はいないと思っていたからだ。彼女は両脚を引きずり、包帯を巻いた両手をフランケンシュタインのように前に突き出していた。私たちは少し話をした。彼女の説明では、二十三日に登頂したものの、下山時に悲惨な目に遭ったという。両手足がひどい凍傷にかかった。ベースキャンプまで自分を運んでくれるヤクが来るのを待っているところだという。彼女はすべての感情を搾り取られたかのような表情で私を見ていた。そして彼女は自分の名前を告げた。カム、と。そのとき私が驚いたり怯んだりしていたとしても、彼女は気づきもしなかっただろう。あるいは、気づいていても、疲れ切っていて気にもかけなかっただろう。ともあれ私は、彼女が死んだという噂が流れていることには触れず、重い足取りで離れていく彼女の幸運を祈るだけだった。

五月二十三日の夜も遅い時間に、家具職人のアーサーは自分の名前を大声で呼んでいるウーストラの声を聞いてテントから顔を出した。するとそこにカムを引きずって歩いているウーストラがいた。しかしそのときアーサーとシーナがウーストラに手を貸すことができなかったのは、ふたりとも極限状態にいたからだった。ふたりのテントを支えている石の土台が崩れ、同じひとつの寝袋のなかで不安定な姿勢で横になっていた。その夜が始まる頃にふたりはテントのなかに入ったが、アーサーはテントの入り口のジッパーを閉めなかった。その入り口のところで熱心になにかを見つめながら、アーサーは「あそこのテントでひでえことが起こってるぞ」と繰り返し言っていた。

「入り口を閉めてってば！」シーナは吐き捨てるように言った。

「頭の大きな赤ん坊がいるぞ」とアーサーは続けた。「それに、あの巨大な鏡から顔が出てきてる。見えるか？　ほら、見てみろよ」

シーナはテントから這い出ると、ウーストラと一緒にカムを引きずっていき、壊れかけたテントに押し込んだが、その入り口が閉まらなかった。この状態でシーナとカムは同じ寝袋を使い、一本の酸素ボンベをふたりで使った。カムが手足の痛みを訴えたので、シーナはダウンスーツのジッパーを下ろし、カムの冷え切った手を自分の太腿のあいだに挟んだ。

翌朝になるとカムの手足は激痛でずきずきし、しかも彼女は深刻な脱水症状に陥っていてなにも飲み込むことができなかった。ウーストラがアルペングロー隊から酸素ボンベを何本か借りてきた。午前八時にビルがカムのテントに立ち寄り、新しい酸素ボンベを彼女に取り付けた。それからすぐに下山を開始した。

標高差が一八三〇メートルある高所キャンプから前進ベースキャンプまで下りるのに十四時間がかかった。午前九時に出発して午後十一時に到着した。凍傷になった足を地に着けるたびに激痛が走った。腕に巻いたロープが絶えず凍傷の指をこすり、突き刺すような痛みに涙がこぼれた。だが山を下りるあいだずっとカムを支え、付き添っていたのは、ビルとカナダ人の軍人クリス・デアだった。デアは絶対に彼女を救うつもりでいた。前進ベースキャンプの近くに来るまで、カムは何度も倒れ込んだが、そのたびにビルとデアに助け起こされて、覚束ない足どりながらもついにキャンプ地にたどり着いた。

シェルパが手を貸してカムの登山靴を脱がせ、青く腫れ上がった手と足の指先をぬるま湯で温めた。凍った組織に血液が流れ出すと、大きな水疱ができ始めた。その痛みは想像を絶するものだった。病院では凍傷の患者にモルヒネなどの強力な鎮痛剤が投与される。何の薬もないのでカムは耐えるしかなかった。三十分から四十五分ほど温めると、特に重症だった右足の親指と左足の小指を含む凍傷の指が青い色から紫色へと変わった。打ちひしがれてぼろぼろになったカムは、テントまで運んでほしいとシェルパに頼んだ。シェルパのうちのふたりが彼女の両腕を抱え、ひとりが両脚を持ってカムを持ち上げた。カムは寝袋に入るや、高所用ダウンスーツを着たまま意識を失った。

私がテントから出るとちょうどトムがジェイミーに向かってこう言っているのが聞こえた。「いままであんな風になったことがないんだよ」ふたりはそれぞれのテントの外で、少し離れたところに立っていた。五月二十六日の夜だ。およそ十二時間後には、山頂に向けて出発する予定になっていた。

「やあ」と私はふたりに声をかけた。「変わりはないんだろう?」

この遠征のあいだ、トムが私を見て挨拶をしなかったことなど一度もなかった。少なくとも、「よう、元気か?」と陽気な声をかけてたし、気分が優れないときには、テントで自分が放屁した音をメールに添付するといった悪ふざけをよくしてきた。それなのにトムは沈んだ様子で立ち尽くしているだけだった。

トムの説明によれば、二、三時間前に人がいなくなったキャンプの写真を撮りながら歩き回っていると、突然、顔がちくちくして強い痛みが走ったという。初めの頃、その痛みはふっくらした頬から始まって、目、こめかみへと広がり、口と唇にまでおよんだという。「おかしな話に聞こえるかもしれないんだが、痛みというより妙に心地よい感じで。今はもう何ともないが、十五分ほどは唇を動かすことができなかったんだ」

「喋ることはできたのか?」とジェイミーが訊いた。

「わからない」とトムは答えた。「どうしていいかわからなくなって、テントに入り込んでしばらく横になっていた。だれとも話さなかった」

そのとき真っ先に私の頭に浮かんだのは、遠征の最初の時期にジェイミーから聞いた、二〇〇八年のブロード・ピークで経験した神経障害の話だった。ジェイミーによれば、ニュージーランド人で初めてブロード・ピーク登頂を成し遂げた後、巨大な荷物を背負って下山しているときに、まさにトムが説明したような症状に見舞われた。彼の場合、顔面麻痺が二日間続いた。完全には回復せず、いまだに特定の言葉を発音するのが難しいという。それは、一過性脳虚血発作《TIA》と呼ばれるものだったらしい（ピーター・ハケットの説明では、TIAは二十四時間以上は続かないはずなので、そのときのジェイミーは軽度の脳卒中を起こしていたかもしれない、とのことだ）。ヘマトクリット値が高くなると、高所登山者の血液はドロドロになって血栓ができやすくなる。血栓は通常脚に生じるが、脳にもできることがあり、それで卒中が起きる。TIAは完全な脳梗塞の起きる前触れと考えられている。

トムがほかの仲間に事情を説明しているあいだに、私はピーター・ハケットに彼の症状をメールで知らせた。ジェイミーは、ダワの息子で救急救命士になる勉強をしているソナムを呼び寄せた。ソナムはトムの血圧（最高一八〇、最低一〇〇）と血中酸素飽和度（六〇パーセント台後半）を測った。高地では血圧が高くなるのが普通だが、そのことを考慮しても最高一八〇、最低一〇〇という数値は予想以上に高い、とハケットは言った。そして、トムの血中酸素飽和度は危険なまでに低かった。その日の始まりに測った私の血中酸素飽和度は八〇パーセント台前半だったが、これは標高六四〇〇メートルで高所順応した登山者の理想の値といってよかった。

ハケットからすぐに返事が届いた。ダイアモックスの服用で顔のしびれや、ちくちくする痛みが生じることはあるが、麻痺であればＴＩＡの恐れがあるので深刻に受け止めたほうがいいということだった。

「唇が動かなくなったのは間違いないのか？」と私はトムに訊いた。

「ああ、間違いない」とトムは静かに答えた。

私はハケットの文章の最後を読んで彼に伝えた。それは、今後は安全策を取ってこれ以上登らないように、と警告する内容だった。さらにハケットは、彼の同僚の意見も聴いて、この警告が適切であるかどうかを確認した後で、こちらに連絡することを約束してくれた。

全員の目がトムに向けられた。彼は首に巻いていたネックウォーマーを口元まですでに引き上げていたが、右手で目を覆い隠した。

「なあ、今すぐ決断しなくたっていいんだ。まずはよく寝て、明日の朝どんな具合か見てみようじゃないか」と私はトムに言った。

トムは私を見上げて頷いたものの、なにも言わなかった。目に涙が滲んでいた。

その夜、マロリーとアーヴィンの話を読んでいると、一九二四年にも同じようなことがあったのを思い出した。五月十二日、東ロンブク氷河に散在していた遠征隊員たちが嵐に襲われて、その後、第六次エリザベス女王専属グルカ・ライフル連隊の伍長代理シャムシャーという人物が、トムと似たような症状に見舞われている。「またポーターが病気——麻痺の症状——指の凍傷から血栓が脳に飛んだことによるものと思われる」[11]とアーヴィンの日記に記されている。シャムシャーはその翌日、ベースキャンプから八〇〇メートルほど進んだところで死亡した。

五月二十七日月曜日の夜明けは明るく静かだった。私が午前七時頃に食事テントに入ると、隊員全員が揃っていた。

「よう、どうだ調子は。眠れたか？」とトムが話しかけてきた。

彼は鼻にのせた老眼鏡越しに私を見た。足を組んで、両手で湯気の上がるコーヒーのマグカップを抱えている。目の前のテーブルには、彼の日誌が開いたまま置かれていた。こんなに早い時間なのにトムの目はきらきらしていて、いつもよりだいぶやる気になっている。トムは、顔が少しばかり引き攣る程度のことで登頂を諦めるつもりはない、と決めたのだ。私はテーブルを見回した。だれもなにも言わなかった。「もう決心したのなら、トムは私たちと一緒に登るつもりでいるのだろう」と思った。そして、隊員のあいだでは、トムの身に起こったことについては忘れるという了解ができたようだった。

それから一時間ほど、妻のハンプトンとメッセージのやり取りをした。高所でも携帯電話は使えると聞いてはいたが、それが事実かどうかはわからない。下山するまで通信手段がなくなる可能性があった。

出発したくて仕方がないトムは、午前九時頃に最初にキャンプを出発した。私は彼と一緒に登りたかったので、食事テントで魔法瓶の熱湯を自分の水筒に急いで入れ、コーヒーを一口最後にすすり、前進ベースキャンプの炊事場を切り盛りするビルに挨拶した。通信テントの横を通り過ぎるとき、そろそろWi-Fiの電波が届かなくなることに気がついてポケットから携帯電話を取り出した。思ったとおり、ハンプトンから、成功を祈っている、愛を送る、という最後のメッセージが入っていた。それからもう一通、ピーター・ハケットから届いていることに気がついた。一瞬、携帯電話の電源を切って、見なかったことにしようかと思った。

トムが登頂を中止するべきかどうかについては、ハケットの同僚の意見はいろいろだったらしいが、ハケット個人の考えは、適切な診察を受けずに登っていくのは危険が大きすぎるというものだった。私はトムを追いかけて呼びとめたが、トムはそれを無視して歩き続けた。

「トム！」私はもう一度、大声で呼んだ。トムは立ち止まり、振り返った。

「よう、どうした？」

私は手を振って、戻ってこい、と合図した。

数分後、仲間の集まっている食事テントで私はハケットの最後のメッセージを読んだ。トムは項垂れ、片手で目を覆っていた。この遠征用に特別注文した野球帽を被っていた。黒地に、トムが「サンドッグ」と呼ぶ黄色いロゴが入っていた。渦巻き模様の先が変形して漫画っぽい犬になっている。犬はトムの守護動物らしい。そのロゴは二〇〇五年に自殺した兄が三十年前にトムのために作ってくれたものだ。それを今回の遠征のために使ったのだ。ロゴの下には、やはり黄色で「29035.online」と自身のウェブサイトのURLが記されていた。

だれも口を開かなかった。私はトムに向かって言った。「トム、自分で決めるんだ」

「ただの巨大な岩の塊だ」とジェイミーがようやく口を開いた。「なにも見つからないかもしれない」ジェイミーは手に持った古い針金を前後に曲げていた。一九三三年にイギリスの遠征隊が東ロンブク氷河のおよそ一九キロにわたって針金を張り渡し、キャンプ間の電信に使っていた。それはその名残だった。探そうと思えば、今でも道のそこかしこに落ちている。

「子どもたちがいるだろ」と私は言った。「子どもの代わりにはならない」

「おれが代わりに決めようか？」とジムが尋ねた。

トムは泣き出していた。彼はジムを見て、決めてくれ、というふうに頷いた。

「登るな」とジムが言った。

「そこまでする価値はない」とマットが言った。

話はついた。トムの挑戦は終わった。だが私たちには、トムを囲んで励ましの言葉をかけている余裕はなかった。私たちの荷物がテントの外に置いてあり、出て行くばかりになっている。二分後にはテントの外に出て、順番にトムと抱き合った。トムは無線で私たちの「相手をする」

ことを約束した。それからトムは、一度決めたことを考え直したりしない、というようなことを言いかけたが、声がかすれていて最後まで聞き取れなかった。彼は山の頂に向かってしかめ面をし、頭を横に振った。「くそっ、すぐそこにあるのにな。もう少しなのにな」

そして、私たちは登山を開始した。この遠征の実現に向けてもっとも力を尽くした男、遠征隊の中心人物である仲間を欠いたまま。

一九二四年六月二日の朝、サンディ・アーヴィンはノース・コルで、頂上に向けて荷造りをしているノートンとサマヴェルのために朝食の準備をしていた。その前日にもアーヴィンはオデールとふたりで、午前四時半に起きてマロリーとブルースのために朝食の準備をし、悴《かじか》んだ指と一箱の木製マッチでどうにかプリムス・ストーブ［小型石油コンロ］に火をつけていたのだ。そして今から二十四時間後には、マロリーとブルースは六〇〇メートルほど登った第五キャンプにいて、第六キャンプに向かう準備をすることになる。

マロリーの登攀パートナーからキャンプの「台所の下働き」（ノートンの言い方だが）になることは、アーヴィンにとって落胆することだったはずだが、彼は嫌な顔ひとつせずに感謝されない仕事を黙々とこなした。彼とオデールは料理をし、食事を整え、魔法瓶にお湯を入れ、ノース・コルの上のクレバス地帯ではロープを結び合って付き添っていった。恐ろしい冒険に向かう仲間たちは帽子を少し押し上げて挨拶し、キャンプを後にした。「オデールとアーヴィンが素晴らしい働きぶりをしてくれたので、一度彼らの世話になったわれわれは、これからの人生が物足りなく感じられるかもしれない。(中略)この一年のあいだに全員が目に見えるほどのチームのために尽くしてくれたが、このふたりほど、誠実に、奉仕の精神で行動した者はいなかった」[12]とノートンは後に書いている。

アーヴィンが実際には不満を感じていたことが、六月一日の日記に表されている。「ひどい寒さに、気に食わない仕事。本業が料理人じゃなくて本当に良かった!」[13]

午前九時から十時のあいだに、マロリー隊のポーターのドルジ・パサンがびしょ濡れの姿でふらつきながらキャンプまで下りてきた。前日、マロリーとブルースのポーターたち五人は第五キャンプに到着できず、標高七六二〇メートルのキャンプ地まであと一〇〇メートルというところで荷物を置き、ノース・コルに撤退してきたのだ。マロリーが氷を削ってテントの土台を作っているあいだ、ブルースと、いちばん体力のあるポーターのロブサンが、置き去りにされた四つの荷物をキャンプまで運ぶため、それぞれ二往復した。

ドルジ・パサンの報告では、ほかの人々、つまりマロリー、ブルース、残ったふたりのポーターは登頂を続けていた。しかし午前十一時にアーヴィンが北稜を見上げていると、驚いたことに下山している四人の姿が見えた。ふたつのストーブに火を点け、近くのセラックから削り取った氷の塊を鍋に入れて火にかけてからロープを摑むと、クレバス地帯のところで彼らを迎えるために斜面を登り始めた。やがてマロリーが到着したが、彼がアーヴィンに語ったことによれば、その前日に一行が北稜を登って第五キャンプを目指していると途轍もない烈風が吹き荒れた。その夜はブルースと一緒にテントに入り、ポーターの三人はもう一張りのテントでぎゅうぎゅう詰めになってしのいだ。凍りつく寒さの、強風の吹き荒れる夜だった。朝になって、ポーターたちはこれ以上登ることを断固拒否した。彼らのサポートがなければ、万事休すだ。マロリーはこのままブルースと一緒に登り続け、ちょうどその頃ノース・コルから登攀中のノートンとサマヴェルのために第六キャンプを設置することもできたが、撤退する道を選んだ。マロリーは登頂することしか考えておらず、ノートンとサマヴェルのサポートに回ることはなかった。ここに至ってマロリーは、酸素補給なしで頂上を目指す作戦に疑問を抱いたようだ。というのも、ノース・コルの第四キャンプに戻るとすぐにマロリーはアーヴィンを呼んで、彼をパートナーにして、酸素ボンベを持ってもう一度挑戦するという計画を明かしたからだ。そしてすぐ、マロリーとブルース、アーヴィンの三人は第三キャンプへ下りていった。

第三キャンプに着くと、マロリーはポーターのサポート隊を集めることに奔走し、そのあいだアーヴィンは酸素器具の準備に集中し――バルブとさまざまな接続部のテストをして最適な組み合わせを模索していた――ようやくこれなら大丈夫だと自信を持って言える二組の器具を揃えた。それでも、アーヴィンは葛藤していたにちがいない。自分も登頂へのチャンスを掴みたいと心から思っていたし、労を惜しまず酸素器具の調整に取り組んできたが、酸素を使用することには疑念を覚えていたからだ。「はっきり言って、酸素を使用することには大反対なんだ[14]」とアーヴィンは友人への手紙に書いている。「酸素を使って頂上に立つくらいなら、酸素なしで頂上ピラミッドの基部に到達したほうがいいと思う」

それに酸素器具を使う際の痛みが、自身の主義よりもずっと体に堪えた。アーヴィンは七〇一〇メートルのノース・コルで二日間を過ごしたときに顔の皮膚の状態が悪化し、酸素マスクを着けると口のまわりや鼻梁のいちばん敏感な皮膚に当たって激痛に苦しめられた。その日の日記に、アーヴィンはこう書いている。「地球上のあらゆるもので顔を強く擦られているような感じがして、非常に不快な夜だった。器具が日に焼けた部分に触れるたびに乾燥した皮膚が剥がれ落ち、その痛みで悲鳴を上げそうになった[15]」

六月四日、ノートンとサマヴェルが山頂に向けて登攀していたとき、マロリーとアーヴィンはノース・コルに戻りながら酸素器具を着けてみた。一分間に一・五リットルの割合で出すことで速度を上げて進めた。アーヴィンの日記には、酸素のおかげでノース・コルへの前回の登攀時より、呼吸数が三分の一に減ったと記されている。オデールは一日中双眼鏡で山の高所を観察していたが、ノートンとサマヴェルの姿は認められなかった。しかしマロリーは、八六〇〇メートルの雪の上に彼らが通った跡を見たと思った。午後八時、ちょうど太陽が沈もうとするときに、ノートンとサマヴェルがノース・コルより上の雪の斜面を下りている姿が確認された。マロリーとオデールが彼らと合流するため出発し、アーヴィンはストーブに火を点け、熱い紅茶と食事の準備を始めた。

前日の朝の第五キャンプで、ノートンとサマヴェルは、マロリーとブルースが以前経験したポーターたちとの問題に直面していた。しかしノートンは、ブルースとは違って彼らを叱責するのではなく、相手の自尊心と虚栄心に訴えた。「もし、きみたちがわれわれとともに八二三〇メートルのキャンプに登ってくれたら、この遠征隊が頂上を極めた暁には、その冒険の詳細を書き記す本のなかに、金文字できみたちの名前を載せることにする」とノートンは言った。[16]この作戦が功を奏し、四人のポーターのうち三人が登攀を続けることを承知した。

サマヴェルはその日、喉と肺がひりひりと痛み、何週間も続いている激しい咳のせいで、体をふたつ折りにして苦しんでいた。それでも天候が持ちそうだったので、ノートンは酸素なしではだれも到達したことのない高所でキャンプを張れると張り切っていた。一行は二年前にフインチとブルースが酸素器具を使って到達した八三〇〇メートルの広いテラスに第六キャンプを設置したいと考えていた。しかし、午後一時三十分、まだほんの八一四〇メートルのところで、ポーターのひとりが動けなくなったので、テント一張分だけが張れる土台を作った。一時間後、ポーターたちはノエルとハザードに宛てたメモを持って下山していった。メモには、ポーターたちの働きぶりを称賛し、「極上の食事をふるまってくれ」という指示と、ベースキャンプまで付き添っていき、充分な休息を与えるようにと綴られていた。

ノートンとサマヴェルは、雪を融かして無理やり食事をとり、できる限り体を休ませることに午後の時間を使った。夜には、寝袋の内側の足元に登山靴と魔法瓶を入れて寝た。ノートンは、日記に「第一キャンプを出発して以来、最高の夜」と書くほどぐっすり眠れたが、目が覚めると、夜のうちに魔法瓶のコルク栓が抜け落ち、紅茶が寝袋の底に染みこんでいた。サマヴェルもうまく事が運ばず、ひっきりなしに続く咳でほとんど眠れなかった。

六月四日、晴朗な夜明けだった。厳しい寒さを除けば登頂を目指すための条件はほぼ完璧に揃っていた。ふたりは午前六時四十分に出発した。

空を突き抜けるほど急峻な岩壁にたじろぎ、北東稜を迂回することにして斜面をトラバースしていくと、やがてイエロー・バンドの下に着いた。水平に連なる岩棚を西に向かってゆっくりと進み、グレート・クーロワールと呼ばれる雪の岩溝《ガリー》に出た。ふたりともウールの厚手の靴下に靴鋲を打った革の登山靴を履いていた。ノートンが身につけていた肌着[17]はウールで、その上にフランネルの厚手のシャツにセーターを二枚重ね、「その上に防風ギャバジンの軽めのニッカーボッカー・スーツを着込んでいた。ニッカーは軽いフランネルの裏地付きだ」。現代では高所靴と一体になっている脚絆は、当時は伸縮性のある柔らかいカシミアのゲートルをふくらはぎにきつく巻きつけたものだった。体全体を覆っているのは、バーバリー社の防風ギャバジン製の上下で、アーネスト・シャクルトンが南極探検の際に身につけたものと同じだった。手にはウールのミトンを二重にはめていた。内側には薄手のものを、外側には雪の入り込みを防ぐために前腕の半分まで覆う厚手のものを。頭には、ウサギの毛皮の裏地のついたオートバイ用の皮革ヘルメットをかぶり、目は金属の縁で緑色のレンズが入ったゴーグルで守り、鼻と頬をすっぽり覆う革のマスクをつけていた。首には厚手のウールのマフラーを巻いた。

この防寒着は当時の最先端の登山装備と考えられていたが（二年前にエヴェレスト遠征でジョージ・フィンチがキルトのダウンジャケットを取り入れたにもかかわらず採用されなかった）、極めて不備なものだった。険しい勾配のところを必死で登っても、ふたりの体の震えは止まらなかった。ノートンは、体があまりにも激しく震え続けるのでマラリアにでもかかったのかと思ったほどだ。ノートンは岩を登るときはいつもゴーグルを外した。太陽の光はゴーグルがなくても耐えられそうに思えたからだ。しかし、標高八三八〇メートルに近づくにつれ、目から涙が流れ始め、物が二重に見えるようになった。

今やノートンとサマヴェルは付近のどの山より高い位置にいたため、周囲の景色が奇妙に平坦で、地平の両端が丸まって見えた。ノートンは後にこう書き記している。「山並みの美しさがほとんど失われてしまった。チベット高原のさらに西側を眺めると、低い山々が幾重にも続いているので、距離感がまったくわからなくなった。ただ、地平線に小さな歯のように並ぶ山々の頂が目に入ると急に距離の感覚が戻る。この世界でもっとも大気清澄な国のなかにあっても、ことさらに空の澄み切った日だった。湾曲して伸びる地平線にある襞のようなはるかな山脈《やまなみ》を見るとにわかに想像力がかき立てられた(18)」

正午に、ふたりは標高八五〇〇メートルに近づいたが、サマヴェルの喉はひどく痛み、息をするのも困難になった。彼は、グレート・クーロワールの端からそう遠くはないセカンド・ステップの真下にある岩の下に腰を下ろした。ノートンに、ここから先はひとりで行ってくれと言った。岩溝《ガリー》に入るのはスレート屋根を渡るようなものだ、とノートンが喩えた急峻な岩壁をトラバースしなければならなかった。足を滑らせたら最後、北壁の麓まで落ちていってしまう。ノートンは岩溝ではもう少し楽に登れるものと期待していたが、粉雪が腰の高さほど積もり、足場を確保することすらできなかった。岩溝で一時間もがき続けても、三〇メートルしか登ることが叶わなかった。頂上ピラミッドに取りつくまではあと六〇メートルは進まなければならない。そこは雪が風で吹き飛ばされて足場が良くなっているはずだ。午後一時、彼のいる場所から頂上までは、まだ二七四メートルもあった。無理をすれば、暗くなる前に頂上に立てるかもしれないが、その後は？　疲労困憊し、凍え、酸素不足で、目はやがて重度の雪盲と判明するのだが、その初期症状に悩まされていた。吹きさらしのビバークを生き延びられる状態ではない。考えに考え抜いた末、彼は引き返した。

後にノートンは、あのとき残念な気持ちにならなかったのはなぜだろう、と考えている。「これで二度目だ。成功が手に入りそうだった日にこのように引き返さなければならなかったことは。しかし、どちらの場合にも、そのときに感じるべき落胆を感じられなかった」と彼は書き記している。「これは、高所にいることが精神に影響を与えているせいだと思う。登頂するという野望や意志の力がだいぶ弱まり、下山する際にはにわかに緊張と労力から解き放たれて、安堵の感情しか抱かなくなる」

ノートンは同じ道をたどって、サマヴェルのもとに戻った。もしノートンがそのまま頂上へ向かっていたらサマヴェルはどうなっていたか、という点について話し合われることはなかったが、ノートンを待つあいだ、遮るものもない場所でビバークを強いられていたらサマヴェルも生き延びられなかっただろう。ふたりが下山を始めてすぐにサマヴェルのピッケルが手から滑り落ちた。ピッケルは山肌に何度かぶつかって跳ね、崖を真っすぐ落ちて見えなくなった。ふたりは途中で高所キャンプに立ち寄り、サマヴェルはピッケル代わりになるテントの支柱を手に入れた。ふたりが第五キャンプに到着したのは日没の頃だった。この時点でノートンは、ノース・コルまで、北稜の雪の痩せ尾根《アレート》をグリセード［登山靴の踵を使い、ピッケルで制御しながら雪面を滑降する方法］で下りることに決めていた。ノートンはサマヴェルよりかなり先を歩き、仲間が遅れていることに気づいて雪の上に腰を下ろして待った。ノートンは、サマヴェルが西に連なる山々の頂が夕陽を浴びて薔薇色に染まる美しい景色に心打たれてスケッチでもしているのか、などと思っていた。

ところがサマヴェルは、数十メートルほど上で、息ができずに雪のなかに座り込んでいたのだ。喉に詰まっていたものが、食道を完全にふさいでしまった。サマヴェルは半狂乱になって、胸を両手で力一杯押し叩き、「渾身の力を振り絞って押した[19]」。すると大きな音とともに血まみれの塊が雪の上に吐き出された。そのときはそれがなにかわからなかったが、彼が咳とともに吐きだしたのは喉から剥がれた粘膜だった。

ふたりが午後九時三十分にノース・コルに着くと、アーヴィンがすぐに温かいスープや紅茶、食事を出した。ノートンとサマヴェルは貪るように口に入れたが、食欲はほとんどなかった。「高所では人がものを食べるのは義務感からだが、その日に消費した分を補うために無理矢理食事をとろうとしても無理なのだ」とノートンは書いている。

その夜、ノートンはマロリーと同じテントに入った。ノートンは次第に視力を失いつつあったが、マロリーはそんな彼に最後の挑戦をするための計画を話した。マロリーは若いアーヴィンと組み、酸素器具を使って登る、と。ノートンはその計画を心から支持し、マロリーの「不屈の精神」[20]に「敬服するばかりだった」。ただ、アーヴィンが適任だというマロリーの考えには同意できなかった。ノートンは、オデールこそがその役目に相応しいと考えていた。オデールは、世界でも有数の経験豊かな登山家だ。ゆっくりと高所順応してきたため、遠征隊では体力のないほうだと思われていたが、ここ数日で本領を発揮し、今はおそらくもっとも体力のある隊員だった。

マロリーはオデールの体力なり経験なりについて疑問視してはいなかった。そもそも彼は遠征隊の酸素器具の管理責任者だ。とはいえ、アーヴィンとオデールには決定的な違いがあった。ふたりとも酸素の使用に否定的であったが、アーヴィンが反対しているのは主義の問題だった。彼は自分が設計した酸素器具の有効性と、登頂には酸素がどうしても必要になると心から信じていた。それに対してオデールは、酸素器具の重さや扱いにくさが実際の利点を打ち消してしまうと考え、アーヴィンとは違って補給器を使いやすくすることにたいして興味を抱いていなかった。マロリーは何度か無酸素登頂に挑戦していたが、エヴェレストを無酸素で登頂できるとは少しも考えていなかった。酸素を否定する人物と酸素器具を使って頂上を目指すのは理路が違っているようにマロリーには思えた。もし、酸素補給がエヴェレストの謎を解く最後の鍵だとすれば、貴重な「イギリスの空気」を彼らの肺に支障なく送り込むことができるのは、その装置を設計し、大部分を作り上げた若き「修理屋」以外にいないのではないか？

マロリーがその最後の日々にどんなことを考えていたのか、われわれには正確なところはわかりようがない。とはいえ、彼がアーヴィンを選んだのは、その機械を扱う才能や酸素補給の実用性を認めていたというより、もっと本質的な部分にあったのかもしれない。マロリーはルースに宛てた最後の手紙で、彼が候補者として選ぶことのできたほかの仲間たち、ベントリー・ビーサム、ジョン・ハザード、ノエル・オデールをあまり信用していないと書いている。「三人とも本当の勇気がない」[21]。マロリーが、世界の頂点を目指す自分についてこられる気概を持っているのは若いアーヴィンだけだ、と結論を下したのはもっともなことかもしれない——たとえそれが片道切符の旅になる運命であっても。

第十二章　遥かなる頂

五月二十八日火曜日午前六時頃、ノース・コルの私のテントに陽が射した。私は十二時間も寝袋のなかにいたので、高所へ登りたくてうずうずしていた。不安な長い夜だったが、ずっと横になっていたので数時間分の睡眠をしたことに等しいだろうと思った。ノース・コルへ登るのは今回で三回目になるが、これまでの二回より楽にはならなかった。それは標高六四〇〇メートルの前進ベースキャンプで五晩も過ごしたからだ、とジェイミーは言う。私たちは高所順応のピークをとっくに過ぎていた。体調がこれ以上よくなることはない。それどころか、だんだんと衰弱していくのだ。

外でジェイミーの声がしたので私は登山靴を履いてテントから這い出した。大気はすっかり静まり返り、紺碧の空が広がっている。立ち上がると腰の張りや右膝の痛みが消えていることに気がついた。ほとんど眠れなかったのに調子は悪くないようだ。

ところが、今日の登頂に向け、まさに気持ちが高ぶっていたところに、ＣＴＭＡのベースキャンプ責任者から無線が入った。

「こちらデチェンです。ジェイミー、こちらデチェン。ジェイミー、応答願います」

「こちらジェイミー。どうぞ」

「ジェイミー、かなりの強風が吹きます。中国の予報では悪天候とのこと。非常に荒れます。暴風がやってきます」。彼の言葉がすべて聞き取れたわけではなかったが、要点はこういうことだった。中国の公式天気予報は、私たちの得ている予報とは明らかに異なり、明日と明後日に山頂で秒速五〇メートルの風が吹くと予測している。デチェンの言い分は、私たちがもしこのまま山へ登っていけば全員が死ぬことになるというものだった。「全員下山すべきです。繰り返します。下山してください」

ＣＴＭＡは断固として私たちの登山を止めさせようとしていた。私のはやる気持ちがいきなり苛立ちと怒りに変わった。ジェイミーは冷静なままだった。

「お知らせをありがとう。われわれもこちらの天気予報を確認しています、好天のようです」とジェイミーは言った。「これから二日間、風は秒速九メートルかそれ以下という予報です。許可をいただければ、七六八〇メートルまで登り、そこで天気を見極めたいと思います」

その朝のノース・コルには、私たちとスコット・ウーラムズ、フランク・カンパナーロの登山隊を合わせて、一五人のクライミング・シェルパがいた。その全員が、そのとき無線交信をしていたらしかった。私たちのベースキャンプ責任者であるダワはデチェンと話し、彼よりも上のＣＴＭＡ職員ペンバと話していた。キャンプ中の無線機が、まるでカモメの群れのように騒々しい音を立てていた。英語での交信もいくつかあったが、ほとんどがネパール語だった。ジェイミーは十五分ほど途切れなく話し続けてから、カトマンズに拠点を置くエヴェレストの登山ツアー会社〈クライムバラヤ〉の社長ミングマ・シェルパと交信を始めた。ミングマとは数回ほどやり取りをしてきたが、そのなかでわかったことは、私たちが山に登るには彼の許可がいる、ということだった。ジェイミーは単刀直入にこう尋ねた。標高七六八〇メートルの第二キャンプまで登り、そこで決断するというのでかまわないか。翌朝、そこでの天気が良ければそのまま登り続け、悪ければ下山するつもりだ、と。

長い沈黙の後、ミングマが言葉を発した。「そうですか。七六八〇メートル。いいでしょう」

「わかりました。では、先に進みます」とジェイミーは答えた。

最悪の事態は免れたようだった。ところが、しばらくしてまた無線が騒がしくなった。今回のベースキャンプとのやり取りは二時間も続いた。ジェイミーによれば、中国当局は私たちを山から下ろしたがっているのだが、命令することができないため、クライミング・シェルパを使って奥の手に出たという。私たちが高所へ向かう際にサポートしたらブラックリストに載せる、とクライミング・シェルパを脅しているのだ。

それからは、これはヒマラヤ政党議員総会かと思うほどの根回し合戦が始まった。ジェイミーがシェルパたちひとりひとりを回って登山隊に留まってくれるよう説得する一方で、ミングマとダワとＣＴＭＡは、私たちの隊から手を引くように無線を使ってシェルパたちに働きかけていた。ジェイミーの説得に何人かは応じてくれたが、スコット・ウーラムズ隊のシェルパのリーダーであるカルマは、曖昧な態度のままだった。CTMAが私たちの隊に送り込んだシェルパのひとり、ペンバ・テンジンはもともと私たちに反抗的な態度を取っていたが、今は取り澄まして両腕を枕に仰向けに寝っ転がっていた。全員かゼロかだ、と彼が言うのが聞こえた。全員登るか、全員下山するか、どちらかしかないということだろう。彼はどんなことがあっても、私たちが一歩でも上に行くのを助ける気はなさそうだった。

結局わかったことは、ペンバ・テンジンたちは私たちのシェルパに報奨金を出すと約束することで、私たちの隊から手を引くように呼び掛けていたのだ。〈エクスペディション・ヒマラヤ〉はシェルパの使うポイスクの酸素ボンベを所有していたが、隊員用のサミット・オキシジェンの酸素ボンベはレンタルだったので、一本につき高額な保証金が掛かっていた。あるときナーティが、保証金は一本につき四五〇ドルだと言っていたが、一本五六〇ドルで売買していることを考えると、それは適性な額に思えた。酸素ボンベ三四本はすでに高所キャンプに保管されているので、〈エクスペディション・ヒマラヤ〉は一万五〇〇〇ドルを山中に置いていることになる。それはすべてシェルパが回収することになっていた。回収しなければその損失分はシェルパの給与から差し引かれる。中国の天気予報が正しければ、もうすぐやってくるハリケーン並みの暴風に備えて、登山シーズンが完全に終わる前に酸素ボンベを回収しなければならず、シェルパたちは今日中に急いで八三〇〇メートルまで行かなければならないのだ。今日は私たちをサポートするので、登れるのが第二キャンプまでとなると、シェルパの給与からそれぞれ一〇〇〇ドルが引かれることになる。登頂の有無にかかわらず、私たちはシェルパたちに給与のほかにボーナスを支給することを約束していたが、酸素ボンベの保証金はシェルパと〈エクスペディション・ヒマラヤ〉とのあいだの問題だった。

私たちはその保証金がこの問題にかかわっていることを知り、もっと資金をつぎ込むしかないと思った。レナンは直接ラクパに、もし第三キャンプまで到達できなくても回収できなかった酸素ボンベの損失は都合をつけ補償すると提案した。ラクパは承知した。カルマも承知した。だが、ペンバ・テンジンにとって重要なのは酸素ボンベの保証金ではなかった。彼が所属しているのはCTMAであり、ジェイミーに雇われているのではないので、私たちが山へ行くのを懸命に阻止しようとしていたらしい。形勢が不利になってきたことを見て取ったペンバ・テンジンは、思いつく限りの理由を挙げてほかのシェルパに登頂を思いとどまらせようとした。

「よし、行こう。頂上へ行くぞ」とジェイミーが言った。ラクパたちは荷揚げの準備を始めたが、ペンバ・テンジンは耳を貸す人を相手に熱弁をふるい、全員かゼロかだと言い続けた。おれが行かないならだれも行かれない、と。

「おい、ジェイミー」と私はペンバ・テンジンを指さして言った。「あいつ、ろくでもないな。解雇したほうがいいぞ」

「本当にな」とジェイミーは答えた。「しかし、おれにはどうすることもできんよ。奴はおれには従わないからな」

私が出発の荷造りを終えようとしていると、ジムがやって来て「なあ、ちょっといいか」と言った。「おれは外れるよ」

「なんだって？　いったいどうしたんだ？」

ジムは、肉体的にもう無理だと言った。どこが悪いのかわからないが、もう立っているのがやっとだからここより上へ登る体力がない。ノース・コルが自分の最高到達高度になる、という。私は彼を抱きしめ、気をつけて下山してくれと言った。ジムとの別れはそれだけだった。私がザックを背負うと、ペンバ・テンジンも自分の荷物を背負った。どうやら一緒についてくるらしかった。


これまでノース・コルへは二回やってきたが、そのときには自分のテントから一〇メートル以上離れるような、そんな危険な真似はしなかった。そのせいかコル上部の稜線に向かって出発しようと登高器を固定ロープに取りつけたとき、なんとも言えない不安な気持ちに襲われた。私の一メートルほど前にマットがいた。ほどなくして、遮るものがなにもない稜線上に出た途端、強風に煽られ、酸素マスクとサングラスに守られていない顔の部分に刺すような痛みが走った。目の先にあるコルの反対側は急峻な崖で、四六〇メートル下の中央ロンブク氷河の起点のところまで落ち込んでいた。真っ黒な口を開けているいくつものクレバス——なかにはこれまで見たこともないほど巨大なものがあった――のところから、一面氷に覆われた高さ二四〇〇メートルの北壁が聳えたっていた。目にした瞬間に恐怖と抗しきれない魅力を感じた。

ロープを伝っていくと、雪を被ったなだらかな鰭状の部分に出た。マットと私は酸素マスクを使って呼吸することに慣れてリズムが安定してきた。私はマロリーの深い呼吸法を思い出し、できる限り肺の奥深くまでイギリスの空気を吸い込むことに集中した。コリーはこの場所が全ルートのなかでいちばん忌々しくも退屈な山道だと言っていたが、私はようやく山のさらなる高みへ登っていることで興奮していた。一歩一歩進むごとに自分の最高到達高度の記録を塗り替えているのだと思いながら、右手に聳える目がくらむような壮大な北壁の姿に畏れを抱いていた。酸素をたっぷり吸入していることもあり、苦しさを感じることはほとんどなかった。

マットと私が第二キャンプに到着したのは、午後遅い時刻だった。酸素補給をしながら登った一日目は、すこぶる体調がよかった。ノース・コルへはこれで三度目だが、今回はとても楽だった。キャンプが設置されたのは、岩が飛散している岩稜《バットレス》のなかにある水平の岩棚のところだった。これまでのキャンプ地はどこもかなり清潔で整頓されていたが、私たちがいるこの場所は「死の地帯《デス・ゾーン》」の手前のせいか、環境への配慮というものがまったくなかった。つまり第二キャンプはごみ捨て場だった。マットの敷かれたままの古いテントの残骸や、ロープの切れ端、折れたテントの支柱、空の燃料容器、その他、何十年ものあいだに多くの登山隊が置いていったもの、正体不明のがらくたなどが、あたり一面に散乱していた。

ベテランのクライミング・シェルパで、非常に強靭なガイドであるカジが、マットと私にテントを手渡すと、自分のテントの下の岩棚を指さした。私たちは小便の染みが模様のように刻まれた小さな垂直の雪壁を這うようにして下りた。そこはまるで、一個軍隊がこの岩棚を便所代わりに使っていたかのようで、ここの雪を融かして飲み物や食事を作らなければならないのかと考えただけで、吐き気をもよおした。

テントに潜り込んで食事を作る前に、しばらく周囲を見回し、マロリーとアーヴィンが一九二四年六月六日の晩を過ごした場所の近くで野営《ビバーク》するという事実を噛みしめた。キャンプ地はごみ溜めのようだったが、景色は九十五年前とそれほど変わっていないはずだ。西に目を向け、エヴェレスト北壁を見渡した。西肩《ウェスト・ショルダー》の下にはクンブ渓谷とヒマラヤ山脈の麓の丘陵地帯が望めた。紺碧の天空を縁取っているのは薄く透きとおった絹雲と、渦巻く積乱雲だった。山々の頂の大部分は、その白い雲で覆い隠されていたが、霧の立ち込めた海に浮かぶ島のように頭だけが空に突き出ていた。近くを見ると、エヴェレストを囲む氷河の峡谷にかかった靄が、山の側面に沿って立ち上り、まるで沸騰したやかんから噴き出る蒸気のようだった。レナンもその風景に見入り、カメラのレンズを向けた。彼は私の少し前で立ってシャッターを切り続けていた。その明るい黄色のスーツがこの世のものとは思えない景色を背にして灯台の灯のように輝いていた。

一時間後、マットと私は、小便に汚染されていないことを祈りながら凍った雪の塊を融かし、フリーズドライのカレーに注いでかき回し、無理やり口のなかに押し込んだ。無線機は今もさまざまな出来事を伝えていた。今回も、ほとんどがネパール語でおこなわれていた。それがむしろよかったと思う。なぜなら、内容を知ったところで私にできることはなにもないからだ。

携帯電話を取り出して機内モードを解除すると、電波がここまで届いているのがわかった。私はまずトムに素早くメッセージを送り、無事第二キャンプに到着したことを伝えた。するとたちまち携帯電話が光って返事が次々に届き始めた。

トムによれば、ベースキャンプがCTMAの活動で「蜂の巣をつついたような」騒ぎになっているという。「もし無線交信で登頂は中止になったとおれが言ったら、それは冗談じゃないからな。あいつらは、中止にする理由を血眼になって探していて、マットの屁すら中止理由になりかねない」とトムは書いていた。

私は酸素マスクを外して鼻カニューレを装着した。これはプラスチックの透明の管の先にある小さなノズルを鼻の穴に差し込んで酸素を吸入するやり方だ。マスクと同じ量の酸素を吸入することはできないが、それをつけたままでも会話や食事ができ、しかもかなり快適な睡眠がとれそうだと思ったからだ。まずいカレー粥を無理矢理呑み込もうとしていると、CTMAの職員であるペンバの声が無線機から聞こえてきた。トムのメッセージによれば、トムはデチェンの上司にあたるペンバとかなりの時間を一緒に過ごしているという。ペンバによれば中国の天気予報では、秒速五〇メートルの風、カテゴリー3のハリケーンに相当する「猛烈な嵐」が近づいているそうだ。明朝には下山するべきだ、以上。ペンバはまた、ジェイミーがジムだけをノース・コルに残したと言って、ジェイミーへの怒りを露わにしていた。ソナムは現在のところはいちばん下っ端のシェルパなので、エヴェレストに登頂すればいちばん恩恵を受けられる。私たちがジムを残して出発したときにはジムの具合は悪くないように思えたので、ジェイミーはソナムをジムの付き添いとして前進ベースキャンプへ送らずに、私たちと登攀を続けるように手配したのだ。しかし、ジムの調子が思いがけず悪いことがわかり、ジェイミーはジムの介護のためにすぐにシェルパをひとりではなくふたり送ると伝えた。ある意味では、この不幸はかえってありがたい結果になった。というのも、ジェイミーがシェルパのひとりに選んだのは、例の厄介者ペンバ・テンジンだった。

しかしジェイミーは私たちを下山させようとはしなかった。マイケル・フェイギンとマーク・デ・ケイザーの予報では、登頂予定日の三十日は風が収まるのだ。天気予報が人によって違うことはよくあるが、今回の場合は中国の予報だけがほかと違っていた。私たちの遠征を終わらせるための口実に天気予報を使っているとしか思えない。ジェイミーもそう思っていたので、彼らが強引に私たちを山から下ろそうとするなら一戦交えるつもりでいた。

とうとう、ペンバは最終手段に出た。「ジェイミー、下山するなら来年の登山料を五〇〇〇ドル値引きする[1]」とペンバは言った。「きみとその登山客もだ。来年、心から歓迎する。今回はいろいろと難しい状況だ。皆さんには無事に帰ってもらい、来年また挑戦してほしいと思ってる。そうだとも、エヴェレストはいつもここにある。どうだい、ジェイミー、きみの意見は?」

「この遠征隊は戻ってくるつもりはない」とジェイミーは答えた。「今登るか、下りるかしかない。それから、もしわれわれが下りるなら、『ナショナル ジオグラフィック』の映像と記事で、なにがあったか正確に伝える。われわれは間違ったことは書かない。書くのは真実だけだ」

長い沈黙があり、ようやくペンバは口を開いた。「あのな、もう一度言ってくれ。よく聞き取れなかった」

ジェイミーは返事をするのを躊躇っていた。今の脅しを繰り返さないことに決めたらしかった。このジェイミーの対応は、彼が中国人と交渉するうちに学んだことなのだろう。「天候条件は非常にいい」と彼は言った。「明日の朝の状況を見てから決めたっていいだろう。この登山隊に来年はない。戻ってこない」

「わかった、わかりましたよ」とペンバは応じた。「言うまでもなく、きみたちのことが本当に気がかりだ。そりゃあ、きみは熟練した山岳ガイドだよ。でも、きみだけの問題じゃない。お客さんやシェルパたちもいるんだ」

「これまで二五以上の登山隊をガイドしたが、一度も問題を起こしたことはないし、今回も問題を起こしはしない。心配をおかけして申し訳ないがね」

「わかった」とペンバは言った。「交信を終える」

今度はダワが交信に飛び込んできた。ペンバが話を終えた瞬間を狙い、自分なら山頂を目指すのをやめさせられるのでは、と思って説得しようとした。だが、ジェイミーがそれを遮った。

「もういいよ、ダワ。きみたちが騒ぎを止めないと、われわれは一睡もできない。ではおやすみ。交信は終わりだ」

　私は無線を切り、マットと顔を見合わせて安堵のため息をついた。ＣＴＭＡの連中がなにを企んでいようと、私たちに下山しろと命じることはできないらしい。ジェイミーは一歩も引かなかった。明日私たちは登っていくのだ。

　寝袋に潜り込んだ私は咳をなんとか止めようとした。しかし、私の肺は意志を持っていて、こちらの命令に従おうとしない。マットも肺に炎症を起こしていて、寒くて長い夜のあいだ、どちらかがひっきりなしに咳をしていた。寝袋の下に敷いた自動膨張式マットレスが咳の発作に合わせて小刻みに揺れ、ふたりともたいして眠れなかった。

　午前六時半、私は意識が朦朧としたまま起きてストーブの火を点けた。疲れ果てていて、肺もへとへとになっていたが頭痛はなく、風の勢いはテント地がかさかさと音を立てる程度のものだった。コーヒー用の湯を沸かしているときにダウンスーツの内ポケットから携帯電話を取り出した。ハンプトンから返事が届いていた。夜寝る前に、クンブ渓谷に沈む夕日の写真と長いメッセージを送ったのだ。

「うわあ！　とんでもない写真」と彼女の返信メールには書かれていた。「うまくいくようにずっと祈ってる。こんなふうにやり取りできるって驚き。最高ね。今日はたくさん用事を済ませた。タイヤ交換して、家の準備も万端にしてあなたの帰りを待ってる！　連絡を絶やさないで。メールが来ると慰められるし、とても嬉しい」

しばらくして私は無線機の電源を入れた。ダワとミングマが再び現れてジェイミーを説得しようと待機していた。スコット・ウーラムズが交信に入ってきた。彼のキャンプは少し高いところにあって、そこでは風が強さを増しているようだった。天気予報では午後三時までは風速一三から一五メートルで、その後は弱まるはずだ、とスコットは言った。明日の五月三十日は風速一〇メートル以下となり、登頂を狙える範囲だという。

するとジェイミーが入ってきて、「荷物をまとめろ。一時間後に出発だ」と言った。

最初の数歩を登っただけで、感覚が前日とはまったく違うことに気がついた。脚は鉛が詰まっているように重く、たちまち息が切れた。キャンプ地を出ないうちから激しい頭痛がした。「ジムも昨日こんなだったのだろうか？　第三キャンプまでたどり着けるのか？」今日は登頂するだけの体力があるかどうかを試される日になる。最悪のスタートだった。鼻カニューレは失敗だったかもしれない。それともカロリーが足りていないせいか。朝、私は栄養補給用のバーを食べようとしたのだがおがくずのような味がして、ひと口齧っただけで吐きそうになった。勇気が湧いてこなかった。

風は秒速一三メートルくらいで、早朝だというのにすでに山の下から雲が湧き立っていた。

これから岩と砂利だらけのところを登って行くのだ。薄暗がりのなかを固定ロープが進む道を示しているが、ぐらぐらする岩に絡まっているので、安全とは言い難い状況だった。ロープに体重をかけると岩が頭に落ちてきそうだ。息が切れて口が利けなかったので、私の前後を登る人たちがこの危険に気づいていることを祈るしかなかった。これだけエヴェレストでの死亡率が高いにもかかわらず、経験の浅い大勢の登山者がこのルートを事故も起こさずに登り下りしていることに私は驚いていた。このロープを頼りに、初めて八〇〇〇メートル以上の山を登るティーンエイジャーたちと一緒に登ることなど、想像すらできない。ジェイミーが私たちの登山を遅らせて、次の登頂時機に賭けた判断の正しさに脱帽せざるをえない。

ルートは小さな岩壁がいくつもあるなかを縫うように進み、ときおり、小さな岩棚や大きな岩の塊を攀《よ》じ登るために、手掛かりを探さなければならなかった。エヴェレスト登山を非難する人のなかには、エヴェレストは技術を要する山ではなく、登るのにたいした技術はいらないと主張する人がいる。私も若い頃にはなにも考えずにそんなことを言っていたが、今なら確信をもってこう言える。少なくとも北面ルートは、登山愛好家の能力を超えるほどではないにしても、かつて言われていたような、歩いて登れるような、あるいは歩き続ければ登れるようなそんな生易しい山でない。このルートにあるのは、高い集中力と敏捷さが要求される場所ばかりだ。

一時間ほど登って上を見ると、三人の人物が三〇メートルほど上の岩棚に立っているのが見えた。近づいていくと、それが山岳ガイドのウーラムズとカルマ、それにふたりの登山客であるジムだとわかった。三人ともザックを下ろしていた。雪が降りだし、風も強くなっていた。長い休憩を取るには早すぎるし、のんびりお喋りをするには寒すぎるが、三人はなにをしているのか？

私たち一行がウーラムズたちに追いつく頃には、濃い霧が立ちこめ、北面をすっぽり覆い尽くしていた。ピンポン玉のなかにいるような感じだった。私たちは短いやりとりをした。この天候は気にくわない、とウーラムズが言った。風が強くなってきているので、高所キャンプにテントを張るのは難しいだろう、と。登攀を中止しようというのだ。私には、その決断が納得できなかった。たしかに天気は今のところ厳しいが、彼自身が朝に無線で午後は天気が好転すると言っていたではないか。それなのに、今さら急に正反対の意見を言うのか？　私たち全員が、この後は天気が回復するとわかっている。ウーラムズは経験を積んだベテラン山岳ガイドだったので、彼の決断をとやかく言う資格は私にはないが、登頂断念は私たちにとって大きな問題だった。シェルパたちが、今にも持ち場を離れたそうな様子になった。ウーラムズとカルマが下山するのを見れば、隊をひとつにしていた連帯感が消えてなくなってしまう。

案の定、数分も経たずにジェイミーが無線で連絡をしてきた。これ以上登らずに待機してくれ、と。ウーラムズたちと会った岩棚には半分潰れたテントが放置されていたので、マットと私、そして後から追いついてきたレナンはそのなかにもぐり込んだ。荷物を後ろの壁に立てかけ、酸素マスクを外して横になり、これで私たちの登山も終わったかもしれないと思いながら、ハンプトンへ送るメッセージを打っていた。

十分ほどしてジェイミーから交信があった。私たちのプジャでの祈りを主導していたナーティを含む大勢のシェルパが立ち去っているという。「私たちに反対する勢力ばかりだ」と彼は言った。「申し訳ない。残念だがこれで終わりだ。下りてきてくれないか」私の隣で、巨大な耳覆いのついた狼の毛皮の帽子を被ったレナンが耳を傾けている。マットはテントの入り口で膝をついて撮影をしていた。

私はある考えが閃いて無線を手にした。「こちらマーク。マークからフランクへ。フランク、聞こえるか」

「こちらフランク。どうぞ」

「やあ、フランク、上の状況はどうだ?」と私は尋ねた。

私たちの先にいるのはフランク・カンパナーロ、パサン・ゴンバ、ダワ・デンディの三人だけだ。上方の暗がりにいるはずだ。後でカンパナーロが話してくれたのだが、このとき三人は標高八〇〇〇メートルあたりにあるサイドウォークと呼ばれる狭い岩棚をトラバースしていたらしい。突風が吹き、視界不良で、風の勢いが強まっていて、私たちの場所と同じだった。彼はこれからどうなるか正確にわかっていた。なぜなら、ジェイミーが下山指示を出したのは私たち登山隊だけではなく、カンパナーロを含む全員に対してだったからだ。カンパナーロが独自に行動していたとしても、ジェイミーは彼のガイドでもあった。しかしシェルパのゴンバは、下山を命じられない策を講じていた。前夜、無線で事態が悪化していることがわかると彼は無線を切ったという。彼は天気には問題ないと判断していた。カンパナーロを頂上に導くために雇われているのだから、そうすることがゴンバの仕事だった。彼はジェイミーやほかの者たちがなにを考えていようが気にしなかった。ふたりは登り続けていた。

「ここは快晴で無風」とカンパナーロは嘘をついた。「おれたちがいるのは、きみたちが巻き込まれている嵐の上だ。このまま進むほうが安全だし楽だ。交信終わり」カンパナーロは無線機をゴンバに返し、ゴンバが電源を切った。

「シェルパがいなくてもこのままいけると思うか?」と私はマットに尋ねた。これは、ノース・コルでこの計画に大勢が反対したときからずっと話し合ってきたことだ。高所キャンプには酸素ボンベが三四本ある。ほかに必要な用具がうまいこと手に入れば、高所キャンプで一晩を過ごし、少なくともホルツェルの予測地点まで行く準備ができるかもしれない。マットは、その地点が来たら自分も参加すると言う。しかし、レナンはあやふやな態度だった。もし、中国側の予報が正しかったら?　もし、高所キャンプでハリケーン並みの強風に見舞われたらどうする?　実際、フェイギンとデ・ケイザーの予報でも、エヴェレストの真上ではジェット気流によるすさまじい暴風が吹き荒れている、という中国側の見解と同じだった。だが、そのジェット気流が高度九一五〇メートルより下がるとは予測していない。もしその予測が誤っていて、八八四八メートル、あるいはそれ以下に降りてきたらどうする？　私たちはすでにノース・コルでハリケーン並みの暴風を経験していた。デス・ゾーンでその強風に襲われたらどうなるか、それを経験したいとはだれも思わない。
ジェイミーが無線に戻って来た。「よし」と彼は言った。「私たちと登り続けるというシェルパを六人集めた。登ろうじゃないか」レナンとマットと私は、信じられないという思いで顔を見合わせた。ジェイミーが私たちより遅く出発したのは、このためだった。シェルパの一団を呼び集めていたのだ。しばらくすると、テントに岩がぴしっと当たる音がした。私たちがテントから這い出ると、大きな荷物を背負ったジェイミーがいた。彼は、途中で引き返したシェルパたちからたくさんの装備品を手に入れ、運んできたのだ。彼が伴ってきたのは、プラカシュ、バル、クサン、カジ、ラクパ、テンバの六人だった。

五月二十九日水曜日の正午、私たち一〇人の登山隊はサイドウォークをばらばらに進んでいた。先ほどの劇的な展開は、私にはかえって幸先がいいように思えた。そのおかげでテントのなかで横たわり、四十五分間たっぷり休むことができたからだ。ジェイミーの尽力のおかげで登山が再開され、ハンプトンから元気のいいメッセージを受け取ってすっかり気分が良くなった。少なくとも、なにが何でも高所キャンプまで登るという思いがさらに強まった。サイドウォークが終わるところで、これまでトラバースしていた帯状の岩棚の角に差し掛かり、オデールがマロリーとアーヴィンを最後に目撃した場所の近くにいることを知った。偶然にも、時刻もほとんど同じだった。

そして、まさにそのとき、空が明るくなってきた。私は襟に入り込んだ雪の量を気にしているところだったが、次の瞬間、太陽が霧越しに明るい陽射しを投げかけた。オデールが目撃した状況が再現されたような光景で、北東稜と有名な三つのステップがゆっくりと姿を現し始めた。ダウンスーツの内ポケットから、細い紐で結び付けてあるカメラを取り出して何枚か撮影した。ファースト・ステップ、セカンド・ステップ、サード・ステップが容易に見分けられることに、それぞれがまったく異なる姿で屹立していることに驚嘆した。

前景のファースト・ステップは、三つのステップのなかでいちばん大きく、丸い瘤のような形をした近づきがたい顔のようで、空との境目は三日月の形に雪で縁取られている。セカンド・ステップは、もっと背が高いだろうと思っていたがかなり小さく見え、一本の歯のような形をし、上はほとんど水平の岩棚になっている。三つのなかでいちばん小さなサード・ステップはごつごつしており、上には雪の縦溝が見えた。この瞬間にステップのどれかに取りついている人がいたら、双眼鏡がなくてもはっきり確認できることがわかった。あるいは、登っているのがどのステップなのか、すぐに見分けがつく。

オデールがポーターのニマと第四キャンプを出発したのは一九二四年六月七日の朝で、マロリーやアーヴィンたちが出発した翌日のことだった。一緒に出発すればマロリーたちの世話や食事の支度などができるのでオデールはそうしたかったのだが、荷揚げがうまくいかず、どちらの高所キャンプにもテントの数が足りなかった。そのためサポート役としての登攀を一日遅らせた。必要になれば、下山するふたりのサポートができるかもしれなかった。オデールは酸素器具を持たずに登った。第五キャンプに向かう道に、一式保管されているのを知っていたので、途中でそれを拾っていくつもりだった。ところが、その場所に行ってみると、マウスピースがなくなっていた。アーヴィンが必要になって持って行ったのかもしれない。第五キャンプに予備のマウスピースがある場合に備えて、オデールは酸素ボンベを掴んで先に進んだ。キャンプに着いてから予備がないことがわかったが、オデールは気にしなかった。このとき高所順応が進んでいて、息苦しさは感じていなかった。後にオデールはこう書いている。「重くて大きな酸素器具は[2]」、むしろないほうがいい、と。彼が酸素の使用を否定的に見ていたことを裏付けている。

オデールとニマが第五キャンプに到着して間もなく、落石の音がしたので見上げると、マロリーとアーヴィンについていたポーターのうち四人が下山してくるのが見えた。彼らは、マロリーからのオデール宛てとジョン・ノエル宛ての二枚のメモ用紙を携えていた。オデールへの伝言は小さな紙に鉛筆で書かれていた。マロリーのポケットノートを破いた紙らしく[3]、右端がぎざぎざになっていた。「親愛なるオデール　何ともだらしないありさまで、誠に申し訳ない

――出発直前にウンナ高所クッカーを落としてしまった。明日は、明るいうちに帰幕の予定にて、間違いなく早目に第四へくだられたい。そちらのテント内にコンパスを忘れてきた模様――力添えを頼む。コンパスなしで、ここにいる。ここまで、二日間で九十気圧の消費――明日は、おそらくボンベ二本ずつで［頂上へ］向かうだろう――それにしても、クライミングにはえらいお荷物だ。天気はおあつらえ向き！よろしく　G・マロリー」

高度のせいで苦しんでいたニマをほかのポーターたちと一緒に下山させたために、オデールはひとりで静かな夜を過ごすことになった。ストーブがないので、魔法瓶から慎重に少しずつ水分を取り、冷たいマカロニに缶詰トマトを添えて食べた。テントの入り口から外を眺め、その雄大な景色に見惚れた。それ以降、実に多くの登山家たちがその眺めに同じように心奪われてきた。北西を見ると、「群立する荒々しい峰々[4]」のなかではチョー・オユーとギャチュンカンがはるかに大きく、「ピンク色と黄色のこの上なく美しい色合いを帯びている」。南には、切り立った「エヴェレスト北峰の寒々とした崖があり（中略）その黒々とした不気味な大壁面が、遥か遠くの中央チベットの北の地平線で輝きを放つオパール色を際立たせていた。そこから幾重にも連なる山々の切り立つ頂が、紫色の牙を空へと突き立てていたが、中でもひとつの頂が、ひときわ高く聳え立っていた」

オデールは第五キャンプにひとりでいたかもしれないが、その夜に見たこの世のものとは思われない美しい夕暮れを介して、六〇〇メートル上にいるふたりと繋がっていた。ふたりもきっと「希望に満ち、高揚した喜び」でその景色に見入ったことだろうとオデールは思いを廻らせた。

暖を取るために寝袋をふたつ使い、動きを気にするほかの人物もいなかったので、オデールは体を伸ばしてよく眠ることができた。午前八時に起きて活動を開始した。酸素器具はその場に残し、マロリーとアーヴィンのための食糧を詰めた小さなリュックサックだけを背負って出発した。その日の終わりには、エヴェレスト初登頂を成し遂げ、下山してきたふたりと合流できることを願っていた。

オデールはルートを外れて歩きながら、北壁を進んだ。山の地質史の変遷を明らかにする化石やそのほかの手がかりになるものを探すためだった。六十年後にトム・ホルツェルが取材したところ、オデールはこう語っている。頂上を目指すパーティーに選ばれなかったことを残念に思ったことは一度もない、自分の目的は登頂することではなく、エヴェレストの地質調査だと考えていたからだ、と。その日、オデールが採取した岩の標本には、ヒトデやウニの仲間であるウミユリの一種、クリノイドの化石が含まれていた。こうした化石から、エヴェレストの上部を構成する岩石が、約二億二五〇〇万年前にインド大陸とアジア大陸を隔てるテチス海の海底を形成していた海洋性石灰岩であることが初めて証明された。

その日、夜明けのときには晴れていたが、夜のあいだに峡谷を覆っていた靄は太陽の力で消散されると霧が瞬く間に北面を覆っていった。しかし風はほとんどなかったのでオデールは、頭上は濃い霧がたちこめていても、これは局所的な現象であって嵐になる可能性は低いと考えた。オデールが「巻き返る霧の層」と呼んだこの現象は、良く見られる天気の傾向で、マロリーも前日にジョン・ノエル宛てに書いたメモのなかでこのことを予測していた。「この晴天を利して、出発はおそらく明日（八日）早朝。当方の姿を探すのに、早すぎることはないでしょう。午後八時には、ピラミッドの下のロック・バンドを横切っているか、もしくはスカイラインを登高中の予定」、と書いている。午前ではなく「午後」と記されているのは、マロリーのうっかりした性格による典型的な書き間違いである。オデールは、ふたりの友人がすでに世界の頂点に立つ寸前かもしれないと期待しながら、第六キャンプに向かってのんびりと歩いていたのだろう。

七九三〇メートルの地点で、オデールは高さ三〇メートルほどの絶壁に遭遇したが、その脇にある岩溝《ガリー》を通れば簡単に避けて登ることができそうだった。とはいえその絶壁は、彼がウェールズにいるときにたびたび探しては楽しんで登っていたタイプの形で、にわかに挑戦したくなった。そこで自分の体力を試すために、真っ向からこの絶壁に挑むことにした。無事に登りきって絶壁の上に立つと、朝からずっと山頂付近を覆っていた霧の幕が晴れていくのが見えた。北東稜の上、彼が数日後に日記に「頂上ピラミッドの基部に近い」と記す場所に、オデールは、ふたつの小さな点が稜線から突き出た岩場のひとつで上に向かって動いているのを見た。もちろん、その小さな点は勇敢な仲間にほかならなかった。

それから一週間も経たない六月十三日か十四日に、ベースキャンプからオデールが急送した正式な報告書にはこう書かれている。後にそれは、「アルパイン・ジャーナル」に掲載された。「にわかに大気が澄み渡り、エヴェレストの頂上山稜から絶頂にかけて、その全容があらわになった。私の目は釘付けになった――稜線上のとある岩の段差《ロック・ステップ》の下、小雪稜上に小さな黒い点が一つ浮きだし、そのまま動いていく。と、また一つ別の黒点が現われて、小雪稜上の黒点に合流すべく、雪の上を移動していく。そのころ第一の黒点は、大きな岩の段差《ロック・ステップ》に接近しており、ほどなくそのてっぺんに現われた。もう一つの点も、同じようなあんばいだった。まもなく、その魅惑的な光景はかき消され、ふたたび雲につつまれた[5]」

　オデールは、マロリーとアーヴィンの姿を見たのはセカンド・ステップの天辺だと思っていたようだ。その場合、彼らはルートの最難関を抜けたことになり、頂上までは難しい部分は残っていなかったはずだ。ところが数ヶ月後、オデールは自分の見たものを信じ切れなくなる。もしかすると、あれはファースト・ステップだったのかもしれない。彼は確信が持てなくなった。

　オデールがマロリーとアーヴィンの最終キャンプに向かっているとき、先ほどふたりの友人の姿を遮った雲がさらに低く垂れこめ、風の勢いが増してきた。もしそのときにベースキャンプで気圧計を見ている人がいたら、気圧が急速に下がっていることに気がついたはずだ。これは上空の気圧の谷が地上の低気圧に衝突したためだった。一九二四年の遠征隊による気圧記録を研究した現代の気象学者は、その日の午後の嵐は「西方擾乱」という、モンスーン前に起きる一般的な気象現象だったと考えている。地中海で発生した温帯低気圧が嵐となってエヴェレストに襲いかかったのだ。

マロリーやアーヴィンは言うまでもなく、オデールもそれについての知識はなにひとつ持ちあわせていなかっただろう。ただわかっていたのは、山の上部が猛吹雪に見舞われ、風が強まり烈風が吹いているということだった。オデールが標高八一四〇メートルにあるマロリーとアーヴィンのテントに到着したのは、ふたりを目撃してから一時間後のことで、風は唸り、視界は一メートルほどしかなかった。オデールはテントに潜り込み、なにが原因でこれほどひどく遅れているのか、その手掛かりになるようなメモでもないかと探した。マロリーはメモのなかで、午前（私たちの解釈では）八時に頂稜を見て自分たちを探してくれと言っていたのに、午後一時になっても尾根の途中までしか登っていなかった。しかし、テントのなかをざっと調べてみてもなにも出てこない。床には毛綿鴨の羽毛を詰めた寝袋が二枚、いくらかの食糧、衣類、酸素ボンベ、それと酸素器具の予備部品が散乱していた。事情を知らない人が見れば、この様子からふたりが遅れているのが酸素器具の問題ではないかと思ったかもしれないが、オデールはアーヴィンの機械いじりの癖を知っていたので、反対にテントのなかにさまざまな部品が散らばっていないことのほうが驚きだっただろう。オデールは後にこう書いている。「［アーヴィンの」なによりの楽しみは（略）夕刻を酸素器具に関連するそれやこれやの作業をしてすごすことであり、実際には問題がなにもなくとも、解決すべき問題をつくりだしていた。（略）器具や道具に囲まれているのが、いや、それどころか道具類を使っていることが楽しくて仕方がなかった。機械類の難問を解決しているときほど幸福なことはなかったのだ」[6]。オデールは、テントの床に置きっぱなしになったマロリーの懐中電灯を見て気が滅入った。こんな大事な道具を忘れるとはいかにもマロリーらしかった。

マロリーとアーヴィンがホワイトアウトのなかでテントを探せないでいるのではないかと案じたオデールは、口笛を吹いたり、ヨーデル風に大声を出したりしながら、さらに山を登り続けた。だが、その呼びかけに応えたのは激しく吹く風の鋭い音ばかりだった。三メートル先も見渡せないホワイトアウトのなかを六〇メートルほど登ったオデールは岩陰に身を寄せた。採取する価値のある化石がもっと見つかるかもしれないと思い、頭の近くの石を慎重に調べた。一時間後、彼は無駄足だったと判断して斜面を引き返した。

オデールがテントに戻ったときには再び雲の切れ間が見えていた。ほんのわずかな時間、北壁の上層全体が暖かい陽光を浴びて輝いた。数分のあいだ、オデールはイエロー・バンドの斜面、北東稜、頂上ピラミッドを懸命に見て探したが、ふたりの友人の姿はどこにもなかった。彼はテントに入り、運んできた食糧がきちんと収納されていることを確認し、マロリーのコンパスをテントの隅に置いた。

午後四時三十分頃、オデールは再び外に出て、テントの入り口を閉めた。もう一度、顔を上げて稜線をじっと眺めた後、目をノース・コルの方角に転じ、下山を開始した。

私が八二九〇メートルの第三キャンプにようやくたどり着いたのは、午後五時のことだった。イエロー・バンドの薄黄色の地層の下にある広々としたテラスの様子は、私がこれまで山で遭遇したなかでもっとも気が滅入る光景だった。目の前のうず高く積み上がったごみの山は、世界に誇る山の頂点近くにある登山隊の最終地点というより、まるで第三世界のごみの埋め立て地だ。キャンプ地全体に信じられないほど大量のごみが散乱し、地面が見えないほどだ。潰れて壊された黄色いナイロン・テントの残骸が点在している。ざっと数えて一六張りほどがまだ部分的に立ったままだった。この一六張りは一週間前に最初の登頂時機を狙って登攀した登山隊のテントだ。公平を期するために言えば、すべての登山隊がテントを解体せずに立ち去ったわけではない。たとえば、アルペングローとコブラーの登山隊は、「自然に痕跡を残すな《リーブ・ノー・トレース》」という活動倫理を真摯に守り、持ち込んだものすべてを持ち帰っている。しかし、彼らのような良心的な人々はほんの一部なのである。

テントのほとんどは、定評のあるザ・ノース・フェイスの「VE25」の安い模造品で、登山ツアー会社のなかにはテントを山に放置して翌年に新品を購入するほうが費用対効果がいいと考えるところもある。一般的に、エヴェレスト北面への遠征では、クライミング・シェルパは登頂日に備えて高所キャンプまで何度も荷揚げをする。しかし、山頂から下山する段になると荷物を運びながら下山するのは一回だけの場合が多い。登山隊が進んで二度目の荷下げのために高所キャンプへシェルパを送らない限り、多くの装備品はそこに捨てられたままになる。テントの設営地のなかには、何年分もの壊れたテントが現在のテントの下にグランドシート代わりに敷かれていることがあるが、その新しいテントも悪天候で壊れたり引き裂かれたりして、テント山の最新の層と化す。

その日、早々に隊の半数のシェルパが離脱したが、それでも私たちが山を登り続けられたのは、第三キャンプには人数の減った私たち登山隊には充分すぎるほどのテントが捨てられていることをジェイミーが知っていたからだった。彼は荷物の一部を入れ替え、このキャンプ地で見つけられると見当を付けて不要と判断した私たちのテントと装備品を下のキャンプに向かうシェルパに託した。

レナンは身をかがめてＲＥＩの店の棚から手に取ったかのような新品の靴下を拾い上げ、新しい靴下をはきたかったんだと言った。私が斜面を登りながら、多少裂けてはいても使えそうなテントを探していると、未開封のラーメンの袋とスニッカーズを見つけた。未使用の燃料容器、寝袋、ゴーグル、上等なミトンなどのさまざまな衣類が山のように捨てられていた。登山用品店に行かずとも、ここで頂上を目指すための装備を整えることができる。

ところが、酸素ボンベは見かけなかった（白いナイロンの米袋に丁寧に詰められた自分たちの備蓄ボンベは別にして）。〈サミット・オキシジェン〉の保証金制度は、経済政策としてきちんと機能していた。

マットと私はテントを見つけて潜り込んだ。なかは太陽の光で心地よく暖められていたが、悪臭が鼻をついた。汚れた衣類を入れた洗濯かごのようなひどいにおいだ。フォームマットレスが二枚、敷かれたままだ。最後にここで寝た人の体形がそのまま窪みとして残っていた。隅には汚れた靴下一足とストーブがあり、未使用の燃料容器も数個あった。ほかにもさまざまな小物がメッシュの小袋のなかにあり、赤い綿のTシャツも入っていた。きちんと畳まれている様子から、洗濯済みのもので一度も腕を通していないようだった。エヴェレストの高所キャンプに綿のTシャツをなぜ持ってきたのか皆目わからなかったが。

マットと私は登頂に向けて持てる力すべてを引き出すために、五時間ほど休をゆっくり休めた。そのときの記憶はおぼろげなのだが、後でマットから聞いたところによれば、途中でラクパが器に入れたスープを持ってきてくれたという。それを飲んだ覚えがない。ハンプトンに送ったメッセージでわかったのだが、私はしばらく酸素の流量を増やし、それから量をもとに戻したらしい。このときにマスクを使ったのは、前夜に鼻カニューレを使ったせいで酸素吸入が足りず、だからこんな辛い一日になったのかもしれない、と思ったからだ。ラクパが早目に水筒を渡すように言ったのは覚えている。飲み物が凍らないように、メッシュ袋に入れた小さなプラスチックの水筒二本をダウンスーツの内ポケットに入れて持ち運ぶことにしていた。ラクパがそれに湯を入れて持ってくると、さらにもう一リットルの湯を渡し、出発前に飲むようにと言った。しかし私は食欲がないばかりか、ひどい脱水状態に陥っていたのに喉は渇いていなかった。これは後で飲もう、と自分に言い聞かせた。

午後十時三十分にジェイミーがやってきて、出発する時間だと告げた。私は一睡もできていなかったが、寝袋のなかで静かに横たわっていたので、到着したときと比べたらずっと気分がよくなっていた。荷物を点検し、できる限り軽くするために不要なものをすべて外した。ダウンスーツのポケットから、幸運のお守りのしわくちゃになった家族写真とトミーのキリンのぬいぐるみを取り出し、それを長いあいだ見つめた。ヘッドランプに新しい電池を入れ、水筒の蓋がしっかり締まっていることをもう一度確認した。それから、ラクパがくれた予備の水を無理矢理飲んでから水筒を寝袋にしまった。戻ってきたときに残りを飲むためだ。風は弱く、それほど寒くはなさそうだったので、ダウンスーツのズボン下はロングタイツだけにした。竹繊維製とポリプロピレン製の二枚のシャツの上に、ハンプトンからクリスマスにもらった紺色のカシミアセーターを着た。首は薄手の青色のバフと厚いフリースのネックウォーマーで保護した。頭には軽量のスキー帽をかぶった。手にスキー手袋をはめ、それに使い捨てカイロをそれぞれ入れた。予備にダウンミトンをザックに入れて持っていくことにした。

ビーフジャーキーを二枚と、カシューナッツを幾粒かなんとか口に入れた。ノース・コルを出発してからというもの、第二キャンプで食べたカレーとこの貧相な食事のあいだに摂取したのは、わずか三〇〇から四〇〇キロカロリーだけ。しかも前進ベースキャンプを出てから六十時間経つが、そのあいだに眠ったのはほんの数時間だけだ。テントを出る前にマットとともに新しい酸素ボンベを取り付けた。一分間に二リットルの流量に設定し、マスクを装着した。

ボンベにどれほどの酸素が残っているかという不安は、午後十一時に斜面を踏みしめながら登り始めたとたん、少しだけ和らいだ。歩き出してすぐ、前日より調子が良いことがわかった。もしかすると、今日が登頂日だと知った体が、最後の力を奮い起こしたのかもしれない。月がなく周囲は真っ暗だったので、頭を低くしてヘッドランプの光に照らされた足元だけを見ながら、できるだけ滑らかに、効率よく動くことに集中した。

頂上へたどり着くまでに困難な地形をどれほど乗り越えるのか、それを考えると怖じ気づいてしまうので、これまで巨大な岩壁を登ったときに効果的だった方法を試してみることにした。それは登頂ルートを何区画かに分け、次の到達点まで進むことだけを考えるという方法だ。今のところ私の目標は標高八五三〇メートルの北東稜の頂点だ。そこが重要な地点だ、と自分に言い聞かせる。そこまで登り切ることができれば、頂上まではまだ長い道のりであっても、その後の大部分は緩い傾斜のトラバース道だ。

数時間後、私は足を小刻みに動かしながらジェイミーに続いて稜線を歩いていた。次の目標地点はファースト・ステップだと思っていたとき、喉に違和感を感じ、少しだけ咳をした。すると、突然息ができなくなった。パニックに襲われた私は、マスクを外して、喉に詰まっているものを吐き出そうとした。しかし、よけいに喉が詰まるだけだ。一瞬、窒息死するのではないかと思った。そのとき、激しい嘔吐反射に襲われ、喉から濃い粘液の塊が目の前の斜面に吐き出された。その直後、どろどろのカシューナッツとジャーキーをもどした。喘ぎながら吐き気をこらえて前方を見ると、ジェイミーはファースト・ステップの基部まで進んでいて、私の嘔吐には気づいていなかった。後ろにいる人も気づいていないようだった。数分後に吐き気は治まった。私はマスクを戻し、そのまま歩き続けた。

ほどなくして、攀じ登る気が失せるほどの岩場の基部にたどり着いた。たくさんの巨大な丸岩の表面は風で吹き付けられた硬い雪に覆われている。固定ロープはその岩場の上部に向かってまっすぐ伸びている。前のふたりが先に壁に挑んだ。片手にピッケルを、もう片手にはロープに取り付けられた登高器を摑みながら岩壁を登っていく。ファースト・ステップは取るに足らないといつも聞いていたので、ここがそうであるはずないと思った。もうセカンド・ステップに着いてしまったのだろうか？　ファースト・ステップは気づかないうちに通り過ぎたのか。ここに来るまで、いくつかの岩を攀じ登ってきた。もしかしたら、そのうちのひとつがそうだったのかもしれない。後ろからラクパが近づいてきたので私は尋ねた。

「これはセカンド・ステップかい？」

「いいえ、ファースト・ステップです」

その岩壁を登るのは大変なことだった。最後の大岩を登りきったときには、心臓が早鐘のように打っていた。ファースト・ステップで私は限界まで体力を搾り取られた。この山の攻略法をきちんと調べるべきだった。疲れ切った体を休ませながら、私はこの先のルートを確認した。その夜、山頂を目指したのは一三人。私たちのパーティーは、ジェイミー、マット、レナン、私、それに六人のクライミング・シェルパだ。それから、私たちより一時間ほど前にキャンプを出発したフランク、ゴンバ、ダワ・デンディがいた。私は隊列の真ん中あたりに位置していた。稜線を見上げると、一〇〇メートルほど先に三つの明かりが見え、その近くにもいくつかの光があった。ヘッドランプの明かりが照らす範囲以外はよく見えなかったが、頭上は満天の星であることはわかった。風は弱く、秒速三メートルから五メートルほどだろう。手袋のなかに入れたカイロのおかげで、指は温かく快適で、つま先もぽかぽかしていた。

ファースト・ステップとセカンド・ステップのあいだは、恐ろしい場所として知られていた。そこは荒々しく切り立った崖のうえにあり、たとえ登攀時が夜でその断崖の深さがわからなくても、付近の地形の傾斜の具合から北壁の奈落の深さをひしひしと感じられる場所だ、と聞かされていた。だが、まがりなりにも私は、これまで数々の巨大な岩壁《ビッグ・ウォール》を登ってきた経験があるのだから、難しく感じたり恐れたりすることはないだろうと思っていた。

両側が崖になった細い道を、屋根の棟を歩く煙突掃除人のようにバランスを取りながら恐る恐る進んでいったが、まともな登山経験もない人々がこのルートを登り下りしていることに、改めて驚愕せずにはいられなかった。

　道幅が数十センチのかなり狭いところが続き、アイゼンの歯が粒の細かい石灰岩をこすると、黒板を爪で引っ掻いたような神経を逆なでする音がした。いちばんの難所では、岩壁の上方の手掛かりをしっかり掴みながら巧みに足場を探って足を運ぶという、高度な技術の要るロッククライミングのような攀じ登り方をしなければならなかった。カラビナをセットする固定ロープは、私の前後にたいていほかの登山者がいるために緩んでいて、仲間のひとりが転落すればほかの者たちも巻き込まれ、その結果、崖の下に連なってぶら下がることになる。ただし、それもロープの支点が持ちこたえられたらの話だ。固定ロープの支点は一五メートルから六〇メートル置きに設置され、普通は石灰岩の割れ目にハーケンを打ち込んで作る。私は特に難しい箇所を登りきってから支点を調べてみた。ロープを山に固定していたのは、「鳥の嘴」と呼ばれるいちばん小さな一本のハーケンで、それは壁の割れ目に二、三センチほど深く打ち込まれているだけだった。

　ようやく石灰岩の岩石塔《ピナクル》のところまでやってくると、塔のまわりには何本かのロープがしっかり巻き付けられていた。それは私がこれまで見かけたなかで、いちばん信頼の置ける支点だった。きのこ岩《マッシュルーム・ロック》と呼ばれるこの有名な岩から離れたところに、まるで疲れた登山者に腰掛けを提供したくて切り出されたような完璧な形の石のベンチがあった。ここまで来る登山道の脇には遺体が何体もあったが、ここにも遺体があった。色あせた黄色いダウンスーツを着たこの登山者は、ここで一休みしているうちに亡くなったのだろう。後でプラカシュの話を聞いたところでは、この人物はナーティの親類だという。背中をこちらに向けて横向きに倒れていた。私はその隣に腰を下ろした。最初は遺体に寄りかかりたくなかった。気持ちが悪いのは言うまでもないが、尊厳を踏みにじる行為に思えたので、前かがみの格好で腰を下ろした。ところがあまりにも疲れていたため、とうとう礼を重んじるのを諦めて背もたれ代わりに使ってしまった。レナンがやってきて私の隣に座った。やがてラクパが到着し、酸素ボンベを交換する時間だと言った。

セカンド・ステップの基部にしっかりした岩棚があったので、仲間のひとりが最初に梯子を登っていくのを待つあいだに、私はようやくこの有名な岩壁を初めて見渡すことができた。ヘッドランプの明かりを動かして端から照らしていったのだが、まず目に飛び込んできたのが、岩壁を上段と下段に分けている雪棚のところでロープに吊り下がったままのエルンスト・ラントグラーフの遺体だ。うつ伏せになり、頭の下から片腕が伸びていた。これまで見てきた遺体には共通点がひとつある。長年紫外線にさらされたダウンジャケットの色がひどく褪せているのだ。ところがこのダウンジャケットは、青くきれいな輝きを放っていた。

セカンド・ステップを登らなくても頂上ピラミッドにたどりつける道はある。一九二四年に頂上には到達しなかったが、ノートンとサマヴェルがそれを証明した。ジョン・ノエルが自身の著書、『西蔵を越えて聖峯へ：エヴェレスト冒険登攀記（*Through Tibet to Everest*）』［大木篤夫訳、博文館、一九三一年刊］で、マロリーが頂上ピラミッドに到達するふたつのルートについて話したことに触[7]

れている。ひとつはノートンが選んだルートで、ファースト・ステップのかなり下で北東稜を横に逸れて進むトラバース道で、グレート・クーロワール（別名ノートン・クーロワール）へ繋がるルート。もうひとつは、セカンド・ステップを迂回する、より高所のトラバース道を進み、途中で曲がって北東稜のサード・ステップに戻るルートだ。ノートンはその著書、『エヴェレストへの闘い』のなかで、マロリーはできるだけ稜線を離れないルートを好んだと書いている。

最終的にマロリーとアーヴィンが稜線を登るルートを選んだことは、一九九九年のマロリー／アーヴィン捜索隊が、ファースト・ステップのすぐ下の岩のあいだに置かれていた酸素ボンベを発見したことで明らかになった。ヘムレブはそれが、マロリーのポケットにあったステラからの手紙の封筒に記されていた酸素ボンベのひとつで、九番であることを特定した。もちろん、ノエル・オデールの証言もあった。

だが、謎は残る。マロリーはこの一筋縄ではいかないセカンド・ステップを登る力があったのか？

一九六〇年に中国隊がそこを登ったときには三時間以上かかっている。彼らは高度な技術を持った登山家たちではなかったが、ハーケン、カラビナ、ナイロンロープを持っていて、こうした用具があったからこそ登攀できた。一九二四年当時、マロリーとアーヴィンが持っていたのは、底に鋲釘を打った登山靴、ピッケル、長さ三〇メートル、直径七ミリメートルの弱い亜麻のロープだけだ。オデールの証言どおり標高八七二〇メートルで、垂直に近い岩壁をふたりが十五分で登った、ということはあり得るだろうか？
まさにこの疑問に答えるべくコンラッド・アンカーが、マロリーの遺体を発見してから二週間半後の一九九九年五月十七日に出発した。後に彼から聞いた話では、サイモンスンの捜索隊に参加を要請されたのは隊が出発する少し前で、高度な技術を持つロッククライマーとしての腕を買われてのことだった。おもな任務は捜索ではなく、セカンド・ステップをフリークライミングで登ること、つまり、設置されている梯子や固定ロープの助けを借りずに登れるかどうかを確認することだった。もし捜索隊がふたりの遺体を発見できなくても、熟練した登山家——マロリーは当時世界最高の登山家だった——がセカンド・ステップを登れたことがわかれば、マロリーとアーヴィンの謎に新たな展開がもたらされるという考えがあった。

その日の朝、コンラッド・アンカー、デイヴ・ハーン、ジェイク・ノートン、タップ・リチャーズ、そして二名のシェルパは山頂を目指して高所キャンプを出発した。アンカーはクライミングロープと、岩に中間支点《プロテクション》を設置するためのカムデバイス［プロテクション用の道具］、ナッツを入れた小さな袋を持っていた。きのこ岩《マッシュルーム・ロック》に到着すると、ノートンとリチャーズは引き返した。シェルパのひとりもともに下山した。もうひとりのシェルパは、アンカーとハーンに同行してセカンド・ステップの基部まで行き、そこで引き返した。上下の段に分かれている岩壁の下段をハーンが梯子を使って登り、アンカーは固定ロープに登高器を取り付けて安全を確保し、フリークライミングでジグザグに移動しながら登っていった。

セカンド・ステップの真ん中の雪棚でふたりは合流し、ハーンがアンカーをザイルで確保した。(8)アンカーはまず、梯子の右側にある割れ目《クラック》を調べた。それを利用すれば簡単に登れそうだが、岩がもろく腐っていて、カムデバイスを設置することはできなかった。そこで左側の割れ目のほうへ体を移した。幅一五センチ、高さ五メートルほどのその割れ目は、上にある岩の出っ張りの下まで続いていた。アンカーは、一九六〇年に中国隊がおこなったような人の肩を利用するつもりはなかった。かつてはよく使われたが、今では時代遅れのやり方だ。それにアイゼンを外すつもりもなかった（一九六〇年の中国隊の樵の屈銀華とは違い、登山靴ももちろん脱がなかった）。というのも、現代のクライマーは、極端に気温が低いときや雪が積もっているときにはロッククライミング用の柔らかい靴ではなく、硬い登山靴の底にアイゼンを装着するのを好むからだ。アンカーは、左肘を割れ目に突っ込み、クライマーが「チキンウィング」と呼ぶ格好に腕を曲げ、次に左膝を腕のそばの割れ目まで押し上げた。右手側の壁には手と足を掛けられる場所があった。体ふたつ分の高さまで登ったところで割れ目が狭くなり、ハンド・ジャム［割れ目のなかに手を詰まらせること］を決めて、幅八センチほどに開いたカムデバイスをセットし、それにロープを取り付けることができた。しかしこの支点に体重を預けることはしなかった。それは今回の登攀の目的に反するからだ。この支点はあくまでもアンカーが滑落したときに雪棚に激突しないための安全対策だった。

とはいえ、この時点でアンカーは酸欠状態になっていた。登る前にザックと酸素ボンベを外し、自由に体を動かせるようにしていたが、アンカーは苦しげに喘ぎ、両腕に力が入らなかった。それでも、後はオーバーハングを抜けて崖の縁を攀じ登るだけだったので、諦めずに登り続けた。動きを楽にしてくれる完璧な足掛かりがあった。だがそこに足を掛けるには梯子が邪魔だ。梯子の横木に触れないようにして足を掛けようとしたが、できなかった。腕の力が尽きてつい梯子に足を掛けてしまい、思わず悪態を吐《つ》いた。アンカーは、梯子さえなければうまくやれたのに、と思った。上の段を登り切って倒れ込み、時計を見た。登るのに五分かかった。

　数分後にアンカーがサイモンスンに無線連絡をしたとき、前進ベースキャンプではカメラが回っていた。テレビ向けのお膳立てができていた。「マロリーはその岩壁を登れただろうか？[9]」とサイモンスンが尋ねた。ああ、できた、とアンカーは答えた。セカンド・ステップの上段の難易度は現代の基準では中級であり、マロリーが気に入って日常的に登っていたピーク地方の岩壁と同じ程度だと彼は考えた。だが、後にアンカーはこの最初の印象に疑問を持ち、その評価を訂正してこう言った。セカンド・ステップの難所はおそらくマロリーの能力を超えていると思う、と。

　しかし、アンカーにとってはそれで終わりではなかった。二〇一〇年、『*The Wildest Dream*（底知れぬ野望）』と題したドキュメンタリー映画の再現シーン[10]でジョージ・マロリーを演じるため、再びエヴェレストに戻った。山頂を目指す日、数人のシェルパがセカンド・ステップの梯子を外した。アンカーは、高所での高難度の登攀という驚くべき挑戦をし、世界で初めて北東稜からのフリークライミングによる登頂記録[11]を打ち立てた。このときアンカーは、マロリーには登頂できなかっただろう、と述べている。

サンディ・アーヴィン調査遠征隊の計画が動き始めて間もなく、私は自分もセカンド・ステップのフリークライミングに挑戦できないかと考えるようになった。その後でイギリスに行き、マロリーがもっとも困難だと述べた岩壁に登り、セカンド・ステップと実際に比較してみることで評価しようとしたのだ。

私はセカンド・ステップの難所を「リードで登る」こと、つまり、アンカーがやったように、下から確保して登攀する方法には興味がなかった。余計な登攀具を持参するのは煩わしかったし、ましてやそれに伴う危険も冒したくなかった。私が期待したのは、その難所にある固定ロープが岩の割れ目に近いところにあれば、ロープに取りつけた登高器を確保器代わりに使うことだった。

下段の梯子を登ってから、私は雪棚に立って、上段の状況を調べた。固定ロープは割れ目から一・五メートルほど離れた場所に垂れ下がっていた。これほど離れていると、もし割れ目から落ちでもしたら、私は大きく揺り戻されて梯子に激突してしまう。こんなところであえて危険を冒す気にはなれなかったので、私は梯子を使った。梯子を下りる間際にこの岩壁の上部までの最終的な動きを確かめようとした。すると、これまで気づいた人がいたかどうかはわからないが、あるものに目が留まった。オーバーハングの真下にある真横に走る割れ目は、一九六〇年に屈銀華が三〇センチの長さのハーケンを打ち込んだところだと思うが、ピッケルの柄を差し込むのに理想的な大きさに見えた。特に、私がイギリス山岳会で手にしたような柄の長い木のピッケルがぴたりとはまる気がした。ピッケルの柄を水平の割れ目に押し込むのはよく知られた技で、私も随分前から何度も使っている。特に記憶に残っている山登りでは、差し込んだピッケルの柄に片脚を掛け、勢いを付けてその上に腰を下ろしたこともある。

おそらくマロリーは、アーヴィンの肩に乗って立ち――マロリーを尊敬しているアーヴィンは、鎖骨に靴鋲が食い込んでも動じないほど信頼に足る相手だった（それに、ウールは羽毛よりもずっと良い緩衝材になる）――それから身長一八〇センチの体を精一杯に伸ばして、ピッケルの柄を割れ目に押し込んだのだ。そのとき、ピッケルがしっかりとした支点になっていれば、マロリーは独自の多様な技を駆使して、オーバーハングを乗り越え、岩壁の上部まで攀じ登ることができたはずだ。それは巧みな技術を組み合わせた創意に満ちた登攀であったことだろう。マロリーは独創的な登攀技術を使うことで知られており、だからこそ頂上アタックの押しも押されもしないリーダーとして認められていたのだ。

梯子を登った先の狭い岩棚で体勢を整えることができたので、カメラを取り出し、暗闇のなかを後から登ってくるレナンの姿をビデオに収めた。六メートルほど先には、ラントグラーフの遺体が黄色いロープからぶら下がっていた。

「クソ恐ろしいところだな」とレナンは言った。

「ぞっとするよ」

「ああ、おかげで酸素が半分になっちまったよ」

レナンのレギュレータがザックの上から突き出ていて、シューシューと音を立てていた。セカンド・ステップの基部でカメラを取り出そうとザックを落としたときに岩にぶつかったという。レナンが梯子を登りきったので、私たちは岩棚まで進んでラクパを待った。ラクパは十分後に到着し、自分のザックから予備のレギュレータと新しい酸素ボンベを取り出してレナンに渡した。そのとき、私たちは知らなかったのだが、そのレギュレータはポイスクのものだった。ネジ山は〈サミット・オキシジェン〉と似ているがまったくの別物だった。レナンの与り知らないところで、ひとつの問題が別の問題に切り替わっていた。私は前進する前にラクパに酸素ボンベの確認を頼んだ。残りは二〇〇気圧、ということだった。七五パーセントが残っている。申し分ない。


その後私たちは、踏み固められたなだらかな登山道を進んだ。子どもの頃によくハイキングをしていたニューハンプシャー州のホワイト山地にある細い山道とよく似ていた。セカンド・ステップ上部から頂上ピラミッドまでの平坦な道幅はかなり広く、それで「高原《プラトー》」と呼ばれている。ここがなぜ標準ルートとなったのか、私はようやく納得した。セカンド・ステップは、一九七五年に中国隊が梯子を設置し、多少厄介な場所というだけの場所になった（登山者が自分の行動を理解し、自らの手で致命的な難所にしない限りは）。そこを越えれば、山頂までのルートは安全で、ひどく難しい場所はない。多くの専門家が意見の一致を見ているのは、もしマロリーとアーヴィンがセカンド・ステップを登り終えていたら、登頂を妨げるものはなにもなかったという点だ。それどころか、九〇メートルほど先にあるサード・ステップの高さがわずか六メートル程度で、途中に浅い窪みがあるのを見て勇気づけられた。

高原をなかほどまで進んだとき、東にうっすらと地平線が現れた。はっきりと見えないほどの細く白い線が少しずつ濃くなり、中心がほのかな橙色に染まっていったかと思うと、やがて青へと変わっていった。青色が黒い空を侵蝕していくにつれて、星々の瞬きがひとつまたひとつと消えていき、周囲の山の輪郭がしだいに明らかになっていく。一週間前、人の行列ができていた山頂の雪斜面が、今まさに私の頭上にあった。鮮やかなピンク色に染まっている。頂上間近に、カンパナーロ、ゴンバ、ダワ・デンディの姿が見えた。数分後、太陽が地平線から顔を出すと、頂はカンテラのように輝いた。

だが、近づいていくと、荘厳な景色とはとても言い表せないことがわかった。すぐ前の道の脇に凍った遺体が転がっていた。私はこの登攀中に、ラントグラーフのものを含めて六体もの遺体のそばを通り過ぎた。かたわらを通るときには必ず、その人たちは私のようにかつては生きて呼吸していたのだが、どこかで少し無理をしすぎてしまった人たちだということを忘れないようにした。目の前にある遺体も、それまで出会った遺体と同じように体が逆さまになり、頭を斜面の下に向けていた。エヴェレストではこの姿勢以外で死ねないような具合だ。かつては鮮やかな赤い色だったはずのダウンスーツは、薄いピンク色になっていた。手袋はなく、剥き出しの手は黒く変色して干からびていた。まるで雪を必死に摑もうとしながら死んでいったような姿だ。三〇メートルほど先にも同じような遺体があった。

インド北部ラダック地方出身のふたりの警察官ツェワン・スマンラとドルジェ・モラップは、一九九六年五月十日、北東稜の高所で遭難した。最終的に八人の死亡者が出た悪名高い嵐の犠牲者である。翌日、重川英介と花田博志という二人の日本人登山者が、収まらない嵐のなかを登頂に挑んだ。ふたりは下山中にそのインド人登山者たちと遭遇した。そのときモラップはすでに死んでいたようだ。スマンラは生きていたが、ロープに絡まった状態だった。日本隊のシェルパのひとりがロープをほどく手助けをしたが、スマンラのためにしたことといえばそれだけだった。

「フィナンシャル・タイムズ」のリチャード・カウパー記者が、前進ベースキャンプに戻ったふたりの日本人にインタビューをし、瀕死のインド人たちを助けなかった理由を尋ねた。見るからに悲嘆に暮れた様子の花田は、たどたどしい英語でこう答えた。「知らない人たちでした。いいえ、水はあげていません。声をかけませんでした。彼らはひどい高山病にかかっていました。

危険な状態のように見えました[12]」

「あまりに疲れていて、助けることができませんでした」と重川は答えた。「八〇〇〇メートルの彼方は倫理的な判断のできる場所ではありません」

インド隊の三人目の隊員であったツェワング・パルジョールは、ファースト・ステップの基部にある小さな洞穴までなんとか下りてきたものの、彼もそこで亡くなった。その後、彼が身につけていた鮮やかな緑色の登山靴は北東稜ルートを行く登山者にとって有名な場所となったが、二〇一四年にようやくその遺体は運び出された[13]。


「大丈夫ですか?」サード・ステップの基部で私に追いついたプラカシュが、声をかけてきた。私はまったく問題ないと答えたが、酸素残量を調べてもらった。

「六〇です」と彼は答えた。

「六〇パーセント?　それとも六〇気圧?」

「六〇気圧です」

「なんだって、くそ。残り二〇パーセントくらいしかないじゃないか。この酸素ボンベはいったいどうなってる?」

プラカシュは私のレギュレータを調べた。これまでの登攀時と同じように、二にセットされていた。しかしどういうわけかきのこ岩《マッシュルーム・ロック》からは私は八〇パーセントも吸入していた。わけがわからなかった。

「予備はあるのかな?」と私は尋ねた。

「あります」とプラカシュは答えつつ、「でも、サード・ステップを登った後で交換しましょう」と付け加えた。

プラカシュが先に行き、私はビデオ撮影をするため、カメラを横に動かしながら、チベット高原、綿のような雲海から頭を出しているマカルー、そして岩溝《ガリー》まで映像に収めた。岩溝では青とオレンジ色のダウンスーツを着たプラカシュが、人ひとり分だけ上にいて、急峻な岩の上に堂々と立っていた。緑のダクトテープが、彼のダウンスーツの破れた部分に貼られていた。

私がプラカシュのところまで登ると、彼は私のボンベを交換し、私がザックを背負うときに、それが北壁へと落ちていかないようにしっかり持っていてくれた。私はプラカシュを見つめ、拳を突き出した。互いの手袋が触れ合った。頂上まで、あと一二〇メートルだ。カンパナーロ、ゴンバ、ダワ・デンディが頂上から下りてきて、私たちの横を通り過ぎていき、その一方で、ジェイミー、マット、カジが、朝日を浴びて輝く三角形の雪斜面に取り付いていた。私たちの後ろには、レナンとラクパがいた。そのほかの仲間たちの姿は見えないが、上方のどこかにいるはずだ。中国の天気予報は間違っていた。風はそよとも吹かない。陽射しが顔に暖かい。

一時間後、頂上までの最後の数歩を歩きながら、私はこの瞬間の喜びをゆっくりと噛みしめた。エヴェレストを極めようとする登山者がひとり残らず夢見るような――だが実現することはほとんどない——理想ともいえる登頂日であった。

午前七時十二分、ジェイミーとプラカシュが、キングサイズのマットレスほどの広さの雪の吹き溜まりの上に立った私を祝福してくれた。カジ、バル、クサン、テンバの四人は、忙しなく写真を撮り合っていた。一人が大きな赤い横断幕を掲げた。それが逆さまであることに気づいている者はひとりもいないようだった——あるいは、気にしていなかったのかもしれない。雪を戴いたいちばんの高みに、九〇センチほどの高さの黄金の像が置かれていて、巻きつけられた祈禱旗が微かな風を受けてたなびいていた。像の首にはカタ［チベットで挨拶時に敬意を示す印として差し出される白いスカーフ］が結ばれ、高く掲げた右手の人差し指は天を指していた。

東のチベット高原の上空に太陽が昇り、澄み切った蒼穹に輝いていた。地平線は、まるで遊園地のびっくりハウスの床のようにわずかに曲がって見えた。頭が混乱し、自分が地球の丸みを目の当たりにしていることがわからなかった。南に目を向けると、世界第四位と五位の高峰、ローツェとマカルーの頂が、まるでジオラマの風景のように見下ろせた。近くに目を転じると、眼下にネパールの南東稜が広がっている。瞬く間に拡散された写真で見た人の行列ができていた雪面には、深さ六〇センチほどの長い溝ができている。

そこに人の姿はなかった。

第十三章　極限での捜索

黄金の像の横に腰を下ろし、私はぼんやりと登ってきた道を見下ろした。酸素不足の脳が、横になって目を閉じてくれと頼んでくるが、わずかに残っている明瞭な意識と理性は、寝たら最後、二度と目覚めないことがわかっていた。一五メートルほど下方にいるレナンは、北東稜の最後の斜面を、四つん這いで登っていた。ラクパはその一歩後ろで、黙々と彼を励ますように山頂へと導いていた。四人の子どもの父親でもある四十九歳のラクパは、六度目のエヴェレスト登頂を成し遂げようとしていた。頂上まであと一・五メートルというところで、レナンは跪くと、両手を合わせて祈る仕草をした。そしてそれ以上登ろうとしなかった。後で私に教えてくれたことによれば、「シェルパ族の神様の頭上に立つ」ことをしたくなかったから、それ以上は登りたくなかったのだ。

そのうち私は、登頂を証明する写真を撮らなければと思った。携帯電話を取り出して機内モードを解除すると、ＬＴＥ電波がしっかり入り、ハンプトンからメッセージが届いていた。「あなたのことをずっと思ってる。心から愛してる」。携帯を持って腕を伸ばし自分の写真を撮ると、すぐさまニューハンプシャー州の彼女のもとへ送った。それから悴んだ手でメールの返事を打った。「取り急ぎ知らせておくよ。たった今頂上に立った。これから下山する。万事順調だ。ぼくも愛してる」。そのときは知る由もなかったのだが、子どもたちや親戚一同が、私の最新状況を知りたくてハンプトンに質問の雨を浴びせていたらしい。みんなは拡散したニムズの行列写真を見ていたし、そのシーズンのエヴェレストで一一人の死者が出た[1]ニュースを聞いていた。ハンプトンは私の自撮り写真を皆へ転送し、私が世界のてっぺんに立ったこと、しかし、これから長い時間をかけて下山しなければならないことを伝えた。

携帯電話を入れていた内ポケットには、第三キャンプのごみの山で見つけたスニッカーズが入っていた。私はそれを取り出してしばらく眺めた。見ているだけでむかむかしたが、固定ロープから外れてホルツェルの予測地点に行くのであれば、エネルギーを摂ったほうがいい。マスクを外し、スニッカーズを口に突っ込み、凍った塊を噛み切った。チョコレートの味がした途端、吐きそうになった。チョモランマの頂で吐かないで済んだのは、胃のなかが空っぽだったからにすぎない。口に入れた分をゆっくり噛んでなんとかペースト状にし、無理やり飲み込み、残りはポケットに戻した。

すると、レナンがザックに頭を乗せて雪の上に横たわっているのに気づいた。

「大丈夫か？」

「駄目だ」と彼はしわがれ声で答えた「酸素ボンベがおかしい。酸素が出ていないみたいなんだ」

「もう下山しよう」と私は言った。「高度を下げるのは早いほどいい」

稜線を下り始めてすぐ、登りと比べ、下りはほとんどエネルギーを使わないで済むことがわかった。重力のおかげでこちらはそれほど力を使わず、アイゼンを引っ掛けないように神経を集中していればひとりで山を下りていける。とはいえ、固定ロープから外れるのは別問題だ。離れるには肉体的にも精神的にもまったく異なるレベルの力が要求されるだろう。イエロー・バンドをロープに繋がずに下りて戻ってくるだけの集中力と緻密さ、敏捷性が、私に残されているだろうか？　登頂を果たしたので、今度はホルツェルの地点が私の存在理由《レゾンデートル》になった。そこまでたどり着けるだろうか？　自殺行為に等しいのではないのか？

それから二時間はおぼろげな意識のまま過ぎていった。サード・ステップとセカンド・ステップを懸垂下降で下りたことをぼんやりと思い出せるだけだ。はっきりと覚えているのは、決行地点に近づきながら感じていた不安と恐怖だ。そして、固定ロープに沿って一歩一歩進みながら、エヴェレスト登頂の達成感にひたすら浸ることができたらどんなに素晴らしいだろうと思っていた。私はきのこ岩の横の、遺体が横たわっている岩のベンチまできたので、そこに座ってレナンを待つことにした。再び遺体に寄りかかったが、今回は良心の呵責は感じなかった。すぐにレナンがやってきた。先ほどよりしっかりした足どりだった。ラクパが山頂からずっとレナンの酸素ボンベをいじり続け、ついにレギュレータをうまく締めることができたのだ。レナンは、何時間ぶりにきちんと息が吸えるようになった気がすると言った。

私は手にしたGPS機器を見た。これから私たちは難しいトラバースをおこない、ファースト・ステップまで下り、それからイエロー・バンドを通る許競の近道を探さなければならないが、その前にGPSが機能しているかどうか確かめたかった。目を細めて小さな画面を確認すると、たしかにホルツェルの予測地点が目的地に設定されている。自分の場所が目的地から二七四メートル内であることを示していた。コンパス画面の矢印は北北東を指している。

私がいちばん懸念していたのは、疲労よりも荒れ狂う胃袋だった。数分おきに胃酸が喉元まで逆流してきて、吐き気をこらえなければならなかった。少し前に、セカンド・ステップの下の難所を下山中に、胃酸が一気に逆流し、飲み込んだスニッカーズを戻した。茶色がかった黄色い液体が目の前の壁に飛び散り、ダウンスーツの前に吐瀉物がかかったとき、「ここまでだ。もう駄目だ」と私は思った。だが、今、遺体のあるベンチで休んでいると、喉の焼けつくような痛みは消え、胃もだいぶ落ち着いてきていた。頭上には太陽が燦然と輝き、風はそよりともしない。状況はまったくもって良好だ。サンディ・アーヴィンがあのクレバスに隠れているかもしれないという思いが強くなり、不安感は遠のいていった。ロープから外れていく覚悟ができた。「ここまで来たんだ、今さら止めるわけにはいかない」と自分に言い聞かせた。「サンディ・アーヴィンとカメラを見つけて、いい加減このくそったれな謎をおれが解いてやる」

マットがベンチに座るレナンと私を撮影していた。彼はカメラをしまうと、ラクパに自身の酸素がなくなりそうだと伝えた。ラクパは身振りで私たちに動き続けるよう示した。まずマットが歩き出し、その後が私、レナン、ラクパと続いた。きのこ岩から一五メートルほど下ったあたりで、マットの頭が居眠り運転手のように上下に揺れた。そして右側の山壁に倒れ込んだ。左に倒れていたら、私たちみんなも引っ張られて細い通り道から転落していただろう。

「酸素が――ない」と、マットは喘ぎながら言った。

ラクパがレナンと私を飛び越えるようにして前に行き、マットの空の酸素ボンベを引き抜くと自分のボンベと入れ替えた。そのとき私には、ラクパにはもう予備の酸素ボンベがないことがわかった。酸素が吸入できるようになったマットは、体を起こして歩き出した。ラクパは自分の酸素ボンベがなくなっても動じない様子で元の位置に戻り、後ろから私たちをせっついた。私はラクパの行動に何の疑問も感じなかった。それはよくあることで、今年の登頂時、混雑で二十時間以上も高所で足止めを食らった登山者たちに、多くのシェルパが同じことをしたと聞いている。

ファースト・ステップの基部に着いたとき、私はもう一度GPSを確認した。目標地点まで残り一八三メートル。稜線の下の地形を注意深く調べ、許競の身になって自身に問いかけた。稜線上から急勾配で下へ伸びる岩溝《ガリー》のどれが、標高八二〇〇メートルの高所キャンプが設置された雪のテラスへ行く近道としてふさわしいだろう。

私の前にレナン、真後ろにラクパがいた。GPSは紐で首からぶら下げていた。私は何度も立ち止まってGPSを確認し、必要以上に時間をかけた。ラクパが苛立って私を追い越してくれれば、私が最後尾になり、邪魔されることなく道を逸れてイエロー・バンドの危険地帯に入っていける。しかし、彼はひたすら私の後ろに立ったまま、無表情でこちらを見つめていた。ラクパは、これから起こること、私がホルツェルの予測地点を探していることを間違いなく理解している。私はそのことを一週間前に彼に詳しく説明していたのだ。

目的地まで六〇メートルというところに差し掛かったとき、GPSの数値が六〇メートルと五三メートルに交互に変わっていることに気づいた。これが意味することはひとつだ。私は今、ホルツェルの予測地点の真上をトラバースしている。十分後、私たちが浅い岩溝《ガリー》を下っていると、およそ九メートル下にドローンで発見した日本人登山者の遺体が見えた。登っていたときにはこの場所が暗くてよくわからなかったのだ。そのダウンスーツはマツヨイグサの花びらのような淡いピンク色をしている。彼は頭を斜面の下側に向けて横たわり、その頭は小さな崖の縁から垂れていた。片方の手には手袋がなく、黒く変色して宙に突き出ていた。まるでなにかを掴もうとして息絶えたかのように。それが見えたら固定ロープから外れるタイミングだ。

ジェイミーは一メートルほど離れた岩の上に腰掛けていて、そのすぐ下にマットがいた。レナンは私より五メートルほど高いところにいた。ラクパは隊のしんがりを務めていて、そこにいつの間にかバルも加わっていた。ジェイミーがそこに座っているのは偶然ではない。決行地点であることがわかっているからだ。ベテランの登山ガイドである彼は、すでに酸素マスクを外し、サングラスも取っていた。白いものが交じった無精髭が顎を覆っていた。肌は死体のようにに血の気がなかった。落ち窪んで充血している目で私を見て言った。「よせ、マーク。疲れてるはずだ。命には代えられない」

周囲の峰々は湧き立つような雲に覆われているが、上空はまだ晴れわたっている。薄い空気のなか、風がかすかに吹いていた。四二六七メートル下に、チベット高原の乾燥した平野が蜃気楼のようにゆらめいている。

GPSを確認した。あと五三メートル。ホルツェルの予測地点はここからでは見えないが、真下に広がる岩の地帯のどこかにあるに違いない。私はレナンがやってくるのを待ちながら岩壁に寄りかかり、自分の気持ちを見極めようとした。私の胃はきのこ岩を過ぎてから落ち着いている。標高八四四三メートルのこの地では、明らかに空気が濃い。しばしのあいだだろうが、元気を取り戻せたようだ。「やれる」と私は自分に言い聞かせた。この時点で私を引き留めているのはラクパだけだ。私が固定ロープから外れ、ルートを離れたら、彼はどうするだろうか？

レナンがやってきて私の横に腰を下ろした。私たちの隊のなかで、彼ほどシェルパを尊重し、気にかけている人はいない。

「どう思う？」と私は彼に尋ねた。

レナンは胸を大きく上下に動かし、すぐには答えなかった。息を整え、ようやく酸素マスク越しにくぐもった声で言った。「やってみるべきだ」

私は振り向いて、高みにいるラクパのほうを見た。彼は九メートルほど上にいて、私をまっすぐ見つめている。私はレナンに向かって言った。「よし、ザックのピッケルを取ってくれないか」レナンはピッケルをザックから取り外し、私に手渡した。私はスリングにつけているカラビナを固定ロープから外した。

「気をつけろ」とレナンは言った。

私は右足を砂利の斜面に横向きに置き、左膝を斜面のほうに傾けながら二メートルほど下降した。

「駄目、駄目、駄目、駄目です！」とラクパが叫んだ。

私は彼のほうに顔だけ向けて、ピッケルでホルツェルの予測地点を指した。

「すぐそこまで行くだけだ」

「駄目、駄目、やめてください」

私は薄い雪面にピッケルの石突きを突き刺した。突き刺すたびに石突きが雪の下の岩に当たるので、カチンカチンという音を立てた。あらゆる困難を乗り越えてようやくここまで来て、この先のことはクライミング・シェルパの命令を公然と無視できるかどうかにかかっている。ラクパの仕事は私たちを無事に下山させることであり、ＣＴＭＡの規則に従うことだ。もし私が転落したり行方不明になったりしたら、ラクパは自分の命を危険にさらしてでも私を探しに行かざるをえない。もし私が死んだりでもしたら中国当局の役人から、登山者がロープから外れないようにするのがおまえの仕事なのに、どうしてこうなったのだ、と容赦なく非難され、私が規則を破った理由を説明しなければならなくなる。だがそれよりも重要なのは、このときラクパが心から私のことを案じてくれていたことだ。私も心からラクパのことを案じていた。

私は常々、エヴェレストでもどんな山でも、それをある国の政府が所有し、登山者の行っていい場所や悪い場所を厳密に決めて命令に従わせるのはおかしい、と異を唱えてきた。地球上でいちばん過酷なこの山岳地帯はだれのものでもなくみんなのものだ、と私は思っている。この山へ登るために必要な許可証や入山料といった煩わしい官僚的な手続きに奔走することは受け入れてもいいが、一旦山に入れば、十八世紀に外洋へと出航した探検家たちのように登山者は自由に歩き回れなければおかしい。そしてもちろん、自分たちの判断による結果の責任はすべて自分たちで取らなければならない。私はまた、ラクパが命令に従っているだけだということも知っていた。彼にはこのことに関して利害関係はない。無事にルートに戻りさえすれば、私の違反行為を許してくれるだろう。

傾斜した岩棚を越えて下り始めると、ラクパは無線機に飛びついた。私は無線機の電源を切っていたが、怒ったようにまくしたてる彼の声があたり一帯に響いた。自分の失策をごまかすために、CTMAに私がいきなり集団から離れたと報告しているのだろう。私は中国で捕まるかもしれないが(2)、少なくともラクパは責任を免れられる。そう考えるとこれからすることへの罪悪感が少しだけ薄らいだ。一メートルほど進んだ先で、ぐらつく大きな石を踏んでしまい、その石が足の下から滑り出て思わず体がぐらぐらした。

「とても危険、とても危険です[3]」とラクパが叫んだ。

三〇メートルほどトラバースして下を見ると、岩溝《ガリー》が急斜面の岩の地帯を横切ってその下の雪棚に続いていた。この地形の特徴はドローン写真で見た。ここが、許競がイエロー・バンドを通って下降した近道なのか？

私は斜面のほうに体を向け、ピッケルのピックを雪に強く押し込んだ。風にさらされた凍った表面に差し込むと、鋼のブレードが軋んだ音を立てる。脚のあいだから下を覗くと、一六〇〇メートル以上下にある氷河まで、目の眩むような茫漠たる空間が広がっている。マロリーの遺体が発見された雪のテラスのちょうど真上にいるのだ。再びGPSを確認した。コンパスの矢印は北西を指している。あと一五メートル。

数メートル下ったところで、滑り台くらいの勾配がある高さ二・五メートルほどの小さな石段に行く手を阻まれた。ほかの場所であれば取るに足らないような石段だが、疲労困憊してロープもないひとりきりのこの状態では気が滅入るほど恐ろしい障害物だ。私はたった今下りてきた岩溝を見上げ、この無謀な捜索をここで打ち切って引き返そうか、と思った。しかし、平静さを失わずにいれば小さなこの岩段くらい下りることができそうだ。ピッケルのピックを雪に刺しながら石段を下降し始めた。アイゼンが滑ったが、しっかりした足場を見つけた。一歩また一歩と、恐る恐る下りていった。

石段の基部に下り立ち、岩のように硬い雪面を踏みしめ、何度か深呼吸をしてから周囲を見回した。三メートルほど離れた右手に、小さな窪みがある。それを囲むように今下りてきた岩壁よりも背が高く勾配も急な壁がある。壁の中央には焦げ茶色の岩脈が入り込み、その真ん中にあるのは裂け目だ。私は目を大きく見開いた。

ＧＰＳは、ホルツェルの予測地点にたどり着いたことを示していた。

一九二四年六月八日の午後遅く、オデールは第六キャンプからノース・コルに下山しながら、その日の午後のように仲間の姿が見あたらないかと、何度も足を止めて振り返った。しかし熱心に探しても、見えるものといえば岩と雪、氷、渦巻く雲以外になにもなかった。オデールは驚くべき速さで山を下り、二日かかった登攀の道を二時間あまりで下りていった。オデールは後に、「高所における下山の疲労度は、中程度の高度における下山の疲労度とあまり変わらない」[4]ことに気がついた、と書いている。高いところから下山するときはだれでもが驚くほど楽に感じるだろうと考えたのだ。第五キャンプ下の雪の被った最後の痩せ尾根《アレート》で、オデールはその雪の状態が、スタンディング・グリセード［雪面を登山靴のままピッケルなどでバランスを取りながら直立姿勢で滑る技術］に適していると判断した。登山靴をスキー板に見立てて滑降したものの、彼は細心の注意を払い「岩をよけることに苦心しながら、一方では雪庇も避けなければならず、スキュラとカリュブディス［ともにギリシャ神話の海の怪物。船乗りを食らい、船を呑み込んだとされる］に挟まれた状況だった！」。

ノース・コルの第四キャンプでは、ジョン・ハザードがスープと紅茶を用意してオデールを待っていた。ふたりは日が落ちるまで、晴れ渡る山の上部を観察し、仲間の姿を探し続けた。月が昇り、かすかな光が山頂付近を照らすと、マロリーとアーヴィンがその光を頼りに高所キャンプへたどり着くことができるかもしれない、と思った。

翌朝、夜明け前に起きたふたりは、山の上部でのどんな動きも見逃さないよう、目を凝らし続けた。日が昇ると、双眼鏡で第五キャンプと第六キャンプのテントを注意深く観察した。マロリーとアーヴィンが夜遅くなって人知れずテントに潜り込んでいてもおかしくはない、と考えた。だが、何時間経っても山の上では何の動きも見られず、オデールとハザードはいよいよ最悪の事態を覚悟した。

その下の第三キャンプも同じような緊迫した空気に包まれていた。ノートンはまだ雪盲から回復していなかった。下からポーターたちが到着してキャンプの撤収を始めたが、全員の目は山の上部に注がれていた。マロリーとアーヴィンの姿を確認できない時間が長引けばそれだけ皆の不安は膨らんでいった。午前十一時十分、ノートンは最悪のシナリオが現実のものになったと判断した。彼は日記にこう書いている。「勇敢なマロリーとアーヴィンが惨事に見舞われたことはまず間違いないことのように思われる——十中八九〝滑落〟したに違いない」(5)。ノートンはオデールへの伝言をしたためたメモをポーターに持たせてノース・コルへ送った。その日のうちに確実に第四キャンプに戻ってくることができるのでなければ、高所へ登っていって行方不明のふたりの捜索をしてはならない。遅くとも翌日午後四時までには、全員が下山するように、という指示だった。ノートンは、もっとも重要なのは、「避けられない運命に逆らおうとして、これ以上の人命を危険にさらさないこと」と書いた。

伝言が届く前に、オデールは正午にふたりのポーターを伴って第四キャンプを出発していた。その日は非常に寒く、強風が吹き荒れ、三人は途中で何度も激しい突風に吹き飛ばされそうになった。それでも、三人は極めて速い速度で進み、午後三時半には第五キャンプに到着した。夜になると気温が急激に下がり、風はますます強く吹き、テントが地面から引き剝がされそうになった。

朝になって、ポーターたちがそれ以上登るのを拒んだため、オデールはひとりで第六キャンプへ登っていった。そのときは第五キャンプに保管していた酸素器具を使った。ひどい天気で、「荒れ狂う、凍てつくような」強風が絶えず横殴りに北稜を襲い、オデールはやむなく突き出た岩の陰に避難し、凍えた手足の血行をよくすることに努めた。第六キャンプまであと一時間ほどのところまで来たとき、酸素の流量を最大にセットしていても何の役にも立っていないと判断し、酸素器具のスイッチを切った。

高所キャンプに到着したオデールは、小さなテントのなかに疲れ切って身を寄せ合う仲間がいるはずだと期待しながら入り口の覆いをめくった。なかを覗くと、一本のポールが折れていることを除けば、テントの内は彼が出ていったときとそっくり同じだった。魔法瓶も、マロリーのコンパスも、食糧も、すべてが二日前とそっくりそのまま残っていた。オデールは酸素器具をテントのなかに降ろし、ふたりの仲間を捜しにさらに登っていった。「エヴェレストのこの高所は、たしかに地球上でもっとも遠く隔たった、人を寄せ付けない地点に違いないが、暗くなった大気が地形を隠し、その非情な急斜面に強風が吹き渡るときほど、強烈にそれを感じ、打ちのめされることはない、さらに、友の姿を探して歩を進めていくときほど残酷なものはないと思われる」(6)と彼は後に書いている。

オデールは二時間ほど探し続けたが、ついに諦めてテントに戻った。それから、二日前まではふたりが使っていた二枚の寝袋をつかみ、斜面を登って雪のある一画まで引きずっていった。前もって打ち合わせていたとおり、雪の斜面にそれをT字形に置いた。ハザードは一二一九メートル下のノース・コルから、最悪の事態を意味するその印を見た。オデールはマロリーとアーヴィンの痕跡を見つけられなかったのだ。いっさいの望みは絶たれた。ハザードは、ふたりのポーターとともにウールの毛布を十字に並べ、第三キャンプに合図を送った。数日のあいだ望遠レンズで山を監視していたジョン・ノエルは、その合図を認め、写真を撮った。

テントに戻ったオデールは、なかを見回して持ち帰る価値のあるものを探した。マロリーのコンパスと、アーヴィンがスピッツベルゲン島遠征で初めて酸素論争に関わって以来、熱心に改良を続けてきたマークVの酸素器具を手に取った。後はすべてそのままにしてテントから這い出ると、入り口をしっかり閉じた。万が一、奇跡が起きてマロリーとアーヴィンが帰り道を見つけたときに備えて。

外に出たオデールは雲間から見え隠れする山頂を見上げた。「それは冷酷なほどのよそよそしさで、私というちっぽけな存在を見下ろしているようだった」と、彼は書き残している。

なにかがおかしかった。私はピッケルに覆いかぶさるように背を曲げ、顎を胸につけながら酸素マスクから酸素を吸い、頭にあるもやもやをすっきりさせようとした。GPSによれば、私はホルツェルの予測地点にいる。しかし、ドローンで見たあの溝はどこだ？　日盛りの太陽に目を瞬かせながらあたりを見回した。さらに注意深く、目の前にある岩壁にある黒い垂直の縞を見つめた。初めその正体がなにかわからなかったのは、それがあまりに近くにあったからであり、クレバスがあると思い込んで探していたからだった。だが今、ドローンの写真で黒い割れ目だと思っていたものが、実は石灰岩に入り込んでいる黒い玄武岩質の貫入岩だったことがわかった。その真ん中に生じている裂け目は幅二〇センチから三〇センチ程度で、人が這って進むにはあまりにも狭い。ところがその基部に小さな窪みがあった。そこはまともな避難場所にはならないが、体を丸めて休むことはできそうだ。私のいる場所から三メートルほど先にあり、雪はない。

だが、そこにはなにもなかった。周囲を見回した。だれも、ひとりもいない。私しかここにはいないのだ。遥か高所で、チョモランマの頂が薄青い空にきらきらと輝いている。

固定ロープを離れてここまで下降するよう私を突き動かしていた好奇心は、たちまち消え失せた。探すものはなにもない。捜索するものはもうないのだ。私は突然丸裸になったように感じ、ひたすら家族のいる家に帰りたくなった。全神経を集中させ、安全な固定ロープのところへ戻ることだけを考えた。私がバランスをとって立っている舌状の雪の斜面は五〇度ほどの勾配で、芥子の実のケーキのようにところどころ黒い砂利がちりばめられている。その斜面は壁に接し、わずか一メートル先は底の見えない崖縁だ。どの道を行くべきか？　私はクライマーとしてだいぶ前から、知らない悪魔より知っている悪魔のほうがまし、ということを頭に叩き込んできた。しかし、来た道を戻るというのは、岩棚と岩溝《ガリー》を登っていくことを意味する。今の疲労状態では、未知の場所へと下っていくより遥かに危険だ。必死でドローン写真の細かな部分を思い出そうとした。現在立っている雪の斜面は、六〇メートルほど下りると広い水平の岩棚とぶつかるはずで、そこからなら標準ルートに戻れる。

山壁と向かい合う姿勢で雪斜面を下降しながら、レナンかマットのピッケルを借りてこなかった自分に腹を立てた。ふたりとも今は使っていないわけで、二本あればはるかに安全に下りていけただろう。雪面には氷はないが、氷と見まごうばかりの硬さだ。失敗は許されないが、ピックがしっかり斜面に突き刺されば、体を預けることができる。とはいえピッケルが一本しかないため、常に安心できるわけではない。アイゼンの前爪を斜面に蹴り込んで一歩下りるたび、刺したピッケルを抜いてそれより低い斜面に再度突き刺し、次の一歩の準備をしなければならない。つまり、片手を背中に縛りつけられて、梯子を下りているようなものだ。

四十数メートルほど下降すると地面の雪は消え、そこは狭い岩棚だった。見下ろすと、足元は剝き出しの一枚岩で、その下にイエロー・バンドでいちばん過酷だと言われる切り立った岩壁が続いている。一目見て私はこの一枚岩だけはごめんだと思った。その灰色の岩は不安定な小石に覆われていて、アイゼンの下にボールベアリングがあるような状態だ。しかし、下りて来た道を戻るわけにもいかない。

パニックにならないように自分の感情を抑え、安全な体勢を維持した。ピッケルのヘッドをしっかりと摑み、まわりを見回して進めそうな場所を探した。私のいる岩は、これから目指そうとしている東へと伸び、たくさんある一枚岩の上部の険しい場所を水平に横切っていた。エヴェレスト北壁のあらゆる場所と同じように、そこも下り傾斜だが、通れないほど急勾配ではない。

ハーネス脇のギアループにピッケルを差し込んで収め、深呼吸をしてから岩棚を渡る一歩を踏み出す。初めは幅が玄関マットほどのところを、岩に水平に走る裂け目を両手で摑みながら進む。よりしっかりと摑むため、手袋を片方ずつ歯でくわえて引き抜き、ダウンスーツの襟元に押し込んだ。素手で触れると石灰岩は冷たかったが滑りにくく、磨りガラスのような感触だ。メイン州の海食崖を思い出した。六メートルほど進むと、もっとも狭い場所に出た。幅が一五センチ程度しかない。左足を横向きにし、右足も同じく横向きにしようとしたが、両脚を外側へ向けて立つとバランスを崩すので、右足は岩壁に対して直角にする。アイゼンの後爪が岩棚の縁からはみ出した。

少しずつ進むうちに岩幅が広くなった。その直後、高さ二メートルほどの壁から滑り下り、平坦な砂利の地に体をどすんと下ろし、そこから不安定な足取りで固定ロープのあるところまで戻った。固定ロープにカラビナをかけ、腰を下ろして仲間を待った。やがて、マット、レナン、ジェイミーが下りてきて合流した。私は酸素マスクを外した。

「なにもなかった」と私は言った。

仲間たちが頷いた。まるで彼らがすでに知っていることを私が確認しに行ったに過ぎないとでもいうように。

最後に下りてきたのはラクパだった。私の座っている場所まで来ると、ラクパは立ち止まった。彼が私のそばに立ち尽くしているほんのわずかなあいだ、彼と私は一心に見つめ合った。どちらもなにも言わなかった。私は力なく微笑んで肩を竦《すく》めて見せた。彼が同じ仕草をしてくれるかもしれないと思いながら。彼の目が呆れたようにわずかに動いたことだけはわかったが、彼はすぐに私から離れ、先頭に立って下山を始めた。彼の危険な状況は過ぎたのだ[7]。

第十四章　帰郷

マロリーとアーヴィンが行方不明になり、死亡したとみられるという恐ろしい知らせを伝える急使が、最寄りの電信局に到着したのは八日後のことだ。六月十九日、エヴェレスト委員会の委員長アーサー・ヒンクスが王立地理学協会の執務室でその電報を受け取った。

遠征隊の公式発表はすべて暗号で送られた。最新のニュースをいち早く独占することを条件に遠征隊の資金援助をした「タイムズ」が、競合他紙にスクープを横取りされないためだった。

その暗号文は四行に分かれ、一行ずつ切り取ったものがメモ欄の薄い紙に貼り付けてあった。

最初の二行の文はこうだ。

OBFERRAS LONDON ENGLAND
MALLORY IRVINE NOVE REMAINDER ALCEDO(1)

ヒンクスの心は重く沈んだ。暗号で「NOVE」は「最後の挑戦で死亡した」という意味だった。今回の挑戦は大英帝国の威信を賭けたもので、北極点と南極点到達でアメリカとノルウェーに後塵を拝したことを覆すチャンスでもあり、これによって第一次世界大戦の戦禍で沈みきった国民に希望の光を与える素晴らしい功績となるはずだったが、こうして悲劇の幕切れとなってしまった。

ヒンクスはまず「タイムズ」に伝え、その二十四時間後にアーヴィンの両親とマロリーの妻ルースに知らせを送った。マロリー一家が暮らすケンブリッジのハーシェル・ハウスでその知らせを受けたルースは、夕暮れの居間にひとりで座って電報を読んだ。

八歳のクレア、六歳のベリッジ、三歳のジョンの三人の子どもたちを寝かしつけた後だった。せめて今夜は安眠している子どもたちの邪魔するのはやめようと思った。翌朝、ルースは子どもたちを早めに起こして自分のベッドに呼び寄せ、お父さんはエヴェレストで亡くなって、もう帰ってこないの、と言った。四人はきつく抱き合い、「みんなで一緒に泣いた」[2]。

エヴェレスト委員会から電報が届いた六月二十日の夜、ウィリー・アーヴィンはバーケンヘッドの自宅でひとりだった。彼は妻のリリアンに電話をかけた。リリアンはサンディの弟ふたりとウェールズのフォルドゥ・ドゥールにある別荘で休暇を過ごしていた。それから、八十九歳になる彼の父親にも知らせた。

息子の死亡連絡を受けたときウィリーは五十五歳だった。厳格な長老派［プロテスタントの一派］

信者の家庭で育った。「感受性がとても強かった[3]」と曾孫のジュリー・サマーズは書いている。「でもウィリーは、どんなことがあっても自分の感情を抑えるようにしつけられていたので、自分の子どもたちにもそうするように教えてきた。つまり、感情に流されるのは弱いからだという考えの持ち主だった」。翌朝、リリアンがまだ別荘から戻っていなかったので、ウィリーは早起きをして身支度を整えると歩いて職場に向かった。駅までの道中で知人と会い、少しだけ世間話をした。息子の死亡通知を受け取ったことには一切触れなかった。

リリアンもまた、同じようなやり方をした。「曾祖母は母親らしい世話を焼くより、規律に従った育て方をした」とサマーズは書いている。「子どもが転んだりすると、すぐに駆けよって慰めることはせず、脱脂綿とヨードチンキを取りに行った。（中略）リリアンの信条とは、人生は常に楽しいものとは限らない、重要なのは正しい躾を受けること、というものだった」。

数ヶ月後、長男のヒュー（英国空軍のパイロットで、昔サンディに同調装置が必要だという情報を教えた）が婚約すると、リリアンは長男宛てに手紙をしたためた。子どもたちに神のご加護があるよう祈っています。サンディからエヴェレストに行く許可を求められたとき、私たちは神に祈り、サンディを送り出しました。運命を神に委ね、そのとき決断したことを後悔したことはありません。それでも、「神が私たちの心に空いた穴を塞いでくれることはないでしょう[4]」。

ノエル・オデールがエヴェレストからロンドンに戻ったのは三ヶ月後の九月十三日だった。妻モナと幼い息子アラスデアと半年も離ればなれになっていたにもかかわらず、自宅にいたのはわずか二晩だけで、すぐにバーケンヘッドのウィリーとリリアンのもとへ弔問に向かった。一九二四年の遠征に若きアーヴィンを引き入れるために熱心に説得したことを考えると、何としてもアーヴィンの両親のもとを訪れなければならないと思った。彼はアーヴィンの両親を訪れて冷ややかに対応されるだけだろうと思っていたが、ジュリー・サマーズによれば、ウィリーとリリアンがドアを開けて彼を温かく家に迎え入れた瞬間に、そんな懸念はたちまち消えた。

オデールは両親に遠征のことをすべて話したので、両親は想像するしかなかった空白の時間の多くを埋めることができた。オデールはおそらく、登山するふたりの姿を最後に目撃したことや、ふたりがルートの最難関を乗り越え、残りの頂上までの道のりには困難はなかったと信じていることなどを話したのだろう。一九二四年の遠征隊員のなかで、マロリーとアーヴィンがセカンド・ステップを登りさえしたら頂上に到達するまで引き返すことはないとだれより信じていたのはオデールだった。ウィリーもまた、息子の登頂を信じていた。

やがてウィリーとヒューは、遠征隊の荷物と一緒にイギリスに戻ってきたマロリーとアーヴィンの所有物の荷解きに取り掛かった。それぞれの旅行鞄には、オデールがベースキャンプでマロリーとアーヴィンの持ち物を調べ、家族に送るものを選別して詰めた物が入っていた。それ以外の物は、遠征隊のごみとともに焚火で焼却された。鞄のなかには、アーヴィンがより短時間で水を沸騰させることができるかどうか調べるため、イギリスからチベットに持ち込んだ圧力鍋があった（現在のヒマラヤ遠征では圧力鍋は必須道具になっている）。そのほかに遠征隊の記章（オデールが焼却する前にアーヴィンのザックから外した）、住所録、パスポート、財布があった。

財布のなかにはバーケンヘッドからオックスフォードまでの列車の切符と、マートン・カレッジの講義一覧表、折り畳まれた新聞記事の切り抜き(5)が入っていた。その記事には、一九一九年夏にウェールズにある標高九一四メートルのヴォイル・グラックの頂上にオートバイで登った勇敢な青年のことが書いてあった。愛車のクライノに跨ったアーヴィンが、その山で偶然会ったオデールと新妻に「スランバイルベハンへはこの道で合ってますか(6)」と道を尋ね、驚かせたのはこのときだった。

二〇一九年六月にエヴェレスト遠征が終わると、ジェイミーはインド・ヒマラヤでガイドをする仕事に出発し、さらに数ヶ月山に留まっていた。カトマンズに戻ったのは十月の終わりで、結局彼は半年近くもヒマラヤで登山やトレッキングをし続けたことになる。ジェイミーの現地の知り合いのひとりが、名前は伏せるという条件で述べたことだが、ＣＴＭＡの職員のひとりから直接聞いた話があり、それによれば、中国隊が私たちよりはるか前にホルツェルの予測地点にたどり着き、アーヴィンの遺体を山から降ろしてラサに運んだという。ラサにはＶＰＫカメラも含め、マロリーとアーヴィンのさまざまな遺品が厳重に保管されているとのことだ。

この話は、私たちの遠征が始まった当初にも耳にしていたが詳細を確認できずにいた噂とまったく同じ内容だった。ジェイミーは二〇一二年にある中国人連絡係から、遺体が二〇〇八年以前に移されたことを聞いていた。その話を遠征前にトムと私に教えてくれたのだが、そのときは根も葉もない噂のひとつだと思っていた。しかし、ジェイミーが最近耳にした話を聞いて、私はなにかがあるのではないかと疑い始めた。その話をヨッヘン・ヘムレブにすると、彼も知り合いの中国人から同じ話を聞いたという。興味深いことにマロリーの遺体も現在、行方不明になっているようだ。コンラッド・アンカーが二〇〇七年にマロリーの埋葬地を再訪したが、見つけられなかった。そのとき彼は雪に埋もれていたのかもしれないと言っている。そこで私たちは埋葬地の正確なGPS座標にドローンを飛ばし、徹底的に捜索したが、やはり見つけることはできなかった。

もちろん、これはあくまで単なる噂であり、仄めかしであり、伝聞に過ぎない。だが、私たちは今、さまざまな情報源からほとんど同じ話を聞かされている。つまり、中国隊がアーヴィンを発見し、その遺体を別の場所へ移し、その情報を極秘扱いにしている、という話だ。それもすべて、一九六〇年の中国遠征隊が、第三の極地に北面から初登頂したという主張を守るためなのである。

遠征後、私はCTMAに問い合わせた。私たちの登山を断念させようとしたCTMA会長のペンバが、私にラサに行けば直接会って質問に答えてくれることになった。仲介者を通じて、近年のエヴェレストが直面する混雑や環境悪化の問題に加え、マロリーとアーヴィンに関する質問をしたいと要望を伝えた。すべて「承知した」という返事だった。

同じ頃、一九六〇年の中国登頂隊の一員だったチベット兵の貢布が、八十七歳で元気に暮らし、ラサと成都を行き来していることを知った。彼は中国遠征隊の数少ない存命隊員のひとりであり、しかも唯一の登頂隊員だった。彼と成都で会えることになった。飛行機チケットを手配し、ホテルの予約もパンダ見学ツアーの予約も済んだ頃に、中国の武漢で新型コロナウイルス感染症が蔓延し始めた。旅行はキャンセルされ、次にいつ取材に行けるのか、そもそもその機会が得られるのかさえわからなくなった。

そんななか、ヨッヘン・ヘムレブが北京にいるある人物の連絡先を教えてくれ、そこから中国の登山史に詳しい中国人ジャーナリストと連絡を取ることができた。中国のメッセージアプリで連絡をすると、すぐに返事が来た。「やあ、マーク。二〇〇八年にヨセミテ国立公園で会ったことを覚えているかな?」。添付されていたのは、ヨセミテで一緒に食事をとっている写真だった。彼とは十一年前に参加したある文化交流会で会っていたのだ。そのとき私は、中国人クライマーとジャーナリストの一団を案内し、私の好きなクライミングの場所で数日間を過ごした。私は彼に、一九六〇年の中国隊の北面登頂について調べていると伝えた[7]。彼は私に、運がいいと言った。最近、一九六〇年のエヴェレスト遠征に関する非公表の内部報告書を入手したという。二〇一七年に死亡した大邑劉という著名な中国人登山家の私文書から見つかったそうだ。劉は一九六〇年の遠征隊の主要メンバーであり、エヴェレスト遠征への足掛かりとして実施された一九五七年のミニヤコンカ（標高七五五六メートル）遠征での登頂者でもある。彼はその内部報告書のコピーを電子メールで送ってくれた。標準中国語で書かれた約六万字――英語では行間一行設定で六六ページ分に相当(8)――の報告書だった。

報告書の標題は「エヴェレスト任務概要」とあり、その表紙の隅には「極秘」とあった。日付は一九六二年六月十二日、書き手は複数名いるようだ。ほかならぬ毛沢東と、中国共産党幹部たち向けに作成されたように見える。五章に分かれており、大量の詳細な図解、長い付録がつけられていた。そこには発見された種子の一覧、建設された道路の距離、装備、生理学、地質学、水文学《すいもん》、気象学に関する科学的分析などが、さまざまな事実と数字で強調されて記載されていた。

報告書の大部分が共産党プロパガンダと誇大表現に満ちていた。遠征隊は頂上への最終アタックに備え、ベースキャンプで毛主席と共産党に誓約を立てる儀式をおこなった。隊員たちは「偉大なる祖国の赤旗に向かい、右手の握りこぶしを頭上に突き上げ、目に涙を湛え、大声で熱烈に誓約を唱和した。『我々はチョモランマの頂をこの足で踏みしめるまでは決して帰りません（中略）我々の右手が凍りついても、左手で同志を助け、頂上到達を達成致します』。登頂隊は「奇襲隊」と呼ばれ、ひとりひとりが小さな旗を持って登り、「最後のひとりの最期のひと息になっても、頂上に到達するであろう」。

報告書には付録が五つあったが、その最後の「我が国のチョモランマ登頂に対する各国の反応」がもっとも興味深かった。ここでは、欧米諸国、特にイギリスの山岳団体が登頂の正当性を中傷したときに、中国側がどのように感じたかが示されている。その第一項の見出しは「中国登山隊の偉業は党の〝一般方針〟と〝大躍進〟の勝利」とあり、北朝鮮、インドネシア、東欧の共産圏などの共産主義国家のメディアの記事を引用していたが、いずれも共産主義思想を広め、イギリスの帝国主義に一矢を報いる快挙としてこの登頂を称賛している。

報告書ではまた、中国のエヴェレスト征服がインドの威信に大きな打撃を与えたと明言している。一九五〇年代は中国とインド間の緊張が非常に高まっていた時期であり、特に一九五九年にダライ・ラマがインドに亡命して以来、関係はますます悪化していたが、論争の核心になっていたのは、エヴェレストの東西に連なるヒマラヤ山脈の峰を走る国境線だった。インド遠征隊も一九六〇年にサウス・コルからエヴェレスト登頂に挑戦していた。中国隊と同じときに入山したが、登頂は叶わなかった。中国の遠征に詳しいある関係者から聞いた話によれば、中国の登頂隊は、世界の頂上でインド隊と遭遇し不穏な状況になった場合に備えて銃を携帯していたという。やがてこの対立は二年後には中印戦争へと発展する。

報告書では、証拠写真がないことが原因で、「悪質な攻撃や敵意を向けてくる者がわずかながらいた」ことを認めている。「我々の発表や報告が正確に伝わらず、遠征隊の出発から登頂までの重要な記事を時宜に適った統一した文体で詳らかにできなかったために、多くの報告のなかで不必要な誤記や矛盾が生じ、報道内容に大きく影響した」。共産党が登頂について統一見解を発表できるようになったときにはすでに時機を逸し、隊に参加していた約二〇〇人の人々がそれぞれに無数の中国新聞などに異なる話を伝えていた。「中国青年」は、中国隊が「我が国の最高峰に五星紅旗を」立てたと書いたため、ネパール外相が、エヴェレストは一国のみが領有しているわけではないと苦言を呈し、国際問題に発展した。

また、新華社通信の報道も引用されている。それは、遠征隊がイギリス人探検家の遺体を発見し、山中で然るべき埋葬をおこなったというものである。当時、世界各国のメディアで大きく報じられた公式な見解では、この遺体は「ノース・コルの下」で発見されたことになっていて、一九三四年にエヴェレストで行方不明になったイギリス人神秘主義者のモーリス・ウィルソンであるはずだった。ところが、報告書に引用されている新華社通信の原文では、「山頂の下」となっている。ここではまた、廃刊した中国の刊行物「旅行家」の記事に、中国人登山家が「イギリス遠征隊隊員の遺体の頭蓋骨をピッケルで打ち砕いた」と書かれていることにも言及している。

報告書の最後のほうでは、イギリス隊が登山に失敗したすべての理由がまとめられていて、そこにこのような文章があった。「任務を達成するという不撓不屈の精神が足りなかった。（中略）ありとあらゆる困難を乗り越えられなかった外国人探検家たちは結局のところ、鳥も越えることのできない頂へ、自然の障壁が極めて多い北稜から登るのは不可能であると、残念ながら認めざるを得なかった。（作者註　イギリス隊は）エヴェレスト北稜を〝登攀不可能な〟死のルートとさえ呼んだ」。

その最後に、一九五三年のエドモンド・ヒラリーとテンジン・ノルゲイによるエヴェレスト初登頂は、新たなエリザベス女王時代の誕生に沸いていたイギリス人が考えた捏造であったとする主張を述べている。

この「エヴェレスト任務概要」は、外部には公開されなかった。中国側は自分たちを非難する者がいることはわかっていたが、登山家のなかでこの論争を認めたものはひとりもいない。当局が「悪質な攻撃」をなくすためにそんな論争など歯牙にもかけない態度を取ったのはありうる話だ。中国共産党にとってエヴェレスト北面の初登頂は、イギリスとアメリカの帝国主義に対する共産主義の勝利の象徴として極めて重要なものだった。というのも中国の近代化と復興を図り、十年でイギリスを、十五年でアメリカを追い抜くとした「大躍進」政策[9]が、紛れもない大失敗に終わったことが明らかになったからだ。エヴェレスト遠征から帰還した中国人登山家たちを待ち受けていたのは、二年間で二〇〇〇万から三〇〇〇万人の命が奪われた文化大革命と飢饉だった。

私は貢布と会うことは叶わなかったが、最終的には通訳を交えてリモートで取材することができた。それでわかったのは、彼がチベット高原で羊飼いをして暮らしを立てていたのだが、一九五六年に中国軍に入隊したことだ。エヴェレスト遠征以降の生活は比較的満足できるものだが、エドモンド・ヒラリーやテンジン・ノルゲイがエヴェレスト登頂を成し遂げた後に享受したような名声や富はほとんど得られなかった。彼を始め、中国遠征隊の英雄たちは北京に行き、毛沢東から直々に祝福を受け、中国共産党の幹部たちから歓待され、〈勇敢なる頂上征服者たち〉と呼ばれた。だが、賞賛の言葉で必ず強調されたのは集団主義的精神の力による成果であり、個人的な功績ではなかった。北京での祝賀式典の後、貢布はラサに戻り、チベット山岳訓練所の指導者として働くことになった。常に目立たないようにしていたおかげで飢えることなく、迫害も避けることができ、チベット登山協会の副会長にまで登りつめた。一九九六年に引退するまで、生まれ育ったグクオに四〇床の病院を設立し、地元の農民や放牧業者を支援した。

貢布の証言から、毛主席の石膏胸像を頂上まで運んだのは彼だということが明らかになった。貢布によれば、毛主席の胸像を頂上に置くことが中国人民にとって極めて重要だったのは、タジキスタンのレーニン峰にレーニンの銅像があったからだ。彼は毛主席の胸像を、三人の登頂隊の名前を書いたメモを入れたウールの手袋と一緒に、北側の雪斜面の下の岩の割れ目に隠した。貢布は言う。「六億人の中国の人民を代表して、私は世界の頂上に登り、五星紅旗を世界に示しました。社会の発展と進歩によって、人類が頂上に立つことは難しいことではなくなりましたが、頂上まで登るという気概は登山家にとってだけ重要であるのではありません。若い人たちにも、このような気概が必要なのです。こんな格言はなかったでしょうか？　最上に登るばかりではなく、最上を創らねばならない」

一九二七年、ノエル・オデールはハーバード大学で教鞭を執ることになり、アメリカに渡った。その二年後、彼はワシントン山の、後に「オデール・ガリー」と名付けられて有名になるルートの登攀を成し遂げ、アメリカ合衆国のアイス・クライミングに新たな基準を作った。その同じ冬に、オデールはアーサー・ヒンクスから手紙を受け取った。[10]近く予定されているイギリスのエヴェレスト遠征について意見を述べたオデールを叱責する内容だった。オデールはヒンクスとエヴェレスト委員会から疎まれていたようだが、それは、ホルツェルによれば、イギリス山岳会の重鎮がオデールに、これまでの話を変えるよう圧力をかけていたにもかかわらず、彼が聞く耳を持たなかったのが原因だった。次のエヴェレスト遠征がいつになるにせよ、エヴェレストが未登頂だと思われたほうが容易に資金集めができたのだろう。

一九三三年にイギリスが再びエヴェレスト遠征に乗り出したとき、オデールはほかの多くの隊員よりよりはるかに高い能力を備えていたにもかかわらず、遠征隊への参加は見送られた。その後、隊長のヒュー・ラトレッジが、かの有名なオデールの目撃談に対して公然と異を唱えた。彼が目撃したのはふたつの岩か鳥だろう、と。オデールは激怒した。「私が見たのは正真正銘、間違いなく人の姿でした。現に、彼らは動いていた。動いている人影でした」と反論した。

オデールは一九三五年、一九三六年の遠征隊参加もラトレッジにはねつけられた。気を取り直すために一九三六年にハーバード大学登山会とともにインド・ヒマラヤのナンダ・デヴィ（標高七八一六メートル）に行った。彼はクラブでは「ノア」の愛称で呼ばれていた。オデールは、同じくイギリスの伝説的登山家であるビル・ティルマンとこの山の初登頂を成し遂げた。ナンダ・デヴィは世界二三番目の高峰で、登攀が極めて難しい山だった。当時の人類が登頂した世界最高峰の山であり、最難関の山とされていた。この世界最高峰到達の記録は、一九五〇年にフランス隊がアンナプルナの登頂に成功するまで破られることはなかった。一九三八年のイギリスのエヴェレスト遠征の隊長にはティルマンが選ばれ、オデールも遠征に招かれた。十四年ぶりにエヴェレストに戻ってきた彼は、登頂ではなく、自身の地質研究を終わらせることに専念するつもりだった。四十八歳になっていたにもかかわらず、自身の子どもくらい若い登山家もいる隊の仲間をはるかに凌ぐ実力を発揮した。とはいえ、一九三〇年代のエヴェレスト遠征のいずれも、一九二四年の遠征隊の奮闘に及ぶものではなかった。

一九八〇年代半ばに、ホルツェルはケンブリッジのオデールの自宅を訪ねた。ホルツェルもまた、これまでの多くの歴史家と同じようにオデールのさまざまな発言内容を分析していた。

ホルツェルはこのときの取材メモを紛失してしまったというが、オデールが自身の意見を変えるよう圧力をかけられていることにうんざりしていたことを覚えている。

「エヴェレスト委員会やイギリスの山岳団体から幾度もひどい扱いを受けて、彼はエヴェレストで目撃したことが政治利用されるのに嫌気がさしていた」とホルツェルは言う。

ホルツェルはオデールへの取材後、さらなる調査のため、ドイツ、オーストリア合作のエヴェレストの地形地図を送った。そして、一九二四年六月八日に彼が第六キャンプまで登ったルートと、稜線上でマロリーとアーヴィンを目撃した場所を地図に書き込んでほしいと依頼した。その地図こそ、遠征前にトムと私がホルツェルの自宅を訪ねたときに彼の書斎の壁に誇らしげに掛けられていたものだ。それにはオデールが鉛筆で書き込んだ跡がはっきりと見て取れた。北稜に向かってくねった線が引かれ、彼がふたりの仲間を目撃した場所には「X」印がつけられていた。そしてそこから、北東稜の上部まで直線を伸ばし、その先の矢印が、ひとつの場所を指し示していた。地図の上には、地図とともに送られてきたオデールの手紙が貼られていた。ホルツェルは長年それを日の当たるままにおいておいたのだろう。手紙の文字のインクは消えかかり、オデールの文字はまったく読み取れなかった。だがホルツェルは、この手紙がかの問題に対する彼の最後の証言であると信じていた。あの運命の日、マロリーとアーヴィンを目撃したのはセカンド・ステップであったというオデールの信念は、終始揺るぎないものだった。

オデールはその数年後の一九八七年に九十六歳で亡くなったが、彼が一九二五年に公式の遠征報告として書いているように、最後まで「マロリーとアーヴィンが登頂に成功した可能性は高い」[11]と心から信じていた。

　もちろん、オデールがマロリーとアーヴィンの登頂の有無に関して個人的な思いがあったことを忘れてはならない。彼は明らかに、若い仲間の死に大きな責任を感じていた。もしアーヴィンがその日遅くに足跡を山頂に残していたとしても、彼の喪失感が和らぐことはなかっただろう。ふたりが稜線から滑落したに違いないと主張するほかの遠征隊仲間の意見に対してオデールは、登頂を果たしてから下山するときに夜になり、身動きが取れなくなった、という考えに始終こだわった。寒さで凍死したと思うほうが、滑落して体をしたたかにぶつけどこかの岩棚で死んだと考えるよりはるかに気持ちが軽くなるからだろう。山で親しい友人を失った登山家がすべてそうであるように、オデールはその最期を想像したに違いない。若きサンディが人としての輝かしい未来のすべてが実現されないと悟ったときにどんなことを考えたのか、と思わずにはいられなかったのだろう。

　ニューハンプシャー州ホワイト山地にある自宅の書斎の窓から、ピンカムノッチの上にそそり立つワシントン山が見える。緑の森は秋色に染まり始めている。ハンティントン渓谷の姿ははっきり見えるが、波状に起伏した岩だらけの山肌のせいでオデール・ガリーの場所は判別できない。私は着古したスウェットパンツと、ハンプトンからクリスマスに贈られたカシミアセーターを身につけていた。上の階から、居間でリラと遊ぶトミーのはしゃいだ声が聞こえてくる。目の前の窓台には、エヴェレスト遠征の何週間もポケットに入れておいたために皺くちゃになった家族写真が置かれている。私はその写真を見ながら、私たちがいちばん心を砕いたのは向こうに行ってなにをするかということよりなにを持ち帰ってくるかということだったのだ、と思う。

私はサンディ・アーヴィンの遺体もカメラも見つけることができないままエヴェレストを後にした。しかし、私にとってこの計画は成功だった。それは単に地球の頂点に到達した五〇〇〇人を超える挑戦者の仲間入りをしたという明らかな理由だけでなく、この遠征のおかげでそこで出会った人々のこれまでの人生を知ることができたからである。帰国してほどなく、昔からのクライミング仲間の友人から、エヴェレストを登頂したことでほかの八〇〇〇メートル級の山に登りたくなったかどうか尋ねられた。たとえば、真の「登山家のための山」と言われるK2に挑戦してみたいと思っただろうか？　面白いことに、その質問を考えたことはなかった。つまり、答えは「登りたくない」だ。私は二〇二〇年の夏のほとんどを家族と一緒にメイン州沿岸でセーリングを楽しんで過ごし、デス・ゾーンを再び捜索しなくてもよいことに満足している。

私はその夏、爽やかな南西の風に乗って舵を取りながら海原を帆走し、もしエヴェレストの頂に立っていなかったら、今と同じ気持ちでいられただろうかと自問してみた。もし、あの二回目の完璧な天候が訪れず、私の最高到達地点がノース・コルだったらどうだろう？　家族と一緒にこの瞬間を思い切り楽しむことができただろうか？　それとも、地球の半周も離れた場所にいながら、私の心に第三の極地が居座り続け、絶えず磁石のように引き寄せられていただろうか？

この質問への答えはわからないが、はっきりと言えるのは、エヴェレストのような高峰に人生を注ぎ込むのは、危険を伴う試みだということだ。なぜなら、いつかは命を奪われるかもしれないばかりか、精神も囚われてしまうかもしれないからだ。レナンがチョモランマの頂に立つことを避けたのは、人道的な行為であり、いちばん大事なものを守り、野望に明け渡さないという象徴的な行為だった。私はこう思いたい。登頂できずにいたとしても、私は今日という日を謙虚に過ごし、エヴェレストから解放され、ここにあるものに満足し、結果がどうであれ遠征から持ち帰った経験と記憶とを大切にしながら生きることができる、と。とはいえ、頂上ピラミッドがいかに魅力的か、いかにその地が人間味に溢れているか、ということはわかり過ぎるほどわかっている。情熱的でありながら美しい欠点が多いからである。

私が最後にコリー・リチャーズと言葉を交わしたとき、彼はエヴェレスト北東壁に再挑戦するため、ほとんどの時間をトレーニングに費やしていた。彼が言うには、今回は、脚の筋力強化に重点を置いているという。二〇二〇年の春、秋のシーズンともに新型コロナウイルス感染症の影響でエヴェレストは北からも南からも入山禁止となったが、二〇二一年春に北面が登山可能になれば、コリーとトポはヒマラヤへ戻り、未踏ルートを進んで頂上に立つつもりでいる。もちろん、無酸素、アルパイン・スタイル〔少人数、最低限の装備で短期間に一気に山頂を目指す登山方法〕で。ふたりはもうひとり仲間を増やせたら、荷物を分担し、ルート開拓の助けにもなると考えているようだ。だがそのときに聞いた限りでは、まだだれも彼らの誘いに応じていないとのことだった。

私はカムとも連絡を取っている。悲惨な試練の数日後に、彼女の足の親指と手の小指はひどい凍傷で真っ黒に変色した。数年前であれば、医師はほとんど間違いなくその部分を切断しただろうが、カムはカリ・コブラーから、指が壊疽になるまで手術はしないようにと忠告された。それが適切な忠告だったことが今はわかっている。数ヶ月後に医師が死んで黒ずんだ皮膚を剝がすと、足の親指と手の小指の半分が生きていることがわかったのだ。彼女の怪我は今ではほとんど完治し、訓練も再開している。少し前に、彼女はスポンサーシップを依頼する企画書を送ってきた。それには、八〇〇〇メートル峰全座および七大陸最高峰《セブン・サミッツ》すべてに登頂した世界初のインド人女性となることを目指す、と書かれていた。ヒマラヤ登山が再開されれば、まずは世界第三位の高峰であるカンチェンジュンガに挑戦したいという。

この話に登場する人々のなかで、エヴェレストのことを頭から追い払うのにいちばん苦労しているのはトム・ポラードかもしれない。彼は一度登頂に成功しているので、今回の登山は彼の運命を左右するようなものではないだろうと思っていた私は、遠征から数ヶ月経って、彼が北面からの登頂を果たせなかったことに打ちのめされていることを知って驚いた。彼が二〇一六年のエヴェレスト登頂より、もっと純粋な気持ちで登頂したいと願っているのはもっともなことだと思う。ある夏の夜、彼の家でマティーニを飲んでいるとき彼は私に向かってこう言った。「そのこと（作者註　エヴェレスト）を思わないで一刻たりとも過ぎることはないんだよ」

そういうわけで幸いにも私のエヴェレストの旅路は終わりを迎え、世界の頂上に心を奪われた期間は一年足らずで済み、やり残したという気持ちに囚われずに済んだ。それでも、頭から振り払うことのできない考えがひとつだけある。それは、中国高官のだれかが、この謎を解く鍵を持っているかもしれないということだ。もしかしたら好奇心に負けて、その人物はＶＰＫのフィルムを現像した後で破壊し、証拠を永久に隠滅してしまったかもしれない。あるいは、その写真は今もなお存在し、ラサか北京のどこかの金庫室に厳重に保管されているのかもしれない。もちろん、地理的、政治的な道筋を考えれば、ＶＰＫは北壁の底のクレバスに落ちてしまい、見つかることはなかったかもしれない。仮に現存していたとしても、中国政府がそのフィルムの中身を明かすことはまずありえないだろう。

だから、私もオデールのように想像力を働かせ、ふたりの勇敢な姿を思い描くのだ。夜の遅い時間であろうと、登頂を果たす見込みが恐ろしいほど低かろうと、頂上を目指して「力強く進んでいく」ふたりの姿を。

謝辞

この冒険に関して、私が最大の感謝を捧げるべきはトム・ポラードだ。トムのエヴェレストへの熱狂がなければ、そもそも二〇一九年のサンディ・アーヴィン調査遠征は実施されなかったはずだ。同じように、今回の捜索の土台になった調査や研究を、数十年間粘り強く続けているトム・ホルツェルにも大きな恩がある。企画の資金調達と立ち上げに尽力してくれたレナン・オズタークと妻のテイラー・リーズにも心からの感謝を述べたい。レナンとは最初から全体の構想を共有できていて、この冒険に彼のような才能豊かで創造性に富んだ相棒がいたのは幸運だった。カトマンズで調査隊が全員揃った瞬間、この遠征には人を衝き動かす力があることが明らかになったし、それはひとえに、マシュー・アーヴィング、ジム・ハースト、ニック・カリシュ、ジェイミー・マクギネスという信頼できる人々のおかげだ。才能溢れる気さくな仲間と山に登ることができたのは、大変な名誉であった。

クライミング・シェルパとキャンプのスタッフにも同じことを伝えたい。彼らがいなければ、私たちは登頂することができなかった。遠征中トムが幾度となく口にしていたように、これから挙げる人たちとの出会いは今回のエヴェレスト遠征における最大の収穫である。ラクパ・テンジェ・シェルパ、プラカシュ・ケムチェイ、バル・バハドル・ロプチャン、クサン・シェルパ、パサン・カジ・シェルパ、ナーティ・シェルパ、ペンバ・ヌル・シェルパ、ペマ・カンチャ・シェルパ、ソナム・シェルパ、ペンバ・テンジン、パサン・ゴンバ・シェルパ、ダワ・デンディ・シェルパ、カルマ・シェルパ、ダ・ジェジー（ダワ）・シェルパ、ビレ・タマン、ダパ・サン、ドルジェ、チュンビの皆さん。

そして私たちに厚い信頼を寄せてくれたナショナル ジオグラフィック社には感謝している。この本を楽しんで読んだ方なら、「ナショナル ジオグラフィック」の二〇二〇年七月のエヴェレスト特集号「世界の屋根　誰も知らないその高みへ登る」と、ディズニープラスで観られる一時間のテレビドキュメンタリー番組『ロスト・オン・エヴェレスト（*Lost on Everest*）』にも興味を持つに違いない。ソニー・アルファ・フィルムズ制作の、レナンが舞台裏を撮影したドキュメンタリー『エヴェレストの幽霊たち（*The Ghosts Above*）』も必見だ。私を力強く支援してくれたナショナル ジオグラフィックの担当編集者ピーター・グウィン、セイディ・クオリアー、ベングト・アンダーソン、ドリュー・プリー、フレッド・ヒーバート、マーティン・ガマシュには、心から感謝の言葉を贈りたい。エヴェレスト遠征に惜しみない金銭的援助をくれたソニー・アルファとザ・ノース・フェイスにも深く感謝している。ザ・ノース・フェイスでは、マット・シャーキー、ジェームズ・ケリー、デイヴ・バーレソン、サマンサ・ピートリーに謝意を伝えたい。スポルティバ、レンズ、グッド・トゥ・ゴー、プロバー、レボ、ジュルボ、アウターユーといったほかのスポンサーにも礼を述べたい。

イギリスへの訪問の際には、王立地理学協会のフォイル閲覧室の職員、特に資料管理者デイヴィッド・マクニールとジャン・ターナーにお世話になった。さらに、オックスフォード大学マートン・カレッジへの訪問を手配してくれ、それ以降も手伝ってくれた図書館司書ジュリア・ウォルワース。記録文書保管係ジュリアン・リードと副図書館長のハリエット・キャンベル・ロングリー。サンディ・アーヴィン・アーカイブ収蔵の手紙や文書から引用する許可を与えてくれた、サンディ・アーヴィン管理団体とオックスフォード大学マートン・カレッジの学長と理事。モードリン・カレッジ・アーカイブ収蔵のマロリーの手紙を写す許可をくれたケンブリッジ大学モードリン・カレッジの学長と理事。さまざまな手紙や文書を入手し、その出典を明記するうえで助けてくれた文書保管係ティルダ・ワトソン、資料管理者キャサリン・サザーランド、ジェマ・オグレイディ。皆さんには心から感謝している。また、イギリス山岳会の元資料管理者（現在はオックスフォード大学ベリオール・カレッジに勤めている）ナイジェル・バックリーは、イギリス山岳会本部を訪れた際に懇切丁寧に案内してくれただけでなく、初期エヴェレスト遠征の歴史調査用の一次資料を探すうえでも協力してもらった。いつの日か、バックリーがバフィン島で探検クライミング遠征をするときにでも、お返しができたらと思う。

執筆のヒントはさまざまな形で得たが、数多の作家やジャーナリストに感謝の意を表さないわけにはいかない。その素晴らしい著作に追いつきたい一心で机に向かっていた私は、彼らのみごとな文才に一日に何度も打ちひしがれた。ウェイド・デイヴィス、ジュリー・サマーズ、ピーター・ギルマンとレニ・ギルマン、ジョン・クラカワー、デイヴィッド・グラン、セバスチャン・ユンガー、エリック・ラーソン、ローラ・ヒレンブランド、ジョン・ヴァイヤン、ロバート・パーシグといった方々だ。

　ジョン・クリマコ、ショーン・ピンカム、スペンサー・サロヴァーラ、ジェフ・エイキー、ピーター・グウィン、ジム・ゼラーズ、グレッグ・チャイルド、ハンプトン・シノット、コリー・リチャーズ、コンラッド・アンカー、トム・ホルツェル、トム・ポラード、アラン・アーネット、義理の父アラン・キューの皆さんには原稿に目を通してもらい、この本をより良い作品にするための有益な提案や意見を述べてもらった。

　おそらくマロリーとアーヴィンの謎に世界一詳しいヨッヘン・ヘムレブは、私の執筆中に全面的に協力してくれた。細かな意味の違いを彼に確認できたことは過去の出来事を記述するうえでとても役に立った。ヘムレブにも早い段階で原稿を読んでもらい、全編の事実確認をしてくれた。心から感謝している。

　自らの体験や感覚、経験や専門知識を詳しく言葉にしてくれた――そして私がそれを正確に世界に発信すると信頼してくれた――多くの人たちにも感謝の気持ちを伝えたい。コンラッド・アンカー、ピーター・ハケット、コリー・リチャーズ、ロルフ・ウーストラ、カマルディープ・

カウル、ラインハルト・グルブホーファー、ドロレス・アル・シェレ、アレックス・アブラモフ、アーサー・プレスティージ、エイドリアン・バリンジャー、エミリー・ターナー、トポ・エステバン・メナ、ジェイク・ノートン、エリック・サイモンスン、アンディ・ポウリッツ、グレアム・ホイランド、ディ・ギルバート、シエナ・ウェスト、ピート・ポストン、オリビア・スー、ハル・ハルシュタイン、ベン・フィップス、クンタル・ジョイシャー、パース・ウパディヤナ、シェカール・バブ・バチナパリ、バミニ・セティ、マイケル・フェイギン、アレックス・テイト、デイヴィッド・メンシン、デイヴィッド・ラゲソン、ピーター・アサンズ、ノルブ・テンジン・ノルゲイ、スコット・ジョンストン、ブライアン・オーストライク、アンドリュー・マレー、ラスマス・ニールセン、クリフォード・マグニエール、ラインホルト・メスナー、ノエル・ハンナ、貢布、ナヴィン・トリタル、ラクパ・テンジェ・シェルパ、プラカシュ・ケムチェイ、ミングマ・シェルパ、フランク・カンパナーロ、スコット・ウーラムズ、バルテック・バルギエルとアンジェイ・バルギエル、ジュリー・サマーズ、ピーター・オデール。

　作中に掲載した写真を提供してくれた、レナン・オズターク、マット・アーヴィング、トム・ポラード、ジェイミー・マクギネス、トム・ホルツェル、クレア・マロリー・ミリカン、ロルフ・ウーストラ、ラインハルト・グルブホーファー、クンタル・ジョイシャー、マーク・バラード、キャロライン・グライク、サンディ・アーヴィン・アーカイブ、王立地理学協会、ゲッティイメージズ、百度百科《バイドゥ・バイク》にもとても感謝している。また、素晴らしい地図を書いてくれたクレイ・ワドマンには心からの感謝と敬意を抱いている。地図のデザインに協力してくれたトア・アンダーソンに感謝したい。

本書の執筆は、昔からの友人であるジェフ・チャップマンと密に協力しながら進めた。彼の細部まで行き届いた修正、直感や分析、作品の全体像を把握する力は、執筆のあらゆる段階で大きな助けになった。彼のおかげでこの本が格段に読みやすくなったのは疑いようもなく、彼には感謝してもしきれない。原稿を注意深く読んで貴重な意見や提案をしてくれたピーター・ミラーとベン・アイエスにも謝意を述べたい。

私の理想を叶えるためなら労を惜しまない代理人ジリアン・マッケンジーには、いつも驚かされている。彼女は私の強力な支援者であるだけでなく、かけがえのない友人であり、信頼できる相談相手でもある。カーステン・ウルフ、レイチェル・クロフォード、ルネ・ジャービスも含めたマッケンジー・ウルフ社の優秀なチームは、本当に素晴らしい人々だ。

出版社ダットンには気の合う人がたくさんいるが、特に非凡な編集者であり友人のステファン・モローにはこのうえなくお世話になった。彼は間違いなく業界随一の編集者で、もしこの世に私以上にこの作品のことを考えている人間がいるとすればそれはステファンであり、彼の原稿の適切な手直しのおかげで、毎回のことだが私は実際よりもだいぶ優れた作家になっている。発行人クリスティン・ボール、編集長ジョン・パースリー、ユキ・ヒロセ、アマンダ・ウォーカー、エミリー・キャンダース、ケイティ・テイラー、ハンナ・フィーニー、リーアン・

ペンバートン、アリス・ダルリンプル、ハンナ・ドラゴン、ティファニー・エストライヒャー、ケイティ・リーゲル、ドミニク・ジョーンズにも感謝したい。

もちろんすべては、人と違う生き方をしてきた私をいつも支え、無条件に愛してくれる家族のおかげだ。義理の親類筋のシャーマン、メレディス、ラウニ、アランには溢れんばかりの才能があり、私が頼めばいつでも賢明な助言をしてくれた。そして私は長いあいだ、素晴らしい編集者で書き手である妹のエイミー・シノットと、なにがあっても私の味方でいてくれる愛する母スザンヌから大きな力をもらってきた。本書の最後で言及したとおり、私たちがいちばん心を砕いたのは、なにをするかということよりなにを持ち帰ってくるかということだった。これまでの冒険遠征で私が子どもたち、トミーとリラとマットとウィルに持ち帰ってきたものは、なにかを心の底から愛することで私たちは人生に意味と目的を与えられる――それが他人にとって意味があることかどうかは関係ない――という教えであってほしいと思う。

最後に、この企画の始めから終わりまで、私の手を字義通りにも比喩的にも握っていてくれた妻のハンプトンにはいくら感謝しても感謝しきれない。妻の深い愛と支えなしには、この冒険を最後までやり抜く勇気も忍耐力も持ち得なかっただろう。私は妻の心が、私の仲間が皆そうであるように、山からの誘惑の声を聞き取っていることに気づいている。地平線の彼方に私たち家族のもっとも心躍る冒険が待っていることに、ハンプトンはきっと同意してくれるはずである。

訳者あとがき

本書は『*THE THIRD POLE*』（Dutton 2021）の全訳である。「第三の極地《サード・ポール》」とは南極と北極に次ぐ極のことで、一般にはヒマラヤ山脈のことを指す。しかし、本書では世界最高峰のエヴェレストのことを示している。

のっけから過酷な自然の猛威に襲われる登山家たちの姿が描かれる。それから後の展開を、私は寝食を忘れて読み耽った。登山家たちがなぜ危険を承知でエヴェレストという最高峰に登りたがるのか、なぜそこまでこの山に惹かれるのか。初めて読んだとき、山に疎い訳者には戸惑うことが多かった。それなのにこのノンフィクションを訳したいと思ったのは、地上とはまったく異なる環境条件のなかで、自分の命を担保にしてまでも高い山へ登ろうとする人々の動機やその理由を知りたかったからだ。かの有名な「そこに山があるから」という答えではとても納得できなかった。

孤独のなかで強大な自然と抜き差しならない対決をする人が、いったいどんなことを考えているのか知りたかったからである。

人は獰猛な自然を制覇したいという思いに導かれて身の程も知らぬ挑戦をおこなってきた。アマゾンの奥地や高峰、さらには月にまで人はたどり着き、今では未踏の地は極めて少なくなっている。今からちょうど百年前、人類には到達できないだろうと言われたエヴェレスト登頂のため、イギリスは国の威信をかけて遠征隊を結成し、一九二一年から遠征をおこなう。一九五三年になってイギリス隊はニュージーランド人エドモンド・ヒラリーとシェルパのテンジン・ノルゲイによってエヴェレスト登頂を果たす。しかし、エヴェレストが征服されるまで、そして征服後も、多くの登山家がこの霊峰に挑み、その末に空しく下山した人もいれば、死の世界に引きずり込まれた人もいる。なかでも著名な人物は、一九二四年に消息を絶ったジョージ・マロリーだろう。

一九九九年、そのマロリーの遺体がエヴェレスト北面の傾斜地で発見されたというニュースが、彼の遺体の写真とともに世界中に配信された。今思い返しても信じがたい出来事である。七十五年前の遺体がそのままの状態で保存されていたことも、それをみごとに探し当てたことも大きな驚きだった。

この遺体発見に至るまでの経緯は『そして謎は残った：伝説の登山家マロリー発見記』（後述）に詳しい。しかし、マロリーとともに山に登り、やはり消息を絶ったアンドリュー・アーヴィンはどうなったのか、遺体はどこにあるのか、このふたりは登頂したのか。これがエヴェレスト最後の謎である。アーヴィンの遺体や彼が持っていたというコダックＶＰＫカメラが新たに発見されたらエヴェレストの歴史は確実に変わる。

著者のマーク・シノットはジャーナリストで、冒険家であり登山家だ。本書の前に『*BAFFIN ISLAND: Climbing Trekking and Skiing*』（2007）と、『*THE IMPOSSIBLE CLIMB ; Alex Honnold, El capitan, and the climbing Life*』（2018、邦訳『THE IMPOSSIBLE CLIMB：アレックス・オノルドのフリーソロ』西川知佐訳、東洋館出版）という本を発表している。シノットは巨大なロックウォール・クライミングを開拓した有名なクライマーで、現在は「ザ・ノース・フェース」のアルパイン・クライマーに所属している。これまでに、ヨセミテ国立公園のロックウォールをはじめ、アラスカ、バフィン島、グリーンランド、アイスランド、ニューファンドランド島、パタゴニア、ギアナ、ベネズエラ、パキスタン、ネパール、インド、中国、チベット、ウズベキスタン、ロシア、カメルーンなどの三十を超える地域のウォールを制覇している。しかし、エヴェレストには興味を抱かなかった。

ところがマロリーの遺体発見から二十年後の二〇一九年、シノットはアーヴィンの遺体捜索チームに参加することを決意する。仲間を集め、体を鍛え、さまざまな計画を実行に移していく様子は、登山を知らない者には非常に興味深い。遠征するための準備はもちろん、高所順応の訓練、エヴェレスト初のドローン撮影の難しさ、ベースキャンプの様子、体調を壊していく仲間、突然死を回避する方法、中国登山協会からの横やり、思いどおりにいかないシェルパたちとの意思の疎通といった、大勢のチームであるがゆえに噴出する問題や、遺体遭遇時の倫理観、仲間への信頼、酸素ボンベの使用の是非といった個人の問題についても描かれる。一九二四年のイギリス隊と現在のシノット・チームとのあいだを自在に行き来しながら、デス・ゾーンと呼ばれる死が隣にある場所へ挑む人間の姿を写し取っていく。

「ナショナル ジオグラフィック」のインタビューに、エヴェレストに挑戦した理由についてシノットはこう答えている。

「マロリーとアーヴィンの謎に興味を抱いたからですが、初期のエヴェレスト探検隊の精神に惹かれたのです。(略) それを調べるうちに、感動で体がぞわぞわしましたよ。エヴェレストに登っているあいだも、何度も、登山家たちに満腔の敬意を表したくなりました」

山に魅せられた人々、登頂に挑む人々についてのシノットの筆致は冷静だが愛情深い。会社を辞めた人、自身の過去から逃げるために登る人。未来の富を摑むために、女性でも成し遂げられることを示すために、あるいは貧しいが故に登る人もいる。不可能に挑戦し続けてきた登山家であるからこそシノットは、エヴェレストで出会った人々の生き方に心動かされるのだ。なかでも本書で独立した一章になっている「カム」という女性登山家の話は感動的だ。イギリスでの少女時代に集団レイプに遭い、貧困とアルコール依存症に喘ぎ、恋人から暴力を受け、トラウマから自傷行為を繰り返すうちに、肉体を極限まで使うランニングと登山に生きる意味を見出したカムが、多くの高峰を制覇した後、エヴェレストに挑んでいく話だ。カムとタッグを組んでいくつもの山に登ったガイドとの絆や、シェルパたちがカムからはチップを受け取らず、金を貯めてエヴェレストに挑め、と励ますシーンはいつまでも心に残る。
過去や未来の自分と対話するために挑戦を続けることを必要とする人々がいるのだ。

本書はこのほかにも、現代の登山事情、登山ビジネス、シェルパとの関係、ネパールと中国との政治問題、登頂の意味、死者と時間など、エヴェレストにまつわる問題を提示しているが、それはとりもなおさず、冒険とはなにかという基本的な問いへ還元されていく。国の威信を賭けて取り組んできたイギリスと中国のエヴェレスト制覇の様子、政治的思惑などが明らかにされているのも本書の魅力のひとつである。歴史あるイギリス山岳会や王立地理学協会の建物の内部の様子、マロリーやアーヴィンの遺品が保管されている場所についての記述も詳細を極めている。
二〇二一年に本書が英語圏で出版されるや、「本書はページをめくったら最後、本を置くことができない」という賛辞を送った「ニューヨーク・タイムズ」をはじめ、さまざまな紙誌が好意的に取り上げ、テンジン・ノルゲイの息子ノルブ・テンジン・ノルゲイも「この本から多くのことを学んだ」と述べている。

本書を訳すにあたって参考にした書籍を挙げる。

『ジョージ・マロリー』デイヴィド・ロバートスン（夏川道子訳、山洋社、一九八五年）
『エヴェレスト初登頂の謎：ジョージ・マロリー伝』トム・ホルツェル、オードリー・サルケルド（田中昌太郎訳、中央公論社、一九八八年）
『空へ：エヴェレストの悲劇はなぜ起きたか』ジョン・クラカワー（海津正彦訳、文藝春秋、一九九七年）
『神々の山嶺』夢枕獏（集英社、一九九七年）
『そして謎は残った：伝説の登山家マロリー発見記』ヨッヘン・ヘムレブ、ラリー・A・ジョンソン、エリック・R・サイモンスン（海津正彦・高津幸枝訳、文藝春秋、一九九九年）
『沈黙の山嶺：第一次世界大戦とマロリーのエヴェレスト』ウェイド・デイヴィス（秋元由紀訳、白水社、二〇一五年）

こうした労作や高峰を扱った映画や動画があったからこそ、訳者は極寒の恐ろしいエヴェレスト山頂へ近づくことができた。先人の偉業に敬意を捧げたい。

最後に注意事項を。本あとがきの後ろに、二〇二二年に出版された本書の「ペーパーバック版」にシノットが書いた「著者あとがき」を載せている。これには単行本が出てからわかった新たな事実が記されている。どうかくれぐれも本文を読む前には読まないでいただきたい。本文を読んでからゆっくりと楽しんでいただければ幸いである。

未知の世界を訳すにあたって、訳者の主宰する翻訳塾の塾生である齋藤匠さんと藤宗宇多子さんに調査などを手伝っていただいた。そして今回も亜紀書房の内藤寛さん、山岳に詳しい編集者の田中祥子さんにお世話になった。皆さま、ありがとうございました。

二〇二二年　十一月　末日

古屋　美登里

collection; planning documentation: documentation: EE/ 25/ 2/ 1. Control no. rgs213342. ジャン・ターナーによると、*Obferras*は誤植だという。電報で印字されるはずだった文字は*Obterras*で、これは当時王立地理学協会の信条であった「*Ob terras* reclusas」(新大陸の発見を求めて)に由来する。

(2)ピーター・ギルマン、レニ・ギルマン著 *The Wildest Dream: The Biography of George Mallory* (Seattle: Mountaineers, 2000), 260. マロリーの娘であるクレアが、75年後に語った話を基にしている。

(3)ジュリー・サマーズ著 *Fearless on Everest: The Quest for Sandy Irvine* (Seattle: Mountaineers, 2000), 17.

(4)サマーズ著 *Fearless on Everest*, 259.

(5) Sandy Irvine Archive, Merton College, Oxford, Box 2, Wallets and Rucksack patch.

(6)ハーバート・カー著 *The Irvine Diaries* (Goring Reading, UK: Gastons- West Col, 1979), 30.

(7)もちろん著者はこの人物の身元を明かすことはない。

(8)著者は文書全体をグーグル翻訳にかけ、最も関係のある部分を選んで、モッシャー・アンド・ラン社のステイシー・モッシャーに翻訳を依頼した。引用している部分はすべてプロによる翻訳である。

(9)ファン・ホン、ルー・ジョウシャン著 *The Politicisation of Sport in Modern China: Communists and Champions* (Abingdon, UK: Routledge, 2013), 17-19.

(10)RGS/ IBG Collections: ar RGS/ CB9/ Odell.

(11)E・F・ノートン著 *The Fight for Everest 1924* (London: Edward Arnold, 1925), 113.

Everest Disaster (New York: Anchor Books, 1997), 251– 54. 以下も参照:P・M・ ダ ス "The Indian Ascent of Qomolungma by the North Ridge," *Himalayan Journal* 53 (1997), リチャード・カウパー"The Climbers Left to Die in the Storms of Everest," *Financial Times* (May 18, 1996).

(13)何年も前から中国の登山隊はエヴェレスト高所の遺体を密かに撤去している。著者たちが耳にした噂によると、2019年春に大規模な撤去作業が計画されていたものの、遺族の許可を得られず中止されたという。その恐ろしい作業が続いていることは、「グリーン・ブーツ」と呼ばれていたツェワング・パルジョールの遺体が消えたように、ルート上でこれまでよく目撃されていた遺体がなくなったという、多くのガイドによる報告から明らかである。

第十三章　極限での捜索

(1)2019年5月25日と27日に南面でさらに2人の死者が出たが、いずれも登頂後のことだった。イギリス人で44歳のロビン・ヘインズ・フィッシャーが標高8690メートルで、コロラド州の62歳のクリストファー・クーリッシュはサウス・コルで亡くなった。

(2)著者が固定ロープを離れ、ホルツェルの予測地点に行ったことで問題が起こるかもしれない、と著者を含むみんなが不安に思っていた。だがその後、ベースキャンプで会ったCTMA職員のデチェンは、おめでとうという言葉をかけてきただけだった。30代前半で完璧な英語を話すデチェンは経験豊富なクライマーで、7大陸最高峰、北極点、南極点を制覇し「探検家グランドスラム」を達成している。

(3)ラクパの言葉はマット・アーヴィングが撮影した映像を基にしている。ドキュメンタリー映画『*Lost on Everest*』National Geographic (2020)を参照。

(4)E・F・ノートン著 *The Fight for Everest 1924* (London: Edward Arnold, 1925), 105.

(5)クリストファー・ノートン著 *Everest Revealed: The Private Diaries and Sketches of Edward Norton, 1922– 24* (Cheltenham, UK: History Press, 2014), 112.

(6)E・F・ノートン著 *The Fight for Everest 1924*, 108. 以下も参照: ウェイド・デイヴィス著 *Into the Silence: The Great War, Mallory, and the Conquest of Everest* (New York: Knopf, 2011), 547– 50.

(7)遠征が終わりカトマンズに戻ってから、ラクパ・テンジェ・シェルパが著者の宿泊ホテルに来て遠征に関する報告をし、長いインタビューを受けた。彼は、イエロー・バンドでの著者の無分別な行動についてはもう気にしていないと言った。彼の意見は基本的に「被害がなければ、問題ない」。著者とラクパは仲違いすることなく別れた。

第十四章　帰郷

(1) Royal Geographical Society (with IBG), Everest Expeditions special

(19)T・ハワード・サマヴェル著 *After Everest: The Experiences of a Mountaineer and Medical Missionary* (London: Hodder and Stoughton, 1950), e- book: location 1685. 以下も参照：デイヴィス著 Into the Silence, 536.
(20)E・F・ノートン著 *The Fight for Everest 1924*, 92.
(21)デイヴィス著 *Into the Silence*, 532.

第十二章　遥かなる頂

(1)トムは、著者たちが頂上目指して出発した後の無線交信のほとんどを録音していた。CTMAとのやり取りは、その録音から取り出したものである。
(2)E・F・ノートン著 *The Fight for Everest 1924* (London: Edward Arnold, 1925), 99.
(3)Alpine Club Archives, Last Letters, uncataloged. 以下も参照：E・F・ノートン著 *The Fight for Everest 1924*, 100.
(4)ウェイド・デイヴィス著 *Into the Silence: The Great War, Mallory, and the Conquest of Everest* (New York: Knopf, 2011), 542. 以下も参照：E・F・ノートン著 *The Fight for Everest 1924*, 100.
(5) "The Mount Everest Dispatches," *Geographical Journal* 64, no. 2 (August 1924): 164.
(6)E・F・ノートン著 *The Fight for Everest 1924*, 103.
(7) J・B・L・ノエル著 *Through Tibet to Everest* (London: Edward Arnold, 1927), 275.
(8)アンカーへの取材を基にしている。以下も参照：コンラッド・アンカー、デイヴィッド・ロバーツ著 *The Lost Explorer: Finding Mallory on Mount Everest* (New York: Simon & Schuster, 1999), 150- 53.
(9) エリック・サイモンスン、ヨッヘン・ヘムレブ、ラリー・ジョンストン "Ghosts of Everest," *Outside*, October 1, 1999.
(10) *The Wildest Dream: Conquest of Everest*, National Geographic documentary, 2010.
(11)ヨッヘン・ヘムレブによると、セカンド・ステップをフリークライミングで登攀したのはアンカーの他に3人いるという。1985年にカタルーニャ人のオスカル・カディアフ、2001年にオーストリア人のテオ・フリッチェ（フリーソロ）、2003年にニコライ・トットミャニン。この3名の登攀事実に関しては口頭による証言のみである。カディアフとフリッチェは難易度を5.7—5.8と評し、トットミャニンによる難易度評価の記録はない。アンカーのリードで共に登攀したレオ・ホールディングは5.9としている。
(12) ジョン・クラカワー著 *Into Thin Air: A Personal Account of the Mt.*

キャンプの外で倒れて亡くなっているのを見たと信じているが、2019年春のシーズン中の北面での死亡者として公式に記録されているのは、エルンスト・ラントグラーフとケヴィン・ハインズの2名だけである。男性が中国人で、死亡したことが報告されなかった可能性がある。

第十一章　イギリスの空気

(1)ハーバート・カー著 *The Irvine Diaries* (Goring Reading, UK: Gastons- West Col, 1979), 105.

(2)E・F・ノートン著 *The Fight for Everest 1924* (London: Edward Arnold, 1925), 74.

(3) クリストファー・ノートン著 *Everest Revealed: The Private Diaries and Sketches of Edward Norton, 1922- 24* (Cheltanham, UK: History Press, 2014), 108.

(4)C・G・ブルース著 *The Assault on Mount Everest, 1922* (London: Edward Arnold, 1923), e- book: location 2710.

(5)E・F・ノートン著 *The Fight for Everest 1924*, 76.

(6)カー著 *The* Irvine Diaries, 106.

(7)Magdalene College Archives F/ GM/ III/ 4 GM to Ruth May 27, 1924. 以下も参照：ウェイド・デイヴィス著 *Into the Silence: The Great War, Mallory, and the Conquest of Everest* (New York: Knopf, 2011), 526.

(8)プラチ・バリ"Pune Man Conquers Everest, Dies during Descent," *Hindustan Times*, May 25, 2019.

(9)「ヒンドゥ」紙記者"Kalpana Dash, Odisha's First Woman Mountaineer, Dead," *Hindu*, May 24, 2019.

(10) ロルフ・ウーストラのフェイスブックから引用した。"Three Everest's," Facebook, May 28, 2019

(11)カー著 *The Irvine Diaries*, 101.

(12)E・F・ノートン著 *Fight for Everest 1924*, 81.

(13)カー著 *The Irvine Diaries*, 109.

(14)カー著 *The Irvine Diaries*, 125. アーヴィンがピーター・ラン宛てに書いた手紙から引用した。

(15)カー著 *The Irvine Diaries*, 109.

(16)E・F・ノートン著 *The Fight for Everest 1924*, 86.

(17)E・F・ノートン著 *The Fight for Everest 1924*, 82.

(18)E・F・ノートン著 *The Fight for Everest 1924*, 88.

45分と誤った記載をしている。カムとロルフは当書籍刊行前に、原稿の事実確認をした。2人の物語を書籍で掲載することに関しては彼らから了承を得ている。

(1) ディ・ギルバート"The Dark Side of Everest— A Personal Reflection," Scarpa.com, June 20, 2019.
(2)ピーター・ギルマン"Left to Die at the Top of the World," *Sunday Times*, September 24, 2006. デヴィッド・シャープに関する話はおもに、著者が取材したジェイミー・マクギネスの話を基にしている。彼はチョー・オユーとエヴェレストでガイドを務めたこともあり、シャープのことをよく知っている。2006年にエヴェレスト北面にいたジェイミーは、シャープの悲劇的状況が明らかになったとき、無線を聴き、クライミング・シェルパたちと交信した。以下も参照：ニック・ヘイル著 *Dark Summit: The True Story of Everest's Most Controversial Season* (New York: Henry Holt, 2008).
(3) アレン・G・ブリード、ビナジ・グルバチャヤ"On Top of the World, but Abandoned There Near Everest's Summit, David Sharp's Quest Met a Tragic End," *Washington Post*, July 30, 2006. 390ページのシャープの母親の言葉も同記事から引用した。
(4)トム・マッキンリー"Wrong to Let Climber Die, Says Sir Edmund," *New Zealand Herald*, May 23, 2006.
(5)当時、前進ベースキャンプで状況を注視していたジェイミー・マクギネスの話から引用した。ジェイミーはリンカーン・ホールの事件を当事者の視点で語った。以下も参照：リンカーン・ホール著 *Dead Lucky: Life After Death on Mount Everest* (New York: Tarcher, 2007).
(6)ホール著 *Dead Lucky*, 195.
(7)ジャック・ブルーム"Olympia Guide Helped Save Life of Everest Climber Left for Dead," *Seattle Times*, May 30, 2006.
(8)何度か行ったトムへの取材の中で、彼が2016年に遭遇した瀕死の状態のインド人登山者たちの話を聴いた。詳しい内容の多くは、彼の日記に記録されている。
(9) ジョン・ブランチ"Deliverance from 27,000 Feet," *New York Times*, December 19, 2017. インド人登山者たちの行動に関する時間の流れやその他重要な詳細情報は、当記事から得ることができた。
(10)www.youtube.com/ watch? v= d6rpnN29vug.
(11)マリオ・カチオットロ、ナターシャ・シモヴィッチ"Briton Leslie Binns Abandons Everest Peak to Save Fellow Climber," BBC News, June 2, 2016.
(12)ニミ・クリアン"He Won Hearts," *Hindu*, June 16, 2016.
(13)カムの救いとなった人物については謎のままである。カムとウーストラは、その男性が

2019.
(6)この時のシェルパの言葉は、ジョイシャーの記憶から再現したものである。
(7)T・ハワード・サマヴェル著 *After Everest: The Experiences of a Mountaineer and Medical Missionary* (London: Hodder and Stoughton, 1950), e- book: location 860. 以下も参照: ウェイド・デイヴィス著*Into the Silence: The Great War, Mallory, and the Conquest of Everest* (New York: Knopf, 2011), 444.
(8)アラン・アーネットによる情報。
(9) ケリー・マクミラン"After Avalanche, Record Climb Is Bittersweet," *New York Times*, October 13, 2012.
(10) グレイソン・シェイファー "The Disposable Man: A Western History of Sherpas on Everest," *Outside*, July 10, 2013.
(11)2015年のエヴェレストの雪崩による死者数に関しては統一見解がないようである。「ニューヨーク・タイムズ」紙と「ワシントン・ポスト」紙は17人と報道。ウィキペディアでは18人、ヒマラヤン・データベースでは14人と記録している。

第十章　カムの闘い

5月23日に前進ベースキャンプで行ったクライミング・シェルパとのミーティングの詳細は、著者のメモ、ジム・ハーストによる音声録音、および記録映像から再現した。すべての会話は記録からそのまま引用している。カムに関する記事は主に、遠征後にインドで療養中の彼女に対しておこなった長いインタビューを基にしている。また、ロルフ・ウーストラ、シーナ・ウェスト、アーサー・プレスティージ、ディ・ギルバートにも取材をし、話を聴いた。ウーストラとギルバートの話は、カムの下山とその後の救出に関する時間の流れを正確に再構築する上で大いに役立った。ビルにも連絡を取ろうと試みたが、彼が所属するカトマンズの登山ツアー会社によると、新型コロナウイルス感染症の影響で彼の住む村が封鎖されたため連絡が取れないということだった。しかし著者は、ビルが後日書いた登山報告書を確認することができた。ビルとカムの説明は、いくつかの重要な点で異なっている。公平を期すため、双方の意見が異なる部分は省いている。ジェイミー・アイアマンガーに対しては直接取材を行っていないが、彼が2020年1月に作成した報告書を確認することができた。アイアマンガーとカムのあいだで交わされた会話の中で、彼がカムに一緒に引き返すよう言った話は彼の報告書によるものである。念のために言うが、カムは彼の話を否定し、彼から引き返すように言われたことはないと説明している。カムが登頂した時間に関しては彼女の仲間たちのあいだでも意見が一致していない。著者がもっとも確率の高い時刻として出した午前11時15分は、カムが見せてくれた写真にある日時と、写真の背景に写っている人々を照合した結果である。ヒマラヤン・データベースではカムの登頂時刻を午前9時

Nature 512 (July 2, 2014): 194- 97.
(25) デイヴィッド・ライク、リチャード・E・グリーン、マーティン・キルヒャー他“Genetic History of an Archaic Hominin Group from Denisova Cave in Siberia,” *Nature* 468 (December 22, 2010): 1053- 60.
(26) ポントゥス・スコグランド、マティアス・ヤコブソン“Archaic Human Ancestry in East Asia,” *PNAS* 108, no. 45 (November 8, 2011): 18301- 06.
(27) エドワード・ギルバート＝カワイ、アダム・シェパディジアン、トーマス・アダムス他“Design and Conduct of Xtreme Everest 2: An Observational Cohort Study of Sherpa and Lowlander Responses to Graduated Hypobaric Hypoxia,” *F1000Research* 4, no. 90 (April 10, 2015).
(28) Magdalene College Archives F/ GM/ III/ 1 GM to Ruth June 28, 1921.
(29) サラ・スレイター“Bray Mourns Irish Climber Seamus Lawless . . . ,” *Irish Sun*, May 27, 2019.

第九章　エヴェレスト急変

ラインハルト・グルブホーファー、クンタル・ジョイシャー、ロルフ・ウーストラ、ドロレス・アル・シェレたちの物語で描いた彼らの行動、思考、黙想、会話、表情、感情はすべて、著者が彼らに取材した記録を基にしている。鉤括弧で表記されている彼らの思考については、彼らから聴いたことをそのまま引用した。モスクワにいるアレックス・アブラモフとは、電子メールで連絡を取り合った。2019年5月23日の出来事を再現するため、様々な登頂者による写真や映像、ソーシャルメディアの投稿、天気予報、ヒマラヤン・データベースの登頂者リストとその登頂日を確認した。また、その日は1日中、様々な遠征隊の無線通信を聴き、交信内容をメモした。コリーの物語と、コリー、トポとの会話は、著者がとったメモと後日おこなった取材を基に再現している。

(1) メーガン・スペイシア“On Everest, Traffic Isn't Just Inconvenient. It Can Be Deadly,” *New York Times*, May 23, 2019.
(2) メーガン・スペイシア“World's 14 Highest Peaks in 6 Months: Nepali Smashes Climbing Record,” *New York Times*, October 29, 2019.
(3) “Thane Mountaineer Dies While Descending Mt Everest,” *Times of India*, May 24, 2019.
(4) テレサ・クバッカ“Mount Mid- Life- Crisis,” TowardsDataScience.com, December 23, 2019.
(5) ジョシュア・ハマー“Chaos at the Top of the World,” *GQ*, December 4,

(10)ミッチェル、ロッドウェイ著 *Prelude to Everest*, 89- 90.
(11)ミッチェル、ロッドウェイ著 *Prelude to Everest*, 98- 99.
(12)Alpine Club Archives, 1922/ C108. 以下も参照：ジョン・B・ウエスト著 *High Life: A History of High- Altitude Physiology and Medicine* (New York: Oxford University Press, 1998), 170- 75.
(13)ウェスト著 *High Life*, 175- 76.
(14) C・G・ ブ ル ー ス 著 *The Assault on Mount Everest, 1922* (London: Edward Arnold, 1923), e- book: location 2650.
(15) Magdalene College Archives F/ GM/ III/ 1 GM to Ruth May 17, 1921. 以下も参照：ウェイド・デイヴィス著 *Into the Silence: The Great War, Mallory, and the Conquest of Everest* (New York: Knopf, 2011), 204- 6.
(16)Magdalene College Archives F/ GM/ III/ 1 GM to Ruth June 5, 1921.
(17) デイヴィド・ロバートスン著 *George Mallory* (London: Faber and Faber, 1969), 155.「岩だらけの山腹」は、マロリーがジェフリー・ヤングに書いた手紙から引用した。「ケラスの手で山男に育てあげられた、いかにも自然児といった四人の若者が、墓の近くの大きな岩に呆然とすわっていました。あの姿はとても忘れられないでしょう」以下も参照：デイヴィス著 *Into the Silence*, 227-29
(18)クライミング・シェルパの中でも私が最も強い絆を結んだのがプラカシュである。遠征では共に長い時間を過ごし、遠征後にもカトマンズで長いインタビューを行った。今も互いに連絡を取り合っている。
(19) Magdalene College Archives F/ GM/ III/ 1 GM to Ruth August 22, 1921.
(20)C・K・ハワード＝ベリー、ジョージ・マロリー、A・F・R・ウォラストン著 *Mount Everest: The Reconnaissance, 1921* (London: Edward Arnold, 1922), e-book: location 3538.
(21)シンシア・M・ビオール“Two Routes to Functional Adaptation: Tibetan and Andean High- Altitude Natives,” *PNAS* 104 (May 15, 2007).
(22)シェルパの遺伝子に関する話は主に、ラスマス・ニールセン、ピーター・ハケット、アンドリュー・マレーから情報を得た。ここの内容はニールセンおよびハケットが事実確認をしている。
(23) シン・イー、イウ・リアン、シン・ジン他“Sequencing of 50 Human Exomes Reveals Adaptation to High Altitude,” *Science* 329, no. 5987 (July 2, 2010): 75- 78.
(24)エミリア・ウェルタ＝サンチェス、シン・ジン、アサン、ジュオマ・ビェンバ他 “Altitude Adaptation in Tibetans Caused by Introgression of Denisovan- like DNA,”

(12)イラ・アランヤ “Poorna Malavath: ‘My Reason for Climbing Mt Everest Was to Prove Girls Can Achieve Anything,’” Firstpost.com, April 1, 2017。
(13)マーク・ホーレル “Everest’s Magic Miracle Highway,” MarkHorrell.com January 8, 2014。
(14)カー著 *The Irvine Diaries*, 98。
(15)ジョン・クラカワー著 *Into Thin Air: A Personal Account of the Mt. Everest Disaster* (New York: Anchor Books, 1997), 66。故スコット・フィッシャーの台詞「近頃は、(中略)頂上まで黄色い煉瓦の道ができている」より。

第八章　ファニの襲来

(1)標高はヨッヘン・ヘムレブによる。
(2)レナンがドローンで撮影した写真は、ワシントンD.C.のナショナルジオグラフィックミュージアムで開催予定の、エヴェレスト遠征に関する展覧会で展示される。
(3)以下に所蔵：www.nationalgeographic.com/adventure/2019/06/mount-everest-aerial-north-side-drone-photography/
(4)グレイソン・シェイファー “A Beating on Everest,” *Outside*, June 20, 2012
(5)ヨッヘン・ヘムレブによると、1924年の酸素器具一式は現存していないという。ノエル・オデールがエヴェレストから持ち帰り、王立地理学協会に寄贈したものは1960代後半に紛失した(どこかの家の炉棚に飾られているのではないかと思わずにはいられない)。唯一残っている1924年の酸素ボンベは、パーシー・ウィン＝ハリスが1933年に発見してイギリス山岳会に寄贈したもので、現在は講演開始の合図に使われている。1953年の遠征隊がもう1本の酸素ボンベをネパールのタンボチェ僧院で見つけ写真に収めたが、現在は所在不明である。
(6)ジム・ガイル “Climbing with Supplemental Oxygen: By the Numbers,” *8K Peak Technologies*, January 14, 2015. ジェイミー・マクギネスは個人的にガイルの研究結果に疑問を持っている。酸素ボンベを使用しない場合と使用する場合両方の高所登山経験を持つ彼は、自身の経験からガイルが発表している数字は実際とは差異があると感じている。おそらく、顔に必ずしもぴったりと密着しないマスクの効率性をガイルが過信しているという。
(7)マーク・シノット“The Everest Moral Dilemma,” *National Geographic*, April 21, 2015.
(8)Alpine Club Archive, Noel Odell Papers B75.
(9)イアン・R・ミッチェル、ジョージ・W・ロッドウェイ著 *Prelude to Everest: Alexander Kellas, Himalayan Mountaineer* (Edinburgh, UK: Luath Press Limited, 2011).

(9)シルビア・チャン “Power Projects Face Himalayan Task,” *China Daily Asia*, April 22, 2016。
(10) マックス・フィッシャー “Satellite Images Show Entire Tibetan Villages ‘Relocated’ under Controversial Chinese Program,” *Washington Post*, July 18, 2013。
(11)ロレンス・デイヴィッドソン著 *Cultural Genocide* (New Brunswick: Rutgers University Press, 2012), 89–111。以下も参照：ジョン・ブラグ “A Diminishing Tibetan State,” *Fair Observer*, October 13, 2013。
(12) ハーバート・カー著 *The Irvine Diaries* (Goring Reading, UK: Gastons-West Col, 1979), 91。

第七章　奇跡のハイウェー

(1)ジェイミー・マクギネスのウェブサイト Project Himalaya の「Sherpa vs sherpa」より。この脚注部分はアメリカ・ヒマラヤ財団の副会長ノルブ・テンジン・ノルゲイに事実確認をしてもらった。ノルブはテンジン・ノルゲイの息子である。
(2)C・K・ハワード＝ベリー、ジョージ・マロリー、A・F・R・ウォラストン著 *Mount Everest: The Reconnaissance, 1921* (London: Edward Arnold, 1922), e-book: location 2694。
(3)Magdalene College Archives F/GM/III/1 GM to Ruth June 15, 1921。
(4)ハーバート・カー著 *The Irvine Diaries* (Goring Reading, UK: Gastons-West Col, 1979), 87。
(5) ジュリー・サマーズ著 *Fearless on Everest: The Quest for Sandy Irvine* (Seattle: Mountaineers, 2000), 174。
(6)サンディ・アーヴィンがリリアン・アーヴィンへ宛てた1924年4月17日の手紙。オックスフォード大学マートン・カレッジのサンディ・アーヴィン・アーカイブ収蔵。
(7)カー著 *The Irvine Diaries*, 87。
(8)ジェット気流に関する議論はマイケル・フェイギンへの取材が基となっている。以下も参照：www.weather.gov/jetstream/jet と www.everestweather.com。
(9) アラン・アーネット “Everest 2019: Stories to Watch This Season,” AlanArnette.com, March 25, 2019。
(10)ウェイド・デイヴィス著 *Into the Silence: The Great War, Mallory, and the Conquest of Everest* (New York: Knopf, 2011), 386。
(11)アヌー・ブーヤン “Youngest Girl on Everest Wants to Be Role Model for Tribal Children,” BBC News, May 28, 2014。私はプルナに連絡をして数回インタビューを申し込んだが、私と話す意思はないようだった。

第六章　雪の住処へ

大三角測量に関する部分の参考資料は、ジョン・ケイ著『大円弧：いかにインドが測量され、いかにエヴェレストが名付けられたかに関する壮大な物語（*The Great Arc: The Dramatic Tale of How India Was Mapped and Everest Was Named*）』、ウェイド・デイヴィス著『沈黙の山嶺』、ピーター・ギルマン編『エヴェレスト：達成と悲劇の80年（*Everest: Eighty Years of Triumph and Tragedy*）』である。また、ケイやルイジアナ州立大学の社会環境工学科の測地学長クリフォード・マグニエールにも話を聞いた。以下も参照：マイケル・ランド・ホーア著 *The Quest for the True Figure of the Earth: Ideas and Expeditions in Four Centuries of Geodesy* (Farnham, UK: Ashgate, 2005)、マシュー・H・エドニー著 *Mapping an Empire: The Geographical Construction of British India 1765–1843* (Chicago: University of Chicago Press, 1990)。

(1)トム・ベーター、ロール・シーゲル "Belt and Road Reaches Nepal's Wild North, Winning China Influence," *Nikkei Asia*, March 9, 2019。

(2)ウェイド・デイヴィス著 *Into the Silence: The Great War, Mallory, and the Conquest of Everest* (New York: Knopf, 2011), 46。

(3)ティム・ミドルトン "The Great Trigonometrical Survey," *Bluesci*, January 29, 2011。

(4)ジョン・ケイ著 *The Great Arc: The Dramatic Tale of How India Was Mapped and Everest Was Named* (New York: Perennial, 2000), 166。ケイによれば、ウォーは1850年の時点でピークXVが世界最高峰だとわかっていたが、絶対に間違いないという確信を得たかったため、1856年まで公表しなかった。

(5)ピーター・ギルマン編 *Everest: Eighty Years of Triumph and Tragedy* (London: Little, Brown, 1993), 12–13。

(6)これらの数値は、ルイジアナ州立大学の地球情報学センター測地学長クリフォード・マグニエールから教えてもらった。

(7)習近平著 *The Governance of China* (Beijing: Foreign Languages Press, 2014), 35。以下も参照：マイケル・ピルズベリー著 *The Hundred-Year Marathon: China's Secret Strategy to Replace America as the Global Superpower* (New York: Henry Holt, 2015)。

(8)グラハム・アリソン "What Xi Jinping Wants," *Atlantic*, May 31, 2017。以下も参照：Andrew Miller, "China's Hundred-Year Strategy," *The Philadelphia Trumpet*, August 2016。

Sent Secret Love Letters to Woman He Never Met," *Independent*, October 2015。

(13)Magdalene College Archives F/GM/III/4 GM to Ruth March 8, 1924。

(14)ピーター・ギルマン、レニ・ギルマン著 *The Wildest Dream*, 236。

(15)ウェイド・デイヴィス著 *Into the Silence: The Great War, Mallory, and the Conquest of Everest* (New York: Knopf, 2011), 485。

(16)レイモンド・B・ヒューイ他 "Effects of Age and Gender on Success and Death of Mountaineers on Mount Everest," *Biology Letters* 3, no. 5 (2007): 498-500。

(17)エリザベス・ホーリーによるヒマラヤ遠征記録ヒマラヤン・データベース。データ分析の専門家アラン・アーネットが、データに関する私の多岐にわたる質問に答えてくれた。

(18)マイケル・グロコット、ダニエル・マーティン、デニー・レヴェット他 "Arterial Blood Gases and Oxygen Content in Climbers on Mount Everest," *New England Journal of Medicine* 360, no. 2 (January 8, 2009): 140-49。

(19)ポール・G・ファース他 "Mortality on Everest, 1921-2006: Descriptive Study," *BMJ* (2008): 337:a2654。

(20)映像「*Cold*」は以下より閲覧できる。https://www.youtube.com/watch?v=ZUBjJVL9NNM&has_verified=1。[現在は閲覧不可]

(21)デヴォン・オニール "To Get to the Summit, Cory Richards Had to Lose It All," *Outside*, August 24, 2017。

(22)テッド・チェンバレン "Everest Helicopter Rescue Saves National Geographic Photographer," *National Geographic*, April 2012。

(23)マックス・リッター "Caught Inside: How Cory Richards Battled Depression at the Top of the World," *Teton Gravity Research*。

(24)2019年3月21日公開の Roam Media video の「The Line」より。

(25)コリー・リチャーズ "After Summiting Mt. Everest, He Returned Home to Face His Demons," *National Geographic*, March 30, 2017。

(26)ラインホルト・メスナー "The Murder of the Impossible," *Mountain* 15 (1971)。

(27)デイヴィッド・シンプソン "Damnable Heresy," *London Review of Books* 34, no. 20 (October 2012)。

(28)アンドリュー・ビシャラット "What's Harder than Summiting Everest? Getting Climbers to Respect It Again," *National Geographic*, April 2019。

(2)クリス・ウッズ "The Story of America's Very First Drone Strike," *Atlantic*, May 30, 2015。

第五章　忌まわしき異端

第五章の会話部分は私のメモを基にして書いた。正しい記録かどうか自信がない箇所は、ハンプトンとコリーに確認をしてもらった。コリーには刊行前に原稿を全編読んでもらい、第五章で書いた内容も含め、彼の物語を書くことへの承諾を得た。有酸素と無酸素の境界や有酸素能力欠乏症に関する情報は、スコット・ジョンストンへの取材を基にした。ジョンストンにも当該部分の事実確認をしてもらった。以下も参照。スティーブ・ハウスとスコット・ジョンストンの共著 *Training for the New Alpinism: A Manual for the Climber as Athlete* (Ventura, CA: Patagonia, 2014)。

(1) ジェフ・チャップマン "Interview: Adrian Ballinger on His Lightning-Fast Ascents of Cho Oyu and Everest," *Climbing magazine*, May 25, 2018。
(2)2019年5月、アルペングロー・エクスペディションズのリディア・ブレイディのガイドで、33歳のスポーツ栄養士ロクサーヌ・ヴォーゲルは、カリフォルニア州バークレーの自宅を出発してから帰宅するまで14日間でエヴェレスト登頂に成功した。
(3)マイク・トゥゾ "Joe Vigil: The 'Dean of Distance Running,'" *Green Valley News*, April 16, 2008。
(4)ランダル・L・ウィルバー "Application of Altitude/Hypoxic Training by Elite Athletes," *Medicine & Science in Sports & Exercise* 39, no. 9 (September 2007): 1610-24。
(5)Magdalene College Archives F/GM/III/3 GM to Ruth January 26, 1923。
(6)Magdalene College Archives F/GM/III/3 GM to Ruth February 9, 1923。
(7)"Says Brandy Aided Mt. Everest Party," New York Times, February 5, 1923, 4。
(8) "Climbing Mount Everest Is Work for Supermen," *New York Times*, March 18, 1923, 11。
(9) デイヴィッド・パイ著 *George Leigh Mallory: A Memoir* (Bangkok: Orchid Press, 1927), 131。
(10)ピーター・ギルマン、レニ・ギルマン著 *The Wildest Dream: The Biography of George Mallory* (Seattle: Mountaineers, 2000), 270。
(11) アビー・ガリントン "'Write Me a Little Letter': The George Mallory/Marjorie Holmes Correspondence," *Alpine Journal* 120 (2016): 123-33。
(12) イアン・ジョンストン "George Mallory: Man Who Died Climbing Everest

(18)チャールズ・ヒューストン "Noel Ewart Odell 1890-1987," *American Alpine Journal* (1988): 320-22。
(19)オデール・フォルダ, Alpine Club Archive, Noel Odell Papers B75。
(20) ハーバート・カー著 *Irvine Diaries* (Goring Reading, UK: Gastons-West Col, 1979), 28。
(21)カー著 *The Irvine Diaries*, 28。
(22) ジュリー・サマーズ著 *Fearless on Everest: The Quest for Sandy Irvine*(Seattle: Mountaineers, 2000), 34。
(23)サマーズ著 *Fearless on Everest*, 40。
(24)アンドリュー・ゲラン "The King's Cup and the 1919 Henley Peace Regatta," Row360, March 7, 2019。
(25) カー著 *The Irvine Diaries*, 31。以下も参照: サマーズ著 *Fearless on Everest*, 38。
(26)サマーズ著 *Fearless on Everest*, 51。
(27)サマーズ著 *Fearless on Everest*, 64。
(28)サマーズ著 *Fearless on Everest*, 74。
(29)カー著 *The Irvine Diaries*, 18。
(30)カー著 *The Irvine Diaries*, 89。
(31)カー著 *The Irvine Diaries*, 89。
(32)サンディからリリアン・アーヴィンへの1924年4月24日の手紙より。オックスフォード大学マートン・カレッジのサンディ・アーヴィン・アーカイブ収蔵。
(33)1924年6月4日、5日のエヴェレスト日記より。オックスフォード大学マートン・カレッジのサンディ・アーヴィン・アーカイブ収蔵。

第四章　製品テスト界のはみだし者

ブロード・ピークでのリック・アレンの物語に関する主な資料は、2019年11月のバンフ・マウンテン・フィルム・フェスティバルでおこなったバルテック・バルギエルとアンジェイ・バルギエルへの対面取材と、この事件を幅広く報じているウェブサイト www.Planetmountain.com だ。NTS訪問時の会話は、大半が録音音声と録画映像から文字起こししたものである。一部はそのときとったメモを基にした。ドローンの背景知識については、レナン・オズタークとルディ・レーフェルト＝エリンガーに話を聞いた。また、www.dronethusiast.com と Nevada Institute for Autonomous Systems のウェブサイトに掲載されたいくつかの記事は非常に参考になった。

(1)https://www.youtube.com/watch?v=TiGkU_eXJa8&vl=en。

(5) “Beaumont Hamel: July 1, 1916,” Newfoundland and Labrador in the First World War, Newfoundland and Labrador Heritage website, https://www.heritage.nf.ca/first-world-war/articles/beaumont-hamel-en.php。
(6) Magdalene College Archives F/GM/II/3 GM to Ruth November 18, 1916。
(7) Magdalene College Archives F/GM/II/3 GM to Ruth August 15, 1916。 以下も参照：ウェイド・デイヴィス著 *Into the Silence: The Great War, Mallory, and the Conquest of Everest* (New York: Knopf, 2011), 192。
(8) デイヴィッド・ロバートスン著 *George Mallory* (London: Faber and Faber, 1969), 123。
(9) ポール・レヴィ編 *The Letters of Lytton Strachey* (New York: Farrar, Straus and Giroux, 2005), 179。
(10) ジョージ・マロリー著 *Boswell the Biographer* (London: Smith, Elder, 1912), Preface。
(11) J・B・ノエル “A Journey to Tashirak in Southern Tibet, and the Eastern Approaches to Everest,” *Geographical Journal* 53, no. 5 (May 1919): 289-308。この文章は1919年3月10日に、ロンドンの王立地理学協会本部で開かれた会合で、会員に向けて読み上げられた。以下も参照：ジョン・B・ウエスト著 *High Life: A History of High-Altitude Physiology and Medicine* (New York: Oxford University Press, 1998), 166-67。
(12) ロバートスン著 *George Mallory*, 148。
(13) Magdalene College Archives F/GM/VI/5 GM to Ruth November 12, 1918。
(14) この章での会話は、そのとき書いたメモに記録していた。
(15) Royal Geographical Society, the George Leigh Mallory Collection: Artefact D 14 (1), Conrol no. rgs230831。
(16) 本書の中でアンカーとポラードと私は、これをどんな形状の靴鋲にも使う総称的な言葉である「鋲釘」と呼んでいる。厳密に言えば、マロリーの登山靴に使われていたのは「V字形の鋲」と「トリコニー」である。鋲釘は靴鋲の比較的初期の形態で、大きな留め鋲を靴底にハンマーで打ちつけた程度のものだ。
(17) 王立地理学協会／イギリス地理学会のアーカイブにあった1924年遠征の供給物リストには、30メートルの「一般的な太さの亜麻の山用ロープ」が三本入っている。ジェフリー・ウィンスロップ・ヤングの『山の技術(*Mountain Craft*)』(London: Methuen, 1920)では、亜麻のロープは「最大引張強度において、他の素材のロープを著しく上回っている」とされていた。表には伸張強度860キロと記載されている。

結局接触はできなかった。この別刷り付録に関する情報は許競が語ったもの。
(17)ヨッヘン・ヘムレブ所有のオードリー・サルケルドのメモより。
(18)ホルツェルは、過去のマロリー／アーヴィン調査隊は彼の指し示す「地点」を通っていないと主張したが、ヨッヘン・ヘムレブによれば、フランク・スマイスとエリック・シプトンがここを1933年に通過し、ジェイク・ノートンも2004年の調査で近くまで来ていた。2019年の春、私はノートンに正確な調査ルートを訊いてみたが、ホルツェルの地点を通ったかどうかはわからないようだった。

第三章　上流社会

ソンムの戦いにおけるマロリーの戦争体験に関する資料として、マロリーが1915年の秋から1917年の11月まで妻ルースと交わしたすべての手紙を参照している。ケンブリッジ大学モードリン・カレッジの学長と理事から引用の許可を得ている。この部分の資料は他に、ウェイド・デイヴィス著『沈黙の山嶺』、デイヴィド・ロバートスン著『ジョージ・マロリー』、ピーター・ギルマンとレニ・ギルマンの共著『底知れぬ野望(*The Wildest Dream*)』、デイヴィッド・パイ著『ジョージ・リー・マロリー(*George Leigh Mallory*)』がある。ソンムの戦いの背景知識を得るため、ピーター・ハート著『ソンムの戦い：西部戦線の悪夢(*The Somme: The Darkest Hour on the Western Front*)』(New York: Pegasus, 2008) も読んだ。ニューファンドランド研究をおこなうメモリアル大学スモールウッド・センターと、モントリオールのC・R・ブロンフマン基金が共同で立ち上げたウェブサイトNewfoundland and Labrador Heritage に掲載されている記事も、長い時間をかけて読み込んだ。

サンディ・アーヴィンの伝記資料としては、ジュリー・サマーズ著『勇敢なエヴェレスト挑戦(*Fearless on Everest*)』、ハーバート・カー著『アーヴィンの日記(*The Irvine Diaries*)』、マートン・カレッジのサンディ・アーヴィン・アーカイブを参考にしている。アーカイブの中でもとくに参照したのは、日記と1924年遠征で彼が送ったすべての手紙である。サンディ・アーヴィン・アーカイブ収蔵の手紙や日記や文書は、オックスフォード大学マートン・カレッジの学長と理事の許可を得て引用している。

(1)Magdalene College Archives F/GM/II/2 GM to Ruth June 25, 1916。
(2)Magdalene College Archives F/GM/II/2 GM to Ruth July 1, 1916。
(3)Magdalene College Archives F/GM/IV/1 GM to Ruth July 1, 1916。「まず第一に、宗教とはなにか」から始まる箇所も同じ手紙から引用。
(4)Magdalene College Archives F/GM/IV/2 Ruth to GM August 10, 1915。以下も参照：ピーター・ギルマン、レニ・ギルマン著 *The Wildest Dream: The Biography of George Mallory* (Seattle: Mountaineers, 2000), 128。

(6)音声録音の文字起こしより。この章のすべての会話は録音を一字一句正確に文字起こししたものである。
(7)デイヴ・グリーン "A Nest of Claims," February 7, 2010。活字にはなっていないネット記事 "The Copyright That Almost Was" からの抜粋。
(8)私は何度も繰り返しチーリン・ドルジェへの取材を試みたが、上手くいかなかった。陸路でエヴェレストへ向かう途中、ジェイミーがかけた電話にチーリンは出たが、アーヴィンのことを口に出した途端に通話は切られた。ジェイミーは、チーリンは2004年調査遠征の出資者と秘密保持契約を結んでいて、だからアーヴィンについて喋る自由がないのだろうと推測している。間接的に集めたチーリンの証言には少なくない矛盾があったので、私は彼の証言は信用できないと判断した。本書で踏み込んだ議論はしていないのはそのためだ。ピート・ポストンというマロリー/アーヴィン研究者は、チーリンが遺体を目撃したとされる1995年の日本遠征隊の隊長古野淳とのメールのコピーを送ってくれた。古野はこう書いた。「私はアンドリュー・アーヴィンの遺体をこの目で確認できていませんし、シェルパが遺体を見たかどうかもわかりません。(中略)もし私たちのシェルパが遺体を目撃できたのなら、北稜ルートを登った他の多くのシェルパや隊員も遺体を見たでしょう。私にはこのシェルパの話は信じられません」。チーリン・ドルジェの目撃証言に関するさらなる情報は以下を参照:https://people.wou.edu/~postonp/everest/index.html。
(9)ヨッヘン・ヘムレブ、エリック・サイモンスン著 *Detectives on Everest: The 2001 Mallory and Irvine Research Expedition* (Seattle: Mountaineers, 2002), 181-88。
(10)トム・ホルツェルの「アーヴィン発見に関する二つの目撃証言」は、ホルツェルの今は閲覧できないウェブサイト Velocity Press で最初に発表された(2009年9月)。この記事には、サンクトペテルブルク山岳会報からホルツェルが翻訳した文章が収録されている。ホルツェルは古いウェブサイトを印刷したものを私にくれた。
(11)ジョウ・ジャン、リウ・ジェンカイ著 *Footprints on the Peaks: Mountaineering in China* (Seattle: Cloudcap, 1995), 55-69。
(12)史占春 "The Conquest of Mount Everest by the Chinese Mountaineering Team," *Alpine Journal* 66 (1961): 28-35。
(13)ジョウ・ジャン、リウ・ジェンカイ著 *Footprints on the Peaks*, 75-84。中国隊の台詞はすべて本書から引用している。
(14)T・S・ブレイクニー "Editor's Note," *Alpine Journal* 66 (1961): 36-41。
(15)G・O・ディレンフルト "Observations on the Chinese Everest Expedition 1960," *American Alpine Journal* (1962): 270。
(16)オードリー・サルケルドが1998年の11月1日から15日まで中国を訪れて、調査をおこなった際のメモより。ヨッヘン・ヘムレブ所有。私はサルケルドに数回連絡をしてみたが、ッシュバーンとナショナルジオグラフィック協会のGPS調査に基づく数値、29035フィート(8850メートル)とされてきた。2020年12月8日、ネパールと中国が人工衛星、経緯儀、地中レーダー(頂上の岩に積もった雪の深さを測る目的)を用いて測定し、エヴェレストの新たな標高を29031.69フィート(8848.86メートル)と共同発表した。これを書いている時点では、ナショナルジオグラフィックは中国とネパールのデータ分析ができておらず、新たな標高が正確なものかどうか確かめていない。それ以前の正式なエヴェレストの標高は、ネパールで29029フィート(8848メートル)、中国で 29017フィート(8844メートル)だった。

(2)この数値は議論が続いているが、エヴェレストの標高をミリ単位で測定するのが相当困難なのは間違いない。私はコロラド大学ボルダー校のリサーチ・サイエンティストであるデイヴィッド・メンシン、ナショナルジオグラフィック協会の地理学者アレックス・テイト、モンタナ州立大学の地質学教授デイヴィッド・ラゲソンのそれぞれに、隆起の数値を確認した。メンシンは、ヒマラヤ山脈はさらに広い範囲で年間約1、2センチ隆起していると言う。テイトの意見は5ミリだった。メンシン、テイト、ラゲソンは三者とも、1934年や2015年にネパールを襲ったような巨大地震で、ヒマラヤ山脈は実際には沈下するのだと語った。テイトの推測によれば、今日のエヴェレストは1934年時点と比べてじつは標高が下がっているかもしれないという。ラゲソンはこう言っている。「登山家がチョモランマの頂に立つとき、彼らは厳密に言えば、太古の昔に海の底が隆起してできた岩の上に立っている。インドが今より何千キロも南にあって地球の地形がまるで違っていた時代、恐竜時代よりずっとずっと前のことだ!　思うに、これこそがチョモランマの神聖なところだ。あの偉大な山は、世界でもっとも巨大な山系の進化に関する、石と氷で書かれた一冊の物語なのだ。(中略)ヒマラヤ山脈は、山を隆起させる地球内部のプレート運動の力と、外部のエネルギー源や(中略)水循環がもたらす浸食作用との闘争の場だ。今のところは、プレート運動の力が勝っている」以下を参照:マイケル・ジャクソン、ロジャー・ビルハム “Constraints on Himalayan Deformation Inferred from Vertical Velocity Fields in Nepal and Tibet,” *Journal of Geophysical Research* 99, no. B7 (July 10, 1994): 13,897-912。

(3)後で判明したことだが、ホルツェルのGPS座標は誤っていた。1984年のウォッシュバーンの地図の測地系がずれていたからだ。ナショナルジオグラフィックの地図製作部門の協力と Google Earth での分析で、私たちはのちにGPS座標を 27°59.749N 86°55.898E に訂正した。

(4)トム・ホルツェル “The Mystery of Mallory and Irvine,” *Mountain* 17 (September 1971): 30-35。

(5)現在は閲覧できなくなっているマロリーとアーヴィンについて語るイギリスのネット掲示板より。ホルツェルは文章を保存していて、ファイルを私に共有してくれた。ファイル名は「フィルの嘆き」だった。

1980年にトム・ホルツェルが発掘した。ホルツェルは日本山岳会に宛てた手紙で、差し迫ったエヴェレスト遠征でマロリーとアーヴィンの遺体がないか注意して見てほしいと頼んでいた。この日本隊のエヴェレスト北面への挑戦は、中国隊を除けば1938年のイギリス隊以来の北面への挑戦だった。ヒロユキ・スズキからの手紙の返事には、前年の偵察遠征で日本隊のポーターを務めていた王洪宝がある隊員に、1975年の中国隊の遠征で標高8100メートルで古い遺体を目撃したと語ったと書いてあった。王洪宝はこの爆弾発言の翌日、ノース・コルの下の斜面で雪崩に巻き込まれ亡くなった。この証言は、1986年にホルツェルが王洪宝とテントを共にしたジャン・ユン・イェンという男を北京で探し当てるまでは、たんなる噂話にすぎなかった。ホルツェルは彼に、テントを出るときの王洪宝を覚えているかと尋ねた。「はい、20分ほど散歩に出たんです」とジャンは言った。王洪宝は何かを発見したのだろうか?「ええ、外国人登山家の遺体を見つけたと言っていました」。この手がかりが最終的に1999年のマロリーの遺体発見に繋がった。この話をより詳しく知りたければ、以下を参照:トム・ホルツェル、オードリー・サルケルド著 *The Mystery of Mallory and Irvine* (London: Pimlico, 1986), 1-44, 326-27。

(12) ヒュー・ラトレッジ著 *Everest 1933* (London: Hodder and Stoughton, 1938), 137, 145。

(13) BBC製作のドキュメンタリー *Lost on Everest—The Search for Mallory and Irvine* (2000)。

(14) コンラッド・アンカー、デイヴィッド・ロバーツ著 *The Lost Explorer: Finding Mallory on Mount Everest* (New York: Simon & Schuster, 1999), 35。

(15) ピーター・ギルマン、レニ・ギルマン著 *The Wildest Dream: The Biography of George Mallory* (Seattle: Mountaineers, 2000), 269。

(16) 1999年5月1日の無線交信の文字起こしより。

(17) この会話はトム・ポラードの記憶とその日に書かれた日記から再現した。

(18) ピーター・ポッターフィールド "The Mountain Zone—A Look Back," MountainZone.com。

(19) トム・ポラードの日記より。

(20) エド・ダグラス "Everest Row over Photo Profits from Body of Pioneer Mallory," *Guardian*, May 9, 1999。

(21) ポール・レヴィ編 *The Letters of Lytton Strachey* (New York: Farrar, Straus and Giroux, 2005), 178. Letter from Strachey to Vanessa and Clive Bell, undated, spring 1909。

第二章　モスクワ・ルール

(1) 1999年以降、「アメリカにおける」エヴェレストの正式な標高は、ブラッドフォード・ウォ分は、YouTubeで閲覧できるBBC制作の映像『ロスト・オン・エヴェレスト(*Lost on Everest*)』と 、調査隊の無線での会話の文字起こしなど、この遠征に関する情報の宝庫である Nova Everest のウェブサイトを元にした。

(1)マーク・トワイト “Justification for an Elitist Attitude,” *Climbing magazine* 199 (December 2000)。
(2)ビル・ストール “Conquers Mt. Everest to Fulfill Dream: Millionaire First to Climb Summits of All Continents,” *LA Times*, May 2, 1985。以下も参照:ディック・バス、フランク・ウェルズ、リック・リッジウェイ著 *Seven Summits* (New York: Grand Central, 1986)。
(3)以下の許可を得て引用——the Master and Fellows of Magdalene College, Cambridge, Magdalene College Archives F/GM/III/4, GM to Ruth April 24, 1924。
(4)E・F・ノートン著 *The Fight for Everest 1924* (London: Edward Arnold, 1925), 103。
(5) “The Mount Everest Dispatches,” *Geographical Journal* 64, no. 2 (August 1924): 164。
(6)カーゾン卿がダグラス・フレッシュフィールドに宛てた手紙には日付の記載がないが、この手紙は1905年の春に書かれた。A.C. Committee: Minutes, January 13, 1903–November 21, 1911, Alpine Club Library. Reference: AC2S-9。
(7)T・S・ブレイクニー “The First Steps toward Mount Everest,” *Alpine Journal* (1971): 43。
(8) “Sir F. Younghusband and the Alpine Spirit,” *Englishman*, Calcutta (December 21, 1920): Alpine Club Archive, Press Cutting volume December 1920 to September 1921。
(9)ジョン・B・ウエスト著 *High Life: A History of High-Altitude Physiology and Medicine* (New York: Oxford University Press, 1998), 55–58。
(10)BBCが1970年に実施したハワード・サマヴェルへのインタビューより。私はヨッヘン・ヘムレブからインタビュー動画の複製を送ってもらった。サマヴェルの発言をそのまま引用する。「マロリーは遠征への出発の際、私のカメラを借りていった——当然カメラは戻ってこなかった。いつかマロリーの遺体が発見される日が来たら、カメラがまだポケットの中に残っているのかどうか知りたい。氷の中ならこのフィルムは100年か200年は保存できるかもしれないので現像すれば写真が現れるのではないだろうか? そうすれば、マロリーが登頂したかどうかわかるかもしれない」。
(11)古い遺体を見つけ、「イギリスの、イギリス人の」と口にした王洪宝の目撃証言は、の共著『エヴェレスト初登頂の謎：ジョージ・マロリー伝』(田中昌太郎訳、中央公論社、1988年刊)がある。

『第三の極地』の歴史的記述に引用箇所があれば、それは手紙、日記、雑誌、書籍、その他刊行物からのものである。確認が可能な箇所はすべて一次資料から引用した。一次資料の一部、例えばマロリーが1924年の6月7日に高所キャンプから送った2枚のメモなどは、イギリスへの調査旅行で実際に原本を確かめた。すべての引用箇所は以下の註で列挙しているが、同一ページ内の複数の引用がすべて引用元資料の同一部分にある数箇所は除外している。この場合は巻末の註を簡潔にするために、同じ引用元を繰り返し記載するのではなく、一度だけ明記している。同じ理由で、有名で簡単に確認できる事実や、個人的な取材や会話、やりとりから直接引用している箇所は、参照元を明記していない。

私が一人称で語る部分における細部や会話は、ノートの記録や遠征中に撮った写真や動画、遠征中や遠征後におこなった広範な取材が基になっている。とりわけ重要な資料となったのが、ジム・ハーストが遠征を通じて録音し、後にデータを送ってくれた長時間にわたる音声である。私たちはこの音声からポッドキャストを制作しようとしたが、現時点では実現していない。引用符を付けた会話の多くは、録音の文字起こしから一字一句正確に引用している。録音されていなかった会話は、見直した映像記録や遠征中にとったメモから復元した。即時にメモをとれることも多かったが、登下降中などでそれができない場合は、次に手が空いたときに記録をとるようにした。私の一人称部分に登場する主な人々には、全員に原稿を確認してもらい、刊行前に修正する機会を設けた。

プロローグ

(1)クリストファー・ノートン著 *Everest Revealed: The Private Diaries and Sketches of Edward Norton, 1922–24* (Cheltenham, UK: History Press, 2014), 112。

第一章　死者に囲まれて

第一章の資料は、ヨッヘン・ヘムレブ、ラリー・ジョンソン、エリック・サイモンスンの共著『そして謎は残った：伝説の登山家マロリー発見記』(海津正彦、高津幸枝訳、文藝春秋、1999年刊)、ヨッヘン・ヘムレブとエリック・サイモンスンの共著『エヴェレストの探偵：2001年マロリー／アーヴィン調査遠征(*Detectives on Everest: The 2001 Mallory and Irvine Research Expedition*)』、コンラッド・アンカーとデイヴィッド・ロバートの共著『行方不明の探検家：エヴェレストでのマロリー発見(*The Lost Explorer: Finding Mallory on Mount Everest*)』である。また、1999年調査遠征隊の参加者の中で、トム・ポラード、コンラッド・アンカー、ヨッヘン・ヘムレブ、エリック・サイモンスン、ジェイク・ノートン、アンディ・ポウリッツ、グレアム・ホイランドには取材をおこなった。アンカー、ポラード、ヘムレブには原稿の事実確認もしてもらった。1999年5月1日に調査隊が交わした会話の部

資料に関する註

2017年10月にエヴェレストに関するトム・ポラードの講演を聴いた後、私はマロリーとアーヴィンの謎に関する本を手始めに2冊読んだ。ウェイド・デイヴィス著『沈黙の山嶺：第一次世界大戦とマロリーのエヴェレスト』(秋元由紀訳、白水社、2015年刊)とジュリー・サマーズ著『勇敢なエヴェレスト挑戦：サンディ・アーヴィンの冒険(*Fearless on Everest: The Quest for Sandy Irvine*)』である。綿密な調査に基づいた力強い筆致のこの2冊が、本書を執筆するきっかけを与えてくれたと言っていいだろう。『沈黙の山嶺』と『勇敢なエヴェレスト挑戦』は、『第三の極地』の全編に織り込んだ歴史的記述の重要な資料にもなった。マロリーとアーヴィンの人物像やふたりが生きていた時代をさらに知りたければ、この2作を読むことを強くお薦めする。

それ以外に大事な資料となったのが、ジョージ・マロリーの伝記の3冊だ。デイヴィッド・パイ著『ジョージ・リー・マロリー：回顧録(*George Leigh Mallory: A Memoir*)』、デイヴィド・ロバートスン著『ジョージ・マロリー』(夏川道子訳、山洋社、1985年刊)、ピーター・ギルマンとレニ・ギルマンの共著『底知れぬ野望：ジョージ・マロリー伝記(*The Wildest Dream: The Biography of George Mallory*)』である。また、ハーバート・カー著『アーヴィンの日記(*The Irvine Diaries*)』にも何度も目を通した(この書籍で引用されている日記の原本は、オックスフォード大学マートン・カレッジに収蔵されている)。頻繁に参照したもう一冊の重要な日記が、1924年の遠征隊長エドワード・ノートンが書いたものだ。『エヴェレストの真実：1922年・24年遠征のエドワード・ノートンによる日記とスケッチ(*Everest Revealed: The Private Diaries and Sketches of Edward Norton, 1922–24*)』には、孫息子クリストファー・ノートンのおかげでノートンの日記が収められている。初期エヴェレスト遠征についてさらに理解を深めるために、C・K・ハワードベリー、ジョージ・マロリー、A・F・R・ウォラストンの共著『エヴェレスト峰：1921年の偵察遠征(*Mount Everest: The Reconnaissance, 1921*)』、C・G・ブルース著『1922年、エヴェレストへの挑戦(*The Assault on Mount Everest, 1922*)』、E・F・ノートン著『エヴェレストへの闘い』(山崎安治訳、あかね書房、1967年刊)も読んだ。ノートンの著書の第5、6、7章は、1924年エヴェレスト遠征の最後の数日間で起きた出来事を記録した一次資料として役に立った。

初期エヴェレスト遠征に関して補足として読んだ本には、ハワード・サマヴェルの自伝『エヴェレスト後日譚：登山家兼医療使節としての体験(*After Everest: The Experiences of a Mountaineer and Medical Missionary*)』、ジョージ・マロリー著『エヴェレスト登山：ジョージ・マロリーの書き残したもの(*Climbing Everest: The Complete Writings of George Mallory*)』、ウォルト・アンスワース著『エヴェレスト：挑戦の歴史(*Everest: The Mountaineering History*)』、トム・ホルツェルとオードリー・サルケルド

や行

ら行

は行

な行

か行

索引

あ行

[著者プロフィール]

マーク・シノット

Mark Synnott

24年間ザ・ノースフェイスのグローバルアスリートチームのメンバーとして活動。多くの巨大なロックウォールを制覇したロック・クライマーで、「ナショナル・ジオグラフィック」をはじめ「アウトサイド」や「クライミング」にも寄稿。また、国際山岳ガイド連盟(IFMGA)、米国空軍パラレスキュー部隊のトレーナーでもある。ニューハンプシャーのマウント・ワシントン・バレーに住む。邦訳に『THE IMPOSSIBLE CLIMB:アレックス・オノルドのフリーソロ』(西川知佐訳、東洋館出版社)がある。

[訳者プロフィール]

古屋美登里

MIDORI FURUYA

翻訳家。著書に『雑な読書』『楽な読書』(ともにシンコーミュージック)。訳書にアフガニスタンの女性作家たち『わたしのペンは鳥の翼』(小学館)、エドワード・ケアリー『呑み込まれた男』『飢渇の人　エドワード・ケアリー短篇集』『おちび』、〈アイアマンガー三部作〉『堆塵館』『穢れの町』『肺都』(すべて東京創元社)、デイヴィッド・マイケリス『スヌーピーの父　チャールズ・シュルツ伝』、デイヴィッド・フィンケル『帰還兵はなぜ自殺するのか』(ともに亜紀書房)、ジョディ・カンター他『その名を暴け　#MeTooに火をつけたジャーナリストたちの闘い』(新潮社)など多数。

亜紀書房翻訳ノンフィクション・シリーズⅣ-7

第《だい》三《さん》の極《きょく》地《ち》

エヴェレスト、その夢《ゆめ》と死《し》と謎《なぞ》

2023年2月23日　第1版第1刷発行

著　者　マーク・シノット
訳　者　古屋美登里《ふるやみどり》
装　丁　金井久幸［TwoThree］
発行者　株式会社亜紀書房 https://akishobo.com
〒101-0051
東京都千代田区神田神保町1-32
TEL 03-5280-0261（代表）
TEL 03-5280-0269（編集）
振替 00100-9-144037
DTP・印刷・製本　株式会社トライ https://www.try-sky.com

ISBN 978-4-7505-1779-7 C0095

著者による
ペーパーバック版のためのあとがき

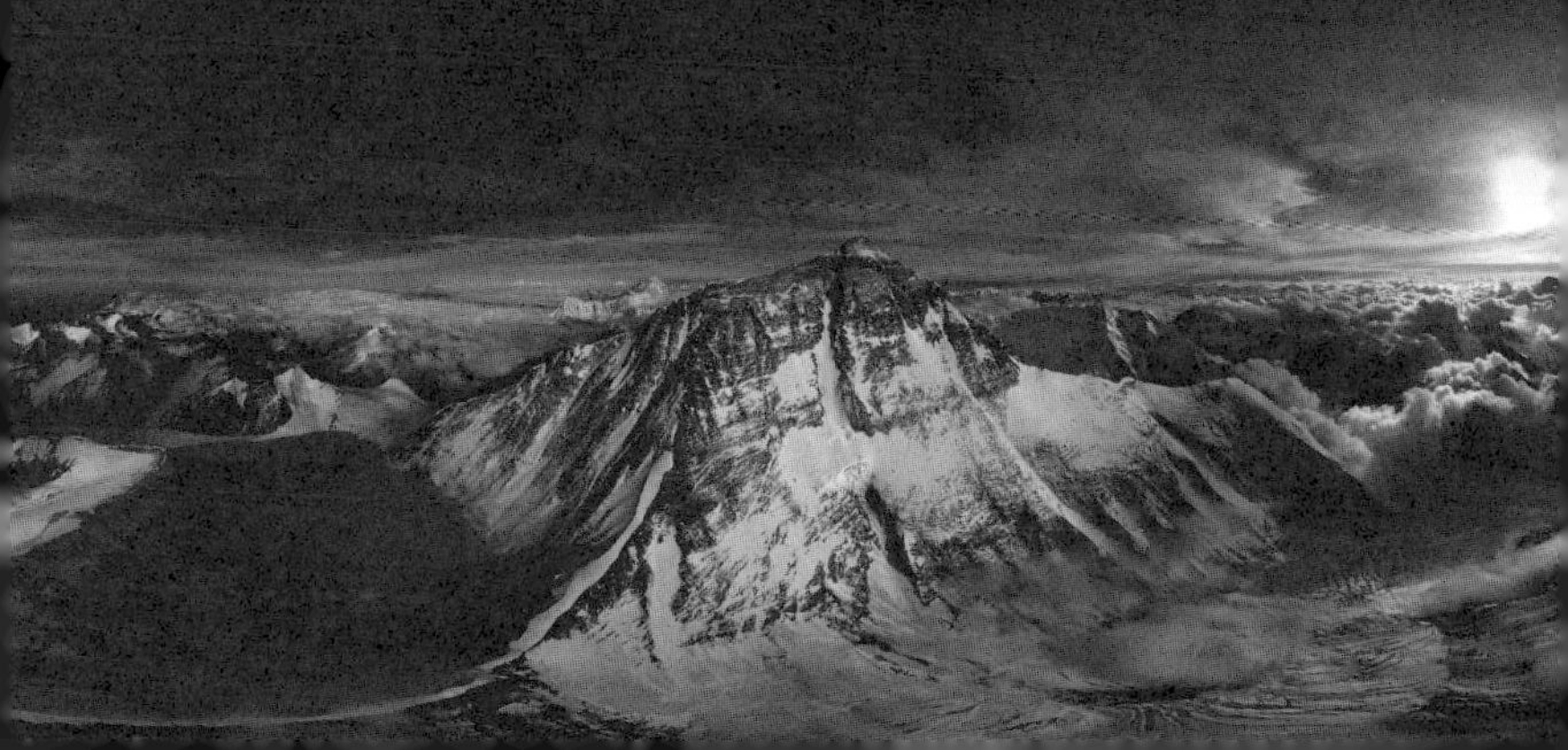

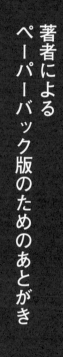

本書を刊行してからひと月も経たない二〇二一年五月初旬のこと。届いたメールの件名には、「書籍、あるいは記事にすべき情報」とあった。好奇心をそそられてメールを開けると次のようなことが書かれていた。

「マーク・シノットさま
初めまして。ウェイン・ウィルコックスと申します。以前は海兵隊に所属し、アメリカ合衆国国務省では特別捜査官、企業に移ってからは安全管理官の任にありましたが、現在はイングランドで妻とふたりの息子と暮らしています。（略）私の妻は英国外務省で働いています。二〇〇八年からずっと私はなかなか面白い記事になりそうな情報を調べています。貴方の新刊が出版されたことを知り、この情報を伝える相手は貴方しかいないと思いました。私は作家ではありませんし、この話を調査して文章にするだけの時間も資質も持ち合わせていません。それに本を出版する力もないのです。ですが、是非とも多くの人に知っていただきたい話なのです。」

ウィルコックスの説明によれば、その情報の提供者はイギリス大使館の高官で、一九七五年の中国遠征隊がエヴェレスト北面八二〇〇メートルのところで外国人登山者の遺体を発見したという話を隊員から直接聞いたというのだ。その高官は、中国隊が長らく探し出せなかったコダックVPKを発見し、北京に持ち帰ってきたと述べたという。ウィルコックスはさらにこう書いている。「中国はフィルムの現像に失敗して台無しにしてしまいました。彼らは大きな過失をおかしたことを認めたくなくて、カメラや遺体を発見したという証拠をすべて隠滅したのです」。それで私は直ちにウィルコックスに、まだ読んでいないという本書を送り、電話で話す段取りをつけた。その話し合いでわかったのは、ウィルコックスと妻のジュリエットは二〇〇八年の時点で中国に配属されていて、夏期の北京オリンピックの開会式にジュリエットが外務省の外交官として招待されたということだった。式は四時間ほど続き、一万五〇〇〇人が演技を披露した。どうやら、素晴らしい開会式だったようだ。最後に、八人の英雄的人物が五輪の旗を運んできた。その中のひとりは六十代の小柄なチベット人女性だった。

式の後で会ったベテランのイギリス人外交官からジュリエットは、チベット人女性がだれなのか教えてもらった。「潘多《はんた》ですよ。エヴェレストに登頂した初めての中国人女性です」と彼は言った。私はこれからこの人物を「外交官」と呼ぶことにするが、この外交官は、旗を運んだほかの七人の英雄的人物が中国人指導官たちに挨拶するために手を振ったとき、潘多がはっきりと挨拶を拒んだのを見たという。そんな些細な動きに外交官が気づいたのは、何年も前に彼女と会ったときに興味深い話を聞いていたからだった。

何ヶ月もかかったが、ようやくこの外交官と接触することができた。彼の正体を明かさないという条件で話をしてくれることになった。この情報は機密扱いではなかった。ただ彼は今や職を退いている身であり、(私のような) ジャーナリストにこの先ずっとつきまとわれるのだけはごめんだと思っていたのだ。

外交官が潘多と会ったのは一九八四年のことで、場所は北京の中国登山協会(CMA、後のCTMA)の本部だった。当時王立地理学協会の会長だったサー・ジョージ・ビショップの強い要請で実現した会見だった。ビショップはイギリスの公務員でありビジネスマンで、一九七二年から一九七九年まではマン・ブッカー文学賞を設立した食品卸業者ブッカー・マッコネル社の社長の職に就いていた。また、写真家であり登山家で、ヒマラヤ登山に十八回も参加していた。そんな彼が北京にいた理由について外交官は思い出せなかったが、中国が外国人に門戸を開いたばかりだったので、王立地理学協会としては登山許可を求めてのことだったかもしれない。

面会には中国登山協会のふたりの代表と、潘多と王富洲がいた。一九六〇年中国遠征隊でエヴェレスト登頂を果たしたあの王富洲だ。潘多はエヴェレストに登頂した世界で二番目の女性登山家で（十一日前に登頂に成功した日本の田部井淳子が世界初の女性登山家になっていた）、北面から登頂した最初の女性だった。彼女は西チベット育ちで、父親は幼児期に亡くなっている。六歳になると裸足で粗末な服を着て畑仕事をし、一日を大麦の硬いパン一個でしのぎ、ヤクといっしょに眠った。一九五九年、二十歳になった潘多が国営農場で働いているとき、その肉体の強靱さと熱心な働きぶりが、立ち上がったばかりの中国登山計画に参加させる新人研修生を探していた担当者の目にとまった。その年の終わりに、潘多は新絳《しんこう》にあるムスターグ・アタ（標高七五〇九メートル）を制覇した。当時女性でその高さまで登った者はいなかった。その下山時に雪崩が発生し、仲間五人が呑み込まれたが彼女は生還した。

　この中国登山協会での面会に参加した人のなかで存命なのはこのイギリス人外交官だけである（潘多は二〇一四年に、王富洲は二〇一五年にこの世を去った）。ところが、面会時の細部の記憶はだいぶ薄れていた。二〇二一年十月に電話で話したときには、王富洲についてはなにひとつ思い出せないと述べた。しかし、潘多のことは印象に強く残っていた。彼女は「小柄」で、「高い美しい声」をしていたという。「『この女性がエヴェレストに登ったとは、驚嘆すべきことだ』と思いましたよ」と外交官は言った。そしてそのとき強く心を動かされ、以来決して忘れられないのは、潘多と王富洲が外交官とサー・ジョージに語った話の内容だった。一九七五年のエヴェレスト北面からの登頂を試みた中国隊がコダックＶＰＫを発見し、それを中国に持ち帰っていた、というのだ。その後で中国の技術者たちがそのフィルムを現像しようとしたが、一枚の写真も現像できずじまいだった。ウィルコックスは、技術者が現像する過程でフィルムを駄目にしてしまった、と受け止めている。もちろん、フィルムがすでに駄目になっていたこともあり得《う》るし、マロリーとアーヴィンが写真を一枚も撮っていなかったということもあり得る。

イギリス外務省の職員全員が厳しく訓練されているとおりに、彼もこの面会時に記録《メモ》をとり続けた。後に覚え書きとしてサー・ジョージ・ビショップと、おそらく外務省にも送った。この覚え書きの保管場所は王立地理学協会の資料室であるはずだが、私が二〇一九年にフォイル閲覧室を訪れたときに手伝ってくれた司書のジャン・ターナーによれば、地理学会には覚え書きはないという。当時その覚え書きが外務省にも送られていたとすれば、イギリスの国立公文書館にあるはずだ。私が強く要請したので、外交官はわざわざ二日間かけてファイルを探してくれたが、結局何の手がかりも見つけられなかった。サー・ジョージの身内の方々と連絡をとったところ、彼の死後に夫人がすべての書類を燃やしてしまったという。この覚え書きについては、記録は一切残されていない。

しかし私の手許には、外交官が一九九九年五月六日に駐中イギリス大使サー・アンソニー・ゴールズワージーに送った電子メールの写しがある。その当時、エヴェレスト北面の標高八二〇〇メートルでマロリーの遺体を発見したコンラッド・

アンカーの話は地球上を野火のように広まった。失われたカメラについての憶測が飛び交うなか、外交官が不可解に思ったのは、どうしてサー・ジョージは一九八四年に得た情報についてなにも述べようとしないのか、ということだった。しかし間もなく、サー・ジョージが一九九九年四月九日、つまりマロリーの遺体が発見される三週間前に亡くなっていたことが判明した。

ゴールズワージー大使に送られた外交官のメールの件名は、「マロリーはエヴェレストに登頂したのか」というものだった。

「私はこの質問への答えを持ち合わせていません」と外交官は書いている。「しかし、それ（カメラ）を見つける方法、あるいは絶対に見つからないことを証明する方法はわかるかもしれません」。この電子メールにはさらに、王富洲と潘多が外交官とサー・ジョージ・ビショップに、一九七五年の遠征隊がカメラを発見したことをどのように話したかが書かれていた。「われわれは、フィルムを現像することができたかどうかを尋ねました。そのとき、フィルムには何も写っていなかったと言われたように思います（つまり、現像しようとしたが、うまくいかなかったということでしょう)。さらに、そのカメラは登山協会の博物館に保管されていると聞いたことを覚えています。王富洲は、カメラが見つかった場所から考えて、マロリーあるいはアーヴィンは登頂できなかったと思うと言いましたが、そう思う理由については説明しませんでした。私は当時、このやりとりについて手紙を書いてブッカー・マッコネルの社長に送ったのです。その手紙を王立地理学協会に送ったらどうかと提案しましたが、それ以降連絡をもらえていません。だれかが中国登山協会と話をすべきなのです。ずいぶん昔の話なので間違って覚えている可能性もありますが、私は自分の記憶が正しいと思っています。この面会のことは私の脳裏に刻みこまれています。もしフィルムが本当に台無しにされたのであれば、CMAはカメラを発見したこと自体を否定するでしょう。」

ウェイン・ウィルコックスは二〇〇八年にこの謎を追いかけていたとき、「エコノミスト」の中国担当編集者が潘多に会うように手はずを整えた。その取材は北京オリンピックが終わった直後におこなわれた。ウィルコックスがこの取材のことを一度も公表しなかったのは、自分で書くつもりでいたからだ。しかしそれはうまくいかなかった。次に記すやりとりは、簡潔を期すために短く編集されたものである。

エコノミスト　あなたが遺体を発見した場所はだいたいどのあたりですか。

潘多　八二〇〇メートルのあたりです。

エコノミスト　そのとき遺体はどんな状態でしたか。

潘多　外国人でした。黄色いテントに包まれていて、ほかになにもありませんでした。持ち物は持ち去られてしまったのかもしれません。

エコノミスト　その遺体は、登頂後の下山中に滑落したように見えましたか、それとも別の理由で死んだようでしたか。

潘多　凍死したようでした。

エコノミスト　カメラはどうですか。

潘多　細かなことは覚えていません。（略）わたしたちはその人物を埋葬して石で覆いました。悪い状態ではありませんでした。わたしたちはそこに震えながら立っていました。遺体は岩の上に横たわっていて、わたしたちが引っ張り上げると、脾臓かなにかがすっかり駄目になりそうでした。そう思えたので遺体の上に小さな石をたくさん載せました。追悼とお墓の印として。

エコノミスト　それで、カメラはありましたか。

潘多　降りてからは、何も見ませんでした。もしかしたら、別の人が発見したかもしれません。わたしは知りません。

この謎にまつわるほかの手がかりと同じように、このやりとりを読むとさらなる疑問が膨らんでくるが、ただ潘多は、中国隊が一九七五年に標高八二〇〇メートル付近で外国人の遺体を見つけて小石で一部を覆って埋葬したことを認めている。カメラを発見したことは認めていないが、そのときには、一九八四年に外交官と話したときのような自由な雰囲気がなかったからかもしれない。先に述べたように、二〇〇八年の時点ではもう中国は、一九六〇年と一九七五年の遠征中にエヴェレストの高所で死体を発見していたことを認めなくなっていた。

潘多の参加した隊が一九七五年に発見したのはサンディ・アーヴィンなのだろうか。それとも彼女は、王洪宝がマロリーを発見したことを言っていたのだろうか。一九七五年に王は、行方不明になっているチームメイトの鄔宗岳を探しに第六キャンプを出て北稜を歩いているときに、古い「イギリスの、イギリス人の」遺体を見つけた。それとも彼女が遭遇したのが、その鄔宗岳なのだろうか。鄔は滑落して死んだが、ひどく傷んだその遺体は八一〇〇メートル付近で後に発見されている。もちろん、潘多が鄔の遺体を「外国人の」遺体と間違えたことだってあり得《え》ないわけではないが、でもそれでは、潘多と王富洲が一九八四年に外交官とビショップにカメラを発見したとわざわざ語ったこととの説明がつかない（ふたりの話がでっちあげなら、後で否定するためだけにそんなことを述べたというのだろうか）。それに、その遺体がマロリーのものだとは考えられない。なぜならヨッヘン・ヘムレブたちの捜索から、王洪宝がマロリーの遺体を見つけたのは中国隊がたどっていたルートから離れたところだったことがわかっている。しかも一九七五年の中国隊は一九六〇年に通ったルートを正確にたどっていたこともわかっている。だとすれば許競がアーヴィンを見たと主張していたことを中国政府が知っていたと思うのが自然だ。潘多は遺体は黄色いテントに包まれていたと言っている。許競はヘムレブとエリック・サイモンスンに、遺体は寝袋に入っていたと証言しているが、この寝袋はテントだったかもしれないし、テントが実は寝袋だったのかもしれない。もしこの件に関する潘多の記憶と発言が正確であれば、彼女が遭遇した遺体はまさにサンディ・アーヴィンのものであったと考えられる。

外交官と話をしてからひと月後、CTMAの役人で二〇一九年にわれわれとともにエヴェレストに登ったデチェン・ゴトラプと連絡を取る手はずを整えた。中国語のメッセージアプリを使ってデチェンに、最近カメラのことで新しい事実が判明したことを伝え、それについてなにか知っていることはないかと尋ねた。彼はカメラについてはなにも知らないが、潘多は個人的によく知っていると言い、「彼女は素晴らしい中国人女性です」と書いてよこした。エヴェレスト登頂で足の指三本を失ったが、下山後潘多は記者に向かってこう言った。「中国人女性には強固な意志があります。困難などものともしません。わたしたちは世界最高峰に登りました。女性は本当に空の半分を支えているのです〔毛沢東の言葉で、女性の力を活用しなければいけないという意〕」。彼女は全国人民代表大会の代表に五回選ばれた。一九八一年にはチベットから中国東部に居を移し、無錫《むしゃく》スポーツセンターの副所長となって次世代の有望な中国人登山家の訓練にあたった。その教え子にデチェンがいた。一九八六年に潘多は「北京週報」の取材に、故郷のチベットが恋しくて仕方がない、今も無錫の気候と食事に慣れるために四苦八苦していると述べている。「漢民族の料理を食べることに比べたら、山に登るのはたやすいことです」と。

デチェンによれば、潘多からカメラについて聞いたことがなく、それが中国の博物館にあることも知らないという。彼は、一九七五年の中国隊のメンバーがまだ生きているので聞いてみると約束してくれた。彼からはまだ連絡がない。

もしカメラが一九七五年に発見されていたら、それが保管されていそうな場所はラサの次仁切阿雪山博物館だ。そこに行ったことのある人を私は知らないが、ツアー・ガイドをおこなっている中国テレビのオンライン番組を見つけた。その番組が映した歴史的な遺品を見たヨッヘン・ヘムレブは、中国政府はこれまでに報告されていない品物を保管していると考えている。

もちろん、私はこの博物館を訪れて、館長に直接VPKについて尋ねたいと思っている。しかし、今私はニューハンプシャー州の北部にある自宅でこれを書いているが、新型コロナウイルス感染症のせいで中国への旅行は制限されている。

マロリーとアーヴィンの謎はいまだ解決に至っていない。

二〇二一年十一月四日

マーク・シノット
ニューハンプシャー州ジャクソンにて

The Third Pole

Mystery, Obsession, and Death on Mount Everest